研究生卓越人才教育培养系列教材

国际中文教学：
理论与实践

GUOJI ZHONGWEN JIAOXUE: LILUN YU SHIJIAN

陈敬玺　编著

西北大学出版社
·西安·

图书在版编目（CIP）数据

国际中文教学：理论与实践／陈敬玺编著．—西安：西北大学出版社，2023.6
ISBN 978-7-5604-5125-1

Ⅰ．①国… Ⅱ．①陈… Ⅲ．①汉语—对外汉语教学—教学研究 Ⅳ．①H195.3

中国国家版本馆 CIP 数据核字（2023）第 097586 号

国际中文教学：理论与实践

陈敬玺　编著

出版发行　西北大学出版社
（西北大学校内　邮编：710069　电话：029-88302621　88303593）
http://nwupress.nwu.edu.cn　　E-mail：xdpress@nwu.edu.cn

经　销	全国新华书店	
印　刷	西安博睿印刷有限公司	
开　本	787 毫米×1092 毫米　1/16	
印　张	24.75	
版　次	2023 年 6 月第 1 版	
印　次	2023 年 6 月第 1 次印刷	
字　数	466 千字	
书　号	ISBN 978-7-5604-5125-1	
定　价	65.00 元	

本版图书如有印装质量问题，请拨打 029-88302966 予以调换。

前　言

汉语国际教育硕士专业自 2007 年依据《汉语国际教育硕士专业学位研究生指导性培养方案》招生以来，已经历了 15 个春秋，可谓青春年少正当年。在课程设置上，《指导性培养方案》有这样的规定：

"课程设置以实际应用为导向，以国际汉语教师的职业需求为目标，围绕汉语教学能力、中华文化传播能力和跨文化交际能力的培养，形成以核心课程为主导、模块拓展为补充、实践训练为重点的课程体系。"

"核心课程重在提升学生的汉语交际技能、文化传播技能、跨文化交际能力。"

对学位核心课程的设置和学分也做了如下安排：

汉语作为第二语言教学（4 学分）

第二语言习得（2 学分）

国外汉语课堂教学案例（2 学分）

中华文化与传播（2 学分）

跨文化交际（2 学分）

前三门课程（共 8 学分）所针对的是汉语教学能力，后两门课程针对的则是中华文化传播能力和跨文化交际能力。针对汉语教学能力的核心课程往往具体化为四门课程：汉语作为第二语言教学概论、汉语作为第二语言教学案例或教学法、第二语言习得理论和汉语作为第二语言习得偏误分析。

过去的 15 年里，对外的汉语教学和汉语国际推广事业发生了很大的变化。首先是 2012 年教育部颁布的本科专业名录里，原先的"对外汉语教学"更名为"汉语国际教育"，"对外汉语教师资格证书"变成了"国际汉语教师资格证书"。接着在 2020 年 6 月，国家汉办暨孔子学院总部更名为教育部直属的中外语言交流合作中心（简称语合中心）。孔子学院（CI）的品牌则由"中国国际中文教育基金会"全面负责运行。"国际汉语教学"和"国际汉语教师证书"也随之换成"国际中文教学"和"国际中文教师证书"。2021 年 3 月，经国家语委语言文字规范标准审定委员会审定，《国际中文教育中文水平等级标准》（GF0025—2021）由教育部和国家语委共同发布，并于同年 7 月 1 日起正式实施。汉语作为第二语言教学于是经历了"对外汉语教学"→"国际汉语教学"→"国际中文教学"的适时转身。"汉语作为第二语言教学"这门核心课程也自然而然分成两门课程：国际中文教学概论（理论与实践）和国际中文课堂教学案例（或教学法）。

专业学位课程内容设计的原则是：科学而实用。所谓"科学"即课程内容尽量系统而全面，整体上凸显汉语语言要素知识和中国文化基本知识。所谓"实用"即课程内容立足于汉语教学技能的培养，有利于语言要素教学、言语技能教学和文化渗入、策略引导等教学能力的培养和提升。

以本专业学位最重要的核心和导入课程《国际中文教学：理论与实践》为例，我们以为其基本内容应该涵盖以下几个方面：

1. 国际中文教学总论，包括：汉语作为第二语言教学的性质、任务和特点，对外（国际）汉语教学作为国家事业的发展历程，对外（国际）汉语教学作为一门学科（"汉语国际教育"）的演变历史及其学科基础理论，也就是对国际中文教学的发展历程有一个总体上的了解。

2. 第二语言教学理论，包括第二语言教学法的不断改进和第二语言习得研究的成果理论，也就是对"教"和"学"两个方面的研究成果做一个总体的观照，以便在国际中文教学过程中借鉴吸收和发扬光大。

3. 国际中文教学流程，包括总体设计、教材编选、课堂教学和测试评估四个环节。其中，课堂教学是中心环节，不仅涉及一些教学理论，而且更多地涉及教学实践，包括语言要素的教学、言语技能的教学和汉语综合课的教学。

4. 国际中文教学实务，包括教学准备（备课、写教案）和教学实施（上课）的实际操作、亲身体验。

这四个方面便构成本教材的四编，每一编包括两章，以便对本编的主题进行详细的论述和解说或者操练。最后的"结语"还对"全球汉语"和汉语国际推广这样的宏观性问题进行了抛砖引玉式的展望。

可见，本教材的特别之处在于：在介绍学科基础知识和基本理论的前提下，尽可能地引导学习者体验、培养和提升自己汉语作为第二语言的教学能力。理论与实践紧密结合，知识学习与技能培养相互兼顾，因此成为本教材的最大亮点。

具体而言，本教材在编写过程中力求体现以下三点初衷：

1. 全面反映过去 70 多年的对外（国际）汉语教学发展历程，体现"与时俱进"和"国际视野"的精神；

2. 尽量涵盖国内外第二语言教学研究的新成果，以求体现"他山之石，可以攻玉"的启示、借鉴价值；

3. 基本概念梳理和基本原理学习相结合，教学理论介绍与教学演练相结合，最大限度地体现"科学而实用"的编写原则。

因此，本教材既可以作为汉语国际教育专业硕士研究生的学科基础性教材，又可以有选择地用作汉语国际教育本科专业阶段的入门性、进阶性教材，还可以用作"国际中文教师证书"考试与"国际中文教师志愿者"选拔考试的参考用书。

本教材属于"研究生卓越人才教育培养系列教材"，得到了西北大学研究生院和西北大学出版社的大力支持。编撰者在此谨致诚挚的感谢。

用作专业硕士研究生的核心课程教材，建议在36个课时内完成。"总论""教学理论""教学流程"各用 8 个课时，总共 24 个课时。"教学实务"用 12 个课时。即理论和实践的课时比例为 2∶1。理论学习采用提纲挈领式的讲解与问答讨论式的探索之形式，教学实践采用集体备课与合作上课、同学互评和教师点拨之形式。学生的教案与课件、上课表现构成课程成绩的 60%，即各占 30%。另外的 40% 由课程论文成绩构成。课程论文是学生就课程学习过程中某一个自己感兴趣的话题进行理论梳理和教学应用的成果展示。课程成绩因此是形成性的而非终结性的。

用作本科专业的入门性教材，则建议在 54 个课时内完成。理论和实践部分的课时比例也可确定为 2∶1，即第一、二、三编用时 36 个课时，第四编用时 18 个课时。为了使学生更好地理解和掌握课程内容，可以要求他们在课外进行拓展阅读，包括刘珣的《对外汉语教育学引论》和北京大学出版社的"汉语作为第二语言教学丛书"，尤其是其中关于课堂教学、要素教学和技能教学的三册教材。集体制作的教案、课件和合作上课的表现构成课程成绩的 50%，即备课、上课各占 25%。另外的 50% 由闭卷考试成绩构成，考试侧重于对课程基础知识和基本原理的考查。课程成绩因此是形成性与终结性测试的结合。

汉语国际教育硕士学位的设立时间不算长，各个培养单位所制订的培养方案也不尽相同，但汉语作为第二语言教学的理论和教学法课程基本上被纳入其中，所使用的教材大多是那些原本针对来华留学生汉语教学的"对外汉语教学概论"，在使用过程中再加进一些任课教师自己的补充和更新。《国际中文教学：理论与实践》因此成为一种顺应"国际中文教育教学"新形势的教材编写尝试。欠缺和疏漏自然在所难免，不妥之处也必然存在，恳请业界大方之家和诸位同仁不吝赐教，随时给出批评建议，以便编著者做出修改和完善。

编著者

2022 年初夏

目 录

第一编 总 论

第一章 对外汉语教学与汉语国际教育 ………………………………… 3

第一节 两组相关概念 …………………………………………………… 3
  一、语言教学中的"语言" ………………………………………… 3
  二、汉语作为第二语言教学与应用语言学 ……………………… 6

第二节 对外汉语教学作为一项事业 …………………………………… 8
  一、第一个时期：艰难起步 ………………………………………… 8
  二、第二个时期：蓬勃发展 ………………………………………… 12
  三、第三个时期：走向世界 ………………………………………… 19

第三节 "对外的"汉语教学作为一门学科 …………………………… 27
  一、从"对外汉语教学"到"汉语国际教育" …………………… 27
  二、学科的性质与特点 ……………………………………………… 28

第二章 汉语国际教育的学科体系 ……………………………………… 35

第一节 语言教育与第二语言教学的学科体系 ………………………… 35
  一、语言教育的学科体系 …………………………………………… 35
  二、第二语言教学学科体系 ………………………………………… 35
  三、汉语国际教育学科体系 ………………………………………… 37

第二节 汉语国际教育的学科基础理论 ………………………………… 39
  一、语言学基础 ……………………………………………………… 39
  二、教育学基础 ……………………………………………………… 48

I

　　　　三、心理学基础 ……………………………………………… 52
　　　　四、文化学基础 ……………………………………………… 63
　第三节　国际汉语（中文）教师的资质条件 …………………………… 70
　　　　一、树立基本理念 …………………………………………… 70
　　　　二、具备基本素质 …………………………………………… 71
　　　　三、《国际汉语教师标准》…………………………………… 72
　　　　四、"国际中文教师证书"考试 ……………………………… 73

第二编　第二语言教学与习得理论

第三章　第二语言教学法流派 …………………………………………… 79

　第一节　什么是教学法 …………………………………………………… 79
　　　　一、AMT 层级结构 ………………………………………… 79
　　　　二、MASMT 层级结构 ……………………………………… 80
　　　　三、伞形教学法框架（ADP）……………………………… 81
　第二节　第二语言教学法流派 …………………………………………… 81
　　　　一、传统的教学法 …………………………………………… 83
　　　　二、现代的教学法 …………………………………………… 93
　第三节　对外汉语教学法 ………………………………………………… 108
　　　　一、演变历程 ………………………………………………… 108
　　　　二、发展趋势 ………………………………………………… 110

第四章　语言习得理论基础 ……………………………………………… 112

　第一节　两组基本概念 …………………………………………………… 113
　　　　一、学习与习得 ……………………………………………… 113
　　　　二、第一语言习得和第二语言习得 ………………………… 114
　第二节　第一语言习得 …………………………………………………… 115
　　　　一、儿童第一语言的发展过程 ……………………………… 116

二、对儿童第一语言习得的理论解释 …………………… 117
第三节　第二语言习得 …………………………………………… 121
　　一、主要理论和假说 ……………………………………… 122
　　二、研究模式与方法 ……………………………………… 142

第三编　国际汉语（中文）教学流程

第五章　第二语言教学的总流程 ……………………………… 171
第一节　总体设计 ………………………………………………… 171
　　一、总体设计的任务和作用 ……………………………… 172
　　二、总体设计的内容和程序 ……………………………… 172
　　三、教学计划与教学大纲 ………………………………… 173
　　四、国际中文教学目的与课程设计 ……………………… 178
　　五、国际中文教学的基本原则 …………………………… 179
第二节　教材编选 ………………………………………………… 180
　　一、第二语言教材的属性和功能 ………………………… 181
　　二、第二语言教材的基本类型 …………………………… 183
　　三、第二语言教材编写和选用的原则 …………………… 184
　　四、第二语言教材编写的基本程序 ……………………… 187
　　五、第二语言教材的评估与选择 ………………………… 188
　　六、对外汉语（国际中文）教材 ………………………… 195
第三节　课堂教学 ………………………………………………… 197
　　一、课堂教学的要素与特点 ……………………………… 197
　　二、课堂教学的内容和目标 ……………………………… 200
　　三、课堂教学中的几组关系 ……………………………… 201
　　四、课堂教学的结构和程序 ……………………………… 203
　　五、课堂教学技巧 ………………………………………… 204
　　六、课堂教学的要求与评估 ……………………………… 207

第四节 测试评估 208
 一、语言测试的作用 208
 二、语言测试的类型 209
 三、语言测试的内容和题型 214
 四、测试的质量保证 216
 五、标准化语言测试 218
 六、国际中文能力考试 219

第六章 国际汉语（中文）课堂教学 224

第一节 概述 224
 一、教什么（教学内容） 224
 二、怎么教（教学方法） 225
 三、怎么学（学习策略） 227
 四、如何发挥教师的主导作用 228

第二节 国际中文综合课教学 229
 一、词语教学 229
 二、语法教学 233
 三、课文教学 235
 四、课后练习 238

第三节 国际中文语言要素教学 239
 一、语音教学 240
 二、汉字教学 244
 三、文化渗入 249
 四、策略引导 253

第四节 国际中文言语技能训练 258
 一、听力训练 258
 二、说话训练 261
 三、阅读训练 265

四、写话与写作训练 ……………………………………………………… 269

第四编　国际汉语（中文）教学实务

第七章　国际中文课堂教学技能 …………………………………………… 275

第一节　教学准备 …………………………………………………………… 275
　　一、备学生 ………………………………………………………………… 276
　　二、备教材 ………………………………………………………………… 278
　　三、备方法 ………………………………………………………………… 280
　　四、备手段 ………………………………………………………………… 282
　　五、备问题 ………………………………………………………………… 284

第二节　教案设计 …………………………………………………………… 287
　　一、教案设计的原则 ……………………………………………………… 288
　　二、教案编写的要点 ……………………………………………………… 289
　　三、教案的基本构成 ……………………………………………………… 291
　　四、实际教案举例 ………………………………………………………… 293

第三节　教学实施 …………………………………………………………… 298
　　一、课堂教学的基本环节 ………………………………………………… 298
　　二、课堂教学技巧的运用 ………………………………………………… 305

第四节　组织教学 …………………………………………………………… 313
　　一、安定课堂秩序 ………………………………………………………… 313
　　二、上好第一堂课 ………………………………………………………… 315
　　三、营造课堂气氛 ………………………………………………………… 316
　　四、应对突发事件 ………………………………………………………… 318

第八章　国际中文课堂教学演练 …………………………………………… 321

第一节　教案示范 …………………………………………………………… 321
　　一、微课教学 ……………………………………………………………… 322

二、语法教学（特殊句式）……………………………326
　　三、初级综合课教学 ……………………………………338
第二节　教学演练……………………………………………346
　　一、教学任务 ……………………………………………346
　　二、教学材料（四类14则）……………………………347

结语　"全球汉语"与汉语国际推广……………………………365
中英文对照表……………………………………………………369
参考书目…………………………………………………………378
后　　记…………………………………………………………380

第一编 总 论

课前思考

1. 你知道汉语、国语、华语、中文和普通话的具体所指分别是什么吗?
2. 母语、本族语、第一语言、第二语言、外语和媒介语的具体所指又是什么?
3. "对外的"汉语教学和国际中文教学与国内的中小学语文教学、大学语文教学有什么区别?
4. 国际汉语（中文）教学与汉语作为第二语言教学、英语作为第二语言教学、应用语言学之间有什么关联?
5. 从语言预备教育到对外汉语教学再到国际中文教学，新中国70多年的"对外"汉语教学发展历程呈现出什么样的特点?
6. 与世界上其他主要语言（如英语、西班牙语、俄语）相比，汉语（中文）具有什么独特之处?
7. 第二语言教学的学科体系是什么？汉语作为第二语言教学或者国际中文教学的学科体系又是什么?
8. 为什么说语言学、心理学、教育学、文化学是汉语国际教育学科与国际中文教学事业的基础理论?

内容提要

1. 两组相关的概念："语言"和"中国语言"；第二语言教学和应用语言学
2. 汉语作为第二语言教学事业的发展历程
3. 汉语作为第二语言教学学科的演变经过
4. 语言教育与第二语言教学的学科体系
5. 汉语国际教育的学科基础理论
6. 语言学与汉语国际教育的关系
7. 心理学与汉语国际教育的关系
8. 教育学与汉语国际教育的关系
9. 文化学与汉语国际教育的关系
10. 国际汉语教师标准和国际中文教师证书考试

第一章　对外汉语教学与汉语国际教育

第一节　两组相关概念

一、语言教学中的"语言"

（一）母语与外语

这是按照国家的界限来对语言进行区别的一组概念。母语即本国、本民族的语言；外语即外国的语言。对大多数的中国人来说，汉语就是母语，英语及其他语言就是外语。

（二）第一语言与第二语言

这是按照人们获得语言的先后顺序来将语言进行划分的一组概念。第一语言指人出生以后首先接触并获得的语言；第二语言指人们在获得第一语言之后学习和使用的另外一种语言。一般情况下，人们的第一语言就是他们的母语，但对于很多移居海外的人来说，他们的子女出生后首先接触并获得的语言有可能是居住国的语言，而非自己的母语。

"第二语言"有广义和狭义的区分。广义的"第二语言"指人们获得在第一语言以后学习和使用的任何一种（或者数种）语言，包括外语。狭义的"第二语言"则专指：（1）（双语社会中）人们在第一语言以外所使用的另外一种语言，不包括外语；（2）人们在该语言（可能是外语）使用的环境中学习并试图掌握的一种语言，如来华留学生学习和使用的汉语。

语言教学界通常使用将外语包括在内的广义的"第二语言"概念，以凸显其与"第一语言"的区别，因而在语言习得中有"第一语言习得"（一语习得）和"第二语言习得"（二语习得）之分。但有时候又从学习者有无语言使用环境的角度出发，对"第二语言"和"外语"进行区分，即：凡是在目的语使用环境中学习的语言就叫第二语言；不在目的语使用环境中学习的就叫外语。例如，在我国境内进行的"对外汉语教学"就是第二语言环境，而在中国境外进行的"海外汉语教学"大多是外语环境。二者有很大的不同，最理想的目的语学习环境当然是第二语言环境。

（三）目的语与来源语

这是最先在翻译界使用的一组概念。来源语或源语言指可以引导出另一种语言的语言，目的语或目标语则指由来源语译入的语言。例如，在英译汉中，英语是来源语，而汉语是目的语；在汉译英中，汉语是来源语，英语则是目的语。

语言教学界从翻译界引入"目的语"这一概念，专门指称"人们正在学习并希望掌握的语言"。在国际汉语（中文）教学中，学习者的目的语自然就是汉语（中文）了。

（四）"中国语言"的不同指称

"华文"一词源于《马氏文通》："夫华文之点画结构，视西学之切音虽难，而华文之字法句法，视西文之部分类别，且可以先后倒置以达其意度波澜者则易。""西文本难也而易学如彼，华文本易也而难学如此。""助字者，华文所独，所以济夫动字不变之穷。"可见，"华文"是与"西文"相对而提出来的，其内在含义是汉语言文字。后来它被逐步运用于海外的华侨教育，有了"华语文"（汉语言文化）的含义，在用于华侨学校的课程体系时指称一种语言、文化、文章、审美等内容的综合教学。所以，"华文"一词既具有语言学含义，又具有语文学的性质，华文教育因而是一种语文教学。

"华语"一词在隋唐文献中就已出现，到了民国时代仍在使用，1949年以后也见诸词典，但总的趋势是日渐式微。然而，自20世纪50年代以来，"华语"在海外一些地方（特别是东南亚地区）一直被频繁地使用。例如，新加坡和马来西亚独立后就使用"华语"来代替"国语"。暨南大学华文学院的郭熙对华语的界定是：以现代汉语普通话为标准的华人共同语，其多适用于海外华人社会，在中国大陆仍以"汉语"的使用为主。改革开放以后，随着大陆与海外华侨交往的日益密切，"华语"一词随着各种新潮事物的涌入又逐渐流行开来。广义的"华语"与"华文"所指相同，狭义的"华语"则包含于"华文"之中，仅指"华文"中的语言教育部分。

"国语"的名称是在清末提出来的。宣统元年（1909），清朝政府设立了"国语编审委员会"；1910年，资政院议员江谦在《质问学部分年筹办国语教育说帖》中提出了"用合声字拼合国语，以收统一之效"的主张。民国时期，"国语"的使用达到了顶峰，北洋军阀政府和国民党政府都沿用"国语"来指称全国通用的普通话，我国台湾地区至今仍沿用这一说法。

"中文"一般用来指称中国的语言文字，特指汉族的语言文字，重点在"中"。使用"中文"一词的目的是将其和外文（外语）区分开来。

"汉语"最初指的是汉朝人的语言，后来发展成为汉民族语言的通称。汉代以后的汉语发展历程，一直伴随着两个名称："汉语"和"华语"。到了清代，汉语在与满语的竞争中取得了"胜利"。民国时期，国语运动兴起，使用"国语"来指称汉语更是大行其道，"中华民族"概念的提出又从另一方面淡化了"汉语"的使用。1949年以后，大陆地区用"普通话"取代"国语"，"普通话"和"汉语"的使用便蔚然成风。从翻译的角度上看，"Hanyu"从来就不是国际社会认可的我国国语的对应词。事实上，联合国一直使用的就是Chinese（"中文"/"中国语言文字"）一词。

"普通话"指的是现代汉语的标准语，它以北京语音为标准音、以北方话为基础方言、以典范的现代白话文著作为语法规范。但是"普通话"这个名称容易引起误解，因为"话"和"语"是不对等的，比如香港地区学校课程里的"普通话"只指语音形式。另外，"普通话"中的"普通"原本只是为了国内各方言区、各民族间交流的方便，如将其用于世界范围就不那么合适了。英语世界里，大多将"普通话"翻译为Mandarin（Chinese），即"中文的标准形式，中国的官话"。

从地域上看，这些名称在海外的使用情况是：①"华语"主要用于新加坡、马来西亚，与方言（如粤语、闽南话等）相对；②"中文"主要用于美国（也用"汉语""华语""普通话"）、日本和我国香港地区；③"汉语"（和"华语"）主要用于印度尼西亚、泰国、菲律宾；④"国语"主要用于我国台湾地区，正式场合中已经改用"华语"，但民间仍然多用"国语"；⑤"普通话"主要被海外新一代华人侨民和移民使用，他们已经形成了"普通话社区"，我国香港地区使用"普通话"来指称口头标准语；⑥"中国话"在非正式情况下各地都有使用。

中国国家语委（国家语言文字工作委员会）曾对"华语""国语"和"普通话"做过这样的解释：这三种称说指的都是我国全国通用的普通话，在中国大陆称"普通话"，在我国台湾地区称"国语",在新加坡等一些国家的华人社区称"华语"。三种称说,名称相异,但实质一样。

二、汉语作为第二语言教学与应用语言学

(一)对外汉语教学与汉语国际教育

1985年,教育部设立"对外汉语教学"本科专业,专业代码为050103。2012年,"对外汉语教学"专业与针对外国留学生的"中国语言文化"(专业代码050106W)和"中国学"(050108S)专业合并为"汉语国际教育",专业代码仍然为050103。"汉语国际教育"学科旨在培养"适应现代国际社会需要、具备良好综合素质、全面发展的通用型汉语专门人才"。截至2017年,全国共有384所高校设置了汉语国际教育本科专业;截至2015年底,汉语国际教育本科专业在校学生人数达到63933名。①

2005年,"世界汉语大会"在北京成功召开。2006年,"国家汉办"由"国家对外汉语教学领导小组"更名为"国家汉语世界推广领导小组"。"汉语国际教育"专业学位随着汉语的日益国际化进程而诞生,以便"培养具有系统扎实的汉语基础知识和中国文化功底,有熟练的汉语作为第二语言的教学技能,有较强的外语口语和跨文化交际能力,能胜任多种类型国际汉语推广工作的高层次、应用性、复合型汉语国际教育专门人才"。2007年,24所高校开始试点招收汉语国际教育专业硕士研究生。截至2018年底,汉语国际教育专业硕士学位培养点增至147个。2018年,北京大学等7所高校在教育专业博士学位学校课程与教学领域试点招收汉语国际教育方向的教育博士专业学位研究生。同时,汉语国际教育专业博士学位培养点在21所高校开设。

在全国42所"一流建设高校"中,有14所设置了汉语国际教育本科专业,28所设置了汉语国际教育专业硕士学位。在试点招收汉语国际教育方向的教育博士专业学位研究生的7所高校中,有6所属于"双一流"建设高校。②

(二)国际汉语(中文)教学与英语作为第二语言教学

"国际汉语(中文)教学"严格讲应该叫作"汉语作为第二语言教学",其英文缩写

---

① 宁继鸣. 国际汉语教育:"事业"与"学科"双重属性的反思.《语言战略研究》2018年第6期。
② 宁继鸣. 国际汉语教育:"事业"与"学科"双重属性的反思.《语言战略研究》2018年第6期。

TCSOL 即源自"英语作为第二语言教学"（TESOL）。TESOL 这门学科出现在第二次世界大战结束之后。当时，在福莱斯和拉多等语言学家的领导下，美国的密歇根大学率先创立了英语学院，专门研究如何教外国人习得英语，即所谓的 TESOL。而后，随着英美等国国际影响力的不断增强，英语日益成为实际上的"国际通用语"，世界各国对英语教师的需求也日益剧增。为了满足这种需要，英语国家越来越多的大学开设了 TESOL 硕士与博士课程，吸引了大批的外国学生前来攻读 TESOL 研究生学位。

国际汉语教学是对国内进行的对外汉语教学与境外进行的海外汉语教学的统称，但习惯上或者主要用来指称后者，即"对外汉语教学"与"国际汉语教学"并称。2020年，随着国家汉办被教育部中外语言合作交流中心取代，国际汉语教学也为国际中文教学所取代，国际汉语教师（证书）也相应地改为"国际中文教师"（证书）。

汉语作为第二语言教学是对汉语非母语教学的一种科学指称，但因其太长而不太被人使用，人们更多地使用"对外汉语教学"和"国际汉语（中文）教学"。可见，汉语作为母语的教学（"语文教学"）与汉语作为第二语言教学["对外汉语教学"和"国际汉语（中文）教学"]一起构成全球（世界）汉语教学。

（三）对外汉语教学与对内汉语教学

对外汉语教学是指针对来华留学生的汉语教学，包括汉语语言预备教育、汉语专业教育和汉语语言培训教育等形式，是 1950 年到 2005 年 50 多年间针对来华外国留学生的主要教学形式。

对内汉语教学是指针对国内少数民族的汉语言（普通话）教学，属于狭义的第二语言教学，一般不被列入"对外"或者"国际"汉语教学。

（四）应用语言学

广义的应用语言学指的是所有与语言和语言学理论应用相关的研究，包括社会语言学、心理语言学、神经语言学、计算机语言学等分支。狭义的应用语言学则专指语言教学，尤其是第二语言教学或外语教学。可见，将国内的"对外汉语教学"与海外的"汉语教学""中文教学""华语（文）教学"统属在一起的"汉语作为第二语言教学"属于狭义的应用语言学研究，也是广义的应用语言学研究之有机组成。

因此，学术型的研究生有"语言学及应用语言学"专业（对外汉语教学方向），而专业型的研究生属于"汉语国际教育"和"教育学"专业。

我国 70 多年的汉语作为第二语言教学经历了"对外汉语教学"→"国际汉语教学"→

"国际中文教学"三个称说阶段。

第二节　对外汉语教学作为一项事业

汉语是世界上最古老的语言之一,汉语作为第二语言教学也是源远流长。据史书记载,东汉之始便有中原地区以外的民族(如匈奴)派人到洛阳和长安来学习汉语、汉文化。隋唐时期,东邻的日本和朝鲜与南边的越南都曾派遣大量的学生("遣隋使"和"遣唐使")来中土学习汉语、汉文化。这种情况在其后的宋、元、明、清各朝一直持续,只是到了清末民初,才有了一些间断。20世纪40年代,燕京大学的外国留学生要求学习汉语,学校开设了"外国人学汉语"的课程,教师是一些不懂语言学也不懂外语但古文功底颇深的老先生,使用的教材则是由法国人编写的。

汉语作为第二语言教学成为一项民族和国家事业,则是在1949年之后才发生的。1950年7月,清华大学成立我国第一个对外汉语教学机构——"东欧交换生中国语文专修班",距今已逾70年。70多年的对外汉语教学历程,可以分为三个前后相连的时期:艰难起步—蓬勃发展—走向世界。

一、第一个时期:艰难起步

前30年的对外汉语教学走过了一段曲折的道路:先是20世纪50年代的"初创",接着是60年代的"巩固—停顿",然后是70年代的"恢复"。

(一)初创阶段(20世纪50年代)

1950年7月,清华大学成立"东欧交换生中国语文专修班",拉开了我国针对外国留学生的汉语预备教育的帷幕。为期两年的专修班于1951年初正式开课,学生有33名,全部来自东欧国家,任课教师有6名,包括曾在美国和英国教过汉语的邓懿、王还等。清华大学校务委员会主任周培源教授担任班主任,语言学家吕叔湘负责日常管理。

由于全国高校的院系调整,1952年暑期,文科性质的专修班转至北京大学,更名为"北京大学外国留学生中国语文专修班"。

20世纪50年代末60年代初,为了接收来自新近获得独立的非洲国家的留学生,北京外国语学院成立"非洲留学生办公室"。

1961年，设在北京大学和北京外国语学院的两个对外汉语教学机构合并为"北京外国语学院外国留学生办公室"。

除"清华大学—北京大学—北京外国语学院"这一发展主线外，还有1953—1957年间在广西桂林开展的针对越南人的"中国语文专修学校"。其他形式的对外汉语教学则有对驻华外交人员的汉语教学、函授或刊授汉语教学，以及向国外派遣汉语教师（第一位国家公派汉语教师是朱德熙先生，他于1952—1955年间被派往保加利亚的索菲亚大学任教）。1961年，在校学习的外国留学生总数达到471人。十年间，总共接收了来自60多个国家的留学生3315人。

"初创"阶段的对外汉语教学事业具有四个显著的特点：

①都是语言预备教育，而非汉语专业教育；

②语言学家（如吕叔湘、周祖谟、朱德熙等）亲自参与对外汉语教学；

③一开始就注意到对外汉语教学与中小学语文教学（母语教学）之间的区别；

④注意借鉴和汲取欧美第二语言教学的经验成果（邓懿在"二战"期间协助赵元任先生在美国哈佛大学主持"军队特别训练课程中文部"，运用听说法进行汉语教学，王还则于20世纪40年代末在英国剑桥大学从事过三年汉语教学）。

"初创"阶段对外汉语教学法则具有五个显著的特点：

①把传授汉语语言知识和培养运用汉语的能力放在同等重要的地位；

②把基本的词汇教学和比较系统的语法知识讲授作为教学的重点；

③语法教学的特点是"句本位"和结构形式分析；

④技能训练从口语入手，逐步过渡到读、写书面能力；

⑤教学方法多样化，既有翻译法、比较法，也有直接法、听说法。

本阶段教学理论和教学法探讨的集中体现便是我国编写的第一部对外汉语教材《汉语教科书》(1958年）。该教材以语法为主线，由浅入深、循序渐进地编排教学内容，为建立对外汉语教学语法体系奠定了基础。

（二）巩固—停顿阶段（20世纪60年代）

1962年6月，经国务院批准，在北京外国语学院外国留学生办公室的基础上，正式成立"外国留学生高等预备学校"。这是中国第一所专门从事对外汉语教学的高等学校，也就是北京语言大学的前身。①我国的对外汉语教学从此有了本学科的独立的、稳定的基地，从而成为汉语作为第二语言教学事业发展的一个里程碑。

1965 年，为了承担 2000 名越南学生的汉语预备教育任务，从事对外汉语教学的机构由北京语言学院 1 所学校扩展至其他 22 所高校。②为此，北京语言学院专门举办了针对这些新近从事对外汉语教学的院校的暑期师资培训班。③此外，中国国际广播电台于 1962 年开始了汉语教学节目："学中国话"和"汉语讲座"。厦门大学华侨函授部也于 1962 年扩充为"海外函授部"。向外国派遣汉语教师的人数和对象国也有所增加。④ 1964 年 5 月，北京语言学院设立"出国汉语师资系"，独立培养具有本科学历、专门的对外汉语教师。⑤ 1965 年下半年，北京语言学院创办第一家对外汉语教学专业刊物——《外国留学生基础汉语教学通讯》，前后出版了 11 期。

1966 年夏，"文化大革命"爆发，发展势头良好的对外汉语教学遭到严重的摧残。北京语言学院被戴上"黑学校""小西方"的帽子，于 1971 年被宣布撤销。其他承担外国留学生教学任务的高校也都被迫停课闹革命。前五年的教学改革和教材编写的成果都付之一炬。全国的对外汉语教学工作因此中断了六七年的时间。

这一时期对外汉语教学有了新的发展，表现在：

第一，教学规模进一步扩大。1965 年底，在校外国留学生有 3312 人，是 1961 年在校人数的七倍多。四五年间总共接收了 3944 名外国留学生，超过了过去 11 年的总和。从事对外汉语教学的学校也由 1 所发展至 23 所。

第二，教学体系逐步建立起来。在汉语预备教育持续发展的同时，已在着手试办汉

---

① 1964 年 6 月，外国留学生高等预备学校更名为北京语言学院，1996 年，北京语言学院又更名为北京语言文化大学，2002 年则简化为北京语言大学，俗称"北语"。北语至今仍然是我国唯一一所专门从事对外国进修生、本科生、研究生与汉语进修教师教育教学的高等教育机构，分为汉语国际教育、外国语和人文社会科学三个学部。2018 年 10 月，北语在国内率先成立语言学系。

② 22 所高校包括北京大学、中国人民大学、北京师范大学、南开大学、吉林大学、南京大学、复旦大学、华东师范大学、武汉大学、杭州大学和西北大学等。2007 年确立的第一批"汉语国际教育专业硕士培养点"也是 23 个，或许就是为了与此相呼应吧。

③ 1961 年和 1962 年曾举办了两期出国汉语师资的外语进修学习，这些师资也都走上了工作岗位，1963 年入学的第三批学生因"文化大革命"影响未能按时分配工作。

④ 此期的派出对象国包括了非洲的埃及、马里、刚果，亚洲的柬埔寨、也门和欧洲的法国等。

⑤ 由于当时的人们认为从事对外汉语教学工作的业务资质是既懂中文又懂外语，所以教学内容是中文专业课程与外语专业课程的组合。因第二年"文化大革命"爆发，第一届学生并没有能够毕业。

语翻译专业。在学校教育之外，又开办了广播、函授、刊授等多种教学形式。在师资培养上，举办了三期出国师资培训班，又尝试设立了"出国汉语师资系"。

第三，教学法研究有了进展。这主要表现在对前15年积累下来的教学经验和争论问题进行总结。钟梫在《十五年汉语教学总结》①中对一些教学原则（包括："精讲多练"与"课内课外相结合"的实践性原则，使用汉语进行课堂教学的直接性原则，教学内容与学生专业相结合的学以致用原则，"语文并进"和听说读写全面要求、阶段侧重的原则）做出总结和阐述。它们虽然缺乏理论支撑和系统阐述，却对以后的教学方向起到了引领作用，为学科理论建设奠定了基础。

这一阶段还编写出了第二部对外汉语教材——《基础汉语》②。该教材突出和强调了实际语言在教材当中的地位，是"实践性原则"和"相对直接法"的具体体现，在语法解释、词语例解、近义词例解方面取得了明显的成就。

（三）恢复阶段（20世纪70年代）

伴随着我国在联合国常任理事国地位的恢复、中日邦交正常化、尼克松总统访华所开创的中美关系正常化进程，我国的国际地位有了进一步的提高，很多国家都要求向我国派遣留学生。1972年6月，北方交通大学（今北京交通大学）首先接收了200名来自坦桑尼亚和赞比亚的留学生。同年10月，周恩来总理亲自批示恢复北京语言学院。恢复后的北语在第二年的秋季便开始接收外国留学生，当年即接收了来自42个国家的383名留学生。北京大学、复旦大学等高校也陆续恢复招生。针对外交人员的汉语教学和广播汉语教学都逐渐恢复起来。中国国际广播电台的"汉语讲座"和"学中国话"节目分别于1973年和1976年得以恢复。

"文化大革命"让我国的对外汉语教学中断多年，恢复后的教学工作在校舍、设备、资料、教材、教师、管理上都面临种种困难，但在短短的几年时间里仍然取得了显著的成绩。1977年，在校留学生总数为1217人，1972—1977年五年间，总共接收留学生2266人。来自日本和欧美学习文科专业的学生比例明显上升。若是加上1978年和1979年的留学生，20世纪70年代来华留学生的总数应该回到了20世纪50年代的水平。

---

① 钟梫的本篇总结最终发表在1979年第4期的《语言教学与研究》上。
② 受"文化大革命"影响，该教材在1971年经修改后才正式出版，并于第二年出版了与之相衔接的《汉语读本》。《基础汉语》和《汉语读本》是我国（大陆）编写的第二部（套）对外汉语教材。

在教学理论探讨上，这一阶段提出了"实践第一"的观点，强调课堂教学必须为社会实践服务，把"实践性原则"确定为对外汉语教学的基本原则。在新型教材的编写上，又进行了句型教学的实验；在语言技能训练上，进行了听说课和读写课分开教学的实验。

由此可见，这一时期的对外汉语教学虽然历经曲折，但还是从无到有、由小变大地发展起来。截至1978年，总共接收外国留学生9525人——加上1978年和1979年，总数应该是上万了。起步时期的对外汉语教学属于语言预备教育性质，教师缺乏学科意识，也不能进行科学系统的学科建设，教学研究主要是解决具体的教学问题。据统计，在这一时期发表的数十篇论文里，绝大多数都属于教学经验的总结和教学方法的探讨。然而，前30年对外汉语教学事业的发展和经验的积累，为以后的学科确立、学科建设和事业的大发展打下了一个坚实的基础。

二、第二个时期：蓬勃发展

中国共产党的十一届三中全会确立了改革开放的国策，引起了国际上极大的关注，在世界范围内掀起一股"中国热"，而"中国热"又引发了"汉语热"。我国的对外汉语教学由此获得全新的勃勃生机，开始如火如荼地蓬勃发展起来。

对外汉语教学事业在20世纪最后20年里的蓬勃发展，表现在以下11个方面：

（一）建立了国家级的领导管理机构

1987年7月，国务院批准成立国家对外汉语教学领导小组，以统一领导和协调全国的对外汉语教学工作，其任务包括：

第一，在国务院的领导下，负责制定国家开展对外汉语教学工作的方针政策、发展战略、事业规划及相关规定；

第二，审定在对外汉语教学方面的援外计划和对外交流与合作的重大项目；

第三，协调有关部委和省、自治区、直辖市的对外汉语教学工作；

第四，领导中国对外汉语教学学会；

第五，处理对外汉语教学工作中的重大问题；

第六，审核对外汉语教学专项经费预算。

领导小组的成员由国家教委、国务院侨务办公室、国务院外事办公室（后改为国务院新闻办公室）、外交部、广播电影电视部、新闻出版署、国家语言文字工作委员会以及北京语言学院等单位的有关领导组成。历任组长均由国家教委（教育部）的负责人担任，日常工作则由其常设机构国家对外汉语教学领导小组办公室（简称"国家汉办"）负责。国家汉办的设立极大地推动了我国对外汉语教学工作的发展。

2000年，《中华人民共和国国家通用语言文字法》开始实施，其中明确规定"对外汉语教学应当教授普通话和规范汉字"。这是我国第一个涉及对外汉语教学的国家法律。

（二）拥有了较为完善的教学体制

首先，出现了学历教育。1978年，北京语言学院正式创办针对外国留学生的四年制现代汉语本科专业（1975年已开始试办），主要培养汉语教师、翻译和汉语研究人才。其后，南开大学、南京大学、复旦大学等高校也相继设立该专业。1986年，北京语言学院开始招收现代汉语专业的外国硕士研究生。1996年，北京语言文化大学开设了针对外国留学生的四年制中国语言文化本科专业。1997年，北京语言文化大学设立对外汉语教学课程与教学论硕士专业与带有对外汉语教学方向的语言学及应用语言学博士专业，并于1999年开始招收攻读对外汉语教学方向博士学位的外国留学生。随后，北京师范大学、中山大学、上海师范大学等高校也开始招收对外汉语教学方向博士学位的外国留学生。于是，对外汉语教学学科有了从学士学位到博士学位的完整学历教育体系。

其次，非学历教育有了新的类型。1978年，北京语言学院创办短期汉语进修班，之后类似的短训班（为期4至16周，形式为"旅游＋教学"）遍及全国。越来越多的高校开始接收国外大学中文系或中文专业的学生前来进修深造，或者接收外国实业机构、友好团体的委托为其派遣的高级进修生举办进修班。北京、广州、厦门相继恢复了华侨中文补习学校，为海外华人华侨学生提供补习汉语的平台。

与此同时，其他形式的对外汉语教学也有了大的发展。1980年，厦门大学恢复了海外函授部，并将其更名为"海外函授学院"。北京市外国企业服务总公司则成立了自己的教学部。1981年，北京外交人员服务局将其汉语教研组更名为"汉语教研室"，又于三年后扩展成"汉语教学中心"。中国国际广播电台陆续开办了多语种的汉语教学节目。1996年11月1日，中国黄河电视台在美国斯科拉电视网开设的全中文教学频道试播，开辟了对外汉语远程教学的新领域。1999年，北京外国语大学完成了《汉语世界》光盘的制作。2000年11月23日，北京语言文化大学正式成立网络教育学院——我国第一个专门从事对外汉语网络教学的二级学院。广播、刊授、函授、多媒体、网络远程多种形式的对外汉语教学体系开始形成。

多渠道、多层次、多形式的教学体制，终结了政府渠道招生和汉语预备教育的单一对外汉语教学格局。1988年，在校长期的外国留学生（不包括通过校际交流来华的外国学生）为 5245 人，是 1977 年总人数的 4.3 倍。1997 年，在校留学生人数达到 43712 人，是 1988 年总人数的 8 倍。2001 年，以学习汉语为目的的外国留学生总人数为 41315 人，占来华留学生总人数的 79.6%，其中学历教育学生 4103 人，非学历教育学生 37409 人，另有远程教育学生 1943 人（包括函授学生 1328 人，网络教育学生 615 人）。这些留学生来自世界各地，其中来自西欧、日本、北美的留学生人数明显增加。自费留学生逐渐成为来华留学生的主流：1998 年为 7544 人，1999 年达到 14155 人——一年之间就翻了近一番。

（三）研制和推行汉语水平考试

1984 年，初、中等汉语水平考试（HSK）开始研制。1985 年，第一套试卷成功在外国留学生中试用。1986 年，HSK 被正式列入国家教委当年的博士专项基金项目，6 月 26 日，首次 HSK 考试在北京语言学院举行。1988 年 9 月，《汉语水平考试等级标准和等级大纲》通过专家鉴定。1989 年 10 月，HSK（初、中等）在北京、上海、天津、南京、广州、大连、武汉等地举行。1990 年 2 月，HSK 正式通过专家鉴定，6 月 25 日，第一次正式的 HSK 考试在北京、天津、上海、大连四地同时举行，共有 391 名外国考生参加。1991 年 6 月、10 月、12 月又分别在新加坡、澳大利亚、日本三国举行了 HSK 测试。1992 年，HSK 被正式确定为国家级考试。1994 年 6 月，在德国汉堡、意大利米兰、法国巴黎举行 HSK 考试。HSK（高等）于 1989 年开始研制，1993 年 7 月通过专家鉴定，同年 12 月在新加坡正式举行了测试。HSK（基础）于 1995 年开始研制，1997 年 11 月正式通过专家鉴定，1998 年 1 月和 5 月分别在中国北京、天津、大连、广州和法国巴黎、波尔多举行。（表 1-1）

表 1-1　1995—2000 年 HSK 考点、考生增长情况

年　度	考点总数	国内考点	国外考点	考生人数	备　注
1995 年	42	19	23	12610	
1996 年	51	27	24	22445	16 个国家和地区
1997 年					（缺少数据）
1998 年	61	27	34	41000	18 个国家和地区
1999 年				63849	（缺少数据）
2000 年	84	37	47	81674	21 个国家和地区

HSK 是为测试第一语言非汉语者的汉语水平而设立的国家级标准化考试。由国家教委设立的汉语水平考试委员会全权领导汉语水平考试，并颁发汉语水平证书。

(四) 开展较为广泛的国际交流

由于世界汉语教学的发展和对外汉语教师的需求增加，我国向外派出越来越多的汉语教师。仅 1987 年，就通过政府渠道派出 143 名汉语教师和汉语教学专家到 36 个国家的 69 所院校或机构从事对外汉语教学工作。其中不少派出人员担当了国外政府汉语教学顾问，协助所在国设计汉语课程、制定汉语教学大纲、主持或参与汉语教材编写和汉语师资培训、为电台或电视台制作汉语教学节目等。

除了政府外派汉语教师，还有诸如互派代表团、国外企业邀请、校际交流参加国际汉语教学研讨会、邀请外国学者来华讲学等多种形式的交流。例如：1980 年，美国派代表团在北京举行首次中美汉语教师交流会；从 1980 年开始，日本广播协会（NHK）先后聘请著名播音员虹云、雅坤、王欢等参加其"中国语讲座"；20 世纪 80 年代，英国著名语言学家亚历山大、黎天睦等受邀来北京语言学院讲学；1989 年 12 月，以朱德熙为团长、对外汉语教师为主要成员的中国语言学代表团一行 23 人受邀赴新加坡参加世界华文教学研讨会。1999 年，教育部设立"中国语言文化友谊奖"，对世界各国促进汉语教学和中国文化传播做出突出贡献的国际友人进行表彰。

(五) 确立对外汉语教学学科

1978 年，在中国社会科学院召开的北京地区语言学科规划座谈会上，吕必松提出应当把对外国人的汉语教学作为一门专门的学科，应该在高校中设立培养这类教师的专业，并成立专门的研究机构。这一意见得到了社会各界广泛的支持。1983 年 6 月，参加筹备成立"中国教育学会对外汉语教学研讨会"的专家学者正式提出了"对外汉语教学"的学科名称。1984 年 12 月，时任教育部部长的何东昌在一次报告会上明确表示：多年的事实证明，对外汉语教学正发展成为一门新的学科。国家教委在其后颁布的我国学科专业目录中列入了"对外汉语教学"这门学科。

(六) 创立专门的学术团体、学术机构和科研机构

1983 年 6 月，中国教育学会对外汉语教学研究会成立，其宗旨便是"团结全国对外汉语教学工作者，推动本学科的理论研究，促进国内外的学术交流"。第一任会长是吕必松。1986 年，研究会改属中国高等教育学会，两年后又独立出来，成为中国对外汉语教学学会，秘书处设在北京语言学院。截至 2001 年，学会共有会员 1257 人，先后举行了七届学术研讨会，组织了多次国内外学术交流活动。

为了加强世界各地汉语教学与研究工作者之间的联系，推动世界汉语教学与研究的发展，1987年，在北京举行第二届国际汉语教学讨论会期间，各国代表协商成立了世界汉语教学学会，首任会长是朱德熙。截至2001年底，学会共有会员1023名，其中中国大陆430名、中国港澳台地区92名、海外501名（来自39个国家）。

1989年5月，国家教委正式批准在北京语言学院成立世界汉语教学交流中心，下设教师研修部、汉语水平考试部、信息资料部、声像制作部、教材编印部、对外联络部，由国家汉办和北京语言学院共同领导。中心的成立不仅为各国汉语教师参加培训、从事研究提供了稳定的基地，而且为各国汉语教学工作者开展全面学术交流增加了新的渠道。

1984年11月，北京语言大学成立了语言教学研究所，下设汉语教研室、语言对比研究室、第二语言教学法及语言理论研究室、辞书教材研究室和情报资料中心。这是我国第一个对外汉语教学的专门研究机构。

（七）创办专业刊物，成立专门的出版社

1979年9月，北京语言学院于两年前创办的内部刊物《语言教学与研究》正式公开发行，成为我国第一个对外汉语教学方向的专业期刊。1984年初，对外汉语教学研究会创办了会刊《对外汉语教学》（内部刊物），总共出刊8期。1987年3月，对外汉语教学研究会与北京语言学院语言教学研究所共同创办了《世界汉语教学》，出版两期预刊后转为世界汉语教学学会的会刊。《世界汉语教学》和《语言教学与研究》从此成为对外汉语教学界的权威级期刊。

其他专业刊物包括：北京语言学院于1987年和1993年创办的《学汉语》和《中国文化研究》，国家语言文字工作委员会的《语言文字应用》，延边大学的《汉语学习》，云南师范大学的《对外汉语教学与研究》，上海师范大学的《对外汉语研究》。此外，部分大学学报也开辟了对外汉语教学研究的专栏或专刊，广州的暨南大学华文学院与厦门大学海外教育学院也定期出版华文教学的刊物。

为了加强对外汉语教材和相关工具书、教学参考的编写出版工作，专门的出版机构也在本期建立起来。1985年2月，北京语言学院出版社成立。1986年1月，华语教学出版社成立。一些高校的出版社和商务印书馆、上海教育出版社、语文出版社、外语教学与研究出版社也开始重视对外汉语教学用书的出版。

（八）开始培养专门的对外汉语师资

此前的对外汉语教师，基本上是以部分中文专业课程加上部分外语专业课程来进行

培养的，这一培养方式并不能形成对外汉语教学所需要的知识和技能结构。于是，一批高校相继开设了对外汉语教学本科专业，根据对外汉语教学所需要的知识结构和能力结构来开设学习课程，确定教学内容。1983年，北京语言学院首开纪录，之后北京外国语学院、上海外国语学院、华东师范大学、暨南大学等高校也开设了本专业。

1986年，北京大学和北京语言学院又开始了对外汉语教学专业的硕士研究生培养工作。南开大学、南京大学、四川大学、华东师范大学、上海师范大学等高校紧随其后，也相继开始招收本专业的硕士研究生。此外，北京语言学院还于1992—1995年间从中文系和外语系毕业生中招收了四届对外汉语教学第二学士学位生。

1997年，北京语言文化大学建立了全国第一个对外汉语教学课程与教学论硕士学位培养点，并同时获准建立第一个带有对外汉语教学方向的语言学及应用语言学博士学位培养点。由此，一个从本科到硕博研究生学历的完整的对外汉语师资培养体系建立起来了。

与此同时，为了帮助在岗的对外汉语教师提升业务水平，从1987年到1998年底，北京语言文化大学共举办了85期汉语教师培训班，接受培训的教师多达1700人，来自海外30多个国家和地区与国内60多所高校。派往海外进行教学、师资培训的工作也从东南亚等周边国家扩展至北美地区。此外，还通过邀请外籍专家来华讲学、选派在职教师进修部分本科或研究生课程或者出国进修等方式来提高对外汉语教师的业务素质和理论水平。

对外汉语师资培养和管理工作的规范化、制度化也在进行当中。国家教委于1990年颁布《对外汉语教师资格审定办法》，又于1996年颁布《〈对外汉语教师资格审定办法〉实施细则》。1991—2004年，约有3000人通过对外汉语教师资格审定考试，并获得对外汉语教师资格证书。[①]

（九）从学科建设的高度开展教学理论研究

把对外汉语教学作为一门专门的学科，从学科建设的视角进行理论研究，是从这一时期开始的。研究成果主要发表在《语言教学与研究》《世界汉语教学》《语言文字应用》

[①] 从2005年开始，对外汉语教师资格证书改为对外汉语教学能力证书，但由于种种原因，一直没有开设考试，直至10年之后，"国际汉语教师资格证"考试才将其替代。2020年起，又改为"国际中文教师证书"考试。相信这一考试将会吸引越来越多的海内外人士参与到世界汉语教学队伍中来。

《汉语学习》《对外汉语教学与研究》等刊物上,一些研究成果发表在对外汉语教学学会的学术讨论会论文选和国际汉语教学讨论会论文选以及部分高校出版的对外汉语教学研究专辑上。

这一时期的对外汉语教学理论研究具有以下四个特点:

第一,开始了对外汉语教学的宏观研究,包括:本学科的性质和特点、学科建设的紧迫任务、总体设计理论(将语言教学过程分成四大环节);

第二,全面研究了教学过程的各个环节与各项教学活动;

第三,进一步深化了教学原则的研究,例如引进"交际"的概念,揭示语言要素、言语技能、交际能力与文化背景知识之间的相关性,提出结构、情境、功能相结合的理念;

第四,提出了用不同的方法训练不同的语言技能的思路。

(十)基础理论研究得到了重视

语言理论、语言学习理论、文化理论这些与对外汉语教学相关的基础理论,在这一时期得到了人们的重视。

对语言现象具体深入的描写,有助于学生理解和掌握语言。与对外汉语教学相关的汉语语言研究,如汉字研究、汉字与拼音文字的比较、汉语语音研究、汉语词汇研究、汉语句型研究、汉语话语分析和病句分析,因此越来越受到重视,出现了一批研究成果,如《现代汉语频率统计与分析》《现代汉语句型统计与研究》《计算机辅助汉语教学系统即基本汉语规范研究》等。

语言学习理论旨在揭示语言学习的客观规律,掌握这些规律无疑有助于教学效果的提升。20世纪80年代,对外汉语教学界将中介语理论从国外引进,并运用该理论对外国人学习汉语过程中的错误(偏误)进行分析。同时,学习者的个体因素,如态度、动机、策略等,也得到了初步的研究。

语言是文化的载体,又是文化的一部分,对外汉语教学与中华文化紧密相关,文化理论因此也在此期得到人们的关注。不少的论文涉及语言教学与文化背景、文化差异、文化导入、文化心理、思维方式等一系列问题。1994年底召开的对外汉语教学定位、定性、定量座谈会,可谓是此期对外汉语教学界语言与文化大讨论的一个总结。

(十一)教学法研究开始深入、前面的发展

对外汉语教学事业的大发展促进了人们对教学法的重视和探索,探索的成果表现在三个方面。

第一，引进了功能法，并对结构、功能相结合的路子进行探索。20世纪70年代末到80年代末的对外汉语教学法实际上是集传统的语法翻译法、听说法（句型法）、直接法、功能法于一体，以"结构—情境—功能"法为主的多层次教学法，如何将结构与功能结合在一起，成为学术讨论和教材编写的热点问题。此时期出现了第一部吸收功能法特点的教材《实用汉语课本》（北京语言学院语言教学研究所编写，商务印书馆于1981年出版）和第一部纯功能方式的教材《说什么怎么说》（1980年在南京大学校内油印试用）。20世纪80年代末之后，学界又提出"结构—功能—文化"三结合的教学思路。

第二，按照语言技能划分课型，确定各种课型之间的关系。相对多年来形成的教学习惯（即听说读写全面要求的精读课型），从20世纪80年代开始，对外汉语教学界对四项言语技能和课型顺序的认识正处于一种转变中，即从听、说、读、写向读、写、听、说转变。转变的依据则是成人学习第二语言跟儿童习得母语的过程不同，以读写课入手或许更符合汉语教学的规律。

第三，各种教学类型的课程在改革中趋于完善。20世纪70年代发展起来的短期汉语班、汉语进修班、现代汉语专业等新的教学类型，加上先前的汉语预备教育，从20世纪80年代开始都在总结经验的基础上进行了改革和开发，其目的就是加强教学的针对性和计划性，调整各类课型的比例，处理好各门课程的横向与纵向关系，以更为有效地培养学生使用汉语进行交际交流的实际能力。在教材编写上，逐渐由通用性向专用性，从单一的综合教材向系列的专能教材发展，教学法也由单纯的结构法向结构—功能相结合过渡。而且，教材的编写有了规范和标准，如1998年制定的《1998—2000年对外汉语教材编写规划》和《教材项目管理办法》，1999年制定的《高等学校外国留学生汉语专业教学大纲》《高等学校外国留学生汉语（长期进修）教学大纲》和《高等学校外国留学生汉语（短期进修）教学大纲》。2000年，国家汉办还专门成立了"对外汉语教材编写指导小组"。

三、第三个时期：走向世界

2001年11月10日，世界贸易组织（WTO）第四次部长级会议做出决定，接纳中国为其会员国。2010年，中国经济总量超过日本，成为世界第二大经济体。2018年，中国进出口总额达到4.6万亿美元（1950年仅为11.3亿美元），成为全球第一贸易大国。伴随着这种全方位的对外开放和综合国力的大幅提升，立足国内的"对外"汉语教学日益发展成为面向全球的"国际"汉语（中文）教学——汉语开始走出国门、迈向世界。

这种大变化、大发展具体表现在以下九个方面。

（一）国家对这一事业的领导和管理不断加强

成立于1987年的国家对外汉语教学领导小组（简称"国家汉办"）于1996年进行了机构调整，并于两年后完成重组，新增成员包括财政部、国家发展改革委员会和对外经济贸易合作部。

2001年2月8日，国家汉办年度例会召开，确定设立"国家汉办项目经费"，大幅度增加对外汉语教学事业的投入。2003年，国家汉办制定出中国国家对外汉语教学五年规划（2003—2007），正式推出"汉语桥工程"，汉语教师志愿者项目随之启动。2004年，首家"孔子学院"在韩国的首尔成功开办。[①] 2005年，以汉语为主题的高层次国际研讨会"世界汉语大会"在北京首次成功举行。

2006年"国家对外汉语教学领导小组（办公室）"更名为"国家汉语世界推广领导小组（办公室）"，简称沿用"国家汉办"（英文HANBAN）。2020年6月，国家汉办暨孔子学院总部更名为教育部直属的中外语言交流合作中心（简称语合中心）。语言合作中心致力于为世界各国民众学习中文、了解中国提供优质的服务，为中外语言交流合作、世界多元文化互学互鉴搭建友好协作的平台。孔子学院的品牌则由"中国国际中文教育基金会"全面负责运行。

（二）教学体制不断完善，教学规模不断扩大

针对外国留学生的汉语言本科学历教育于1978年首次出现，到20世纪末则建成从学士学位到博士学位的完整的学历教育体系。2012年，针对中国学生的师资培养本科专业"对外汉语教学"和针对外国留学生的本科专业"中国语言文化""中国学"合并为一个新学科"汉语国际教育"，以期培养"适应现代国际社会需要、具备良好综合素质、全面发展的通用性汉语专门人才"。2007年，首批23所"汉语国际教育专业硕士学位"培养点开始招生，2017年，设于"教育学"下面的"汉语国际教育专业博士学位"也开始招生。以对外（国际）汉语教学为对象、同时招收中外学生的硕博研究生教育由此开始了"学术学位"和"专业学位"两条腿走路的大踏步发展。

---

① 截至2019年12月，已在162个国家（地区）建立550所孔子学院和1172个中小学孔子课堂。

非学历教育也多样化起来，不仅有学校教育（包括汉语预备教育、汉语短期学习、汉语速成教学、汉语进修学习），而且有针对海外华侨子弟、外交人员和商务人员的广播、函授、多媒体教学、网上中文、远程汉语教学等形式。特别是利用互联网进行汉语教学日益成为一些对外汉语教育和网络教育机构关注热点。国家汉办委托华东师范大学建立了汉语远程学院，不仅设立了网络电台，编辑了网络汉语杂志，而且研制出网络教学课件，已经成为世界上规模最大的汉语远程教育机构。2010 年，包含五大中心的"网络孔子学院"建成，之后又不断升级换代，目前已有 50 多个语种、上百万的用户，遍及 140 个国家和地区。

教学规模也随之不断扩大。2003 年年底，在华学习汉语的外国留学生达到 8 万人。2014 年，有来自 203 个国家和地区的 377054 名外国留学人员在我国 775 所高等学校、科研院所和其他教学机构学习、深造。2017 年，则有来自 204 个国家和地区的 489200 名外国留学人员（包括约 75800 万名硕、博研究生）在我国 935 所各类高等学校、科研院所和其他教学机构学习、深造，其中约 32 万人来自"一带一路"沿线国家和地区。中国已成为世界第三、亚洲第一的外国学生留学目的地国家。

2018 年，我国 1004 所高等学校、科研院所和其他教学机构共接受了来自 196 个国家和地区的 492185 名外国留学生，其中，学历生占比为 52.44%，达到 258122 人。2019 年，有来自 202 个国家和地区的 397635 名外国留学生（研究生占比 13.47%）在我国 811 所高等学校、科研院所和其他教学机构学习，其中，学历生为 184799 人，同比增长 12.41%。如若没有新冠肺炎疫情的影响，2020 年来华留学的外国学生人数超过原计划的 50 万人大关应该不成问题。

（三）汉语水平考试进一步推广并完成升级换代

2010 年，"重点考查汉语非第一语言考生在生活、学习中运用汉语进行交际的能力"的新 HSK、新 YCT 与新 BCT 在全球开始实施。第二年，参加考试的人数便达到 201 万。2017 年，汉语水平考试考点已达到 860 个，其中海外考点 530 个、分布于 112 个国家，中国国内考点 330 个、分布于 71 个城市。

截至 2020 年底，全球有 70 个国家将中文纳入国民教育体系，海外正在学习中文的人数大约 2500 万，"十三五"期间全球参加 HSK、YCT 等中文水平考试的人数达 4000

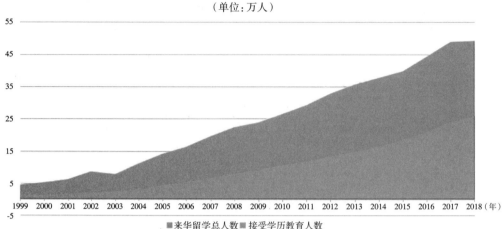

图 1-1　1999—2018 年来华留学生人数变化

万人次。国际中文（汉语）教学已经拥有了广泛而坚实的基础。①（图 1-1）

（四）开展了较为广泛的国际交流与合作

到 20 世纪末，每年就有 300 人左右的汉语教师通过各种渠道被派往国外从事汉语教学，在海内外接受我国培训的外国汉语教师也是逐年增加——仅 2002 年一年就有来自 20 多个国家的 800 多名汉语教师参加了培训。2001 年，教育部设立"海外汉语教师来华培训资助项目"，当年就有 9 名教师获得中华文化研究奖学金，77 名教师获得暑期来华学习考察奖学金，23 名学生获得 HSK 优胜者奖学金来华学习汉语。1999 年，教育部设立"中国语言文化友谊奖"，对世界各国促进汉语教学和中国文化传播做出突出贡献的国际友人进行表彰，第二年，该奖项便颁发给了为中泰文化交流合作做出贡献的泰国公主诗琳通。2001 年，31 名海外的汉语教授和汉学家受邀来华访问并进行短期学术交流。2002 年 8 月 15 日，首届"汉语桥世界大学生中文比赛"在北京开幕，其目的便是鼓励世界各国青年学习汉语，了解中国文化。

---

① 据 2020 年 12 月 22 日教育部举行的新闻发布会透露。央视新闻报道，"'十三五'期间，我国新签 11 份高等教育学位互认协议，已累计覆盖 54 个国家和地区。与此同时，我国各级各类教育赴境外办学稳步推进……加快'鲁班工坊'建设，启动中国特色海外国际学校建设试点。"

从 2004 年开始，以国际汉语教学和中华文化传播为己任的"孔子学院"陆续在世界各地建立起来。截至 2019 年底，已经建成 550 所（设在海外大学的）孔子学院和 1172 个（设在中小学的）孔子课堂，分布在 162 个国家与地区。截至 2017 年底，中外专兼职教师 4.62 万人，各类面授学员 170 万人，网络注册学员 62.1 万人。2017 年，国家汉办向 146 个国家派出汉语教师 3574 人，向 127 个国家派出汉语教师志愿者 6306 人，并支持各省、市、区教育厅（委）和高校派出教师 5001 人。①

此外，我国政府还有计划地向海外赠送了大量的中文图书和教材。仅 2001 年一年，教育部就向 27 个国家 57 所大学与相关机构赠送中文图书 50000 册。

（五）建立了对外汉语教学基地和汉语中心

截至 2003 年，已有 8 所高校（北京语言大学、复旦大学、北京师范大学、北京大学、华东师范大学、南开大学、南京师范大学和中国人民大学）进入对外汉语教学基地建设行列。同时又确定在纽约、温哥华、悉尼、首尔四个城市建设汉语中心。据统计，到 2002 年，海外汉语学习者的总人数已达 3000 万（仅日本就有 100 万的汉语学习者），85 个国家的 2100 所大学开设了汉语课程。开设汉语课程的中小学和从事汉语培训的社会机构也越来越多。

（六）师资队伍建设进一步加强

制约对外（国际）汉语教学的"瓶颈"一直是"三教"问题，即教师、教材和教法，而教师又是其中"牵一发而动全身"的关键。进入新时期，对外（国际）汉语师资的建设开始走上"双管齐下"的路子，即新教师的培养和老教师的培训同时进行，内外兼备。

在培养新教师方面，也采取了"双管齐下"的策略，即一方面改善和扩充始于 1984 年的对外汉语教学本科专业，一方面创办和拓展本领域的硕博研究生培养项目。2012 年，"对外汉语教学"被整合为"汉语国际教育"本科专业，同时招收国内学生和留学生。到 2017 年，全国已有 384 所高校（仅西安一地就有 20 多所）开办了该专业，每年招收中外学生近 2 万人。2015 年，该本科专业在校总人数就高达 63933 人。相当一部分本科毕业生都在从事与对外汉语教学相关的工作。20 世纪末，已经开始了"语言学及应用语言学"

---

① 宁继鸣. 汉语国际教育："事业"与"学科"双重属性的反思.《语言战略研究》2018 年 12 月 5 日。

专业"对外汉语教学"方向（学术学位）的硕博研究生招生和培养。从2006年开始，又陆续创办了"汉语国际教育"专业学位的硕博研究生培养点。截至2017年底，有110所高校设置了汉语国际教育专业硕士学位。仅西安一地就有西北大学、陕西师范大学、西安外国语大学（第2批）、西安石油大学、西安建筑科技大学和陕西中医药大学（第4批）等6个汉语国际教育专业硕士学位培养点。2015年，攻读该专业学位的在校研究生总人数达到10133人。2018年，北京大学等7所高校则又在教育专业博士学位学校课程与教学领域开始试点招收汉语国际教育方向的教育博士专业学位研究生。[①]

2015年前后，"国际汉语教师资格证"考试开考，2020年，更名为"国际中文教师证书"考试。该考试通过对汉语教学基础、汉语教学方法、教学组织与课堂管理、中华文化与跨文化交际、职业道德与专业发展等五种专业能力的考查，对考生是否具备国际汉语（中文）教学方面的能力进行评价。越来越多的本专业、其他专业和社会人士参加考试，获得资格证书的考生已然成为对外（国际）汉语教学的生力军。

在培训在职教师方面，同样是"双管齐下"和内外并举。国内高校从事对外汉语教学的教师通过定期培训和专业进修不断提高专业素养和教学能力。海外的汉语教师则通过"汉语桥"项目来华进修学习、参观考察或者就地参加能力培训和学术研讨来提升自己的教学和研究能力。世界汉语教学学会每年都定期组织专题研讨会和工作坊，海外的相关组织，如英国汉语教学研究会（BCLTS）也定期举办研讨交流活动。每年派出的国家公派教师和汉语教师志愿者也都在赴任之前参加相关的岗前培训。这些活动有效地提升了在职对外（国际）汉语教师的职业素养和教学能力，在一定程度上解决了"教师荒"和"教学效果差"的问题。

（七）高度重视基础理论和教学理论研究

2002年，国家汉办启动了"十五"科研规划项目，总共70多项，并资助出版了10多种著作。教育部还在北京语言大学设立了重点研究基地——对外汉语研究中心，以加强对外汉语教学的研究。与之相应的是，学科研究论文在数量和质量上都有了前所未有

[①] 宁继鸣. 汉语国际教育："事业"与"学科"双重属性的反思.《语言战略研究》2018年12月5日。2017年，有来自35个国家的86名学生通过中外合作或来华学习的方式攻读博士学位，使此类博士生录取人数累计达到413人，又有来自119个国家的4883名学生获得孔子学院奖学金来华学习，包括570名汉语国际教育专业硕士生和439名汉语国际教育专业本科生。

的提升，经验型、介绍性的论文明显减少，跨学科、多角度的论文明显增多。研究汉语教学和习得规律的论著多了起来，如《汉语作为第二语言的习得研究》《对外汉语教学与文化》《汉语课堂教学技巧》《对外汉语写作教学研究》《对外汉语本科教育研究》《对外汉语研究的跨学科探索》《语言教学原理》《对外汉语教学课程研究》《对外汉语教学研究》《国际汉语语言交际能力培养论》等。2010年前后，商务印书馆则推出以赵金铭等为总主编、由五个板块共22册组成的"对外汉语专业本科系列教材"。[①]北京大学出版社紧随其后，也推出更为实用和紧凑的"汉语作为第二语言教学丛书"。丛书也以赵金铭为总主编，包括六册，即《作为第二语言的汉语概说》《汉语作为第二语言要素教学》《汉语作为第二语言教学文化概说》《汉语作为第二语言教学概论》《汉语作为第二语言技能教学》和《汉语作为第二语言课堂教学》。

紧密结合对外汉语教学的汉语专题研究论著也开始出现，例如《现代汉语语法与对外汉语教学》《对外汉语教学中的副词研究》《面对对外汉语教学的副词定量研究》《似同实异——汉语近义词表达方式的认知语用分析》等。2003年11月，国家汉办与上海师范大学应用语言学研究所还联合主办了"现代汉语虚词与对外汉语教学学术研讨会"。2006年，商务印书馆推出由赵金铭任总主编的"对外汉语教学专题研究书系"。书系分七个系列，即对外汉语教学学科理论研究（主编 李泉，4册）；对外汉语课程教学研究（主编 李晓琪，5册）；对外汉语语言要素及其教学研究（主编 孙德金，4册）；汉语作为第二语言的学习者习得与认知研究（主编 王建勤，3册）；语言测试理论及汉语测试研究（主编 张凯，2册）；对外汉语教师素质与教学技能研究（主编 张和生，2册）；对外汉语计算机辅助教学研究（主编 郑艳群，2册）。

（八）教材开发有了新的突破

对外（国际）汉语教材从无到有，由少变多，仅2002年一年，国家汉办就组织编写出版了纸质教材52种和音像教材19种。目前，对外汉语教材不仅种类多而且数量大，其中不乏一些基于大量汉语研究和汉语调查又针对教学实际编写出来的优秀教材。

未来的对外（国际）汉语教材应该会朝着这样的方向努力：

---

① 五个板块是：语言学、应用语言学和汉语（5册）；中国文学文化及跨文化交际（5册）；汉语教学理论、第二语言教学理论与实践（7册）；对外汉语教材、教学法与测试评估（4册）；现代教育技术在对外汉语教学中的应用（1册）。

其一，制订出立足国内、面向世界的教材编写标准和规划（如《国际汉语教学通用课程大纲》）；

其二，利用现代化科技手段（如网络和手机 App）编写多类型、多层次、多媒体的系列教材（如《HSK 标准课程》）；

其三，以大量的汉语研究成果为依据，密切结合海外的教学实际需要，实现教材内涵式发展的目标。

（九）更加重视教学质量和评优工作

2002 年，国家汉办首次举办全国对外汉语教学优秀教师的评选活动，共有 12 名教师获得这一光荣称号。2003 年，国家汉办首次举行全国对外汉语教学优秀教材的评选。2018 年开始，对考核合格的国家公派出国教师颁发"荣誉证书"。

可以说，"新中国的对外汉语教学在经过 55 年的发展之后，于 2005 年 7 月进入了一个新时期。以首届'世界汉语大会'的召开为契机，我国的对外汉语教学在继续深入做好来华留学生汉语教学工作的同时，开始把目光转向汉语国际推广"。因为"语言的传播与国家的发展是相辅相成的，彼此互相推动。世界主要大国无不不遗余力地向世界推广自己的民族语言。我们大力推动汉语的传播不仅是为了满足世界各国对汉语学习的急切需求，也是我国自身发展的需要，是国家软实力建设的一个有机组成部分，是一项国家和民族的事业，其本身就应该成为国家发展的战略目标之一"[1]。

世界汉语教学学会现任会长钟英华教授因此认为：随着国际汉语教学需求的增加，学习和使用汉语将成为全球的趋势，汉语在人类文明发展中的作用紧随其日益广泛的使用而凸显出来，汉语国际教育"在服务世界人民需求、讲述中国故事、传递中国声音方面肩负着越来越重要的历史使命"[2]。

---

[1] 赵金铭. 从对外汉语教学到汉语国际推广（代序）"商务馆对外汉语教学专题研究书系"，2006.
[2] 人民日报海外版，2021 年 5 月 21 日，第 11 页。

第三节 "对外的"汉语教学作为一门学科

一、从"对外汉语教学"到"汉语国际教育"

设置对外汉语教学专业的初衷是招收第一语言为汉语的中国学生，专业培养目标是能够从事对外汉语教学及中外文化交流等工作的人才，这就使它必须根据对外汉语教学对教师知识结构和能力的要求来进行课程设计、确定教学内容。1989年的苏州"对外汉语教学专业会议"对这一培养目标做出了进一步的明确，规定专业课程应分三类：外语类、语言类和文学文化类。1997年召开的深化对外汉语专业建设座谈会达成共识，本专业的培养目标可以适当加以拓宽，要培养一种复合型、外向型的人才，即要求具有汉语和外语知识，又要求有中国文化的底蕴；要求懂得外事政策和外交礼仪，又要求懂得教育规律和教学技巧。

随后，"语言学及应用语言学"的研究生专业下逐渐有了对外汉语教学方向，意欲成为对外汉语教学从业者和研究者的中国学生，在20世纪末就有了从学士学位到博士学位的求学通道。

1975年，北京语言学院开始试办以外国留学生为对象、以汉语作为第二语言的教育为特征的四年制"汉语言"本科专业，培养目标为汉语教师、翻译和汉语研究人才。接着，南开大学、南京大学、复旦大学等高校也相继设立这一专业。1996年，北京语言文化大学开设针对外国留学生、旨在培养"具有较高的汉语水平，具备综合性的中国国情和文化知识，一定的中国语言文化及初步研究能力，从事与中国有关工作的通用性语言人才"的四年制"中国语言文化"本科专业。

1986年，北京语言学院获批硕士学位授予单位，开始招收带有本学科特色、以汉语作为第二语言教学、汉外对比、翻译、汉语信息处理等为方向的现代汉语专业外国硕士研究生。之后，北京大学汉语中心和其他一些高校也开始招收现代汉语专业对外汉语（新建"语言学及应用语言学"专业）方向的外国研究生。1997年，北京语言文化大学获批全国第一个对外汉语教学"学科教学论"（后改为"课程与教学论"）硕士学位培养点。同年，全国第一个带有对外汉语教学方向的"语言学及应用语言学"博士专业培养点在北京语言文化大学建立。针对外国留学生的汉语言文化教育，在20世纪末也具备了从学士学位到博士学位的完整学历教育体系。

2005年首届世界汉语大会在京召开，标志着对外汉语教学开始向全方位的汉语国际教育转变。2007年，汉语国际教育专业学位经国务院学位委员会批准设立，并于当年开始招生，迄今已有150所左右的高校设有汉语国际教育专业硕士学位培养点。2013年，北京语言大学自主增设（并在教育部备案）汉语国际教育专业博士学位点并于两年后开始招生。2018年，北京大学等7所高校也开始试点招收汉语国际教育方向的教育博士专业学位研究生。

2012年，教育部颁布的《普通高等学校本科专业目录》和《普通高等学校专业设置规定》将针对中国学生的"对外汉语教学"本科专业与针对外国留学生的"中国语言文化"本科专业和"中国学"本科专业合并为一个新的本科专业："汉语国际教育"（专业代码050103），培养目标是"适应现代国际社会需要、具备良好综合素质、全面发展的通用型汉语专门人才"。自此以后，中外学生就在同一个专业下面来攻读与中国语言文化教学和语言应用相关的学士学位了，攻读硕士、博士学位则有了两个途径："语言学及应用语言学"专业对外汉语教学方向的学术学位与"汉语国际教育"和"教育学"专业的专业学位。

可以说，"20世纪50到70年代在探索汉语自身教学规律方面取得了可喜的成绩，奠定了学科发展的基石；20世纪80到90年代对外汉语教学实践获得了广泛而深入的发展，学科建设在各个领域都获得了前所未有的大发展。21世纪特别是2005年世界汉语大会以来，对外汉语教学的工作重点转向海外，并取得了令人瞩目的成就；但国内的对外汉语教学有被边缘化的倾向。"[①]

二、学科的性质与特点

（一）与汉语作为母语（语文）教学相比

（1）年龄层次不同。汉语作为第二语言教学的对象大多是成年人，而成年人通常理解力强但记忆力差，基本上是从零开始学习汉语，大多止步于基础阶段。

---

① 李泉. 中国对外汉语教学七十年.《语言战略研究》2019年8月16日。

（2）迁移作用不同。汉语既然是学习者的第二语言，他们的第一语言（母语）就必然会对汉语学习产生迁移作用或者干扰，语言对比分析因此成为必要。

（3）学习环境不同。汉语作为第二语言的学习可能发生在中国，但更多地发生在本国，所以大多缺少天然的语言环境，创造和利用使用汉语进行交际的环境因此成为国际中文教师的重要任务。

（4）文化背景不同。汉语作为第二语言学习者在文化背景上与汉字和汉文化存在着种种差异，他们要想真正掌握汉语，就必须学习和了解中国文化，所以国际中文教学中必然包含中国文化元素和跨文化交际的内容。

（5）学生个体差异不同。汉语作为第二语言的学习者来自世界各地，他们在文化背景、思维方式、民族心理、审美习惯、学习方式等方面存在着巨大的差异，例如，欧美学生个性开放，喜欢多听多说；韩日学生比较拘谨，喜欢用书面形式来辅助听说。国际中文教师面对这样的学生必须关注其群体和个体的差异，以便在"有教无类"的前提下更好地"因材施教"。

（6）教学内容和教学重点、难点不同。汉语作为第二语言教学在内容上更加突出交际性和汉外语言的差异性，学习者的母语与汉语差别大的地方通常成为教学的重点和难点，汉语作为母语教学中一些习焉不察的语言现象往往会在汉语作为第二语言教学中凸显出来，因而成为重要的教学内容。

（7）教学方法不同。汉语作为第二语言教学往往在考虑汉语本体特点的基础上大量借鉴世界上各种第二语言教学法流派的合理因素，这和汉语作为母语教学很不一样。

（二）与其他第二语言教学相比

欧美很多人认为汉语是世界上最难学的语言之一，其学习难度是西班牙语、法语、德语、英语的 2.5 倍甚至 3 倍！这种认识的根源大概是：汉语跟印欧语系的语言在类型和结构上差异较大，这些差异不仅表现在语言基本要素（语音、词汇、语法）上，而且更多地表现在记录汉语的汉字和隐藏于汉语、汉字之中的中国文化上。

1. 汉语的难易度问题

与世界上其他主要语言相比，汉语确实具有一些难度，但也有其易学、好学的一面。其难度表现在三个方面：

（1）汉语有两套符号系统，拼音和汉字，学习负担相对重了一些；

（2）汉字和拼音文字相比，在识别和书写上具有一定的难度；

（3）汉语中隐含的文化，如思维方式、世界观、审美观、社会心理和语用规范，具有独特性。

其易学、好学的特点也表现在三个方面：

（1）音节总数少，大约1300个，学习负担较轻；

（2）部件和语素具有一定的表意功能；

（3）构词法和造句法具有某种同构性。

2. 汉语作为第二语言教学的优势和难点

客观地说，汉语作为第二语言教学具有一定的优势，又有一些突出的难点。其优势表现在语音、词汇、语法和汉字四个方面：

语音方面

（1）采用的音素较少，总共32个，包括10个元音音素和22个辅音音素。

（2）音节结构简单、数量较少且界限分明、规律性强。汉语音节大多由一个元音或一个元音加上一个辅音构成；音节总数不超过400个，加上声调也就是1300个左右；音节中辅音不能相连而且位置固定，只出现在音节的开头或结尾。

（3）元音的使用频率较高，以元音结尾的开音节占优势，而且声调具有抑扬顿挫的音响效果，汉语语音因此呈现出浓郁的音乐性。

（4）音节中的声母、韵母之间的配合具有很强的规律性，一旦掌握了《声韵拼合总表》，汉语音节也就一目了然、容易学会了。

词汇方面

（1）词以双音节为主，少部分是单音节的，多音节词很少且不常用。音节少，便于记忆。

（2）构词以词根复合法为主，词根加词根便构成一个词，而且词义和构词的语素义密切相关，便于理解和掌握词的意义。

（3）词缀数量极少，但很能产，且具有很强的词性类化规律，因此可根据词缀的类化规律来判断词性，如后缀"子"构成的词都是名词。

（4）常用词语的使用频率较高，如《常用汉语八百词》，掌握了这些常用词语就可以进行日常的交际活动。

语法方面

（1）语法结构简单明了，且句子、短语（词组）和词的结构关系具有很强的一致性，一种规则，三处可以使用。

（2）形态变化少，缺少性数格的形态变化，直接使用词语来表达语法关系，这就为汉语学习提供了便利。

（3）句式丰富多样，同一种意义可以借助多种句式来加以表达。

汉字方面

（1）汉字与音节有极强的对应关系，一个汉字基本上就是一个音节。

（2）汉字具有相当的表意作用，不少汉字都能够"以形显义"，即汉字（象形字、会意字、指事字和形声字）的形音义之间存在一定的理据。

（3）现代汉字中形声字占绝大多数，而形声字具有表音的成分（《现代汉语通用字表》中78.51%都是形声字），这有利于学习者掌握字音。

（4）汉字是中华民族智慧的结晶，是中华古代文明的活化石，凝聚着几千年的汉文化，对学习者具有很强的吸引力。

（5）常用汉字高度集中，数量有限且出现频率高。研究表明：现代汉语里真正常用的汉字最多有2500个，只要认识这些常用字，现代书刊上用白话文写成的文章就可以认读90%。如果掌握《现代汉语常用字表》中的3500个常用汉字，累计频率即可达到99.86%。

其难点也表现在语音、词汇、语法和汉字四个方面：

语音方面

（1）声调。世界上很多语言没有声调，所以很多学习者很难发准四声的调值并记住每个音节的声调。

（2）送气音和不送气音的区别不容易掌握。

（3）语流音变（标调、轻声、儿化）也不太容易掌握。

词汇方面

（1）单音节词不易掌握，因为单音节词同音现象比较普遍，语音持续时间短暂，对听觉神经刺激的强度不够。

（2）汉语词汇丰富，同义词（近义词）在语体色彩、感情色彩、词语搭配、句法功能方面存在差异，准确运用这些词语不是件易事。

（3）带有鲜明中国文化色彩的词语（"寿木""续弦""有喜""红白喜事"之类）与现代汉语中遗留的部分文言词语，学习者不易掌握。

（4）汉语里有丰富的成语、惯用语等熟语，如"南辕北辙""拍马屁""半瓶醋"等，含义丰富又经常出现，却不易准确理解和使用。

（5）汉语的词语在书写中并不分词连写，即词与词之间并没有空格将其分开，这给阅读和理解带来很大的不便。

语法方面

（1）虚词的使用灵活多变，连母语为汉语的人都经常出错。

（2）量词的运用复杂多变，数词和名词之间往往选用不同的量词，有的量词并无理据，有的量词语义虚化，还有很多量词是临时活用，因而不易掌握。

（3）代词的活用，如疑问代词的非疑问用法、指示代词的虚指用法等。

（4）离合词，如"洗澡""见面"等，有时分开用，有时合起来用，使用频率又比较高，区分和使用离合词是一大难点。

（5）兼类词，如"方便"一次既可作谓语，又可作定语和主语，作谓语既可带宾语又能受程度副词修饰，具有名词、动词、形容词多种词类的语法特征。

（6）补语。汉语的补语类别多，使用复杂却又经常出现，补语所表示的意义、补语的意义指向、补语与宾语的位置等都会让外国学生感到困惑。

（7）语序。汉语的语序比较灵活，如"酒""喝""好"就有五种不同的排列组合，即使有固定的语序也和有些语言有差异，极易产生母语负迁移现象。

（8）省略。汉语句子成分（尤其是主语）的省略普遍存在。

（9）句式、同义句式辨析和特殊格式的用法。汉语句型不多但句式丰富，同一个意义可以用不同的句式来表达，但其语用价值存在微妙的差别，如"他摇摇头""他头摇了摇""他把头摇了摇"。

（10）意合法。汉语语言单位的组合有相当一部分没有形式上的标识，只是倚靠语义联系，即使用"意合法"，这就使外国学习者极易出现"搭配不当"的习得偏误。

汉字方面

"字"是中文特有的概念和现象。与字母文字相比，汉字不仅数量多，笔画繁，结构复杂，组合方式多样又常常一字多音，而且书写习惯（甚至思维习惯）也不同，对外国学习者来说必然存在着难认、难写、难记的问题。

3. 国际中文教学的特性

对外（国际）汉语（中文）教学是第二语言教学，也是一种外语教学，因而具有以下四个突出的特点：

第一，既然是语言教学，其根本任务就是教好语言，而语言首先是交际工具，语言教学必须帮助学习者获得运用汉语（中文）进行交际活动的那种能力。

第二，既然是第二语言教学，就不同于第一语言（母语）教学，基础阶段的教学便成为主阵地，短期、速成、集中、强化教学便是其显著特点，如何将知识转化为技能并以技能训练为中心来培养学习者的交际能力便是贯穿始终的教学任务。

第三，既然是汉语作为第二语言的教学，就必然受到汉语本身独特性的制约和影响。汉语属于汉藏语系，与世界上其他主要语言的谱系距离都比较远，对大多数外国学习者来说都是一种"真正的外语"，学习难度表较大。汉语不像英语、法语、西班牙语等作为第二语言在世界上已有数十年乃至数百年的教学历史，属于"非普遍教授语言"，学习者大多是零起点，很容易造成"汉语难学"的印象。汉语本身的一些特点，如具有口语—书面语两个并行系统（尤其是表意见长的汉字系统）、语用对语境的依赖度比较高等，都与大多数学习者已有的语言习惯大不相同。

第四，既然是对外国人进行的汉语作为第二语言的教学，那就不同于国内针对少数民族的汉语作为第二语言的教学（"对内汉语教学"）。国内的少数民族与汉族同属中华民族大家庭，他们共同创造了博大精深的中华文化，因而在学习和使用汉语过程中由文化差异带来的困难就比外国人要小得多。外国学习者则往往遭遇巨大的文化差异甚至文化冲突。与语言交际相关的文化因素和跨文化交际因素在对外汉语教学中便成为无法避免、不可或缺的内容。

国际中文教学因此必须凸显和强调以下的六个问题：

（1）以培养汉语交际能力为根本目标。

（2）以技能训练为中心，将语言知识转化为言语技能。

（3）以基础阶段为重点（普及为主，兼及提高）。

（4）以汉外语言对比为基础。

（5）与文化因素紧密融合在一起。

（6）集中、强化的教学形式。

本章思考题

1. 母语、本族语、第一语言有什么区别和关联？
2. 外语、第二语言、目的语有什么区别和关联？
3. 汉语、国语、华语、中文和普通话有什么区别和关联？
4. 为什么说我国前三十年的对外汉语教学是一个艰难而曲折的时期？
5. "对外的"汉语教学是何时、如何由"请进来"转变为"走出去"的？
6. 什么是汉语语言预备教育？"对外的"汉语教学在什么时候成为一个学科？这个学科又经历了什么样的变化和发展？
7. 汉语国际教育作为一个学科都具有什么样的特点？

8. 现代汉语在语言要素方面都具有什么样的优势和特点?
9. 汉语作为第二语言教学在语音、词汇、语法和汉字方面都有哪些难点?
10. 对外汉语(国际中文)教学具有哪些显著的特点?

第二章 汉语国际教育的学科体系

第一节 语言教育与第二语言教学的学科体系

一、语言教育的学科体系

语言教育的学科体系至少由三个部分构成,即:

学科理论基础:与本学科发展关系最为密切的基础学科。包括语言学、教育学、心理学和文化学、社会学等。这些学科从不同的方面,特别是语言的本质、学习的本质、语言运用的本质和教育的本质四个方面对本学科提供理论养料甚至理论依据。

学科理论体系:属于本学科范围内的基础理论体系。包括语言教学理论、语言习得理论、特定语言学、学科研究方法等。

学科应用研究:运用学科理论,对语言教育的流程(总体设计、教材研发、课堂教学、测试评估)以及教育管理、师资培训等方面进行的专门研究。

二、第二语言教学学科体系

(一)斯波尔斯基的理论模式

美国学者斯波尔斯基于1980年提出"教育语言学理论模式",如图2-1所示:

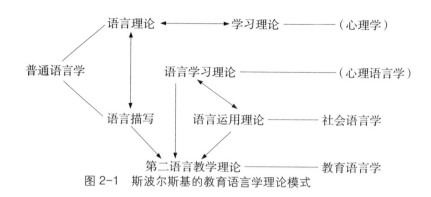

图 2-1 斯波尔斯基的教育语言学理论模式

在这一模式中,语言描写、语言学习理论和语言运用理论成为第二语言教学理论的主要来源,而其中的语言学习理论又源自语言理论和学习理论,语言描写也由一定的语言理论来决定。它较早地提出了语言教学理论的各个组成成分,但其系统内部的层次并不很清楚,一些实质性的内容(如教学原则和教学方法等)也未能表现出来。

(二)斯特恩的一般模式

加拿大语言教育家斯特恩在汲取前任研究成果的基础上提出了一个比较全面的"第二语言教学理论一般模式",如图 2-2 所示:

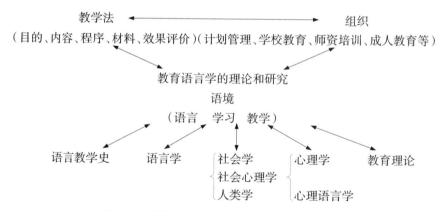

图 2-2 斯特恩的第二语言教学理论一般模式

斯特恩模式的基本思路与斯波尔斯基模式是一致的,但有了三个层次,各个层次之间的关系也更为清晰。这一三级模式的核心在第二级,即由语言、学习、教学和语境四个方面所组成的学科体系,相当于斯波尔斯基模式中的教育语言学,构成第一级的理论基础和第三级的教学实践之间的桥梁。"实践"作为第三级被纳入学科体系,作为第一级的理论基础相邻学科也更为全面。

三、汉语国际教育学科体系

（一）吕必松的"对外汉语教学学科理论"体系

吕必松在《对外汉语教学发展概要》（1990）中将对外汉语教学的学科理论概括为两个方面：教学理论和基础理论。教学理论是学科理论的核心，是学科存在的主要标志。对外汉语教学的基础理论包括语言理论、语言学习理论和比较文化理论。教学理论的发展伴随着基础理论的发展，但它对基础理论的研究也有促进作用。他后来在《对外汉语教学概论（讲义）》（1996）中，又将教学法纳入其中，学科理论于是扩展成为三个，即基础理论、教学理论、教学法。

（二）崔永华的"对外汉语教学学科理论"体系

崔永华在《对外汉语教学学科概说》（1997）一文中，把对外汉语教学学科理论体系概括为三个层次：一是，学科支撑理论，包括语言学、心理学、教育学和其他；二是，学科基础理论，包括第二语言教学理论、语言学习理论、语言习得理论、汉语语言学、学科方法论、学科发展史；三是，学科应用理论，包括总体设计理论、教材编写理论、课堂教学理论、语言测试理论、教学管理理论。

（三）刘珣的"对外汉语教育学体系"

刘珣在《对外汉语教育学引论》（2000）里（图2-3），将对外汉语教育学的学科体系分成三个部分：理论基础、学科理论和教学实践。理论基础涉及与本学科的发展关系最为密切的七个学科，即语言学、心理学、教育学、文化学、社会学、横断学科与哲学，前四个学科从语言的本质、语言学习的本质、语言运用的本质和教育的本质几个方面对本学科产生影响，从而构成本学科核心的支撑理论。

其中，语言学包括理论语言学、汉语语言学、对比语言学和计算语言学，心理学包括认知心理学、心理测量学和心理语言学，教育学包括教育心理学、教育统计学和教育工艺学，文化学包括文化语言学和跨文化交际学，社会学包括人类学和社会语言学，横断学科包括数学、逻辑学、信息论、系统论、传播论等。

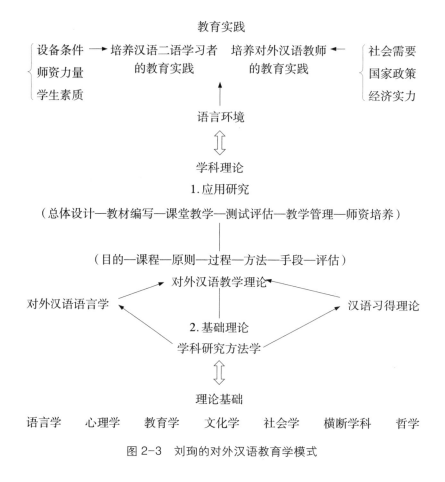

图 2-3 刘珣的对外汉语教育学模式

直接应用于语言教学从而属于学科范围内的理论体系则包括基础理论和应用研究两大部分。学科基础理论包括四个，即对外汉语语言学、汉语习得理论、对外汉语教学理论和学科研究方法学（论）。对外汉语语言学是作为第二语言来教学和研究的汉语语言学，包括语音、词汇、语法、汉字、语义、语用、话语、功能和文化因素等方面。汉语习得理论是对对外汉语教学的主体之一（学习者）的研究，即从心理学的角度来对教学对象的学习过程和学习规律进行研究。对外汉语教学理论是将上述两个方面（教学内容和教学对象）的研究结合起来，就如何通过教学活动使教学内容为学习者快捷有效地掌握的规律和原理进行研究。学科研究方法学（论）是在哲学方法论普遍规律的指导下，对本学科最具针对性的方法论原则和一般方法（尤其是特有的方法）进行研究和探讨的学科。在学科基础理论中居于核心地位的则是对教学理论的研究。

应用研究是指运用相关学科和本学科的基础理论，对总体设计、教材编写、课堂教学、测试评估、教学管理和师资培训等方面进行专门的研究。应用研究与教学实践最为接近，学科的基础理论用以指导教学实践，必须经过应用研究这一中间环节。

学科体系的第三层是教育实践，尤其是教学实践，因为它既是学科理论服务的对象，又是学科理论产生的土壤。这里的教育实践包括对汉语作为第二语言的学习者的教育，也包括对未来的对外汉语师资的教育。影响教育实践的因素既有学科理论，也有社会的需要、国家的相关政策和经济实力以及学生素质、师资力量和可能提供的设备资源。此外，还需要研究学习者必不可少的语言环境问题。

（四）赵金铭的"对外汉语教学学科建设体系"

赵金铭在《对外汉语教学概论》（2005）中将对外汉语教学学科建设体系分为四个部分：学科理论基础、学科基础理论、学科应用理论和学科发展建设。学科理论基础主要包括哲学、语言学、教育学、心理学和文化学。学科基础理论包括学科语言学理论、语言学习理论、语言教学理论、跨文化教学理论，其支撑理论分别是语言学、心理学、教育学和文化学。学科应用理论研究范围主要包括教学目标研究、教学大纲研制、学科课程设计、学科课程建设、测试理论研究、评估理论研究、教材编写理论研究、课堂教学研究、教学技巧研究等。学科发展建设主要包括师资队伍建设、教师进修培训、教学管理研究、学科发展规划、教学实践研究、教学技术的开发、教学资源管理、学科历史研究等。

第二节　汉语国际教育的学科基础理论

作为一门应用性很强的交叉学科，对外汉语教学与汉语国际教育受到多门学科的启示和影响，但最直接、最重要的理论基础来自语言学、教育学、心理学和文化学这四门学科。如果说语言学和文化学作用于对外汉语教学的内容和目的，那么教育学和心理学就主要作用于对外汉语教学的方法和途径。

一、语言学基础

语言学是研究语言的科学，无论是研究语言的普遍性质、共同规律和一般原理的普通语言学或者理论语言学，还是针对某一特定语言进行事实描写和规律揭示的具体语言学（如汉语语言学、英语语言学），都于对外汉语教学的理论研究和实践探索具有重要的指导和引领作用。普通语言学从语言观（对语言本质的认识）的角度给语言教学以宏观的指导，具体语言学则从微观的角度影响语言教学的内容和方法以及教学活动的各个环节。

（一）语言观的指导与引领作用

1. 语言是一种符号系统

这一语言观对语言教学的启示是：第一，语言学习要重视意义，要掌握音义间的联系，遵守约定俗成的规矩；第二，语言学习要掌握语言系统及其子系统，就对外汉语教学而言就是语音、词汇、语法、汉字四大系统及其子系统；第三，语言的物质外壳是声音，语言首先是口头的（口语），然后才是书面的（文字），语言学习和教学应从听说开始，逐渐过渡到读写。

2. 语言存在于言语之中

语言是对言语的抽象和概括，通常指作为社会惯例的语音、词汇、语法的规则系统；言语是语言的表现形式或者个体在特定环境中的语言运用，即运用语言的词汇、语法手段组成具体的话语。语言存在于言语之中，具体的言语将抽象的语言体现出来。这一语言观对语言教学的启示是：第一，从言语入手，通过言语才能学会语言，通过听、说、读、写的言语技能训练来培养语言交际能力；第二，言语中接触大量的语言事实，又要从语言事实中归纳出一定的语言规则，系统的语音、词汇、语法知识的发现和掌握是必不可少的。

3. 语言具有生成性

语言具有极大的生成性，即能用有限的语言规则生成无限的表达意义的语言形式——语句或话语，每一种语言的音位和语素都只有数十个或千百个，但由其组合而成的词语和句子则是数以万计或者无穷无尽的。这一语言观对语言教学的启示是：第一，培养目标是学习者创造性地运用语言的能力，而不只是掌握各种各样的语言素材；第二，要着重引导学习者掌握和灵活运用语言规则，不能单凭死记硬背和机械模仿，要充分发挥学习者的主观能动性，创造性地使用所学语言。

4. 语言是人类最重要的交际工具

交际即"沟通"，是人与人之间为了交流思想而进行的往来接触，其实质就是信息的传递与获得。人们在生活中使用语言相互传递信息、交流思想，人类社会于是得以形成和发展。人们在交际之中学会使用语言，语言又在人们的交际中得到发展。人类交际虽然还有非语言的手段，如信号、身势、代码、数字符号等，但主要还是依赖于语言。这一语言观对语言教学的启示是：第一，帮助学习者掌握运用目的语进行交际的能力是语言教学最终目标；第二，充分体现工具课和技能课的特点，语言知识只有在被转化为言语技能并最终形成交际能力之时才会发挥其应用的效用。

5. 语言是思维的工具

思维是人的大脑对客观世界进行认识活动的过程，可以分为技术思维、形象思维和概念思维三类，其中，概念思维是最主要的思维活动，而概念思维必须借助语言（词句），通过概念、判断、推理等形式来进行。思维离不开语言，思维的过程通过语言而实现，思维的结果又通过语言来定型、完善和保存、传播。人类的思维方式和思维规律必然在语言之中反映出来，语言的结构特点也在一定的程度上对思维方式、思维习惯产生影响。这一语言观对语言教学的启示是：第一，了解目的语民族独特的思维方式，才能学好、会用目的语；第二，课堂教学尽量使用目的语，以便培养学习者使用目的语进行思维的能力。

6. 语言产生于特定的共同体并体现该共同体的文化

全世界现存 5000 多种语言，人类语言之间有一定的"普遍特征"，但并不存在一种"共同语"。事实上，人类语言大体都是以民族和国家来划分的，而不同的民族有不同的生活环境、社会背景和思维方式，他们使用的语言也就表现出不同的特点来。语言离不开民族或者言语共同体的文化，是这一文化的有机组成，接受其影响又将其反映，从而成为文化的载体。这一语言观对语言教学的启示是：第一，了解目的语所反映的文化，才能学好、会用目的语；第二，遵守目的语的社会规约和语用习惯，才能达到使用目的语进行交际的目的。

7. 语言是人类特有的，人类具有学习使用语言的特殊生理基础

只有人类才具有语言的本领，语言成为人区别于其他动物的重要标识。学习和使用语言，不仅有交际和生存的实际需要，而且要具备一定的生理基础，即发达的大脑与完善的发音器官。人类先天具有学习语言的潜能，又在后天的社会环境中将这种潜能发挥出来，通过交流沟通活动最终学会和运用语言。这一语言观对语言教学的启示是：第一，具有健全大脑和发音器官的正常人都能掌握自己的母语，也能学会一种甚至数种第二语言或者外语；第二，学习者的生理、心理因素对语言学习具有影响，语言教学应充分考虑到这些因素；第三，第二语言的学习具有普遍的性质，研究第二语言学习的过程，掌握第二语言学习的规律，对第二语言教学质量提高的保障和提升具有不可替代的作用。

（二）语言学的发展与第二语言教学

人类对语言的关注和研究可谓是源远流长，中国、印度、希腊是古代文明世界中的三大语言研究中心，产生了引人注目的研究成果。中国对语言的研究始于训诂和文字，秦汉之交出现了最早的辞书《尔雅》，西汉时期出现了扬雄的比较方言词汇研究专著《方言》，东汉时期则出现了中国最早按形义关系编排的字书——许慎的《说文解字》。从公元3世纪开始，中国音韵学研究也出现了重大的研究成果。印度人巴尼尼在公元前4世纪完成了《梵语语法》，希腊人狄奥尼修斯则于公元前1世纪写下《希腊语语法》。但直到19世纪以前，语言学都只是附属于哲学、语文学学科。19世纪初，历史比较语言学兴起，把语言当作专门的研究对象，语言学于是成为一门独立的学科。此后，语言学研究经历了四个发展阶段：历史比较语言学—结构主义语言学—转换生成语法—功能主义语言学。这些语言学流派的理论都对第二语言教学产生过重大的影响。

1. 历史比较语言学

历史比较语言学出现于18世纪末、19世纪初，中心在德国，该学派采用历史比较的方法，通过对语音和词形的比较来研究语言的演变和发展，发现了语言之间的亲缘关系并建立起语言的谱系关系，研究重心是印欧语系各语言在不同时期结构上的相同点，以便追根溯源。最初是英国学者威廉·琼斯于1786年发表论文，提出印度的梵语与欧洲的拉丁语、希腊语和日耳曼语等具有共同的来源，由此拉开了历史比较语言学研究的序幕。此后的丹麦学者拉斯克、德国学者格里姆和葆朴成为该学派的奠基人。19世纪中叶，德国学者施莱赫尔提出语言"谱系树"理论，并画出印欧语系的谱系树形图，这是该学派的一大进展。19世纪下半叶，"新语法学派"主张语言变化的研究须强调语言使用者个人言语特点，并在研究理论方法上提出新的原则。

随着历史比较语言学研究的深入，人们对语言的本质、语言发展的规律等宏观问题进行了探讨，普通语言学研究由此启动起来。德国语言学家洪堡特就语言的本质、语言与思维的关系、语言与民族精神以及语言类型学等问题提出了新的见解，对以后的索绪尔、乔姆斯基等人产生了一定的影响，因而被视为普通语言学的奠基人。

2. 结构主义语言学

20世纪初，语言学研究进入新的发展时期。1906—1911年，瑞士语学者费迪南·索绪尔在日内瓦大学讲授普通语言学课程。1916年，索绪尔的学生将课程的讲稿整理出版，便出现了有"语言学《圣经》"之称的《普通语言学教程》。索绪尔因此被誉为"现代语言学之父"，其语言学理论也成了现代语言学的指导思想。索绪尔语言理论的核心是：①语言即符号系统，而这一系统又由诸多的小系统组成；②符号由"能指"和"所指"构成，二者之间的关系是任意的，但一旦形成即成为约定俗成；③符号系统内部的语言单位存在着"组合关系"与"聚合关系"。索绪尔又对"语言"和"言语"，"内部语言学"和

"外部语言学","历时语言学"和"共时语言学"进行了区别。语言是言语活动的社会部分,为社会成员所共有,属于一种社会心理现象;言语是言语活动中受个人意志支配的部分,带有个人发音、用词、造句的特点。内部语言学研究语言本身的结构系统,外部语言学研究语言与民族、文化、地理、历史等方面的关系。语言学研究应首先从语言的系统(结构)开始,应注重共时的研究,因为语言单位的价值取决于它在系统中的地位而不是它的历史,语言学家只有排除历史才能把语言的系统描写清楚。

索绪尔开创了语言学研究的新时期——结构主义语言学,给语言学研究带来了革命性的变化。20世纪前半叶,基于索绪尔的思想,欧洲语言学界出现了声势浩大的结构主义思潮,主要有三大学派:强调语言符号的功能的布拉格学派、强调语言符号间关系的哥本哈根学派、强调共时描写语言事实的美国描写语言学派。美国描写主义是其中影响最大的一派,创始人为鲍阿斯和萨丕尔,代表人物是布龙菲尔德。该学派主张用共时研究的方法,通过可以观察到的语言材料科学客观地描写语言的内部结构,揭示语言系统的内部关系。布龙菲尔德接受了行为主义心理学的影响,用刺激—反应学说来解释语言产生和理解的过程,并据此提出了一系列的语言教学思想。

3. 转换生成语法

转换生成语法的诞生标志是1957年出版的美国学者乔姆斯基的《句法结构》一书。乔姆斯基出自结构主义营垒却对结构主义语言学,特别是美国的描写语言学派进行强烈的抨击,因为他们只以人们的实际话语为研究对象,以语言的描写和分析为研究目的。他强调"语言能力"(即人们内化了的规则体系)和"语言表现"(即语言能力的实际运用或者人们实际说出来的话语)的区别,认为语言表现不能全面反映语言能力,仅仅就有限的实际话语(语言表现)进行结构分析不能解释语言的本质,也无法解释人类语言的创造性特征。语言学的研究对象应当是能够让人掌握语言的规则体系和能够说出无限话语的人类认知结构中的语言能力。为此,他提出了"语言习得机制"和"普遍语法"的假说与"深层结构"和"表层结构"理论。可见,乔姆斯基的理论将语言学的触角伸向了人类认知领域,其目的就是探讨语言的心理过程。

转换生成语法学派的出现开拓了语言研究的新天地,所以被称为"乔姆斯基革命"。尽管五六十年来该学派经历了种种发展变化,出现过种种争论并形成数种分支流派,但迄今仍然是当代语言学中影响最大的学派之一。

4. 功能主义语言学

结构主义语言学和转换生成语法都将研究的重点放在语言的形式上,20世纪六七十年代之交兴起的功能主义语言学则标志着语言研究重点从形式到功能的转向,可谓是语言学研究领域的又一次拓展。功能主义学派的代表人物是英国的韩礼德和法国的马丁内。

欧洲语言学派一直重视对语言功能的研究,20世纪30年代的布拉格学派就已经开始研究语言的功能,弗斯首创的伦敦学派更是认为语言的本质是意义(语境中的意义),其本质功能是社会交际功能,因而主张重点研究语义,从社会的角度去观察和研究语言。韩礼德继承和发展了弗斯的理论,提出在对语言的系统和结构进行充分研究的基础上再从语言的功能角度研究语言,包括语言的使用、语言与社会的关系、语言功能与语言系统的关系等。他建立起来的"系统—功能语法"理论就是以"系统语法"为框架来对语言功能进行论述。

这些语言学流派提出的理论,尤其是他们的语言观,一直都在影响第二语言教学,特别是第二语言教学法流派的形成与发展。可以说,每一种语言学思潮都会带来与之相应的第二语言教学法。历史比较语言学把语言当作知识体系,强调语言间的共性,结果出现了语法翻译法。结构主义语言学把语言当作人可通过刺激—反应而获得的工具和手段,强调语言间的差别和对不同语言系统的描写,结果产生了听说法和视听法。转换生成语法把语言视为人的一种能力,人凭借这一能力来掌握复杂的、受规则支配的语言生成体系并创造性地运用语言,结果成为认知法的理论依据。功能主义语言学把语言看作是一种社会现象,强调对语言的社会功能进行研究,结果成为功能—意念法和交际法的理论基础。

5. 功能主义语言学与汉语作为第二语言教学

从语言学的发展历程中可以看出,人们对语言的研究基本上是沿着形式主义和功能主义两条路子来进行的,当代语言学的研究重点则是从语言的形式和结构转向语言的功能和运用,包括语言与社会的关系、语言与文化的关系等。因而,社会语言学、语用学、话语语言学等新兴的边缘学科日益受到重视并不断取得进展。这些研究成果不仅推动了语言学本身的发展,而且对语言教学(尤其是第二语言教学)产生了直接的影响,成为汉语作为第二语言教学的另外一种语言学理论基础。

(1)语言能力和交际能力。20世纪60年代,乔姆斯基提出"语言能力"的概念,用以指称人们所具有的语言知识,即一种内化了的语言规则体系。乔姆斯基认为,一个人的语言能力主要表现在:①能正确地组合声音和语素;②能区分是否合乎语法的句子;③能区分结构相同或近似但意义不同的句子;④能区分结构不同但意义相同或相近的句子;⑤能区分同一结构所包含的歧义;⑥能区分句子中的语法关系;⑦能运用有限的规则体系创造出无限的句子,这是最重要的一点。可见,"语言能力"主要与语言的形式结构相关,属于一种高度抽象的语法能力,一种独立于外部语言环境的、人的内部心理机制。

与此同时，美国社会语言学家海姆斯提出了"交际能力"的概念，即运用语言（或者非语言手段）进行社会交往（传递信息、交流思想和表达感情）的能力，包括口头形式和书面形式、理解能力（听和读）和表达能力（说和写）。海姆斯认为，一个人的语言能力包括两个方面：①能否说出合乎语法的句子；②能否在不同场合、不同地点对不同的人成功地进行交际。这种"交际能力"具有四大特性：①语法性（语法上正确）；②可接受性（在交际中可以被接受）；③得体性（在一定的语境中运用恰当，合乎社会文化习惯）；④现实性（在现实中是常用的）。

1980年，美国语言学家卡内尔与斯维恩提出"交际能力"是"由基本语法原则、语言在社会语境中执行交际功能的知识、话语依据语篇原则与交际功能相结合的知识三者组合起来的总和"，即语法能力、社会语言能力和策略能力的总和。

2001年颁布的《欧洲语言共同参考框架：学习、教学、评估》（CEFR）①将"语言交际能力"分解为语言能力、社会语言能力、语用能力和策略能力四个部分。其中，语言能力包括所有的语音、词汇、句法以及语言系统中其他应知应会的知识与技能，属于一种纯语言能力；社会语言能力即把握语言使用中社会文化因素的能力，涉及潜移默化地影响着不同文化背景者之间语言交际的那些规约；语用能力是根据互动式交际进程和语境功能化地使用语言的能力，包括对说话语篇、语法结构和语义连贯的把握与对文本题材体裁的识别等；策略能力被视为语言学习和使用过程中所运用的东西，即语言学习策略和语言交际策略，使用策略的目的是提高语言学习的效率和促成语言交际的顺畅进行。

（2）语言形式和语言功能。语言形式通常指语音、词汇、语法等结构体系，又叫语法结构。语言功能指语言能够发挥的作用。形式主义语言学注重研究语言的形式结构，功能主义语言学更重视语言的交际功能，即"以言行事"，用语言完成交际任务。

韩礼德认为儿童在语言发展过程中就掌握了七种功能：①工具功能（用语言来表达自己的愿望和要求）；②控制功能（用语言来支配或控制别人的行为）；③交往功能（用语言与别人交际沟通）；④表达个体功能（用语言表达自己的个性、感情，发现自我）；⑤启发功能（用语言询问来认识周围的世界）；⑥想象功能（用语言创造自己想象中的世界）；⑦信息功能（用语言传递信息——这是最晚掌握的功能）。成人的语言功能主要有三种：①观念功能（表达主观经验和客观经验）；②交际功能（表达社会关系和私人关

---

① 欧洲理事会文化合作教育委员会. 欧洲语言共同参考框架：学习、教学、评估［M］. 刘骏，傅荣，译. 北京：外语教学与研究出版社，2008：13-14.

系）；③话语功能（使语言的组成部分连贯衔接）。其中的交际功能又可分为人际功能与人内功能。

语言形式和语言功能是语言的两个重要方面，也是第二语言教学的两项重要内容，但长期以来人们只重视语言结构的教学而忽视语言功能的教学。20 世纪 70 年代以后，功能法的兴起才使学界对语言功能的兴趣愈来愈浓。"结构"（形式）、"功能"（运用）、"文化"相结合于是成为第二语言教学的一个重要原则。

（3）话语分析和会话分析。人们在交际活动中使用的语言单位，一般都是由许多语义连贯的句子组成的对话或者独白，所以，仅仅关注句子是不够的，还必须研究句子与句子、句子与语境之间的关系，研究比句子更大的语言单位（如句群和语篇）。研究语言仅仅关注语法也是不够的，必须将语法、语义和语用的分析结合起来，对语言所隐含的社会文化因素、语言使用的情境进行深入研究。于是，"话语"的概念出现了。

所谓"话语"就是在一定语境下表示完整语义的自然语言，是由结构完整、语义连贯、排列合理的表达某个主题的连续的句子所构成的语言整体。①例如：

① ——您贵姓？
——我姓王。

② 您认识张老师吗？他在中文系教书，他教的"现代汉语"课太吸引人了。

从形式上看，话语通常是大于句子的语言单位，可以是句群、段落甚至篇章，也可以是一个句子、一个词组（短语）甚至一个词。话语既包括口语（"话语"）也包括书面语（"篇章"），二者合在一起便是"语篇"。

"话语分析"或者"语篇分析"是对话语的结构和功能所进行的分析研究。1952 年，美国学者哈里斯提出这一概念，后经欧美语言学家持续的研究努力逐渐形成一门语言学分支学科——"话语语言学"，主要研究句子间的结构衔接与语义贯连、句际关系、话语结构、会话分析、篇章结构、话语与语境、话语与信息等。例如，在句子的结构衔接方面，话语分析研究照应、替代、省略、联结词语等语法手段和复现、同现等词汇手段。

话语的常见形式是口语，因而对日常会话的结构和规律进行研究的"会话分析"成为话语分析中的一个重要部分。美国社会学家萨克斯等基于对自然话语的分析，提出话语的基本特点是"话轮转换"。在日常会话中，每次只有一个人在说话，说话人连续的一段话就是一个"话轮"，其他人则在听话。会话参与者轮流说话，说话人和听话人的角色不断发生变化。会话结构的基本单位是"毗邻应对"，即说话与应对一前一后，紧密相连。

---

① "新牛津词典"的解释是：discourse: (linguistics) a connected series of utterances; a text or conversation.

有时也会出现"插入序列",甚至打断说话人的"打岔序列"。在发出请求、邀请、宣告之前,为避免遭到对方的断然拒绝,经常会用"预示序列"来进行试探。一般的会话都有"开头序列"和"结束序列"。会话规则主要体现在语义的连贯性和双方的共有知识,以及"合作原则"和"礼貌原则"上。

由此可见,要培养学习者的语言交际能力就必须加强连贯表达的话语能力的训练,如何在第二语言教学过程中对学习者(特别是中、高级学习者)有效地进行话语教学,因此成为一个重要的研究课题。

(4)言语行为理论和会话含义理论。20世纪50年代末,英国哲学家奥斯汀提出言语行为理论,认为语言不仅描写、陈述和说明客观世界,给人提供信息,而且说话本身也是一种行为,即人们在说话的同时,也在做事情或者完成一种行为。言语行为包括三类:言内行为、言外行为、言后行为。例如:"屋里很热"这句话,其言内行为是说话人通过发声把这句话说出来,直接表达了字面意义,即进屋后的感觉,其言外行为是话里所隐含的说话意图,即言外之意"应该把窗户打开"或者"应该打开空调",其言后行为则是这句话对听话人所产生的影响,即将窗户或者空调打开。不是所有的话语都有言外之意,因为说话人有时会直截了当地说出自己的意图,如指令和建议等。但在日常交际(特别是会话)中,听话人通常都要透过话语的表面去推断说话人的真正意图。

对会话含义的研究其实就是对会话中说话人言外之意的分析和推断。20世纪60年代,美国语言学家格莱斯提出著名的会话含义理论。他认为,为了使会话顺利进行下去,会话双方都必须积极配合,相互合作,而这一"合作原则"包括四项准则:①质的准则,即说真话,不说自知是虚假的话或者缺乏足够证据的话;②量的准则,即说的话应包含足够的信息;③关系准则,即说的话与话题相关,要切题;④方式准则,即说的话要清楚、简练、有条理,避免晦涩和歧义。但在实际交际中,人们常常故意违背某个准则来将某种言外之意隐含于其中,听话人需要透过字面意思去挖掘那言外之意,即"会话含义"。可见,所谓"会话含义"其实就是说话人因违背"合作原则"而产生出来的言外之意。

为了补充和完善格莱斯的会话含义理论,英国语言学家利奇提出了"礼貌原则"。所谓的"礼貌原则"包括六项准则:①得体准则;②慷慨准则;③赞誉准则;④谦逊准则;⑤一致准则;⑥同情准则。保罗·布朗和莱文森则提出了面子保全理论,建立起积极礼貌策略和消极礼貌策略的礼貌模式。这些工作都丰富和发展了会话含义理论。

言语行为理论和会话含义理论属于语用学的研究范畴。语用学是在20世纪70年代出现的专门研究语言运用的语言学分支学科,关注在特定语言交际环境中如何理解语言和使用语言的问题。第二语言教学需要汲取语用学的研究成果，加强对学习者语用能力的培养。

二、教育学基础

教育学是研究教育规律的科学，而其重要的组成部分——教学论——是研究教学规律的理论。对外（国际）汉语（中文）教学作为一门具体的学科教学必然受到普遍的教育规律和教学规律的制约，必须符合一般的或者常规的教育原理。教育学所涉及的教育的本质、教育方针、教育目的、教育制度、教育管理和教学论中关于教学过程、教学原则、教学内容、教学方法、教学手段、教学组织形式和教学效果检验等方面的概念和原理，对语言教学和汉语作为第二语言教学一般都具有指导意义。教育学的分支学科，如教育哲学、教育史、教育心理学、教育统计学和比较教育学等也在不同的程度上影响着第二语言教学学科。

与理论性、知识性学科教学相比，第二语言教学更加需要依照教育规律来进行。国际中文教学所遵循的教育规律中既包括普遍性的规律，也包括特殊性的规律，后者体现在教学过程、教学方法和测试评估标准等方面。第二语言教学的研究成果又会对教育学和教学论的进一步发展起着推动的作用。

（一）教育的作用与目的

教育是人类社会特有的培养人的活动，有广义和狭义之分。广义的教育指一切能增进人们知识和技能、增强人们体质、影响人们思想意识和道德品质的活动。狭义的教育则指学校教育，即通过学校对受教育者的身心进行有目的、有计划、有系统的影响和培养。

教育的社会作用在于传授前人所总结出来的知识、技能和一定社会所需要的思想意识、道德规范，使社会得以延续和发展。教育的个体作用在于提高认识世界和改造世界的知识和能力，健全自己的个性，促进自身多样化的发展。可见，教育的基本功能就是促进社会与人的发展，二者相互区分又相互统一。人的发展离不开社会的发展，社会的发展又是通过发展了的人的努力而实现的。教育促成了人的发展，也就从根本上促进了社会的发展。

教育的目的是为社会培养人才，这种人才应该是德、智、体、美全面发展并为社会发展和时代进步所需要的人。德育是指思想品德的教育；智育是指传授系统的文化科学知识，发展智力和培养能力；体育是指增强受教育者的身体素质，提高其健康水平并使之掌握一定的卫生保健和体育运动的知识和技能；美育是指培养受教育者感受、鉴赏、表现和创造美的情感和能力，陶冶其高尚情操。语言教育则是德、智、体、美全面发展不可或缺的成分。

1. 教学过程与教学原则

教学是由教师与学生共同参与的有组织、有计划传授和学习系统的文化科学知识与技能，使学生身心获得发展并形成一定思想道德的教育活动。教育活动是多种多样的，但教学是其中最为重要的一种。对外汉语教学首先要向外国学习者传授汉语基础知识，培养其使用汉语进行交际活动的能力，同时也须发展他们的智力、体力并对其进行美育和德育方面的教育。

研究教学活动规律的科学叫作"教学论"或者"教学理论""教学原理"。教学论的研究内容包括教学过程、教学原则、教学内容、教学方法、教学的组织形式和效果检查等。

教学过程的本质是学生的认识过程，这一认识过程既遵循着人类一般的认识规律（通过实践获得感性认识，由感性认识发展到理性认识，再由认识回到实践，经受实践的检验并指导实践），又有其自身的特殊性，包括：

第一，学生不是直接接触客观事物而是通过书本和课堂来接受前人总结出来的实践经验，形成基本的知识，然后应用于实际生活中，从而可以在有限的时间中获得大量的知识。

第二，学生不是独自摸索而是在教师的引导下认识世界，学生的主体（中心）作用通过教师的主导作用得以充分发挥。

第三，认识的结果不只是知识的获得和技能的掌握，而是德、智、体、美的全面发展，既要"教书"又要"育人"。

第四，活动不是学生自发、主动的要求，而是在教师和课本影响下进行的，其中必然涉及各种个体心理因素，包括智力因素（注意、知觉、记忆、思维等）和非智力因素（动机、兴趣、意志、态度等）。

从 1657 年捷克教育家夸美纽斯发表《大教学论》以来，已经出现了四种主要的教学过程模式，即传授式、活动式、发现式和发展式。传授式是在教师的主导下系统地传授书本知识的模式，如夸美纽斯提出的"观察—记忆—理解—练习"的过程及其变式。活动式是学生在教师的辅导下通过活动进行探究性学习的模式，如杜威的"设置问题的情境—确定问题的性质—拟订解决问题的方案—执行计划—检验与评价"的"设计教学法"模式。发现式是"明确结构，掌握课题，提供资料—建立假说，推测答案—验证（一次或反复）—做出结论"的模式，其理论基础是布鲁纳的"学科结构论"和"发现学习"理论，主张在教学过程中让学生掌握科学的基本结构，同时强调充分发挥学生的积极性和主动性，使其通过观察、分析、归纳等思维活动自己发现规则和原理。发展式基于赞可夫的"一般发展"理论，主张教学过程的最终目标是促进人的身心全面发展。教学过程模式的探索对语言教学的启示是：

第一，应根据教学对象和教学内容来选择适合的教学模式，因为一种模式仅只适用于某一特定的教学课程和教育阶段，例如：活动式适用于幼儿教育，传授式适用于旨在吸取前人经验的基础阶段的教育，发现式则适用于强调创造性学习的大学高年级和研究生的教育。

第二，对各种教学模式都应当扬长避短，防止其片面性和绝对化，任何一种模式都须将传授知识技能、发展智力能力个性和思想道德教育作为其最终目标。第二语言教学更加强调语言理解和表达能力的培养，因而更多地体现出工具性、技能性的特点。同时，第二语言学习者还要掌握一定的语言文化知识和结构运用的规律，而且随着目的语水平的提高对这部分教学内容的需要会变得更加的强烈。

教学原则是从一定的教育和教学目的出发，在教学实践的基础上，根据对教学过程客观规律的认识而制定的用以指导教学工作的基本要求。教学原则对一切教学活动（如教学计划的制订、教学内容的选择、教学过程的组织、教学方法的运用等）都具有指导作用。反映人类认知和学习普遍规律的教学原则（常规教学原则）大致有以下十条：

①科学性与思想性相结合的原则；

②知识传授与智能发展相结合的原则；

③理论联系实际与理论知识为主导相结合的原则；

④教师的主导作用与学生的主体作用相结合的原则；

⑤统一的培养要求与因材施教相结合的原则；

⑥系统性与循序渐进性相结合的原则；

⑦直观性原则；

⑧启发性原则；

⑨巩固性原则；

⑩量力性原则。①

汉语作为第二语言教学既要遵循这些普遍性教学原则，又要结合自身特点，探索和

---

① 我国中小学坚持的教学原则有五条，即科学性与思想性相统一；理论联系实际；循序渐进与促进发展相结合；教师主导作用与学生主动性相结合；集体教学与因材施教相结合。

制定出本学科教学的具体原则，例如：

①以交际能力的培养为重点；

②以学习者为中心；

③以结构—功能—文化为框架；

④先语后文，齐头并进；

⑤利用形象和多媒体，化解汉字难的困境；

⑥结合语境，培养语用能力；

⑦进行汉外语言对比，应对语言知识迁移；

⑧培养跨文化交际意识，防止文化冲突。

2. 教学内容与教学方法

教学内容通过教学计划、教学大纲和课程、教材等形式体现，其核心是课程设置。课程的本义是课业及其进程，广义的课程指学校为学习者所提供的一切教育内容及其进程安排的总和，除了作为"正式课程"的必修课、选修课与课外活动，还包括作为"隐性课程"的学校教育环境，如物质环境、文化氛围、人际关系等。狭义的课程则只指某一门教学科目，如外语课程、自然课程等。课程是教育目的的具体体现，决定着教学组织形式、教学方法和教学评估，在教学体系中处于中心地位。

对课程体系和内容、结构及其安排之规律所进行的研究叫作课程论，即指导课程设置的理论。迄今为止，影响最大的课程理论是学科课程论和活动课程论。学科课程论是一种以学科的知识体系为中心的课程理论，强调以各门学科知识固有的逻辑体系来组织课程，对社会生活实际与学生的兴趣、需要和接受能力考虑并不多。活动课程论则是一种以经验为中心的课程理论，认为学生的生活经验中包含各种知识，强调课程的安排与生活经验的发展顺序相一致，提倡"教育即生活""在做（用）中学"，培养学生解决实际问题的能力。两种课程论各有所长，相互借鉴，但从某种意义上讲，活动课程论对汉语作为第二语言教学的影响更大更直接一些。

教学方法是指为完成一定教学任务在教学活动中所采用的方法，对教学目标的实现及其达成的程度和效率产生直接的影响。影响教学方法的主要因素有三种：

①教学理论和学习理论的发展；

②教学手段或媒介的改进；

③课程的改革与完善。

具体选择哪一种教学方法则决定于以下三个因素：

①教学目的和教学任务；

②师资条件和学生特点；

③教学环境与教学手段。

教学方法的指导思想是"启发式"，即教师从学生的实际出发，采取各种有效的办法调动学生学习的积极性和主动性，引导他们自己去学习和发现，即从"要我学"转变为"我要学"。每一种教学法都有其优点和长处，也有自己的缺陷与不足，教师应当在正确的教学原则指导下各取所长，兼收并蓄，将各种教学法科学地组合起来，灵活使用才能最大限度地提高教学效率。

历史上出现的教学方法可谓是五花八门，但以教学途径来对其进行分类，我们也就得到四大类别，即：

①以语言讲授为主的教学方法——主要用于知识性、理论性的课程；

②以观察为主的教学方法——即利用实物、直观教具、真实环境或事实来认识实物、获取知识；

③以训练为主的教学方法——借以形成技能和行为习惯并发展学生的能力；

④以陶冶为主的教学方法——即潜移默化、榜样作用等方法。

讲授法和训练法是常用的教学方法，观察法和陶冶法则是辅助性的教学方法。第二语言教学主要使用训练法来培养言语技能和语言交际能力，也使用讲授法帮助学生掌握语言的基本知识和规律，但实物、幻灯、影视、动漫和真实情境的教学（观察法）以及视、听、读真实的多媒体语言教材，以欣赏为主的潜移默化、榜样作用的陶冶法也扮演着不可或缺的角色。

三、心理学基础[①]

心理学是研究人的心理现象及其规律的科学，与一切人文学科都有千丝万缕的联系。语言教学活动是教师、学生的双边活动，所谓"教学相长"，研究教师与学生在教学过程中的心理活动与规律并将其运用于教学活动之中，无疑有利于语言教学效率的保障和提高。事实上，无论是语言习得理论还是语言教学理论的研究都离不开心理学理论，每一种教与学的理论都有其心理学的理论基础。

---

① 彭聃龄：《普通心理学》，北京师范大学出版社，2004 版，第 60-65 页、第 173-224 页。

(一) 语言的生理—心理基础

人脑是心理的器官，主管着人全身的知觉、运动和思维、记忆等心理活动，包括语言中枢的中枢神经系统就在人脑里面。人高度发展的神经系统和大脑以及发达的发音器官是语言的生物基础。

人脑分前、中、后三部分，前脑包括大脑、间脑两个部分。大脑分左、右两个半球，半球表面是由神经细胞组成的大脑皮层，构成高级神经系统的中枢，主管着人的思维活动。大脑皮层的皱褶形成沟和裂，将大脑皮层分成四大块：额叶、顶叶、颞叶和枕叶。大脑皮层又可大致分成三个机能区：感觉区、运动区和联合区。感觉区包括视觉区（枕叶内）、听觉区（颞上回里）和机体感觉区（顶叶中央后回里）。运动区位于中央前回和旁中央小叶的前部，主管全身各部分的运动。联合区是范围很广、具有整合或联合功能的一些脑区，它们对信息进行分析、储存，支配言语和思维活动，规划和确保人的行为。

人的语言能力与大脑左半球的功能相关联，大脑左半球有三个语言功能区：前言语区、后言语区和上言语区。包括布洛卡区（位于大脑左侧皮层的第三额回）的前言语区与语言表达功能相关联。包括韦尼克区的后言语区与语言理解功能相关联。位于顶叶、枕叶、颞叶联合区的上言语区则与咽、喉、腭、舌的活动相关联。

人的大脑左右半球逐渐形成功能上的分工，即所谓的"侧化"——右半球主管形象、知觉、空间等与形象思维有关的活动，在空间定向和情绪方面占有优势；左半球主管抽象思维，包括言语、思维和计算的能力，在言语、思维和认知方面占有优势。人在出生之时，大脑左右半球均有语言的潜能，但从两岁到青春期结束之前，语言功能逐渐向左半球侧化。美国学者勒纳伯格据此提出了语言习得的"关键期"假说，认为：习得母语的最佳时期是青春期结束以前（12岁左右），因为此期大脑语言功能的侧化尚未完成，左右两半球都能参与语言习得，大脑的可塑性大，十分灵活。

(二) 跟语言学习相关的心理学概念

1. 注意

注意是心理活动或意识对一定对象的指向和集中。一方面，注意不等于意识，因为注意是一种心理活动或"心理动作"，意识则是一种心理内容或体验；另一方面，注意和意识密不可分，当人们处于注意状态时，意识内容比较清晰。

注意的基本功能是对信息进行选择，注意又是完成信息处理这一过程的重要条件，保证了对事物更清晰的认识、更准确的反应、更可控有序的行为。

（1）注意可以分为三种：不随意注意、随意注意和随意后注意。不随意注意是指事先没有目的，也不需要意志努力的注意。例如，我们正在教室认真听讲，突然进来了一个人，大家不约而同地把视线朝向他，不由自主地形成了对他的注意。随意注意是指有预定目的、需要一定意志努力的注意。当我们阅读一段文字时，由于认识到学习其内容的意义，我们便会自觉、自动地将心理过程集中指向文字内容，积极选择文字所提供的各种信息。随意后注意是注意的一种特殊形式，同时具有不随意注意和随意注意的某些特征，是在随意注意的基础上发展起来的。随意后注意既服从于当前活动的目的与任务，又能节省意志的努力，因而对完成长期、持续的任务特别有利。

注意又可分为选择性注意、持续性注意和分配性注意。选择性注意是个体在同时呈现的两种或两种以上的刺激中选择一种进行注意，把另外的刺激忽略掉。例如，在双耳分听实验中，用耳机分别向被试的双耳出现不同的声音刺激，要求被试注意其中一耳的刺激。持续性注意是指注意在一定时间内保持在某个认识的客体或活动上，也叫注意的稳定性。例如，学生在50分钟的上课时间内，使自己的注意保持在与教学活动相关的活动上。分配性注意是个体在同一时间对两种或两种以上的刺激进行注意，或将注意分配到不同的活动中。例如，学生在课堂上一边听讲，一边记笔记，或者汽车司机在手扶方向盘，脚踩油门的同时眼睛注意路标和行人、其他车辆。注意分配的基本条件是同时进行的几种活动之熟练程度或自动化程度。

（2）注意的生理机制包括朝向反射、脑干网状结构和大脑皮层的协同活动。朝向反射是由情境的新异性引起的一种复杂而又特殊的反射，是注意最初级的生理机制。脑干网状结构使大脑维持一般性的兴奋水平和觉醒水平。边缘系统中存在着大量的神经元，仅对新异刺激或刺激的变化做出反应。大脑皮层调节和控制皮层下组织，并主动地调节行动，对信息进行选择。

在注意条件下，人的意识和心理活动指向并集中于特定的对象，从而使意识内容或对象清晰明确，使意识过程紧张有序，并使个体的行为活动受到意识的控制，而进入人注意的具体过程有可能是无意识的，即有时包括了无意识过程。人类学习，包括语言学习，没有注意的参与是不可想象的。

2. 知觉

人们通过感官得到外部世界的信息，这些信息经过头脑的加工（综合与解释）便产生了对事物整体的认识，也就是知觉。换句话说，知觉就是客观事物直接作用于感官而在头脑中产生的对事物整体的认识。例如，看到一张桌子、听到一首乐曲、闻到一种菜肴的香味、微风拂面感觉到的丝丝凉意等，这些都是知觉现象。

知觉以感觉为基础，但不是个别感觉信息的简单相加，而是按照一定方式对个别的感觉信息进行整合，形成一定的结构，并根据个体的经验对感觉所提供的信息进行解释。

（1）知觉的生理机制。知觉作为一种活动、过程，包括相互联系的几种作用：觉察、分辨和确认。觉察是指发现事物的存在；分辨是把一个事物或事物的属性与另一个事物或事物属性区别开来；确认是指人们利用已有的知识经验和当前获得的信息，确定知觉的对象是什么，将其命名并纳入一定的范畴。

（2）知觉的种类。根据知觉时起主导作用的感官的特性，可以把知觉分为视知觉、听知觉、触知觉、嗅知觉、味知觉等。例如，对物体的形状、大小、距离和运动的知觉属于视知觉；对声音的方向、节奏、韵律的知觉属于听知觉。

根据人脑所认识的事物特征，又可以把知觉分成空间知觉、时间知觉和运动知觉。空间知觉处理物体大小、形状、方位和距离的信息；时间知觉处理事物的延续性和顺序性；运动知觉处理物体在空间中的位移。知觉还有一种特殊形态叫错觉，人在出现错觉时，知觉的映象与事物的客观情况不相符合。

（3）知觉的特性。①知觉的对象与背景。人在知觉客观世界时，总是有选择地把少数事物当成知觉的对象，而把其他事物当成知觉的背景，以便更清晰地感知一定的事物和对象。例如，在课堂上，教师的声音成为学生知觉的对象，而周围环境中的其他声音成为知觉的背景。从这个意义上讲，知觉过程就是一个从背景中分出对象的过程。

②知觉中整体与部分的关系。在知觉活动中，整体和部分的关系是辩证的和相互依存的。人的知觉系统具有把个别属性、个别部分综合成为整体的能力。在知觉活动中，人们对事物整体的知觉还可能先于对其个别成分的知觉。例如，我们对一辆疾驰而来的汽车，最先看到的是汽车的整体，然后才是汽车的各种细节。知觉的整体性提高了人们知觉事物的能力。

③理解在知觉中的作用。在知觉过程中，人不是被动地把知觉对象的特点登记下来，而是以过去的知识经验为依据，力求对知觉对象做出某种解释，使其具有一定的意义。从这个意义上讲，人的知觉过程就是一个"假设—检验"的过程。理解帮助人将对象从背景中分别出来，有助于构建知觉的整体性（人对自己理解和熟悉的事物总是愿意当成一个整体来感知），还能产生知觉期待和预测。

④知觉的恒常性。当知觉的客观条件在一定的范围内发生改变时，人的知觉映象在相当的程度上却保持其稳定性。视觉范围内的恒常性包括形状恒常性、大小恒常性、明（亮）度恒常性和颜色恒常性。影响知觉恒常性的因素很多，最重要的是视觉线索，即环境中的各种参照物给予人的物体距离、方位和照明条件的信息。

⑤知觉适应。当视觉输入发生变化时，人的视觉系统能够适应这种变化，使之恢复到变化前的状态，即视觉适应。例如，已戴过眼镜的人在新换了一副眼镜后，开始时会觉得不舒服，但一天半天后，这种不舒服的感觉就消失了。

知觉和理解在人类认识世界和学习过程中无疑扮演着十分重要的角色，语言教学必须遵循人类知觉活动的规律与特点，才能取得理想的效果。

3. 记忆

记忆，是过去的经验在人脑中的保存和提取，是人脑对过去经历过的事情的反映。人的感觉、理解和表达等心理活动都离不开记忆，第二语言学习更是需要记忆活动的参与。第二语言记忆涉及第二语言知识和能力的保持和再现，体现在听、说、读、写各种言语活动之中。了解第二语言记忆的特点和规律，帮助学习者提高记忆效率，是第二语言教师必须具备的专业素质。

（1）记忆的分类。根据保持和再现的内容，记忆可以划分为形象记忆、逻辑记忆、情绪记忆和运动记忆四种。形象记忆是对已感知过的事物的表象的记忆，例如对第二语言的字母、音素、词句的视觉、听觉形象的记忆。逻辑记忆是对概念、判断、归纳、推理等逻辑思维过程的记忆，例如对第二语言语音规律、构词规律、语法规则、语用规则的记忆。情绪记忆是对已体验过的情绪或情感的记忆，例如对第二语言学习过程中语言材料、语言活动、游戏、实践等的愉悦或痛苦情绪的记忆。运动记忆是对经历过的运动状态或动作形象的记忆，通常是一种对技能的记忆，例如对第二语言的发音、书写动作的记忆。在第二语言学习过程中，不同类型的记忆都在发挥着各自的特殊功能，同时又相辅相成为知识学习和技能获得发挥其整体的功能。

根据保持的状态和时间，记忆又可分为感觉记忆、短时记忆和长时记忆三种。感觉记忆或者瞬时记忆，是指感知后信息保持极短时间（一秒钟左右）的记忆。感觉记忆的容量（记忆广度）很大，足以接纳进入感觉器官的所有信息，并能以最快的速度决定其去与留。被感觉或者登记的信息，只有在受到特别的注意或者经过模式的识别之后，才能进入短时记忆，否则就很快衰退和消失。在第二语言学习过程中，某个词语的音、形一旦被感知，就会以图像或声像的形式进行感觉登记——有的一闪而过，不留下任何痕迹，有的则因受到注意而进入短时记忆。

短时记忆或者操作记忆，是对信息进行操作的动态系统。经过感觉登记进入短时记忆的信息和从长时记忆里提取出来的信息，在短时记忆里进行加工处理，以完成某项特定任务，如对新的知识作出解释与对新的话语进行理解。短时记忆一般在一分钟左右，通常以听觉形式来进行编码，以逐词逐句的方式保持信息。短时记忆容量有限，一般会保持 7 个左右的信息单位，即 5—7 个数字或者 7 个不相连的字母（大约 6 个汉字）。但若是在短时记忆中组成有意义的信息单位（如词、句），则可使记忆容量大大增加。信息在短时记忆操作以后就会遗忘，但有保持价值的信息经过编码处理或者语言复述会进入长时记忆而得以保持。

长时记忆是在头脑中长期保持下来的记忆，保持的时间短至一分钟，长达终身。长时记忆的容量没有限度，所保持的信息主要来自短时记忆，也有特别强烈的感觉记忆会直接进入长时记忆。短时记忆的信息要进入长时记忆，必须呈现出一定的强度（如生动程度）和重复（有研究表明一个单词需要反复 10 次才可以记住）。长时记忆中储存下来的记忆代码主要是语言的，特别是语义编码，储存内容主要是概念和规则。也会有表象编码和运动编码，前者储存语言材料的视觉和听觉形象，后者储存运动技能（如发音和书写）。长时记忆中的信息主要以意义而非逐词逐句的形式保持下来，可以是按时间顺序在日常生活中实际发生的"事件信息"，也可以是生活经历中获得的关于世界的知识，即"普通常识"。这些信息就像是存放在仓库中一样，并不能被人意识到，只有经过提取回到短时记忆系统，才能进入人的意识范围并得到关注和重视。

（2）记忆的过程。记忆过程分为四个环节：识记→保持→再认→重现。这一过程对应于"输入→储存→输出"的信息加工过程。

识记。第二语言的识记是指通过各种感觉器官来感知、识别并记住第二语言知识、技能的心理过程，即建立暂时神经联系痕迹（记忆痕迹）的过程。在这一信息输入和编码阶段中，人脑对所接受的信息进行加工、编码，使其能被纳入自己已有的知识结构里。信息在这里得到了转换，如在会话交际中，人们通常不是逐词逐句地记住说话人的原话，而是去掉重复、口误等次要东西，只记住他的主要意思与自己一边听一边得出的结论。识记可以是一次，也可以是多次，而多次识记就是我们常说的复习。

识记按其目的可以分为两种：无意识记和有意识记。无意识记是没有预定目的、未经任何努力、自然而然发生的识记，也就是一种不知不觉的识记。有意识记则是由能够使人产生兴趣和激发情感、符合其需要的对象引起的识记，具有很大的偶然性和选择性。无意识记是在轻松愉快的气氛和放松、无压力的精神状态中发生的，因而可以极大地发挥识记的潜能，增强识记的效果。创造良好的语言环境，让学习者尽量多地接触目的语，通过无意识记来获得第二语言，这是第二语言教学的一个重要内容。当然，无意识记获得的知识和技能具有一定的盲目性和零散性，系统的第二语言学习更主要地还要依靠有意识记，因为这是一种具有明确目的、合理策略和意志努力的识记，也就是一种自觉、主动进行的识记活动。有意识记为主，无意识记为辅，便可以调动学习者有意识活动的积极性，也可以发挥无意识活动的潜能，从而收到理想的学习效果。

识记还可以依其识记材料的性质分成机械识记和意义识记两种。机械识记是对没有意义或者学习者尚未理解其意义的材料进行机械重复的识记。意义识记则是在对识记材料理解的基础上，与已有的知识建立联系并纳入已建立的知识结构之中的识记。机械识记记得准确，但花费的时间精力较多；意义识记容易记住，保持时间也长久，但不一定记得准确。机械识记应尽量意义化，即发现识记材料的逻辑关系来增强记忆效果；意义识记则需要机械识记来增加记忆的准确度，在需要精确记忆时必须使用机械识记。在汉语作为第二语言学习过程中，发音、声调、汉字、词语和句型都需要机械识记的参与，词汇意义、语法规律和课文内容的掌握更需要意义识记的参与。将二者有机地结合起来，才可能促成第二语言的习得。

保持。第二语言的保持是对已识记的语言知识和技能进行巩固，对已形成的暂时神经联系痕迹进行强化，使之长期存留在人脑中以备不时之需。从信息加工的角度上看，这是对信息进行再加工和储存，也就是把所识记的东西纳入已有的知识结构之中。

保持的信息并不是一成不变的，而是随着时间的推移与新经验的加入在质和量上面都会发生变化的。在质的方面，可能会更加简明扼要，或者更加完整合理，甚至将先前识记内容的某些特点突出和放大。在量的方面，如果没有及时复习，常常会逐渐减少，也就是遗忘在发生作用。

再认和重现。再认和重现是恢复记忆的两种形式，即暂时神经联系痕迹或记忆痕迹恢复的过程，也就是信息的提取和输出的过程。第二语言学习过程中的再认，是已经识记过的知识和技能再度呈现时能够识别并确认的过程。再认的速度和准确性取决于识记保持和巩固的程度，也取决于当前呈现的材料与过去识记过的材料所形成的记忆痕迹之接近程度。

第二语言学习过程中的重现或者回忆，是已经识记过的知识和技能虽然没有再度呈现，但在大脑中重新回想起来的过程。重现可以分为两种，即有意重现和无意重现。有意重现是自觉而有目的地进行回忆，无意重现则是没有预定目的、触景生情而自然发生的回忆。

再认和重现都需要一定的线索来进行联想，恢复已经建立的联系，而回忆更是常常以联想的形式来出现的。联想是由一种事物想到具有某种联系的另一种事物的心理活动，分类似联想、对比联想、接近联想和关系联想四种。类似联想指对性质相近材料的联想，如黄蓝红白黑（颜色）和眼耳鼻口舌（面部器官）等词语的归纳；对比联想指对相反或对立的材料的联想，如生—死、大—小、问—答、上—下等词语；接近联想指对时间、空间接近的材料的联想,如春天——阳光、绿草、鲜花,北京——天安门、中南海、颐和园等;关系联想指由事物的多种关系建立起来的联想,如生病——大夫、医院、吃药,学校——老师、学生、课本、作业等。

(3)遗忘。与保持相对的心理过程是遗忘,即记忆过的内容不能保持也不能正确地再认或重现,暂时神经联系的痕迹没有得到巩固,储存的信息不能正确地提取出来。遗忘又分部分遗忘和完全遗忘、暂时遗忘和永久遗忘。遗忘是正常的生理、心理现象,清除一些不再需要的信息以减轻人脑的负担是人类必要的生理、心理机制,但必要信息的遗忘对知识和技能的掌握是不利的。

①对遗忘的理论解释。其一,衰退说,即认为由记忆建立起来的暂时神经联系的痕迹,由于得不到强化而逐渐衰退甚至消失而产生遗忘。其二,干扰说,即认为由记忆建立起来的暂时神经联系的痕迹,由于其他刺激的干扰受到抑制,从而产生遗忘。抑制分前摄抑制和倒摄抑制两种。前摄抑制是先前的学习活动对现在的记忆保持所产生的影响,也就是旧的记忆干扰了新的记忆;倒摄抑制是后来的学习活动对现在的记忆保持所产生的影响,也就是新的记忆干扰了旧的记忆。如果两种学习活动的内容或材料完全相同或者完全不同,抑制便不会发生;只有在两者既有相同之处又有不同之处的时候才会发生抑制——内容同异各占一半时,抑制的效果最大。这一原理对语言教学有三点启示:第一,尽可能把近似的学习材料分隔开来;第二,一份学习材料的中间部分因同时受到两种抑制的影响而比起开头和结尾部分更难保持记忆,因而应得到特别的注意;第三,清晨和临睡前的学习更可能减少抑制作用。

②影响遗忘的因素及其对语言教学的启示。从识记的时间上看,遗忘的进程并不均衡。遗忘在识记之初速度极快,一个小时后的遗忘率达到56%,之后逐渐放慢,一个月后的遗忘率为79%左右,到了一定程度后遗忘就不再发生。因此,对已识记的材料应赶在遗忘发生之前迅速、及时地巩固、复习、重现和运用,而且要经常复习,复习的时间间距应先短后长。

从识记的内容上看,遗忘得比较慢的是:有意义的材料、熟悉的和难度适中的材料、学习者感兴趣和需要的材料。因此,语言教学材料应从学生的需要出发,形象生动,难易适度,能够引起学生的兴趣。同时应当注意合理安排识记材料,例如,采取"整体—部分"综合记忆的方法(先整体理解,再对部分及各部分间的联系进行分析识记,最后又回到整体的综合识记),特别注意对材料中间部分的复习巩固和识记。

从识记的数量上看,识记量越大,遗忘量也就越大,即使是有意义的材料,一旦识记量达到上限也会很快遗忘掉。因此,语言课堂教学要注意内容的适度、适量,采取分散记忆和分散复习的策略,一次识记和复习的材料不能过量。

从识记的程度上看,一定范围内的识记程度越高,遗忘的也就越少。"过度学习"(即超过刚好可以背诵下来的程度的继续学习)达到150%时,遗忘量最小,例如:10分钟能背诵一首诗,学习上15分钟,保持的效果最好。低于这一限度,记忆效果则下降;超过这一限度,记忆效果没有变化。因此,语言教学中应鼓励学生采用"过度学习"的策略。

从识记的方式上看,放在一定的情境中又通过多种感官来输入的学习材料更容易保持记忆。因此,语言教学要充分利用情境因素,使用实物、图片和多媒体来增强其生动性,学习者应调动视觉、听觉等多种感官来进行以强化对识记材料的记忆。

研究发现,大脑神经细胞中只有4%被人利用,96%的人脑机能处于闲置状态。通过科学训练提高人的记忆力是可能和必要的。

4. 思维

思维是借助语言、表象或动作而实现的、对客观事物概括的和间接的认识,是人类认识的高级形式。思维能够揭示事物的本质特征和内部联系,并主要表现在概念形成和问题解决的活动之中。感知觉是直接接受外界的刺激输入,并对输入的信息进行初级的加工;记忆是对输入的刺激或信息进行编码、储存和提取;思维则是对输入的刺激或信息进行更深层次的加工处理,所揭示的是事物之间的联系,最终形成概念并利用概念进行判断、推理来解决人所面临的各种问题。

(1)思维的特征。一是概括性。思维是在大量感性材料的基础上,把一类事物共同的特征和规律抽取出来,加以概括。例如,"凡正常运行的计算机都有中央处理器"的思维结果就概括了"正常运行的计算机"这一事物的共同特征。

二是间接性。人们借助一定的媒介和一定的知识经验对客观事物进行间接的认识。例如,人类还没有真正搞清宇宙形成的奥秘,但人们根据宇宙中存在的种种现象以及相关的知识经验来对其形成进行推测。

三是,思维是对经验的改组。思维是一种探索和发现新事物的心理过程,因而常常指向事物的新特征和新关系,这就需要人们对头脑中已有的知识经验不断进行更新和改组。例如,人们过去认为世界上最小的物质是原子,后来却发现原子还可以分成质子、中子等。

(2)思维的过程。人们在头脑中运用存储在长时记忆中的知识经验,对外界输入的信息进行分析、综合、比较、抽象和概括的过程,构成思维过程或者思维运作,其中分析与综合是思维的基本过程。

①分析与综合。分析即在头脑中把事物的整体分解为各个部分或各种属性,例如,把

一篇文章分解为段落、句子和词语。综合即在头脑中把事物的各个部分、各个特性、各种属性结合起来，以了解它们之间的联系，形成一个整体，例如，把文章的各个段落综合起来，以把握全文的中心思想。

②比较。比较即把各种事物和现象加以对比，以确定其相同点、不同点和关系。比较的前提是分析，只有在思想上把不同对象的部分特征区别开来，才能进行比较。同时，比较还要确定这些特征之间的关系，所以也是一个综合的过程。

③抽象与概括。抽象即在思想上抽出各种事物与现象的共同特征和属性而舍弃其个别特征和属性的过程，例如，石英钟、闹钟、座钟、挂钟都能计时，从中就可抽象出"钟能计时"这一共同属性。在抽象的基础上，人们就可以得到对事物的概括的认识。概括可以分为初级概括和高级概括两种。初级概括是在感知觉、表象层面上的概括，例如，呈现给幼儿香蕉、苹果、橘子、皮球、口琴等物体，要他们对其分类，结果发现，有的幼儿把香蕉、苹果、橘子、皮球分为一类，有的则把香蕉、口琴分为一类。高级概括是根据事物的内在联系和本质特征进行的概括，例如，定理、定义、公式、概念都是高级概括的结果。

（3）思维的种类。根据任务的性质、内容和解决问题的方法，可以把思维分为直观动作思维、形象思维和逻辑思维三种。直观动作思维或者实践思维所面临的任务具有直观的形式，解决问题的方式依赖于实际的动作。形象思维是人们利用头脑中的具体形象（表象）来解决问题。逻辑思维则是人们面临理论性质的任务，运用概念、理论知识来解决问题的心理过程。

思维还可以有别的分类，如经验思维和理论思维；直觉思维和分析思维；聚合思维和发散思维；常规思维和创造思维。其中，聚合思维是指人们根据已知的信息，利用熟悉的规则解决问题，也就是从所给予的信息中形成合乎逻辑的结论。发散思维则指人们沿着不同的方向思考，重新组织当前的信息和记忆系统中存储的信息而产生大量、独特的新思想。这两种思维是创造力的重要表现形式。

人的注意力、感知觉能力、记忆力和思维能力一起构成人的认知能力。人的认知能力、情感能力和意志力对于任何学习任务，包括第二语言学习，都是必不可少的。

（三）心理学的发展与第二语言教学

1879年，德国学者冯特在莱比锡大学创建世界上第一个心理学实验室，标志着心理学作为独立的学科已经出现。其后的一百多年里，西方心理学研究异彩纷呈，思潮不断，它们在不同程度上都对语言教学产生了影响。

（1）构造主义心理学。这一流派的开山鼻祖是冯特，代表人物则是其学生铁欣纳，基本主张是：通过内省的方法对人的心理结构进行研究；主要研究人们的直接经验；人的经验分为感觉、意象、激情三种元素，它们构成了人所有的心理现象。

（2）机能主义心理学。这一流派的创始人是美国学者詹姆士，代表人物还有杜威等。基本主张是：应该研究人的意识而不是直接经验；意识不是个别心理元素的集合，而是一个川流不息的过程；人的心理是一个整体，不能分割成个体的元素；心理学研究意识的作用和功能，即人的心理机能在有机体适应环境中的作用（即心理学的应用价值）。在研究方法上，机能主义也是采用内省法，但重视客观的实验和测量。

（3）格式塔心理学。这一流派的创始人是德国学者维特海默、考夫卡和科勒，基本主张为：把人的心理作为一个整体进行研究；整体不能还原为各个部分或元素；整体先于部分而存在并制约着部分；部分相加不等于整体，整体大于部分之和。格式塔心理学强调使用综合的方法研究心理现象，采用演示和主观报告的形式，在知觉、学习和问题解决上展开实验研究。视听法教学流派的整体结构学习理论明显受到了这一流派的影响。

（4）行为主义。这一流派的创始人是美国学者华生和斯金纳，基本主张是：否认意识，因为意识是看不见和不可靠的，无法进行客观的研究；心理学的研究对象是人的行为，因为人的行为是可以观察到并可以测量的；反对内省法，采用客观的实验方法进行研究。华生认为，心理学是自然科学，旨在预见并控制人的行为，而人的行为建立在"刺激—反应"的基础上（经典的行为主义理论）。斯金纳认为，条件反应只是有机体由特定的刺激所引起的一种应答式行为，人的大部分日常行为属于操作性行为，即人主动作用于环境而不与任何特定刺激相联系的自然反应（操作的行为主义），其基本模式为"刺激—反应—强化"。听说法、视听法、程序教学法等语言教学法流派的心理学基础都是行为主义心理学。

（5）精神分析学派。这一流派的创始人是奥地利精神病医生弗洛伊德，基本主张为：人的心理分为两部分，意识和无意识；人的思想和行为都根源于心灵深处的本能和原始冲动，它们以无意识支配着人的思想，并表现在人的行动中；人出生后的愿望由于不为社会规范所包容而受到压制，得不到满足，从而进入无意识，成为精神疾病的一个重要原因；通过与病人交谈、对梦境进行分析、进行自由联想等方式，医生引导病人把遭压制的东西说出来，可以达到治疗精神疾病的目的。精神分析学说对许多人文学科研究都产生了重大影响。

（6）认知心理学。1967年，美国学者奈塞尔出版《认知心理学》一书，标志着现代认知心理学的诞生。所谓认知就是人的认识活动，所以认知心理学主要研究人的认知过程，并把认知作为人的全部心理活动过程。认知心理学不把人看作是刺激的被动接受者，而是将其视为信息的主动加工者，一种具有丰富的内在资源并能够利用这些资源与周围环境发生相互作用的有机体。现代认知心理学是在反对传统心理学思想的过程中发展起来的，但也接受了传统心理学（如行为主义）的一些方法，注意用精密的客观方法对人类信息加工中某些无意识过程进行研究。同时，它又强调对人的内部心理过程（如意识）的研究，继承了格式塔心理学在知觉、思维和问题解决领域内的研究成果。

（7）人本主义心理学。人本主义心理学是诞生于20世纪60年代的一个美国心理学流派，创始人是马斯洛，代表人物则是罗杰斯。该学派注重对人和人性本质（既非神也非兽）的研究，强调人的价值和人的尊严，坚持人有自由的意志和自我发展、自我实现的潜能。人的内在价值是对满足的需要，包括安全的需要、归属的需要、爱的需要、自尊和尊人的需要、认知和审美的需要，但最高层次的需要是自我实现。人在争取需要的满足这一过程中，会产生人性的内在幸福感和丰富感，而这种感受又构成对人的鼓舞力量。如何发挥人的创造性，挖掘和展现人的潜能，以促进人格的发展，这是心理学的首要研究课题。人本主义心理学还认为，人有自我指导和自我教育能力，能在自我实现的过程中认识正确的方向，正确处理人与人之间的关系，即关心、信赖人和真诚待人。在人与人的关系中，情感因素非常重要，因而反对强迫和压制的方法，提倡启发人的自我意识、促进人的自我实现。在研究方法上，特别强调使用与抽象思辨和元素分析相对立的整体分析法，把人视为一个理智与情感的整体而对其进行全面的描述和研究。

重视意识和经验的早期构造主义、机能主义和格式塔心理学已经不再作为独立的学派而发挥作用。重视对正常行为进行分析的行为主义和重视对异常心理、异常行为进行分析的精神分析法现在仍然具有比较大的影响。研究人脑认识过程的认知心理学和强调对人性进行整体分析的人本主义心理学则成为现代心理学中方兴未艾的学说。就第二语言教学而言，行为主义、认知心理学和人本主义心理学对学习理论和教学法流派的影响最为显著。

四、文化学基础

国际中文教学离不开文化，因为：其一，学习和掌握一种语言必然涉及目的语里面包含的文化，语言交际能力中的社会语言能力、话语能力和策略能力都和文化息息相关；其二，国际中文教学所要培养的汉语语言交际能力实际上是一种跨语言、跨文化的交际能力，跨文化交际学的理论成果必然成为其学科基础之一；其三，外国汉语学习者在学习汉语的过程中一般都有了解和熟悉中国社会和文化的要求，甚至要求学习专业的中国文化知识，成为"中国通"。

（一）语言与文化

1. 文化的界定

文化的定义多达数百种，但通常的界定是："人们在社会历史实践过程中所创造的物质财富和精神财富的总和。特指精神财富，如教育、科学、文艺等。"[①]也就是说，人所创造的一切都是文化，这是最广义的文化。狭义的文化只指其中的"精神财富"，包括经济、政治、哲学、教育、科学、历史、地理、文学、艺术、语言、世界观、价值观、思维方式、风俗习惯、宗教信仰等，而有时只指其中的文学、艺术，与政治、经济、教育、科学等并提。最窄的概念甚至具体到"茶文化""酒文化""服饰文化""建筑文化"等。

文化按其所含内容可以分为物质文化、行为文化、制度文化和观念文化四大部分。物质文化指人类创造出来的、体现一定生活方式的物质文明成果，如生产工具、交通工具、消费产品等，是整个文化体系的物质基础，属于表层文化。行为文化或习俗文化是人们交往中约定俗成的社会风俗习惯和行为规范，如礼俗、民俗、风俗与生活方式、人际关系等，可被视为制度文化的一部分。制度文化是由观念文化所决定的社会规范体系或者典章规范，如社会制度、国家体制、经济制度、官吏制度和教育、婚姻、家庭制度等，有学者将语言这一记录文化的符号体系也归于制度文化。行为文化和制度文化属于中层文化。深层文化是观念文化，即人类在社会实践和意识活动中所形成的价值观念、伦理道德、审美情感、宗教情感、思维方式和民族性格（心理），以及哲学、科学、文化艺术等具体学科的知识体系，是文化的精神内核。

2. 文化的特点

总体上看，文化具有以下六个显著的特点：

第一，文化是人类在自身进化和社会发展过程中通过实践创造出来的，人们在享受文化的同时也在创造文化。

第二，文化具有民族性，是以民族的形式体现出来的，世界各民族文化相互影响、相互渗透而造就一个多元的文化世界。

第三，文化具有社会性，为一定的社会群体共同创造、共同遵守并共同享有，在特

[①] 汉语大词典（上海辞书出版社，2012 年）第 1757 页。

定社会中发挥着某种规范和准则的作用。

第四，文化具有系统性，是由物质文化、行为文化、制度文化和观念文化自表向里结构而成的复杂的体系，各个构成部分相互联系、相互依存又相互影响。

第五，文化建立在一定的符号系统（语言、非语言的符号系统）之上，借助这一符号系统将自己表达、保存和传递。

第六，文化是发展变化的，这种发展变化不仅发生在科学技术和物质文明方面，而且表现在价值观念、典章制度、风俗习惯、社会心理等方面，其中，物质文化变化最快，制度文化次之，行为文化比较稳定，而观念文化变化最慢。

3. 语言和文化的关系

语言和文化是"你中有我，我中有你"相互不可分割的关系，具体表现为：

第一，语言是文化的重要组成部分，二者都是在社会发展过程中形成的，都是人们后天在一定的社会环境中获得的。

第二，语言是文化的主要载体，是用于记录文化的符号体系，因而成为反映文化的一面镜子。

第三，语言和文化相互依附、相互促进又相互制约。一方面，文化的发展必然带动语言的发展，语言的发展又促进文化的交流和发展；另一方面，语言和文化（如思维方式、价值观念、审美情感、风俗习惯等）也在相互影响、相互制约。

语言和文化之间这种不可分割的关系对第二语言教学的启示是：要想真正理解和研究一种文化，就必须掌握记录这一文化的符号体系——语言；要想真正习得和熟悉一种语言，就必须同时学习和了解这种语言所负载的文化。外国汉语学习者对中国文化了解得越多，也就越有可能提升并最终完全获得汉语语言交际能力。

（二）语言与跨文化交际

1. 跨文化交际

跨文化交际是指具有不同文化背景的人们之间的交际行为，这种交际行为的主要媒介则是语言。

跨文化交际具有以下五个显著的特点：

第一，文化差异与交际障碍。跨文化交际发生在不同的文化之间，文化的共性有利于语言交际，文化的差异则形成交际的障碍，甚至引发矛盾和冲突。

第二，交际原则与价值观念。人们在交际过程中需要遵守一定的原则，如"合作原则""礼貌原则""关联原则"，但文化（如价值观念、审美情感等）差异的存在又会对这些原则产生某种影响。

第三，母语文化的思维定式和对异文化的成见（或刻板印象）。生活在单一文化环境中的人容易形成母文化的思维定式和优越感，会不自觉地把母文化模式当作衡量别的文化的标准；未曾有过异质文化生活体验的人则因为只受到间接经验的影响容易对异质文化产生成见和偏见。两种情况都会影响跨文化交际的效果。

第四，交际过程中的相互接近和求同趋向。特别是在双方或者其中一方交际能力较弱的情形中，交际双方都有帮助对方了解自己的愿望，从文化和语言两个方面尽量向对方靠拢。

第五，交际的结果是文化的相互影响。平等基础上的文化交流，有利于不同文化的相互学习、相互借鉴和共同发展；不平等基础上的文化碰撞和交流，则可能发生强势文化对弱势文化的冲击和挤压，甚至同化。

2. 跨文化交际过程

在跨文化交际过程中，在进入异质文化生活环境、学习第二语言文化的过程中，人们大致都会经历四个阶段：蜜月期—挫折期—调整期—适应期。

开始接触第二语言文化或者进入第二文化环境之时，人们往往对自己的所见所闻感到新奇、惊讶、兴奋、激动，觉得一切都很美好。新鲜的感觉一旦过去，便开始发现自己在衣食住行上处处不习惯，语言不通，人地生疏，迷惑、沮丧、孤独、失落、烦恼、焦虑、悲伤、思乡的情绪随之而来。此时，有的人可能采取消极回避的态度，有的人则会对当地文化产生敌意，有的人则因无法承受而打道回府，即患上"文化休克"症——在非本民族文化环境中生活、学习的人由于文化冲突和文化不适应而产生了深度焦虑的精神状态。经历了挫折期的人们大多会开始自觉调整自己与环境的关系，积极去寻找适应新的生活环境和文化环境的方法，并随着语言水平的提高和社会交往的增多，孤独感、失落感和焦虑感逐渐得到缓解。结果，他们对自己所处的生活环境和文化环境了解和适应，逐渐能够采取一种比较客观、理性的态度，接受其中的一部分，对不能接受的部分则宽容对待。这一适应过程需要一年左右的时间。

3. 对目的语文化的态度

第二语言学习者对待目的语文化的正确态度应当是：

第一，相互尊重，即尊重与自己母文化不同的目的语文化。

第二，入乡随俗，即努力去理解和适应目的语文化。

第三，求同存异，即首先承认不同的民族文化存在着差异性又具有其合理性，然后采取宽容开放的态度来对待目的语文化并化解文化冲突。

第四，外为我用，借鉴目的语文化的精髓来发展和丰富自己的母文化。

第五，文化依附，即从跨文化交际的需要出发，选择某种文化依附，即人们言行所代表和体现的是哪一种文化？具体到对外（国际）汉语教学就是熟悉中国文化，正确理解中国文化，在与中国人的跨文化交际中避免误解甚至冲突，保证交际的顺畅进行。

（三）"交际文化"和"知识文化"

20世纪80年代，张占一等人从培养第二语言交际能力的实际出发，基于文化在交际中的功能，提出将"知识文化"和"交际文化"区分开来的观点。①所谓的"知识文化"是指在跨文化交际中不直接影响准确传递信息的语言和非语言的文化因素；"交际文化"则是指跨文化交际过程中直接影响信息准确传递（即引起偏差和误解）的语言和非语言的文化因素。例如，中国人吃饭用筷子，这是知识文化；不能把筷子插在饭菜上让别人去吃，这是会引起误解的交际文化。再如，中国有"长城"，这是知识文化；而"毁我长城""自毁长城"中的"长城"却不是此长城了，这便是交际文化。两种文化都参与交际，但所起的作用不同。"知识文化"常常以"知识"和"内容"的形式参与交际，懂了就懂了，不懂便不懂，不会产生误解。"交际文化"则涉及不同语言中规约性的文化差异，以制约信息模式的形式参与交际，因而可能在交际中产生误解或者偏差。

吕必松（2007）在此基础上提出了更为宽泛的"交际文化"概念。他指出："所谓'交际文化'，实际上是指隐含在语言系统和语用系统中的反映一个民族的心理状态、价值观念、生活方式、思维习惯、道德标准、是非标准、风俗习惯、审美情趣等等的文化因素。这种隐含在语言系统和语用系统中的民族文化因素对语言和语用有一定的规范作用，但是本族人因为身在其中，往往不易觉察，只有通过对不同民族的语言和语用的对比研究才能揭示出来。"

（四）语言教学中的文化因素

1. 文化因素的层次

与国际中文教学相关的文化因素包括三个层次，即语言中的文化因素、基本国情和文化背景知识、专门性文化知识。

语言中的文化因素是语言教学首先接触到的也是最主要的文化因素，主要指语言系统各个层次中的文化蕴含和语言使用的社会规约。它们主要隐藏在词汇系统、语法系统

---

① 张占一. 试议交际文化和知识文化 [J]. 语言教学与研究，1990（3）.

和语用系统之中,在跨文化交际中影响和制约着语言的理解和表达,甚至可能造成交际误解和偏差。文化因素的教学因此和语音、词汇、语法及汉字一起构成国际中文教学不可或缺的教学内容。

基本国情和文化背景知识虽然与语言结构没有直接的关联,也不一定会造成误解和冲突,却是掌握目的语和使用目的语进行交际所必需的,可谓是基于文化本位而提炼出来的最基本的"知识文化",因而也是第二语言教学的一个有机成分。它们与语言中的文化因素都是与交际直接关联的文化,因而应贯穿于整个学习过程,但以初级和中级阶段为重点,与语言教学同步进行,二者相互补充、相互促进。

专门性的文化知识主要体现在高级阶段的文化课中,如中国文化史、中国文学史、中国历史、中国经济等或如"中国文化概观"之类的课程。这类知识不属于语言教学,却是培养外国学习者的汉语言(专业)或中国语言文化专业人才知识结构所必需的东西。伴随着学习者汉语水平的提高,专门性的文化知识课程会逐步增加学术性,突出价值观念(文学艺术、哲学思想等),以保证汉语言、中国语言文化专业的学生在掌握汉语语言的同时接受充分的人文素质教育。

2. 语言中的文化因素

在三个层次的文化因素中,隐藏在语言系统中的文化因素是最为基础和直接的部分。语言中的文化因素可以分成三类:语构文化、语义文化、语用文化。

语构文化指词、词组、句子和话语篇章的构造所体现的文化特点,这些特点往往成为语言使用者民族心理、思维方式、价值观念、审美情趣等的折射。例如,汉语在结构上的显著特点是重意合而不重形合,不是用严格的形态变化来体现语法关系和语义信息,而是在遵从一定结构规则的基础上更加注重上下文语义搭配的合理性,以此来组合或结构出句子和语段。这种意合性必然带来汉语结构上的灵活性和简约性。例如,在构词上主要采用灵活多变的词根复合方式,两个词根只要在意义上能够结合就可以按照一定的句法关系组合成新词,如"动静""动摇""动手""动身""动人""动心"等。汉语词类的功能也有很大的灵活性,造成大量的"兼类"现象。汉语句子主要由语义和语序来表达意义,词语在句子中的位置因此具有很大的灵活性。例如,"苹果多少钱一斤?""苹果一斤多少钱?""一斤苹果多少钱?""多少钱一斤苹果?"这几个句子语序不同,基本意思却是一样,而"三个人吃一斤饺子"和"一斤饺子吃三个人""衣服淋湿了"和"淋湿衣服了"两组句子尽管施动者与受动者换了位置却并不会产生歧义或误解。汉语的分句组合成复句也比较灵活,中间常常不加连词,例如,"明天有雨,出不去了。"语义完全靠意合(意义连贯)的手法,形成中国诗歌独特的凝练含蓄的风格与隽永深渊的意境。

吕必松（2007）也曾列举出三个方面的"语法系统中的民族文化因素"：

①词形变化的有无——汉语没有词形变化，"因为汉语重意念、重逻辑关系，不重形式"；②句子的组织范式不完全相同，例如，汉语的省略形式很多，这大概是因为"汉语除了重意念、重逻辑关系以外，还充分依靠人的理解能力，在不影响理解的前提下尽量考虑语言的节约性"；③方位、数目、顺序的表达方式不同，例如，汉语中的"东南""西北""东北""西南"在英语中分别用 southeast, northwest, northeast, southwest 来表示。

语义文化是指语言的语义系统（主要是词汇）中所包含的社会文化含义，这种含义折射出特定民族的心理模式和思维方式。语义文化常常和词汇教学结合在一起来学习和掌握。

首先是一个民族文化中特有的事物和概念体现于词汇中，却在其他语言里找不到对应词语，包括：

①受特定自然环境制约的词语，如"梅雨""梯田""戈壁滩""江河"等；

②受特定物质生活条件制约的词语，如"馒头""旗袍""轿子""四合院""炕""窑洞"等；

③受特定社会和经济制度制约的词语，如"科举""父母官""支书""下放""户口"等；

④受特定精神文化生活制约的词语，如"虚岁""黄道吉日""属相""红娘""红白喜事"等；

⑤受语言特性和历史演变制约的熟语和典故，如"守株待兔""吃香的喝辣的""庙里长草——慌了神""桃园结义""过五关斩六将"等。这些词语如果不做一定的解释，学习者便不能准确地理解。

更多的则是某一事物或概念虽然在不同的语言里有相对应的词语，但其语义存在着很大的差别，包括：

①内涵意义不尽相同，如"农民""老师""胖"等；

②词义不等值，如"知识分子""家庭""文化"等；

③褒贬色彩（情感意义）不同，如"狗""龙""宣传"等；

④引申义和比喻义不同，如"松梅竹菊"象征人的品德高洁之意义在别的语言中就不存在。这些词语在跨文化语言交际中极易造成误解，形成交际障碍。

吕必松（2007）将"词汇系统中的民族文化因素"分成五类，即：

①对应字词的有无，如"贫农""三伏""三九""端午""肝胆相照""脾胃不和"等；

②对应词词义范围的大小，例如，汉语中的亲属称谓和阿拉伯语中对"骆驼"的称谓；

③引申义和比喻义，例如，英语中可以用"summer"来比喻"美女"，汉语中则没有

类似的比喻；

④对应词词义的褒贬——词义相同而褒贬不同，反映了不同的价值观念、是非标准和审美情趣，如"狗"和"dog"等；

⑤对应词的语义结构——观念和思维方式的反映，如"教室"和"classroom"，"温室"和"greenhouse"等。

语用文化指语言用于交际中的语用规则和文化规约，是由不同民族的文化（特别是习俗文化）所决定的。语用文化因素教学可以和功能意念项目的教学、语用规则的教学结合在一起进行。

汉语作为第二语言教学过程中常见的语用文化有：
①称呼和称谓——"长幼有序，内外有别"；
②问候与道别——"关心""体贴"（无微不至）；
③道谢和道歉——使用频率和应对方式；
④敬语和谦辞——"尊人抑己"（礼貌原则）；
⑤褒奖和辞让——"谦受益，满招损"；
⑥宴请与送礼——"推辞""客气"；
⑦隐私与禁忌——"亲密无间"与"pivacy""individualism"。

语构文化、语义文化和语用文化一起构成第二语言教学不可或缺的文化因素，必须结合语言要素教学和言语技能训练进行"渗入性"的学习和操练。

第三节　国际汉语（中文）教师的资质条件

一、树立基本理念

国际中文教学的核心任务：想方设法帮助外国的汉语学习者尽快、尽好地学习、掌握汉语，特别是书面汉语。

国际中文教学的指导思想：怎么让外国学习者在最短的时间内掌握汉语，获得包括语言能力、文化品格、思维品质和学习能力的汉语综合素养。

国际中文教学的最终目标：让越来越多的外国汉语学习者掌握汉语，培养他们使用汉语进行交际的综合能力。

二、具备基本素质

（1）了解国际中文教学的基本问题，包括：

①教什么？——教学内容——语言与文化。

②怎么教？——教学法与教学技巧。

③怎么学？——第二语言习得的原理和规律。

④在哪里教？——教学环境。

⑤教什么人？——教学对象。

⑥用什么教？——教学大纲、教材、工具书、网络资源。

⑦用什么方式教？——教学手段。

⑧经常会遇到哪些困难？——语言测试及相关研究。

（2）具有从事国际中文教学的基本能力，包括：

①（汉、外）语言表达能力；

②课堂组织能力；

③外交能力；

④理解能力；

⑤科研能力；

⑥跨文化交际能力；

⑦现代教育技术应用能力；

⑧中国文化才艺。

（3）具备与国际中文教学相关的学科知识体系，包括：

①语言学知识：用语言学的理论来解决实际问题；

②教育学知识：掌握教育规律和教学方法；

③汉语言文字学知识：了解自己的语言和文字；

④传播学知识：有效地把语言文化传播出去；

⑤中国文化知识：文学、艺术、思想、宗教、审美等；

⑥中国历史地理知识：熟悉中国基本国情；

⑦中国社会知识：洞悉中国社会结构、社会现象；

⑧世界文化知识：任教国的风俗人情、禁忌偏好等；

⑨网络与智能技术知识:适应网络时代和智慧技术的发展;
⑩百科知识。

三、《国际汉语教师标准》

(一)国家汉办颁布的《国际汉语教师标准》(2007)

该标准将国际汉语教师应具备的素质分解为五大模块、十项标准。
模块与标准列举如下:
模块一　语言基本知识与技能
　　标准1　汉语知识与技能
　　标准2　外语知识与技能
模块二　文化与交际
　　标准3　中国文化
　　标准4　中外文化比较与跨文化交际
模块三　第二语言习得与学习策略
　　标准5　第二语言习得与学习策略
模块四　教学方法
　　标准6　汉语教学法
　　标准7　测试与评估
　　标准8　汉语教学课程、大纲、教材与辅助材料
　　标准9　现代教育技术及运用
模块五　教师综合素质
　　标准10　教师综合素质
包括:教育学与心理学基础;中华文化才艺(书法、武术、国画、戏剧、舞蹈、演奏、歌唱等技能);海外生存技能(衣食住行的适应能力、与当地人沟通交流的能力、因地制宜的教学能力等)。

(二)孔子学院总部颁布的《国际汉语教师标准》(2012)

该标准将国际汉语教师应具备的素质减缩为更具针对性的五项标准,即:
　　标准1　汉语教学基础

标准 2　汉语教学方法
　　标准 3　教学组织与课堂管理
　　标准 4　中华文化与跨文化交际
　　标准 5　职业道德与专业发展

五大标准具体细化为 21 项，其中，

"汉语教学基础"包括四项：具备汉语交际能力；具备基本的汉语语言学知识和语言分析能力；了解第二语言学习基本原理；熟悉第二语言教学基本原则与方法。

"汉语教学方法"包括四项：掌握汉语教学的基本原则与方法；掌握汉语语音、词汇、语法和汉字教学的基本原则、方法与技巧，了解汉外语言主要异同，并能进行有针对性的教学；掌握汉语听、说、读、写教学的特点、目标、原则和方法，并能进行有效的教学；了解现代教育技术，并能应用于教学。

"教学组织与课堂管理"包括六项：熟悉汉语教学标准和大纲，并能进行合理的教学设计；能根据教学需要选择、加工和利用教材与其他教学资源；能设计课堂教学的任务与活动；能进行有效的课堂管理；能有效地组织课外活动；了解测试与评估的基本知识，能对学习者进行有效的测试与评估。

"中华文化与跨文化交际"包括四项：了解中华文化的基本知识，具备文化阐释和传播的基本能力；了解中国基本国情，能客观、准确地介绍中国；具有跨文化意识；具有跨文化交际能力。

"职业道德与专业发展"包括三项：具备教师职业道德；具备良好的心理素质；具备教育研究能力和专业发展意识，即具有教学反思能力；了解相关学术动态与研究成果，参与学术交流与专业培训，寻求专业发展机会。

四、"国际中文教师证书"考试

（一）概述

"国际汉语（中文）教师证书"考试是由原孔子学院总部/国家汉办与汉考国际研发和实施的一项国际标准化考试。考试的直接依据是《国际汉语教师标准》（2012 版），即从汉语教学基础、汉语教学方法、教学组织与课堂管理、中华文化与跨文化交际、职业道德与专业发展五个方面来对应试者是否具有作为国际汉语（中文）教师的能力进行评价。

"国际汉语教师证书"考试（通用版）于 2014 年开考，"国际汉语教师证书"考试

（本土版）也于2017年正式推出。该证书考试已经逐渐成为遴选海外汉语教师志愿者和公派教师的优先与必要条件，海内外学校、教育机构选聘和评价汉语教师的参考依据与评价国际汉语教学机构师资水平及教学实力的重要参考。

（二）考试构成

"国际汉语（中文）教师证书"考试分笔试和面试两种。

笔试内容包括三个部分：基础知识（50题）、应用能力（50题）、综合素质（50题），考试时间约155分钟。其中，"综合素质"的考查形式为：

本部分为情景判断题，共50题。

每组题目由情境及随后的若干条与情景相关的陈述构成，每条陈述都是对情境的一种反应，包括行为、判断、观点或感受等。请先阅读情境，然后根据你对情境的理解，判断你对每条陈述的认同程度，并在答题卡上填涂相应的字母，每个字母代表不同的认同程度。说明如下：

A	B	C	D	E
非常不认同	比较不认同	不确定	比较确定	非常认同

例题

王宏是澳大利亚某孔子学院的老师。他班上的学生大多是当地的成年人，来自不同的社区，其中有一位学生叫Susan，今年48岁，已经有了一个孙子。Susan还是一位马拉松爱好者，两天前她刚刚打破了当地的马拉松成年组纪录。王宏非常佩服Susan，课上他对学生们说："作为一位48岁的'年轻奶奶'，能够取得这样的成绩，简直是个奇迹！"没想到，Susan在下课后立即向校方投诉了王宏，说他不尊重学生的隐私。

面对这种情况，假如你是王宏，请你给出对下列陈述的认同程度：

a. 隐私需要得到尊重，但自己只是表达对Susan的敬佩，她的反应有些过分了。
b. 应该向Susan表达歉意、说明自己的想法，争取她的谅解。
c. 经过此事后，应该调整自己的认识，充分尊重他人的隐私。
d. Susan只是一时情绪激动，校方出面做好解释和安抚工作就好，自己再去道歉反而小题大做了。

作答示例 若你对第1题的陈述比较不认同，则选择B；若对第2题陈述比较认同，则选择D；若对第3题陈述非常认同，则选择E；若对第4题陈述的认同程度介于"比较不认同"和"比较认同"之间，则选择 C。各题之间互不影响。

面试内容包括五个部分：外语自我介绍（2 分钟）、说课（3 分钟）、试讲（7 分钟）、中文问答（7 分钟）、外语问答（6 分钟），面试时间为 25 分钟。其中，"中文问答"题目如下：

案例

朱老师在一所高校教汉语，班里有一位 59 岁的汉语学习者，被大家称为"爷爷"。一次上课学到"药"这个词时，"爷爷"说中国有一种药很好。大家都很好奇，"爷爷"便把照片拿出来给大家看，原来是枇杷止咳糖浆。朱老师趁此机会向大家介绍："这药不苦，治疗咳嗽的效果非常好。如果有人感冒咳嗽了，可以尝试一下。"没想到，第二天上课的时候，"爷爷"揣着一大瓶止咳糖浆和一包一次性勺子来到教室，给每个人倒了一勺尝尝味道。有几个学生尝了一口，还想再喝。朱老师很想阻止，但又怕挫伤了"爷爷"的积极性。

请你对案例中朱老师遇到的问题进行分析，并给出一些建议。

"外语问答"题目如下：

Question 1

Mr. Li likes organizing games for students to play in class. He thinks games can stimulate students' interest and initiative on learning. However, some students think they have not learned much with the games in class. How should Mr. Li deal with this situation?

Question 2

There are some students in your class who hold prejudices towards China and even Chinese culture. They questioned in class that textbooks tend to beautify China in some aspects. How would you respond to them?

笔试、面试合格即获得国际中文教师证书。

本章思考题

1. 你认为汉语国际教育的学科体系是什么？在吕必松、崔永华、刘珣和赵金铭四人的观点当中，你更倾向于谁？
2. 语言观对语言教学的指导和引领作用是什么？为什么"结构＋功能＋文化"是语

言教学必须坚持的基本原则？

3. 语言能力和交际能力有什么联系和区别？为什么"交际"是语言教学的首要原则？
4. 话语分析和会话分析有什么联系和区别？
5. 言语行为理论和会话含义理论的基本原理分别是什么？
6. 为什么说教育学是第二语言教学的基础理论之一？
7. 反映人类认知和学习普遍规律的教学原则都有哪些？
8. 人类语言的生理——心理基础是什么？为什么？
9. 什么是"注意"？"注意"有什么特点？如何才能吸引并保持学生的注意力？
10. 什么是知觉？知觉有哪些特性？知觉在人类学习过程中扮演着什么样的角色？
11. 记忆分为几类？记忆的过程是什么？如何增进记忆减少遗忘？
12. 思维具有什么特点？思维的过程是什么？
13. 文化和语言是什么关系？知识文化和交际文化分别指的是什么？
14. 语言中的文化因素有哪些？为什么说"文化教学"的提法不太合适？
15. 你认为国际汉语（中文）教师应该具备什么样的资质？
16. 国际中文教师证书考试是一种什么样的考试？考试的形式和内容分别是什么？你准备参加这一考试吗？

第二编

第二语言教学与习得理论

课前思考

1. 你知道什么是教学法？approach, method, technique 和 tactics 四个词都指的是教学法吗？
2. 你都知道哪些第二语言教学法？它们是怎么演变发展而来的？
3. 语法翻译法、直接法、情景法和听说法有什么关联吗？
4. 交际法、功能法和任务型教学法之间有什么关联和区别？
5. 对外（国际）汉语教学传统上都使用了哪些教学法？
6. 儿童为什么在短短的几年内就能够掌握自己的第一语言或母语？
7. 你知道语言对比分析和习得偏误分析吗？它们都在分析什么？
8. 你知道克拉申的"输入理论"吗？知道什么是"情感过滤"吗？
9. 一个人的"语言学能"是什么？为什么说有的人具有语言天赋而有的人没有语言天赋？
10. 策略是什么？学习策略和交际策略在语言学习中都起什么作用？

内容提要

1. 教学法的界定与 AMT、MASMT 和 ADP 层级结构
2. 传统的第二语言教学法：语法翻译法、直接法、情景法、听说法
3. 现代的第二语言教学法：认知的路子和交际的路子
4. 对外（国际）汉语教学法的历史演变与发展趋势
5. 儿童第一语言习得的过程与对儿童第一语言习得的理论解释
6. 第二语言习得研究成果：学习主题分析与学习过程分析
7. 关于第二语言习得的主要理论假说
8. 克拉申"输入理论"的五大假说
9. 学习者个体因素研究：生理因素、认知因素和情感因素
10. 语言学习环境研究：社会环境与课堂教学

第三章　第二语言教学法流派

第一节　什么是教学法

"教学法"实在是一个有着多重意义的词语。教师在课下交流课堂教学经验时所讲的教学法大多指的是课堂教学技巧。教材编撰者说自己的教材是按照某种教学法来编写的，这里的教学法则是指教学理论或教学法流派。章兼中因此认为："现代外语教学法是一个多元化、多角度、多层次的体系。现代外语教学法的低层次概念是指个别的、具体的语音、词汇、语法、句型等语言知识的讲解、操练和听说读写能力某一方面的培养的方式方法。现代外语教学法流派是指外语教学法的体系，是外语教学法的高层次概念。它指的是研究外语教学的指导思想、外语教学的性质、外语教学的原理、教学内容、教学原则、教学过程、教学形式、师生关系和教学方式、方法、评价手段等一整套外语教学法的科学规律的体系。"[①]

一、AMT 层级结构

美国学者安东尼提出了一个教学法的三级结构（AMT），即上层——Approach（教学

[①] 章兼中：《外语教育学》，浙江教育出版社，1993 年版。

法理论或者教学路子）；中层——Method（教学方法）；下层——Technique（教学技巧）。按照安东尼自己的解释，Approach 是理论性的，是一套有关语言教和学的相关假设，侧重描写所教内容的本质；Method 是程序性的，是有序呈现语言材料的一整套规划，使其每个部分都不与所选择的教学法理论或教学路子相抵触，同一种教学法理论或教学路子之下可以有多重教学方法；Technique 是工具性的，是课堂上实际应用的，包括用于完成当下课堂教学目标的特定窍门或者技巧、策略、手段或者计谋等。Technique 是 Method 的贯彻实施，因而要与其保持一致，而 Method 是 Approach 的具体体现，也应符合其理论思路。

对外汉语教学界一般采用的是这种层级结构。在这一框架之下，教学法理论解释对语言本质和语言学习的信念、看法与假设，即语言观和语言学习观，例如：语言是怎么学（会）的？语言知识在记忆中是怎样表现和组织的？语言本身又是如何构造的？教学方法把理论应用于实践，即依据理论选择将要教的技能和内容以及内容呈现的顺序和安排。教学技巧则是在课堂教学过程中具体使用的办法。

二、MASMT 层级结构

我国学者王才仁在为理查德和罗杰斯的《语言教学的流派》而做的"导读"里提出，教学法应该由五个层级构成，即：上层——Methodology（教学法总称）；第二层——Approach（实验性教学法）；第三层——Strategy（教学策略）；第四层——Method（教学方法）；第五层——Technique（技巧）。Methodology 是教学法之"法"，并非"方法"的缩写，而是法则（规律）的意思，说明教学法是通过"实践——认识——再实践——再认识"不断探索外语教学规律的一门学科。Approach 也是"法"，但此法是通过教学模式的构建提出具体的原则、方法，又经过实验和经验总结将其中一些带有普遍性的规律认识纳入"教学法"的理论宝库。Strategy 是一个运筹、决断、施教、观察、分析、评估的过程，也是教师自主地、能动地将理论应用于实践并从实践中检验理论的环节。Method 就是由教学模式提出或采纳的"方法"，即教师根据具体情况将 approach 提出的思路或者建议化解为具体的操作程序。Technique 则是教师在课堂上得心应手、运用自如的方法、技巧。

三、伞形教学法框架（ADP）

理查德和罗杰斯（1986）基于安东尼的 AMT 层级结构提出一个伞形教学法框架。框架的伞尖是 Method（教学法），华盖下面是 Approach（教学路子）、Design（教学设计）和 Procedure（教学程序或教学步骤）。如图 3-1 所示：

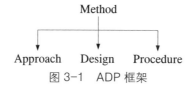

图 3-1　ADP 框架

其中，Approach 涉及：语言本质的理论（语言能力、语言结构单位等）和语言学习本质的理论（语言学的心理认知过程、激活该过程的条件等）。Design 涉及：教学法的一般和具体目标；教学大纲模式（选择和组织语言内容、话题内容的标准）；教学活动的类型；学习者的角色或作用；教师的角色或作用；教学材料的角色或作用。Procedure 指的是实施教学法时所能够观察到的课堂技巧、操练和行为，包括：教师使用的时间、空间和设备资源；课堂中的互动模式；在教学法实施过程中教师和学生使用的方法和策略。也就是说，Approach 是从理论上说明 Method，Design 是其组织形式，即"在教学系统中实现各种因素最优化的组合方案"，Procedure 则践行其主张，是实现 Method 的具体操作程序和步骤。

在第二语言教学中，经常使用到的是 approach, method, technique 三个词。approach 指路径或者思路，侧重于理论探索；method 指教学模式或者方法，侧重于教学实践，其中包括 design 与 procedure；technique 则指教学模式内使用的教学技巧，其中可包含一定的微技巧。

第二节　第二语言教学法流派

教学法流派是在一定的理论指导下在教学实践中逐渐形成的教学法体系，其中包括理论基础、教学目标、教学原则、教学内容、教学过程、教学形式、教学方法和技巧、教学手段、教师与学生的作用和教学效果评估方法等。一种教学法流派的形成除了受当时的时代背景影响外，更多更直接地受当时流行的语言学、心理学、教育学研究成果以及相邻学科发展的影响。不同教学法流派之间的差异主要是由人们对语言本质特征、对语言学习规律的不同认识形成的，而这些认识会表现在教学大纲的制定、教材的编写、课程教学程序和方法的确定以及测试评估手段的选择等。

第二语言教学至少具有两千年的历史，在西方可以从古罗马时期的昆体良①开始算起，在我国则从东汉初年就已经肇始。②在西方两千年的第二语言（外语）教学历程中，出现了各种各样的教学法流派：15 世纪之前，拉丁语在西欧处于主流地位，是日常交际、教育、商务和政府的通用语言；16 至 19 世纪，法语、意大利语和英语等"现代语言"逐渐受到重视，但拉丁语仍然占据着重要位置，是学校的一门主课，用于训练学生的心智、提高其人文素质，结果出现了"语法翻译法"；进入 19 世纪，随着资本主义的发展，国际政治、经济形势发生重大变化，各国之间的交流日益增强，现代语言的教学日益受到重视，西欧一些国家于是开始酝酿一场针对"语法翻译法"的外语教学"改革运动"，国际语音学会的出现和国际音标的制定（1886 年）则催生了"直接法"，斯威特的《实用语言学习》又对这一"改革法"进行了系统的理论论述；第一次世界大战后，直接法的局限逐渐暴露出来，针对这些问题，外语教学改革进入一个新阶段，各种各样的教学法如雨后春笋一样陆续出现。

我们不妨以第二次世界大战结束至西欧经济共同体的出现为界，将世界外语教学法的发展演变分成两个阶段，即之前的"传统的"教学法流派与之后的"现代的"教学法流派。传统的教学法流派以"语言结构"和"言语技能"为线索，经历了从书面能力到口头能力再到综合技能培养的过程，包括了"语法翻译法""直接法""情景法""听说法"四大流派。现代的教学法流派则沿着"交际"和"认知"两条路子在发展演变。"交际"这条路子经历了"交际法""功能—意念法""内容教学法""任务教学法"的发展过程。"认知"的路子则借鉴了古老的语法翻译法之精髓，又直接汲取了新兴的认知语言学、认

---

① 昆体良（Marcus Fabius Quintilianus，约 35—约 100 年）出生在西班牙，少年时随父亲到罗马求学，受过雄辩术教育，当过 10 年律师，做过国立拉丁语修辞学校的主持人，又教授希腊语。他的希腊语教学分为四个步骤：朗读一则伊索寓言——写下这则寓言故事——口述其中的一段——书写短文一篇。

②《后汉书·儒林列传》中即有匈奴人送其子女来中原学习汉语的记载："建武五年，乃修起太学……中元元年，初建三雍。明帝即位，亲行其礼。天子始冠通天，衣日月……其后复为功臣子孙，四姓末属别立校舍，搜选高能以授其业，自期门羽林之士，悉令通孝经章句，匈奴亦遣子入学。"

知心理学的研究成果，虽然还没有出现一个成熟的方法论体系，却不失为一种极具发展前途的第二语言教学思路。

本章依照这样的线索着重介绍几种第二语言教学法。

一、传统的教学法

（一）语法翻译法

语法翻译法是以系统的语法知识教学为纲，依靠学习者的母语，通过翻译的手段，着重培养学习者第二语言（外语）书面言语技能（读和写）的一种教学法。

语法翻译法是最为古老的第二语言教学法，在欧洲用于古典语言（即古希腊语和拉丁语）的教学已有一千多年的历史。文艺复兴之后兴起的"现代"语言（如法语、意大利语和英语）教学仍然沿用了这一方法。18—19世纪，德国语言学家塞登斯图克、奥伦多夫等人对这一方法进行了理论上的总结和阐述，最终使其成为一种第二语言教学法体系。事实上，美国人起初就将其称为"普鲁士法"。

语法翻译法的语言学基础是历史比较语言学。这一语言学流派认为，人类语言起源于同一种原始语言，其中的结构规律是相通的，词汇所代表的概念也是相同的，不同的只是词汇的表征形式，即语音和书写。因此，学习者通过两种语言词汇的互译和语法关系的替换就可以掌握另一种语言。

语法翻译法的心理学基础是德国哲学家沃尔夫首创的官能心理学。这一心理学流派认为，人的心灵虽然是统一的，但可以划分出不同的官能或能力，如认识、情感、意志等，不同的官能或能力可以分别通过专门的训练而得到发展。复杂而严密的拉丁文语法恰恰可以用来训练学习者的记忆力和思维力，进而使其智力得以发展。

1. 语法翻译法的操作程序

使用语法翻译法的课堂教学（50分钟）通常分成六个环节来进行，即：

（1）复习（采用默写或者背诵的形式）（10分钟）

（2）教新词（对词语的音、形、义进行解释）（10分钟）

（3）讲语法（包括语法项目的意义和变化）（10分钟）

（4）讲课文（对课文进行逐句的分析和翻译）（10分钟）

（5）巩固课文（朗读课文、课文内容问答）（8分钟）

（6）布置作业（单词拼写、语法填空、段落背诵）（2分钟）

2. 语法翻译法的特点

语法翻译法的主要特点包括：

①以理解目的语的书面语言、培养阅读能力和写作能力、发展智力为主要目标，忽略口头（理解和表达）技能的培养。

②以系统的语法知识为教学的主要内容，语法教学采用演绎法（即给出规则→举例说明），对语法规则进行详细的分析，学习者则通过熟记和翻译练习来掌握这些规则。

③词汇的选择由课文的内容（即语法规则及例句）来决定，词汇教学则通过母语与目的语的对译来进行。句子是教学、操练的基本单位。

④依靠学习者的母语来开展教学活动，翻译是主要的教学手段、练习手段和测试手段。

⑤强调学习规范的书面语，课文内容大多来自目的语原文和文学名著。

语法翻译法的不足之处包括：

①忽视口语教学和语音教学，缺少听说能力的训练。

②过分依赖学习者的母语和翻译的手段。

③过分重视语法知识的教学，且对语法规则死记硬背，忽视语义内容。

④教学内容（语法规则）枯燥乏味或者深奥难解（经典文学作品）。

语法翻译法是第二语言教学中第一个完整的教学法体系，从19世纪40年代到20世纪40年代一直在欧洲的第二语言教学中占据着统治地位，对我国前三十年的对外汉语教学（特别是精读课）产生过较大的影响。现代的"认知法"里也隐含着语法翻译法的元素。

19世纪中叶以后，针对语法翻译法的弊病，兴起了改革运动。改革运动倡导：①学习口语；②进行语音训练以养成好的发音习惯；③使用谈话和对话为教学材料；④用归纳法教授语法；⑤通过目的语本身而非与母语的联系学习新的意义。英国语言学家斯威特在其《实用语言学习》中提出四条教学原则：①精心挑选教学内容；②给教学内容设限；③根据听说读写技能安排教学内容；④对教学材料由简到难进行分级。德国语言学家维艾特在其《语言教学必须重新开始》中对语言翻译法进行了严厉批评，同时强调对语言教师进行语音学的专业训练。

改革者逐渐形成一些共识，包括：①口语是第一位的，而这反映在一种基于口语的教学法中；②语音学的研究发现当应用于语言教学和师资培训中；③学习者当先听到语言，之后再见到文字；④词语当在句子中呈现，句子当在有意义的上下文中进行操练；⑤语法规则的学习当在学生结合上下文学习语法点之后进行，语法教学当采用归纳的方法；⑥尽量避免使用翻译手段，但可利用母语来解释生词或者检查理解状况。这些原则为一种基于研究成果的语言教学法提供了理论基础，昭示着应用语言学这门与第二语言和外语教学研究理论相关联的语言教学新学科的诞生。

与此同时，人们对源自语言教学（或第一语言习得）自然性原则的外语教学原则的兴趣日渐浓厚。结果，出现了"自然法"与后来更为知名的"直接法"。

（二）直接法

直接法又叫"改革法"或"自然法"，是一种与语法翻译法直接对立的教学法，主张以口语为基础，按照幼儿习得自己母语的自然进程，用目的语直接与意义发生联系而不依赖母语和翻译手段来进行第二语言教学。

19世纪中叶，西欧各国经过工业革命和海外贸易大发展，相互之间政治、经贸往来空前频繁，对熟练掌握外语口语的人才需要日益强烈起来，但语法翻译法根本无法培养这样的双语甚至多语人才。因此，在19世纪末发生了第二语言（外语）教学的"改革运动"。这一改革运动从德国、法国开始，最后席卷整个西欧，延续了半个世纪。改革的结果便出现了直接法，故而又有"改革法"的叫法。

直接法的奠基人是著有《语言教学必须重新开始》的德国语言教育家维艾特，实践探索者则是在世界各国创办外语学校的德国人伯利兹与著有《语言教授法与学习法》并创造"系列法"的法国人古因。直接法的典型教材是英国人埃克斯利编写的《基础英语》。

直接法所依据的语言观是：语言是习惯，其运用靠感觉和记忆（而非思维）。语言学的进一步研究发现，不同语言的语法结构和词汇并不存在完全对等的关系，人们一直使用的语法翻译法之理论基础因此发生了动摇。语音学的研究成果，尤其是国际音标（IPA）的制定为口语教学创造了必要的条件，而儿童语言发展的研究成果影响了口语教学的过程，即模仿幼儿习得自己母语的自然过程——故而有"自然法"的称谓。

直接法的心理学基础是联想主义心理学，即认为：人的学习方式与动物相似，是刺激—反应的直接联结，意识在其中并不发生作用。直接法因此强调在词语和意义（客观事物与抽象概念）之间建立直接的联系，并不需要母语这一中介。学习者运用联想在新旧语言材料之间建立联系，通过学习和巩固来掌握第二语言。

1. 直接法的操作程序

直接法的课堂（50分钟）操作流程可以分成五个环节：

（1）讲解生词（10分钟）：就日常生活题材进行问答；用直观的手段引入生词；对生词进行解释而后应用这些词语。

（2）讲练语法（15分钟）：用直观的手段和具体的情景引入语法项目；进行语法点的

替换练习。

（3）示范练习（5分钟）：分组进行示范（一个人说目的语，另一个人做出相应的动作——"我说你做"）。

（4）教授新课（15分钟）：出示图画；用目的语解释图画；根据图画提问，引导学生回答这些问题。

（5）分组活动（5分钟）：学生两人一组根据图画进行问答；全班齐唱相关的目的语歌曲结束本堂课。

2. 直接法的特性

直接法的主要特点是：

①目的语与其所代表的事物直接联系，不使用母语和翻译，而是采用各种直观的手段（如实物、图画或动作等），借助目的语来学习目的语，课堂教学经常使用角色扮演或者演戏的方式。

②依靠直接感知，借助模仿、操练、记忆的方式让学习者养成自动的习惯，在一定的阶段对已获得的语言材料进行规则的总结和归纳。

③以口语教学为基础，首先培养听说能力，进而学习书面语。重视语音教学，强调语音、语调和语速的规范性。

④以句子（而非孤立的语音、音节或单词）为教学的基本单位，因为句子是言语交际的基础，词语的意义只有在句子中才能确定和掌握，词语只有联结为句子也才容易记忆。

⑤以当下通用的、活生生的现实语言（而非古朴典雅的文学语言）为基本教学材料，从有限的常用语言材料出发，对常用词语和常用句式按照其使用频率进行筛选。

直接法的局限性表现在：

①过分强调幼儿学习母语的规律而对成人学习第二语言的特点认识不足，缺少对外语课堂教学的现实考虑。

②强调口语教学，对读写能力的培养重视不够。

③过分强调模仿和经验，忽视了学习者的主观能动性，例如对语法规则的发现和掌握。

④完全排斥学习者的母语，对其积极作用注意不够，本来用母语一点就透的问题用目的语来解释，反而变得复杂难懂了。

⑤对教师的言语能力要求较高，在实际操作中有较大难度。

直接法其实是对改革运动前后出现的一些与语法翻译法针锋相对的第二语言教学法的统称，其中最具影响力的是伯利兹于1878年创办的伯利兹外语学校所采用的教学法。

专门从事短期第二语言教学的伯利兹外语学校曾经遍及欧美地区，在第二次世界大战前就已达到 340 所，至今仍然存在着。直接法对我国民国时期的英语教学产生过一定的影响，对 20 世纪 60 年代的外语教学也产生较大的影响，当时的对外汉语教学法也被称为"相对直接法"。

直接法留下的主要遗产是"方法"这一概念本身。人们经过争论逐渐取得了三点共识，即：第一，路径或者方法是基于特定理论的一套教学程序，它规定了最佳的语言教学模式；第二，特定的路径和方法如果使用得当就会取得更加有效的语言教学效果；第三，教师使用了最合适的路径和方法就会提高语言教学的质量。

教学路径和教学方法演变发展史中最活跃的时期是 20 世纪 50 年代到 80 年代这 40 年。20 世纪五六十年代出现了情景法和听说法，将其取而代之的是交际法。其他一些教学法，如沉默法、自然法、全身反应法也相继出现并产生了一定的影响。

（三）情景法

情景教学法又叫口语路子，是 20 世纪 30 年代至 60 年代由英国应用语言学家摸索出来的一种外语（英语）教学法。代表性教材有《流线英语》《走进英语》和亚历山大编写的许多教材。

20 世纪 20 年代，帕尔玛、弘贝等英国学者就开始寻求一种语言教学新路子，涉及"选择"（词汇和语法内容）、"分级"（内容的组织与排序）和"呈现"（呈现与操练语言项目的技巧）的系统性原则。他们达成的共识或者总体性原则便被称为语言教学的"口语路子"。到了 20 世纪 50 年代，这种思路和做法已被应用到英国的英语教学实践中。1950 年，弘贝在《英语教学》杂志上发表系列论文，其中使用了"情景法"这一名称。其后，"结构—情景法"和"情景语言教学"的名称便被人们广泛使用起来。20 世纪 60 年代，澳大利亚学者皮特曼等人开发出基于情景法的系列教材《情景英语》。

1. 情景法的特性

一般而言，情景法具有六个显著的特点：

①语言教学始于口语，语言学习先是口语然后才是文字（书面语）。
②课堂语言是目的语，而非学生的母语。
③新的语言点需结合情景来引入和操练。
④词汇的选取覆盖基本的、普遍使用的词语。
⑤语法项目根据先易后难的原则进行分级和编排。
⑥足够的词语、语法基础打下后，立即引入读写技能的训练。

2. 情景法的理论基础

情景法的语言学基础是一种以帕尔玛和弘贝为代表的"英国式"结构主义,主张语言的基础是口语,口语能力的核心则是结构,"语序、结构词、少数英语词尾变化与实词构成我们的教学材料"。语言结构知识需和情景结合起来,这是情景法的鲜明特征。

情景法的心理学基础是行为主义,所关注的是学习过程而非学习条件。帕尔玛认为,"语言学习涉及三个过程:接受知识或材料;通过重复固定在记忆中;在真实的操练中使用语言直至成为个人技能"。而"归根结底是形成正确的口语习惯……学生应当能够毫不犹豫、几乎不假思索地将词语组合成正确的句型。这样的习惯可以通过盲目的模仿练习来养成"。语法教学则与直接法一样使用归纳法来进行。

3. 情景法的目标和要求

情景法的教学目标也是培养听说读写四种基本技能,但其培养途径是结构,准确的语音和语法至关重要,错误要竭力避免。自动化地掌握基本结构、基本句型是读写技能的基石,而结构、句型的掌握要通过口语练习来实现。

使用情景法进行英语教学,首先要有一个结构大纲和词汇表。结构大纲是依其呈现顺序来安排的基本结构、基本句型列表,结构放在句子中教,词汇则根据句型的需要来选择。可见,这还不是真正意义上的"情景"大纲,即情景与相关语言材料的列表,"情景"只是指句型呈现和操练的方式,或者用皮特曼的话说,是"使用具体物件、图片和实物,加上动作和手势来将新语言项目的意义展现"。经常使用的教学技巧是教师指导下的重复和替换练习,包括集体重复、听写、操练和基于口语的读写任务,有时也使用结对练习、小组活动等口语练习技巧。

学生起初只是聆听和重复教师说的话并对教师发出的指令、问题做出回应,后来则可有一些积极的参与性活动,例如自主发起回应、相互提问等。教师则具有三重的角色:课文呈现阶段是样板或榜样,设置语言情景,对新结构做出示范;之后则更像乐队指挥,要从演奏者那里提取出音乐来;又是一个全程的操控者,提出问题,发出指令或者别的线索以便引导学生产出正确的句子。教学过程因此是教师主导的,教师决定教学的进程。情景法既依靠教材又注重视觉材料,教材是围绕不同语法结构而严密组织起来的课文,视觉材料可以由教师自制或者购置而来,包括挂图、卡片、图片、小棍等。视觉元素和精心分级的语法大纲是情景法的特色,教材自然是其关键所在,但它"只是教学过程的指南,教师才是教材的主人"。

4. 情景法的操作程序

情景法的课堂基本上都是从严格控制的结构练习过渡到较为自由的结构练习、从句型的口头运用过渡到听说读写中的自动化运用。皮特曼给出的典型教案是：

本课的第一部分是重音和语调……接下来是本课的主体，包括一个结构的教学。本课由五个部分构成：

（1）语音（发音）；

（2）复习（必要时为新课做铺垫）；

（3）呈现新的结构或者词汇；

（4）口头练习（操练）；

（5）阅读关于新结构的材料，或者书面练习。

戴维斯列出的情景法教学活动则包括九项：

（1）听力练习：教师取得学生的注意，清楚地说出示范句型或者单词，重复数次，词语之间有停顿，如 where… is… the… pen?

（2）齐声模仿：全班或者分组重复教师的话。教师最好给出明确的指令，如 Repeat 或 Everybody，并用手势标明时间和重音。

（3）个体模仿：教师请出几个学生来对他的示范进行重复，以检查学生的发音。

（4）孤立练习：教师将学生感到困难的音、词或词组从句子中摘取出来，并按照 1—3 的方法程序进行操练，之后将其放在上下文中继续练习。

（5）引发新范式：教师让学生使用学过的句型进行问答练习，以便引出必要的信息来将新的结构范式引入。

（6）启发诱导：教师使用哑剧、提示词、手势等方式引导学生问问题、进行陈述或者举出更多的句型例子。

（7）替换练习：教师使用提示词（词语、图片、数字、名称等）引导不同的学生将新句型的例句混合起来。

（8）问答练习：教师让一个学生提问，让另一个学生来回答，直至全班同学完成使用新结构进行问答的练习。

（9）错误纠正：教师通过摇头、重复错误等方式指出练习中出现的错误，请学生自行或者帮助别人纠正之。教师一般不自己去将错误纠正，而是让学生自行纠正，这样他们就会愿意相互认真倾听。

情景法的基本特征表现在"3P"的课堂教学模式上。所谓"3P"的模式就是一堂课的三个环节：

（1）Presentation（呈现），在上下文中呈现新的教学项目；

（2）Practice（操练），对教学项目进行教师操控下的练习；

（3）Production（产出），较为自由的口语练习阶段。

20世纪60年代中期，情景法的语言观、语言学习观和语言教学观开始遭到人们的质疑，但这一方法一直被人们广泛地使用着，因为情景法的基本原则，包括强调口头练习、语法结构和句型等，与许多语言教师的直觉相一致，而且情景法为很多基于语法结构的国家级英语教学大纲提供了一种简便实用的方法体系。

（四）听说法

听说法是20世纪40年代产生于美国的一种第二语言教学法，因为首先用于军队，所以叫"军队法"，又因为强调句型结构的操练，又叫作"句型法"或"结构法"。美国在珍珠港事件后向德意日宣战，面临欧洲和太平洋两个战场，因而急需在短期内培养出具有基本外语口语交流能力的军事人员。语言学家布龙菲尔德等人受美国政府委托制定出一套特别的语言速成培训课程。1943年前后，各种相应的外语训练中心建立起来，开办出20多种语言训练班。①训练班一期6—9个月，每周上课6天，每天至少5个小时。每个班8—10人，由母语使用者担当教师，使用专门的教材进行突击、强化、"沉浸式"的听说技能训练。战后，美国的研究机构和语言学家对这些战时的外语教学经验进行总结、检讨，于20世纪50年代形成了一整套培养学习者听说口语能力的方法体系，将其称为"听说法"，然后在高校和中学的外语教学中大力推广。

1. 听说法的理论基础

听说法的语言学基础是美国的结构主义语言学。该学派主张对活的语言（即口头语）进行深入细致的描写分析，在不同语言之间进行结构对比分析，因而强调第二语言口语教学，主张从教说话开始，通过掌握语言的结构来学会目的语。

听说法的心理学基础是行为主义心理学，特别是斯金纳的操作行为主义，即认为言语行为是通过刺激—反应的联结并得到强化而形成的习惯，第二语言教学便应通过大量的模仿和反复的操练来养成新的语言习惯。

2. 听说法的教学流程

特瓦德尔将听说法的教学过程分成五个阶段：

（1）认知。教师向学生展示新的语言材料（句型），借助实物、情景、手势等手段使学生理解语言材料的意义。

---

① 著名旅美语言学家赵元任先生是参与者之一，主持了哈佛大学陆军特别训练班中文部的教学工作。

（2）模仿。学生在教师的反复示范下进行正确模仿练习。

（3）重复。通过反复的操练，如多项选择、正误判断等，不断重复已经模仿的语言材料，来达到牢记或背诵的目的。

（4）变换。用变换句子结构的练习，如词语替换、句型转换、句子扩展等，给学生提供活用练习的机会。

（5）选择。用回答、对话、叙述等方式，让学生选择学过的词语、句型对特定的场景或事件进行叙述，使其得到进一步活用的机会。

早期的听说法注重机械训练。语音练习常采取"最小对立对"，如通过比较和操练 ship / sheep，sake / shake 等仅有一个音素不同的成对单词发音，使学生掌握正确的发音。语言结构练习采用句型操练。20 世纪 60 年代后一些应用语言学家开始对这种方法进行改进，以便让操练朝着有意义和有利于实际交际的方向发展。最具代表性的是珀尔斯顿提出的 MMC 方案，即将语言操练分为三个步骤：机械训练→有意义的练习→交际性活动。第一步沿用早先的机械训练。第二步为有意义的练习，一般是教师给出结合学生生活实际的情景，让学生在给定的情景中进行语言操练，例如，在做英语动词一般现在时第三人称单数（-s / -es）的练习时，提出问题 What do your parents do on weekends? 要求学生根据实情给出回答。第三步为交际性活动，可以请来英语为母语的人与学生交谈，要求学生尽量使用所学过的语言结构。

3. 听说法的操作程序

听说法的课堂（50 分钟）操作流程主要有两种模式：模式 A 和模式 B。

模式 A（五环模式）：

（1）讲解课文（生词和对话）（10 分钟）：根据图画用目的语解释情景；对课文的难点进行解释；听课文录音。

（2）熟悉课文（15 分钟）：师生示范对话（复述课文）；学生两人一组练习对话；学生表演对话。

（3）句型操练（替换练习）（15 分钟）：老师进行示范；学生模仿练习。

（4）复习巩固（10 分钟）：学生再次听录音；尝试背诵课文（对话）。

（5）布置作业：拼写生词；听课文录音；做句型替换练习。

模式 B（六环模式）：

（1）生词和对话（10 分钟）：根据图画用目的语解释情景；解释课文难点；听课文录音。

（2）熟悉课文（10 分钟）：师生示范对话（复述课文）；学生两人一组练习对话；学

生表演对话。

(3) 句型操练1（机械训练）（10分钟）：老师先做示范，然后学生进行模仿练习。

(4) 句型操练2（意义练习）（10分钟）：老师给出情景，学生进行形式表达练习。

(5) 句型操练3（交际活动）（10分钟）：使用相关的句式进行真实的语言表达活动。

(6) 布置作业：拼写生词；听课文录音；做句型替换练习。

4. 听说法的特性

一般而言，听说法具有以下七个显著的特点：

①听说领先，读写辅助，即首先是口语能力的培养，然后才是书面语能力的培养。

②反复操练，形成习惯，操练的方式主要是模仿、重复、记忆等。

③教学内容以句型为中心，通过句型练习来掌握目的语。

④排斥或限制使用母语，尽量使用直观手段与情景因素，借助目的语来完成理解与表达的任务。

⑤利用母语与目的语的对比分析，找出学习难点，确定教学重点。

⑥严格而及时地纠正学习过程中的错误，避免错误习惯的出现。

⑦利用现代化教学技术手段，如幻灯、录音、影视，多途径地强化刺激。

听说法的代表人物有布龙菲尔德、福莱斯和拉多等。听说法的代表性教材是《英语900句》。

听说法的出现是第二语言教学法发展史上的一个里程碑。它第一次自觉地把语言学和心理学理论作为自己的理论依据，从而使第二语言教学法具有了更为坚实的科学基础。它又有一套完整的教学法体系和一些至今仍行之有效的教学原则。它继承了直接法的精髓，如基于口语技能、直接使用目的语、以句子为基本单位、通过反复操练在实践中掌握语法规则等，又有所发展和创新，如对目的语和学习者母语之对比的强调。句型教学避免了语法翻译法的烦琐讲解，又使语言结构的教学得以具体落实，从而切实地践行了听说领先的语言教学原则。对母语的使用也避免了直接法完全排斥的极端做法，而是主张有限度的使用。同时，对现代化教学手段的重视也使其具有了与时俱进的特色。

我国的对外汉语教学界，无论是在教材编写还是在课堂教学中都曾经吸收了听说法的做法，1974年编写、1977年正式出版的基础教材《汉语课本》第一次编进了句型替换练习。句型操练至今仍是对外汉语教材中语言结构教学的重要练习方式。

当然，听说法也有其致命的弱点：一是，它以行为主义心理学为基础，把人与动物等量齐观，把人的外语学习等同于动物行为训练，否认人类认知能力的能动作用，而过分强调机械训练并不利于引发和强化学习者的兴趣。二是，其语言学基础（结构主义）过分重视语言的结构形式而对语言的内容和意义明显忽略,这与以语法为纲的语法翻译法并无原则性的分别,所以不利于培养在一定情境之下进行语言交际的能力。接受听说法教学的学习者往往在书面理解(阅读)和表达(写作)能力方面,在语文素养和知识面上面表现出明显的欠缺和不足。三是,它并不利于发展学生的创造性思维习惯,因为大量的机械训练、模仿和简单重复使学生处于鹦鹉学舌的被动状态,而学生长期跟着教师转,会逐渐失去学习的主动性和积极性。

二、现代的教学法

20 世纪 50 年代末 60 年代初,语言学领域内转换生成语法理论将结构主义语言学的主导地位取而代之,心理学领域内认知学派将行为主义学派的主导地位也取而代之。转换生成语法和认知学派相互结合,产生出一门新的交叉学科——心理语言学。在此基础上,外语教学领域出现了一个新的教学法流派——"认知法"。20 世纪 60 年代末 70 年代初,随着另一门新兴学科——社会语言学的诞生,"交际能力"的概念逐渐深入人心,外语教学领域便出现了另一个新的教学法流派——"交际法"。

可以说,"认知"和"交际"是现代第二语言教学法探索过程中的两条主线和主要思路。

(一)第一条思路:认知

认知法又被称为"认知—符号法",主张在第二语言教学中充分发挥学生智力的作用,注重对语言规则的理解、发现和创造性运用,其目标是在听、说、读、写各方面全面地掌握语言。

1. 认知法的理论基础

认知法产生于 20 世纪 60 年代的美国,代表人物是美国心理学家卡罗尔和布鲁纳。

认知法的理论基础是转换生成语言学和认知心理学。转换生成语言学的创始人是美国语言学家乔姆斯基。该理论认为人的语言能力是与生俱来的,人具有一种天生的语言习得机制,每个人的头脑中都预设有一部普遍语法,在后天和某种语言的接触中,通过普遍语法和外在语言的磨合,慢慢学会该种语言。学习语言是一种有意识、创造性的活用过程,而非单纯的模仿、记忆过程。所以,受转换生成语言学理论的影响,认知法力图在教学中最大限度地调动人的语言潜能、内在能力。教师要引导学生自己发现语言规则,给学生提供活用语言规则的机会和情境,使学生能够用已学过的有限的规则去触景生情地说出和创造出自己想要说出的话语。

认知心理学的创始人是瑞士心理学家皮亚杰。该理论认为人是具有智慧的，人类对外界刺激所做出的反应是能动性的，所以学习是内在的，而不是外在的。认知心理学反对把学习看成是简单的"刺激—反应"过程，认为人具有一种认知结构，学习是感知、记忆、思维、想象的过程，也是不断调整认知结构的过程。语言学习是有意义的学习，而非机械的死记硬背，要通过理解掌握语言规则进行有意义的操练，运用语言的能力也会随着语言在有意义的情景中的使用而得到培养和发展。

2. 认知法的主要特性

①把培养语言能力放在教学目标的首位。语言能力即内化了的语言知识体系，具体体现在听、说、读、写四种技能中。强调学生理解和掌握语言规则，反对机械模仿，提倡通过有意义的练习使学生获得正确运用语言的能力。

②以学生（而非教师）为中心，以学生的认知活动为主线。重视开发学生的智力，培养学生的学习兴趣，调动学生的学习积极性和主动性。

③提倡归纳法，启发学生发现语言规则。讲解仅占教学活动的五分之一。

④强调教学遵从从学生的已知（known，即已经掌握的知识）到未知（unknown，即新知识领域）的认识过程。

⑤主张听、说、读、写齐头并进，全面发展。

⑥适当使用学生母语。提倡用母语解释一些比较抽象的语言现象。

⑦教师正确对待学生的学习错误，要对错误进行分析和疏导。主张根据情况区别对待，适当纠错，反对有错必纠，特别是不影响交际的一些错误，以免学生失去学习信心。

⑧提倡在理解语言知识和规则的基础上进行操练，强调有意义的学习和有意义的操练。

3. 认知法的教学过程和操作流程

认知法的教学过程分为三个阶段：

（1）语言的理解。让学生理解所提供的语言材料和语言规则的意义、构成和用法。教师先是以旧带新，引导学生发现语言规则。这样的学习被称为"发现式学习"。

（2）培养语言能力。在理解的基础上，通过练习来巩固语言知识的理解和语言规则的运用。以大量练习培养学生的语言能力。特别重要的是，认知法反对听说法所采取的机械性练习，主张有意义的练习活动。

（3）语言的运用。脱离课文内容，进行实际交际的练习，以培养学生使用该语言进行听、说、读、写的实际交际能力。

认知法的课堂（50分钟）操作程序可以分为五个环节：

（教学内容：英语的现在进行时态）

（1）讲新词（10分钟）。看图说话（在学生使用和新词接近的词语时，教师引出要求学生学习的新词，然后在理解的基础上，让学生跟着自己朗读新词）；根据图画讲故事，然后教师讲故事（即课文）。

（2）讲语法（10分钟）。让学生根据教师使用过的语法现象（动词的现在分词）对这一现象的形式和意义进行归纳小结，然后教师进行总结，并适当使用学生的母语对难点部分进行解释。

（3）语法练习（10分钟）。引导学生由近及远谈论现在正在做的事情：教室里发生的事情→学生家里发生的事情→回到图画，谈论画中人物的活动。一旦学生用到现在进行时，教师便加以重复和强调。

（4）讲新课（15分钟）。小组活动：学生以小组的形式逐句讨论课文内容和意义，然后就课文内容互相提问。→全班活动：学生提出不能在组内解决的疑难问题，全班进行讨论，然后教师总结并给出正确答案。→教师小结（现在进行时态的形式和意义）。

（5）回到课文（5分钟）。学生听录音，然后就课文内容提问。

布置作业。听课文录音，改进语音语调；拼写生词，进行书面练习；就现在进行时态进行问答、填空练习。

4. 对认知法的评价

可见，认知法具有以下五大优点：

①从认知心理学的角度论述和开展第二语言教学，注重对学习者和学习过程的研究。

②以学生为中心，强调发挥学习者的主观能动性、培养学生的创造性思维能力。

③主张听、说、读、写齐头并进，全面发展，以培养学生的语言能力。

④主张"发现学习"，引导学生发现语言规则，强调有意义且结合学生生活实际的学习，在理解语言知识和规则的基础上进行有意义的操练。

⑤充分发挥学生的智力，有效地利用学生的母语。

同时，认知法又显露出一些不足来，例如：

①转换生成语法是认知法的语言学理论基础，但如何将其有效地应用于外语教学实践，还需要不断地进行探索。

②完全排斥机械性训练的做法还值得商榷。

③认知法作为一个独立的外语教学法体系还不够完善，尚须做进一步的研究。认知心理学的进一步发展必定会使之充实和完善起来。

认知法对第二语言教学最大的贡献是：它更多地从心理学的角度来研究第二语言教学，强调对学习者和学习过程的研究，凸显理解和有意义的操练，提倡以学习者为中心。它反对听说法的听说领先、侧重口语和机械操练的做法，但吸取了听说法的句型操练和语言对比的方法。它继承了语法翻译法对语法知识自觉掌握的重视，却又避免了语法翻译法的一些缺点，如过多地讲解语法知识、过分地依赖母语和翻译、忽视口语和听说技能等。

认知法出现的时间不长，还在不断地发展演化，所以其教学体系和教学模式都有待进一步完善。从理论上看，认知法的一些理论基础，如转换生成语法，仍处在发展过程中，如何运用于教学实践中还需要进一步的探讨。从实践上看，还没有出现与其理论原则相一致的配套教材。

（二）第二条思路：交际

1. 交际法

（1）理论基础。交际法的理论基础是社会语言学。1972 年，美国的社会语言学家海姆斯针对乔姆斯基的"语言能力"在《论交际能力》一文中提出，"离开语言使用的规则，语法规则便毫无意义"，因而主张交际能力是"语法、心理语言、社会文化与或然性能力系统互相作用的结果"①。1976 年，英国语言学家威尔金斯出版《意念大纲》一书，指出传统的语法大纲和情景大纲的局限性，并列举出语言交际中的意念（如时间、空间、数量、频率等）和功能（如请求、道歉、同意、许可、赞美、申诉、劝说等）。1982 年，加拿大学者卡内尔与斯维恩发表长篇论文"第二语言教学和测试的交际路子之理论基础"②，对交际教学法的理论探讨进行了总结，并提出构成"交际能力"的三个成分：语法能力、社会语言学能力和策略能力。语法能力主要指词汇、词法、句法、词义与语音等方面的知识；社会语言学能力指使用语言的社会文化规则和语篇规则；策略能力即为使交际顺

---

① Hymes, D. *On Communicative Competence* [J]. in J. B. Pride and J. Holmes, Sociolinguistics [M]. Middlesex: Penguin Books, 1972: 278.

② Canale, M & Swain, M. *Theoretical bases of communicative approaches to second language teaching and testing* [J]. Applied Linguistics, 1980 (1): 1–41.

利进行而采取的语言的和非语言的交际策略，如怎样开始和维持会话、要求重复、澄清事实、打断对方、结束对话等。此后关于交际能力的讨论基本都采用了这一框架结构，外语教学的交际法也大多以此作为其教学大纲的主要参考。

（2）教学原则。为了实现培养学生使用目的语进行交际活动的目标，交际法特别强调"学习者中心"的理念。在开始教学活动之前，要调查学习者的需求；在教学过程中，要根据学习者的需求提供大量的语言信息，并在每个环节里都让学习者充分理解和积极参与。交际法的教学大纲采用"意念—功能"大纲，教材则使用自然、地道、真实的原文——通常是从图书杂志上节选的文章或者从电影、电视和电台报道中截取的片段。交际法鼓励学习者在实际生活中学习和使用目的语，他们的错误（学习过程中必然产生的习得偏误）应该得到容忍。

交际法的具体方法多种多样，但其基本精神是开展师生之间和生生之间的有意义的对话或讨论，即"意义协商"活动。上课经常采用两人结对子的对话、4—6人的小组活动或者全班讨论的形式。情境的设计要尽可能的真实，经常采用多媒体手段进行教学或者请来本族语使用者与学生交谈甚至辩论。交际法并不排斥语法教学，但语法教学只是被当成培养交际能力的一种手段而加以应用。

（3）操作程序。① 展示新语言材料；② 对每段对话进行口头练习；③ 学习对话中出现的基本交际表达法及其相应的语言结构，帮助学习者发现并总结用于表达功能的结构规则；④ 教师提供一定的交际情境，学生运用语言形式，培养实际生活的交际能力。

可见，交际法比较适合中级水平以上的第二语言学习者。

交际法的精髓是语言学习者在表达意义和传递意义的过程之中学习语言，即"在交际之中学会交际""在游泳过程中学会游泳"。交际法是一种思路和方向，在具体方法上则是广泛地采用多种教学模式，而最为成熟的教学模式是功能法和任务法。

2. 功能法

功能法又叫"意念—功能法"，是以语言功能和意念项目为纲、旨在培养学习者在特定社会语境中运用语言进行交际这种能力的一种教学法。

功能法产生于20世纪70年代的欧共体（西欧经济共同体，即现在欧盟的前身）国家，中心在英国，创始人为英国的语言学家威尔金斯，代表人物有英国的亚历山大、威多森与荷兰的范·艾克。代表性教材是《跟我学》。

20世纪70年代，西欧各国为了加强相互之间的交流合作，迫切需要大量的通晓欧共体国家主要语言（英语、法语、德语等）的交际人才，而当时流行的语言教学法（英国的情景法和美国的听说法）都对交际技能训练有不同程度的忽视。1971年5月，欧共体文化合作委员会开会讨论成人外语教学的问题，之后又召开专家会议来讨论欧洲现代语言教学大纲。经过 100 多位专家数年的努力，最终制定出欧洲主要语言初级阶段的教学大纲"入门阶段"和英语作为第二语言的教学大纲《初阶》。威尔金斯也于 1972 年提出并于 1976 年正式发表了《意念大纲》。

（1）理论基础：功能法的语言学基础是 20 世纪 60 年代兴起、70 年代兴盛的社会语言学，尤其是海姆斯的交际能力理论和韩礼德的功能语言、话语分析理论，以及威多森的语言交际观。社会语言学认为语言是表达意义的系统，其基本功能是社会交际，语言的基本单位不仅是其语法结构的特征，而且包括话语里的功能和交际意义，语言的结构是语言功能和交际用途的反映。因此，语言研究不能局限于形式结构，更需关注要完成的社会功能和语用因素。第二语言教学的目的不仅是让学习者掌握语言规则，能够正确地使用目的语，而且是要掌握目的语的使用规则，以便合适、得体地使用目的语。

功能法的心理学基础是人本主义和 20 世纪 60 年代末兴起的心理语言学。以人为本的心理学强调"学习者中心"，因而要分析学习者对第二语言的需要，通过需求分析来确定教学内容和教学方法，除了人人必学的共核单元外，又让学习者选择自己需要的单元，积攒一定的学分达到规定的水平（即"单元—学分体系"），对学习者在学习过程中出现的错误（偏误）不做苛求，因为这是不可避免的现象。心理语言学研究表明，人们在言语交际中首先要确定要表达的内容（即功能和意念），然后才有语言表达的形式（结构和语句）。第二语言教学因此应该采取从功能意念到结构形式的教学思路。

（2）功能和意念：所谓"功能"便是使用语言来做事情（"以言行事"），完成一定的交际行为。语言功能可以分成六大类：①传达与了解实际情况，如判明、报告、纠正、询问等；②表达或了解理智性的态度，如同意、可能、知道、确定、必须、接受、拒绝等；③表达或了解道义上的态度，如道歉、原谅、赞同、反对、遗憾等；④表达或了解情感性的态度，如高兴、不高兴、喜欢、满意、失望、意愿、需要、希望等；⑤请人做事情，如请求、警告、指令、建议等；⑥社交寒暄，如问候、介绍、告别、祝酒等。

所谓"意念"则指功能作用的对象，即功能的具体内容，也就是常常被用来回答"什么""谁"的问题。意念分普通意念和特殊意念两类。普通意念是与功能相关的时间、空间、数量等关系，如存在、空间、时间、数量、质量、心理关系、指代关系等，适用于各种话题和背景，是学习者都需掌握的东西，即功能的"共核"部分。特殊意念是由话题直接决定的词汇项目，即各类词汇，如个人身份、住址、业余爱好、旅行、健康福利、购物、食物饮料、花鸟鱼虫、家庭社会、服务行业、问路指路、语言、天气、公共标识等。以"邮局在哪里？"这一结构形式为例，其功能是"询问"，问的内容是"位置"，这是普通意念，邮局则是特殊意念。

功能、普通意念、特殊意念是交际的三大要素。此外，人类交际还涉及情景、社会、性别、心理等影响与语体或语域、重音和语调、语法和词汇、非言语手段等因素。同一种功能和意念，在不同的社会地位、身份、性别的人对话之间会有不同的表达方式，决定这些表达方式的正是体现社会行为准则的语用规则。

（3）功能法具有以下八个主要的特点：

① 明确提出第二语言教学的目标是培养创造性地使用语言进行交际的能力，使用语言不仅要求准确性，而且要求得体性。

② 以功能和意念为纲，根据学习者的实际需要来选取真实、自然的语言材料，而不是为学结构形式而人为编制的"教科书语言"。

③ 教学过程交际化，创设接近真实交际的情境，采用小组活动的形式，通过大量的言语交际活动来培养学习者的语言交际能力，将课堂上的模拟性交际活动与课外生活中的真实交际活动结合起来。

④ 以言语交际的主要形式——话语为教学的基本单位，语音、词汇、语法等语言要素通过话语情景进行综合性的教学，句型操练也结合话语来进行，旨在培养学习者的话语能力。

⑤ 单项技能训练与综合性技能训练相结合，但以综合性训练为主，以达到在交际中综合运用语言的培养目的。

⑥ 按照话题螺旋式安排语言材料，将功能与结构结合在话题之中，循序渐进地组织教学，每一个话题都有数次的循环，每一次循环都有难度的增加。

⑦ 强调言语交际的内容和信息的传递，对语言结构形式不做苛求，对学习者出现的语言错误（偏误）有一定的容忍度（即对没有影响交际活动的错误不做纠正），提倡和鼓励学习者在交际活动中的积极主动性和创造性。

⑧ 根据学以致用的原则，有针对性地对不同专业的学习者进行"专用语言"（如科技英语、法律英语、旅游英语等"专用英语"）的教学，突出不同交际目的和方式、不同交际范围里使用目的语的特点，在选用的语言材料和言语技能训练上都体现出不同的侧重点来。

3. 任务法

（1）基本特征：任务法或任务型教学法是吸收了现代外语教育学理论之最新成果而形成的一种新型教学方法。1998年，斯基汉在《语言学习的认知路径》一书中，比较客观地归结出"任务"的四个基本特征：① 重视如何沟通信息，不强调用何种形式的语言；②以解决某些问题为中心；③和真实世界中类似的活动有一定的联系；④以是否完成已有的任务为评价的标准。

（2）理论依据：任务型教学法主要源于交际性教学理论。1976年，英国语言学家威尔金斯、亚历山大首先为英语教材进行设计，其思路就是交际法。任务型教学法还有其他的理论依据。20世纪80年代在印度实行的交际性教学实验所提出的步骤大纲就属于任务型教学，所说明的就是学生需要完成的任务。任务型教学的基本宗旨是学生以语言为载体，学生之间、师生之间以完成任务为目的，实现互动和交际。其主要理论依据有两个：

其一，克拉申的输入与互动假设。

克拉申通过对语言学习的研究于1982年发现，外语的获得过程与母语习得的过程十分相似，是一种生理现象或者一种先天性的语言属性，在一定的语言环境下自然生成。语言输入达到一定的量，就自然形成语言能力。

互动理论认为：课堂教学的本质就是交往。交往的基本属性具有推动性和互惠性。信息的交流可以实现师生互动、互相沟通、互相影响，达成共识、共享、共进。课堂活动是多边互动的过程，是师生互动、生生互动、全面互动的过程。通过互动可实现课堂交际化，增加使用外语的机会。

其二，双主体理论。

这一理论的基本观点包括以下六点：

①教和学构成各自的主体关系。教以学为内在要素，学以教为内在要素。课堂教学是教育者与学习者在社会交往中形成的一种特有的社会现象，是一种沟通与合作的现象。

②任务型教学是要让学生体验学习过程。教学是语言文化与沟通文化的创造过程。语言教学既是内容也是过程，学生学习活动本身与学习目标是同等重要的，如何去学才是重中之重。

③任务型教学大纲既能体现语言的综合性，又能覆盖学习过程，还有语言教学的明确目标。任务型教学中至少有一部分与生活中的内容相似，培养出来的学生具有较强的语言交际能力。

④任务型教学必须考虑语言的准确性。

⑤语言学习的过程是一个不断完善的扩张式过程。语言不仅是一个有序的符号系统，而且是一个动态的信息系统。完成任务的过程既是语言的认知与实践，也是对世界的认知行为，可以不断完善学生的语言图式和语篇图式。

⑥学习方式决定学习结果。单纯的行为并不能促进高层次思维的发展，只有积极的

情感体验和深层次的认知参与的核心学习方式，才能促进学生全面素质的提高。

（3）任务构成：任务是通过使用目的语来完成的活动或目标。纽南认为任务具有结构性，由五个部分组成：①教学目标：培养学生的语言交际能力；②输入：设计任务的资料；③活动：完成任务；④师生角色：学生是语言交际者，其主要任务是交流沟通，学生具有学习的自主性，并经常相互交流，教师是学生的助学者、任务的组织者和完成任务的指导者，也是交流沟通的伙伴；⑤环境：课堂教学的组织形式包括完成任务的方式和完成任务的时间分配，可以是课内教学，也可以是课外活动。

（4）任务设计：在任务型教学中，教师必须从学的角度来设计教学，让学生的学习活动具有明确的目标。

设计任务的基本原则为：

①任务应从学生的学习经验、生活经验和兴趣出发，任务的内容和方式要尽可能真实。

②任务活动要有益于学生语言知识的学习、言语技能的掌握和语言交际能力的提高。

③任务活动应积极促进语言学科和其他学科知识的相互渗透，促进学生想象力、审美情趣、艺术感受力、协作能力和创造能力等综合素质的发展。

④任务活动的设计应尽可能涉及跨文化交际因素。

⑤任务应尽可能具有结果评价的标准。对完成任务的学生给予适当、中肯的评价，使其产生成就感。

任务设计的顺序为：

①排序。为了使学生领会课文具有连贯性，教师可以把课文段落重点小结或把图片打乱，然后让学生重新排序，这样学生就必须认真细致地听、读语段，也才能把图片重新排好。

②强化记忆。为了提高学生记忆能力和阅读能力，让学生在规定时间内阅读一段话，然后总结并叙述文章的主要内容，或让其简述其中的某个情节，或要求学生就文章内容提问。

③对照比较。为了培养学生的判别能力，要锻炼学生更为准确地进行口语表达的能力，让学生从不同材料或叙述中找出它们的异同点。

④预测。为培养学生的想象力和发散思维，学生在没有阅读或听材料之前或是没有听完、读完或是听、读完之后，教师让学生根据标题、所选课文的片段、图片等对课文的内容进行预测。

⑤解决问题。为了让学生能够用语言去解决现实生活中可能遇到的问题，教师要引导学生运用自己的知识和推理能力去解决实际问题。

⑥创新。为了使学生把所学的知识与日常生活结合起来,激发学生的创造性思维,培养其语言能力和合作能力,教师要引导学生群体协作去完成现实生活中的综合性问题。

(5)基本原则:①实施原则。坚持要求学生用目的语完成任务。在完成任务的过程中,对用语言描述有困难的学生,教师可以给予一定的帮助。②激励性原则。完成任务的过程中,要对学生的积极性、认真态度、创造性的工作,及时给予表扬,以激发他们的兴趣。在口头活动中,则要控制纠错,善于发现他们的优点和长处,以减少他们的心理压力,维持其参与的积极性。③意义侧重原则。相对于语言的结构形式,更加强调活动的内容意义,即"意义协商"活动。④多维互动性原则。在任务教学中,信息的传递应是多维互动的。学生的自主性得到体现,自身的才能得到展现,自信心得到增强,同时,师生之间还可以实现资源共享,提高活动的参与率。

(6)教学步骤:根据艾利斯的设计,任务型教学可以分为三个步骤来实施:任务前、任务中、任务后。

任务前

①创设任务情境。教师以谈话、游戏、故事、音乐等形式设置悬念,引起学生的学习兴趣,引发学生的心理倾向。②教师适时地呈现学习的任务,提出完成任务的方式及所要达到的目标。

任务中

①任务。在学生明确任务的目的、要求之后立即进入完成任务的过程。这是学生以独立的或合作的形式学习新知、探究新知的过程。教师的主要作用是监控或帮助。②计划。每对、每组同学讨论他们的发现,或是交流体验,并做好向全班同学汇报最后结果的准备。③报告。每组派人汇报任务的完成情况,阐述发现的结论。教师监控学生讨论、保证大部分学生都有汇报的机会,注意汇报的典型性。其他同学则学会倾听他们的汇报和见解。

任务后

①评价。师生共同评价各组任务完成的情况。②操练。学生在教师的指导下,口头练习语言难点,也可以是学生完成为巩固课文内容而设计的口、笔头练习。

总之,任务型教学是以学习者的"需求分析"和"需求评估"为出发点,以"一切为了学生的发展"为核心理念的一种教学模式。

"认知"和"交际"两条路径改变了外语(第二语言)教学的方向。首先,传统的教学法都是以教师为中心,学生跟着教师转,被动地接受知识和技能,但认知法强调根据学生的认知规律进行教学,交际法着重培养学生主动去进行交际的能力,使学生成为课堂的主人，即变成以学习者为中心。其次，认知法主张发展学生的创造性思维能力，交际法注重语言的社会交际功能，它们分别从语言与思维、语言与社会两个方面体现了语言的心理和社会属性，从语言的本质出发把握了外语教学发展的方向。

（三）其他外语教学法①

1. 20 世纪 70 年代出现的教学法

在认知法和交际法的带动下，20 世纪 70 年代还出现了沉默法、暗示法、社区法和全身反应法。这些教学法的共同特点是强调学生的教学主体性：不仅对学习需要和学习过程进行分析，而且关注外语学习的心理特点，并努力创造条件来消除学生在外语学习过程中产生的心理障碍；在培养言语技能方面，主张听、说、读、写并举，但十分重视足量的语言输入与学生理解能力（特别是听力）的提高。

（1）沉默法：数学教师盖特诺于 20 世纪 60 年代根据认知心理学的基本原则提出沉默法，十年后引起外语教学界的注意。

沉默法的主要特点是：①教师不是"灌注"知识，而是保持"沉默"；②让学生多听、多思考，在动脑的基础上开口说——另一种意义上的"沉默"。

沉默法的典型做法是：使用图表和涂有各种颜色的小木棒启发式地教授语音、词汇和语法结构。教师说出一个音素或单词后，先让学生理解其含义而后自己开口说话。其主要弱点是：学生本来就缺少接触目的语的环境，教师的语言是其获得语言知识的主要来源，教师的沉默可能使学生丧失很多学习目的语的机会。

可见，沉默法一般只用于教学的某一环节，而不能长期普遍地使用。

（2）暗示法。保加利亚心理治疗医生罗萨诺夫根据心理治疗的原则于 1978 年提出暗示法或提示法。

暗示法的基本观点是：①外语学习是有意识学习和无意识习得相结合的过程，教师应努力排除学生的心理障碍，尤其是焦虑、紧张和烦躁等消极情绪；②主张整体教学，从整体上关注学生的学习，而不拘泥于某些学习细节，以避免限制其灵活思维。

暗示法的基本做法是：①学生进入课堂即进入一个轻松和谐的环境，即有令人愉悦的图画和音乐相伴；②教师尽量使自己的态度和语言和蔼亲切，以使学生处于最佳的思维和心理状态中。

---

① 左焕琪：《外语教育展望》，华东师范大学出版社，2002 年版，第 53-58 页。

暗示法要求学生具有较强的自觉性，如若使用不当，则容易导致学生"放羊"或者基础知识掌握不牢靠的结果。

（3）社区法。社区法或社区语言学习法源自科兰提出的咨询学习法，要求教师不仅关注个别学生的智力、情感因素，而且面向全体学生，将整个班级看作一个集体，重视学生之间的关系与学习需求。

社区语言学习法的特点是：①认为成人在学习外语（特别是在遇到挫折）时常常在精神上受到来自共同学习的同伴的压力，因而需要来自教师的鼓励和帮助以减轻或消除这种压力；②上课时，教师不是独自站在讲台上，而是与学生围成一圈，师生共同来讨论问题——师生之间平等和谐，学生之间关系融洽，每个学生都有一种安全感，愿意相互合作来学习目的语；③课堂上大部分时间都使用目的语，但并不完全排除使用学生的母语，以便让学生完全理解教学内容和练习的意义。

社区语言学习法能够调动学生的学习积极性，但对教师的要求高，而且片面理解师生的平等关系，可能会削弱教师的主导作用，致使学生学不到应学会的语言知识，交际能力的培养目标因此会受到影响。

（4）全身反应法。全身反应法是形成于20世纪70年代并于80年代初由阿谢尔提出来的一种外语教学法。由于它与直接法有些相似，也被称为"新式直接法"。不过，全身反应法有其自身的理论基础，它既强调学生的主体性，又十分看重听力理解且不排除使用学生的母语——这就使得它并不同于直接法。

全身反应法的具体做法是：①讲新课时，教师先让一学生站在讲台前，听教师给出的指令来做出相应的动作，全班学生则反复听教师的指令并观看这个学生做出动作；②待大多数学生都理解了指令的意义后，教师自己或者请水平好的学生发出相同的指令，要求全班按照指令来做相应的动作。由于指令可以派生出无数的语句，学生便会在行动中学到许多词语和语言结构。

"我说你做"或"我做你说"的全身反应法能够激发学生的学习兴趣，使其积极参与语言学习活动，但只适合低龄学习者和动作性较强的语言项目，不能用于复杂的、难度大的语言项目的学习。

2. 20世纪80年代出现的教学法

20世纪80年代以来，应用语言学在信息时代的推动下得到了迅猛的发展，不仅得到心理语言学和社会语言学研究成果的滋养，而且受到语言习得研究成果的推动，外语（第二语言）教学法因此开始朝着纵深的方向发展起来。研究者发现，外语课的教学效果再好也不过是一周几堂课而已，只有将外语教学改革拓展至整个学校课程改革的框架中，使外语教学与其他课程有机结合起来，才能够进一步提高学生的外语水平。在这种背景下，产生了沉浸法、合作语言学习法、整体教学法、内容教学法等新兴的外语教学法。其实，这些"新的"方法先前已经存在，但此时被赋予了新的内容，其整体面貌也就大为改观了。

（1）沉浸法。沉浸法诞生于加拿大魁北克省的英法双语教育改革，其基本做法是将外语教学与学校的其他课程结合起来，以提高学生的外语水平。魁北克省的官方语言是法语，但很多以英语为母语的家长希望学校能够帮助他们的孩子同时提高英语和法语的水平，以便使其在熟悉法语语言文化的同时也不放弃英语语言文化传统。加拿大政府于是投入资金和人力进行双语教学的改革试验，从幼儿园开始用法语上课。学校根据自身情况采用部分或全部课程用法语上课以及早起点（进校后便实行）和晚起点（进校数年后再实行）等多种形式，并以英语课配合帮助法语有困难的学生跟上所有课程的进度。由于试行后教学效果突出，这种做法很快便推广至全省，甚至其他国家也跟着试行沉浸法进行外语教学，例如，匈牙利尝试用英语，澳大利亚尝试用法语，美国试着用俄、韩、日语来讲授学校课程。

沉浸法吸收了语言习得和学习的研究成果，提倡加大可理解的语言输入量并使外语教学深入到各门课程中，以促使学生全面提高其外语水平。但沉浸法需要大批高水平的双语教师，如果这两种语言同属一个语系（如英语和法语），教师培训和学生学习使用双语时出现的矛盾则比较容易解决。假如这两种语言不属同一个语系，而且差异很大（如英语和汉语或者韩语），无论是师资培训还是学生学习困难都比较大。

（2）合作语言学习法。合作语言学习法源于更为宽泛的"合作学习"理念，是一种在课堂上最大限度利用学习者结对子和小组合作活动的教学方法，即"合作学习是小组学习活动形式，学习过程取决于小组学习者之间进行的社交结构性的信息交换，每一个学习者都为自己的学习负责并主动去帮助他人学习"。

将合作引入课堂的理念始于20世纪初的美国教育家杜威，20世纪六七十年代则在美国大行其道，因为人们对传统的教育提出越来越多的质疑，认为那是"面向教师"的教育，关注多数学生，忽略少数学生，培养的是相互竞争而非相互合作。"合作学习"因此试图做到：①提升所有学生的成就感；②帮助教师在学生中建立积极的关系；③给予学生健康社交、心理和认知发展所需的经验；④用基于团队的高表现组织结构取代传统课堂的竞争性组织结构。

在第二语言教学中，合作学习被视为一种可以促进课堂交际性互动的方法，因而成为交际性语言教学原则的一种拓展。其教学目标包括：①通过互动性的结对子活动和小组活动提供自然的第二语言习得机会；②给教师提供实现这一目标并可应用于多种课程环境的方法体系；③给学习者提供成功语言学习和交际策略训练的机会；④增强学习者的学习动机，减少其紧张情绪，以创设一种积极健康的课堂氛围。

合作学习小组分为三种：正式的合作学习小组、非正式（临时）的合作学习小组与（长期）合作基础小组。成功的小组合作学习取决于五种因素：①积极的相互依赖性；②小组的构成；③个体的责任感；④社交技巧；⑤组织结构。合作学习任务主要有三种：①基于共同输入的团队操练（培养技能、掌握事实）；②基于有差别预定输入的拼图（对事实、意见进行评价和综合）；③基于学生挑选的话题和资源的合作项目（发现式学习）。

合作学习强调集体讨论、小组学习和结对学习，有利于促进学习效果和培养学习者的互动技能，但批评者认为不是所有的学习者都能从中受益，而且该方法对教师提出了更高的要求——教师不易很快适应全新的角色。

（3）整体教学法。整体教学法一反长期以来由教师决定的从部分到整体的教学传统，主张采用由学生主动参与的从整体到部分的教学过程。从部分到整体的教学过程致使学生见树而不见林，甚至在学习完成之后仍不知事物的整体。语言习得和学习的研究成果表明，只有在学生认知到事物的整体时，他们才能看清语言的本质。在外语教学过程中，教师应首先启发学生看到整体，而后使其逐步掌握具体的教学内容并让每一部分的学习都有意义。为此，教师可先使用学生的母语把概念讲清楚，然后采取师生和生生之间互动的形式进行语言练习，练习应口语和书面语并重，从而达到理解和掌握的目的。

整体教学法可用于宏观的外语教学，也可用于微观的外语教学。用于宏观的外语教学情形为：教学由专题构成，每个专题开始时，教师先与学生讨论专题的基本情况，然后学习专题的具体内容和词汇、语法结构等。用于微观的外语教学情形为：在教授某一语法现象时，可先讨论同一大类语法现象的特点，然后学习该大类里面的具体小项。

（4）内容教学法。内容教学法或基于内容的教学法不以语法为纲，甚至不以功能—意念为纲，而是以语言内容（如专题）为纲，这就克服了过去那种只注意语言形式而忽略语言内容的弊病。内容教学法与沉浸法一样，打破了学科间的界限，将外语与其他学科结合起来组织教学。从实质上讲，这也是一种整体教学法。

以专题为纲的外语教学法最初见于 20 世纪 70 年代末由澳大利亚的克莱兰德和埃文斯在墨尔本进行的教学实验，后来在澳大利亚移民和难民学校 12—18 岁的学生中推行并取得了一定的教学效果。1986 年，莫汉的专著《语言与内容》出版，引发了其他国家对这一教学法的关注和深入研究。结果，基于内容的教学在理论基础上更加扎实，在操作方法上更为成熟，在小学、中大学和成人教育的外语教学中赢得人们广泛的注意和应用。

内容教学法具有较强的生命力，主要原因是它是多学科综合的产物。例如，"环境保护"的专题将物理、化学、生物课相关的内容结合在一起，使用外语来进行教学，课堂仍然有语音、词汇和语法结构，但语言项目与环保内容紧密结合。可见，它比沉浸法又进了一步，改革的步子更大一些。当然，使用这一教学法必须具备一定的前提条件，包括：①有一个精心设计的总体改革方案，而且要不断地总结经验；②要有综合素质较高、精于目的语且熟悉其他学科的师资队伍；③学生需具备相关方面的知识、能力和心理准备。所以，该方法目前仍然处于实验的过程中。

最初用于通用教学的一些方法，如多元智能、自然路径等也逐渐被引入第二语言教学中。

以语法翻译法、直接法、情景法和听说法为代表的传统的外语教学法虽然在方法上各不相同，但其共同特点是从语言内部结构的某一方面来认识语言和处理语言教学。以认知法和交际法为代表的现代的外语教学法立足于处理心理语言学和社会语言学对语言本质的认识，从语言的心理属性和社会属性出发，遵循学习者学习语言的规律，注重培养其创造性思维能力、健康的学习心态和综合的语言交际能力。显然，这样的教学法比较符合信息时代对外语人才的要求。

很多学者认为，21世纪是一个"后方法时代"，因为人们不再相信什么新创的"更好的"方法可以解决语言教学问题。换句话说，我们不再需要新创什么教学法，而是要采用一种"折中的路子"，博采众长，根据不同的教学目标、教学内容、教学阶段和教学对象来灵活使用已经出现的各种教学方法。换句话说，各种教学法都有其合理的内核，当代语言教学往往融合了多种教学法，国际中文教学也不必拘泥于某一种方法。

但是，学习和了解历史上出现过的教学方法对教师培训而言仍然是一件非常重要的事情，因为它：①可以让我们清楚地看到语言教学领域的演化历程；②可以不将其作为教学规定来学习，而将其视为熟练教学实践的源泉，教师可根据自身需要灵活使用；③使用不同教学方法的经验会给教师提供基本的教学技巧，而这些技巧可以丰富教师的教学经历。

此外，我们还可以从中提取出一些可供语言教师备课、上课参考的核心原则，例如：①面对全体学习者；②将学习者（而非教师）作为课堂焦点；③为学习者参与提供尽量多的机会；④培养学习者责任感；⑤容忍学习者的错误；⑥增强学习者的信心；⑦教给学习者学习策略；⑧了解学习者的困难并据此进行教学；⑨尽量多地开展学生与学生之间的活动；⑩促进学习者之间的相互合作；⑪进行准确度和流利性的操练；⑫关注学习者的需求和兴趣。

第三节 对外汉语教学法

一、演变历程

对外汉语教学法的发展演进从一开始就直接受到国外的第二语言教学法的影响，同时，从事对外汉语教学的教师和学者也结合具体实际进行了一些改进和发展。

（一）"艰难起步"时期的教学法

前十年的对外汉语教学主要采用了一种以传授语言知识为主的教学法，具有明显的语言学倾向，侧重从语言规律出发，强调教授系统的语法知识，教学内容以词汇和语法为中心，教材编写以语音和语法为纲，因而具有明显的"语法翻译法"色彩。不过，在教学实践中，对外汉语教师还强调语言综合教学的直觉意识，具有口语训练和听说读写综合技能训练的教学意识，因而又体现了一定程度的"直接法"教学理念。体现这个时期对外汉语教学法思想的典型教材是 1958 年出版发行的《汉语教科书》。

第二个十年的对外汉语教学对以传授语言知识为主的教学法进行了改进，试图将"直接法"与语法翻译法结合起来，形成了重视实践性教学的原则，侧重听说技能的训练，强调精讲多练和日常会话教学。这一时期的对外汉语教学法因此被称为"相对直接法"，其直接体现便是当时编写的两部教材：《基础汉语》和《汉语课本》。

第三个十年的对外汉语教学接受了听说法和语言交际观的影响，进一步强调学生对汉语的大量接触与实践，注重对语言结构的操练，把对话和句型操练作为课堂教学的重点，重视口语和口头表达能力的培养，逐渐形成"全面要求、听说领先、读写跟上"的教学原则。可见，这一时期的主流教学法并非纯粹的听说法，而是在继承传统的语法教学的基础上重视听说实践与口语、句型操练的一种实践性的教学法，具体体现是 20 世纪七八十年代之交编写的三种教材：《汉语课本》《基础汉语课本》和《初级汉语课本》。

（二）"蓬勃发展"与"走向世界"时期的教学法

20 世纪 80 年代以后，随着对外汉语教学事业的全面发展、国外第二语言教学理论方法的不断引进和对外汉语教学研究的不断深入、对外汉语教师队伍的壮大与优化，对外汉语教学法呈现出多样化的态势，具有代表性的教学法有三种：结构与功能相结合的教学法；结构、功能与文化相结合的教学法；综合的对外汉语教学法。

结构与功能相结合的教学法，以交际性原则为基础，主张语言学习过程就是交际学习的过程，语言教学的目标是培养语言交际能力，因而将功能项目和交际情境引入课堂教学，选择符合学生实际交际需要的语言材料来安排教学内容，并通过有意义、有目的的交际活动来开展课堂教学。使用的教材往往把功能与结构、句型、情景等因素结合在一起，或者以结构为主兼顾功能，或者以功能为主兼顾结构，或者以结构为纲功能为中心，或者以交际情境为主线暗含功能。代表性的教材便是 20 世纪 80 年代出版的《实用汉语课本》。

结构、功能与文化相结合的教学法不仅重视语言结构和交际功能，而且注重揭示语言交际中的文化因素和文化意识的培养，具体做法就是：以结构为基础，以功能为目的，将文化因素融合在语言教学中，通过语言教学导入文化因素的途径来实现三者的结合。体现这一新思路的教材是《新实用汉语课本》等。

对外汉语教学在对待新的教学法上并不是全盘接受，而是既保留和继承传统教学法的优点又学习和借鉴新的教学法，从而逐渐形成一种比较科学的综合的对外汉语教学法，即：引入功能和情景却不忘记语法和结构，而是把结构、意义、功能、情景、文化等因素有机地结合起来；强调口语教学却并不忽视书面语教学，而是讲求听说读写并重；重视技能训练却不轻视语言知识的教学，而是将语言知识教学与言语技能训练、语言交际能力培养结合在一起；强调学习者主体却不忽略教师的主导作用，追求"主体"和"主导"的密切配合。

由于第二语言学习是一个十分复杂的过程，第二语言交际能力又是多种因素促成的结果，因而在对外汉语教学过程中不宜固定采用某一种教学原则和教学法，而应采取兼收并蓄的态度，吸取各种教学法的优势，结合汉语的实际情况，针对不同的学生、不同的课型、不同的学习目的和不同的学习阶段采用多样化的教学方法，即"综合的"对外汉语教学法。

二、发展趋势

（一）世界第二语言教学潮流

从传统的教学法到现代的教学法再到当代新兴的教学法，世界外语教学法的理论基础从研究语言内部规律的传统语言学，发展到与其他学科交叉的语言学，再发展到新兴语言学和语言习得与学习的研究成果，深度不断增加，视野不断拓展，内容日益丰富，形式也更加多样。

其实，每一种教学法的兴起都有其时代背景和适用条件，其应用都具有合理的一面也带有一定的局限性。从这个意义上看，并不存在什么绝对正确或者错误的教学法，关键在于教师要根据具体的教学目标和教学对象来对教学方法做出适当的选择，即人们常说的"教学有法，却无定法"。

然而，当下的世界第二语言教学明显地表现出以下四个特征：

①培养学习者综合语言运用能力，即坚持"交际性原则"；②贯彻"用中学"的教学原则，亦即"实践性原则"；③采用任务型教学法，提倡师生互动、生生互动与合作学习，充分调动学生"用语言做事情"的能力，即坚持"互动性原则"；④以功能为纲，强调表达的流畅和结构的规范，逐渐走向结构、功能、文化语用的综合，即坚持"综合性原则"。

人们所秉持的第二语言教学的基本理念也相应地包括以下四点：

①交际能力培养；②学习者中心；③目的语特点；④任务型教学法。

"学习者中心"的理念要求：①课堂教学以教师所精心组织的语言交际活动为中心，发挥学生的自主学习精神，启发学生之间的互动互助，在和谐的气氛中完成学习任务；②强调学生的参与意识和合作精神；③关注学生的个体差异并分析其原因；④主张课堂学习活动交际化。

（二）国际汉语（中文）主流教学法

当前，国际汉语（中文）教学法的主流是一种综合的教学法，这种教学法至少具有以下五个特点：

第一，以结构为主，将结构与功能（甚至文化）有机地结合起来。

第二，注重词汇和语法的教学，强化字—词—句—篇的组织能力。

第三，合理安排语言点的教学，做到：①连续不断，以呈现语法系统性；②贯彻始终,由简到繁,以适应人的认知过程;③循环往复,螺旋上升,注重重现,以强化记忆,减少遗忘。

第四,置身语境,体现用法,以符合汉语语用的特点。

第五,重视语音教学,将语音教学贯穿教学过程的始终。

如前所述,今天的外语(第二语言)教学已经进入"后方法时代",从事对外(国际)汉语(中文)教学的人们应当采取一种"兼收并蓄"的姿态,综合地使用历史上出现过的各种教学方法,应当因时、因地并根据教学目标、教学内容、教学阶段和教学对象来选择最为适合的教学方法。唯其如此,针对海外学习者的汉语(中文)教学质量才能得到保证,教学规模才能得到拓展,语言影响也才能逐渐弥漫开来。

本章思考题

1. 在"教学法"里,approach, method, technique 与 tactics 分别指的是什么?
2. 语法翻译法有什么特点?其操作流程是什么?国际中文教学中还可以使用这种教学法吗?如果可以,应该如何加以使用?
3. 直接法为什么又叫自然法和改革法?它具有什么特点?其操作流程是什么?在国际中文教学中应该如何使用直接法?
4. 情景法有什么特点?它与直接法有什么关联?其操作流程是什么?
5. 听说法是怎样产生出来的?它具有什么样的特点?其操作流程又是什么?
6. 交际法、功能法和任务型教学法之间有什么关联?国际中文教学中应该如何使用任务型教学法?
7. 沉默法、暗示法和全身反应法各有什么特点?它们能否应用在国际中文教学之中?如果能够应用,应该如何加以应用?
8. 沉浸法、整体教学法和合作语言学习法各有什么特点?能否将它们应用到国际中文教学中?如果能,又该如何应用?
9. 对外汉语教学法是怎样演变发展而来的?
10. 国际汉语(中文)主流教学法具有什么样的特点?所秉承的是什么理念?你怎么评价这种方法?

第四章　语言习得理论基础

长期以来,"以教为主"束缚着人们的教育观,强调外部因素影响的行为主义心理学也是把教师的教看作是语言学习的关键。20 世纪 50 年代末 60 年代初,认知心理学的发展和转换生成语法理论的提出则逐渐改变了这种看法。越来越多的人认识到,学习语言的过程并非是一个被动接受知识、任凭教师来塑造的过程,而是一个学习者能力、性格、主动性和创造性积极发挥的过程。学习,归根到底是学习者本人的事情,真正决定语言教学成败和质量的是学习者自己。"学习者中心"的口号应运而生。

"学习者中心"理念的出现打破了重"教"轻"学"、教师主宰一切的传统观念,强调教师的"教"必须服务于学生的"学"并接受"学"的检验。语言教学的研究重心随之从教师的"教"转向学生的"学",人们对语言学习理论,尤其是第二语言学习(习得)的探讨因此成为过去几十年的热门研究领域。语言习得(学习)理论研究不仅涉及语言教学本身而且与语言学、认知科学、心理学、社会学等学科息息相关,所取得的研究成果不仅深化了人们对语言本质的认识,也有助于人们去了解认知能力、认知过程和人脑的功能。

语言习得(学习)理论的研究是从儿童第一语言习得的研究开始的。一百多年来,心理学家、语言学家和语言教育家都在努力通过揭示第一语言习得之谜来回答这样一个问题:人的语言能力和交际能力到底是怎样发展起来的?他们为此提出了各种各样的假设或者假说,试图对语言习得(学习)做出合理的解释,给第二语言教学以有益的启示。

我们先来了解一下与语言习得(学习)相关的两组概念。

第一节 两组基本概念

一、学习与习得

20世纪60年代，人们开始关注语言的学习与习得之区别，20世纪70年代中期，美国学者克拉申比较系统地提出学习和习得的假说。

所谓的"习得"是在自然的语言环境中，通过意义协商和沟通的言语活动，不知不觉或者潜意识地获得一种语言。典型的例子就是儿童习得第一语言（通常为其母语）。"学习"则是在课堂环境中，有专门的教师指导，严格依照教学大纲和教材，通过讲解、练习、记忆等活动，有计划、有系统、有意识地掌握语言规则的过程。典型的例子就是成人在学校学习第二语言。

事实上，"学习"就有广义和狭义之分。广义的学习是一个心理学的概念，指的是"人和动物在生活过程中通过实践或训练而获得，由经验而引起的比较持久的心理和行为变化的过程"。也就是说"凡是有机体通过行为方式和心理的改变对新条件、新环境发生适应的时候就有学习"。狭义的学习则是指"学生在学校里的学习，是学习的一种特殊的形式"。这种学习具有三个特点："掌握间接经验为主；是在有计划有目的和有组织的情况下进行的；学习的主动性与被动性并存。"①可见，广义的"学习"包括狭义的"学习"（学得）和"习得"（获得）。

作为学习和掌握语言的两种途径，习得是潜意识地自然获得，和第一语言（母语）相关联，学习则是有意识的规则的掌握，和第二语言（外语）相关联。克拉申原先认为二者泾渭分明、相互排斥，但后来的研究和学习经验告诉我们，二者其实是"你中有我，我中有你"、相辅相成的。无论是儿童掌握第一语言，还是成人获得第二语言，习得和学习都同时存在，只不过所起的作用不尽相同。儿童获得母语以自然习得为主，但同时有学习的成分，比如儿童的家长或者"保姆"利用幼儿读物、识字卡片、讲故事等方式对其进行有意识的教学。成人学习第二语言以有意识的课堂教学为主，但也有自然获得的成

---

① 张大均：《教育心理学》，人民教育出版社，1999年版，第45页。

分，比如，他们在一定的语言环境中通过会话、听广播、观看影视、阅读书面材料等方式也可能不知不觉地获得一些语言知识和技能。学习和习得就这样相互交叉并主要体现在不同的学习阶段，即成人的第二语言获得就是从有意识的学习逐渐发展成为潜意识的自然习得的过程，儿童的第一语言掌握则是从潜意识的习得开始，但随着年龄的增长，有意识的学习占有的比重越来越大，入学之后就变成以有意识的学习为主了。

因为语言学习里既有习得的因素又有学习的成分，所以越来越多的人把语言学习也叫作语言习得，而且用"习得"代替"学习"逐渐成为一种趋势。本教材便采用了"第一语言习得""第二语言习得"的说法，但在强调正规的课堂教学时仍旧使用"学习"一词。

二、第一语言习得和第二语言习得

儿童习得第一语言的过程包括学龄前的自然习得和入学后的学校教育两个阶段，成人的第二语言学习大多都是在学校教育的环境中进行的，但也可能是在目的语环境中的自然习得。如果将儿童在自然环境中的第一语言习得和成人在学校环境中的第二语言学习（习得）做一比较，我们便可以发现二者既有共同之处也有相异之处。

（一）共同之处

①都是为了获得语言能力和语言交际能力。
②都需要建立声音和意义之间的联系。
③都需要建立形式结构和语义结构的联系。
④语法的习得都有一定的顺序。
⑤都必须掌握语言要素、言语技能和文化语用规则。
⑥都需要经过"感知—理解—模仿—记忆—巩固—应用"这几个阶段。
⑦都使用某些相同的学习策略。
⑧都是主观条件和客观条件相结合的结果。

前五点基于二者都是语言学习的前提，后三点则是基于二者都是过程学习的前提。八个共同点一起反映了语言习得的普遍规律，也就是语言学习不同于其他学科学习的特殊规律。

（二）相异之处

第一语言习得主要是潜意识、自然的获得，第二语言学习（习得）则主要是有意识的规则（知识）的掌握。具体来讲，二者的不同有以下七点：

①学习主体不同。学习母语的儿童与学习第二语言（外语）的成人在认知、情感方面存在着明显的群体和个体差异。

②学习的起点不同。儿童从"零"开始学习语言，成人则是在母语的基础上学习第二语言或者外语。

③学习条件、学习环境、学习方式不同。儿童在天然的语言环境中获得第一语言，成人主要是在课堂环境中学习第二语言。

④学习的目的和动力不同。儿童习得第一语言是出于本能，基于一种生存和发展的需要，不需要外力的督促。成人学习第二语言有融入性动机，但更多是工具性动机，这些动机受意志支配因而是不稳定、不持久的。

⑤语言输入的情况不同。儿童完全"沉浸"在天然的语言环境中，得到的语言输入不仅丰富多样而且是"可理解的""保姆式语言"。成人则主要处于非目的语环境中，得到的课堂语言输入不仅量少而且并非完全适合，很难形成语言交际能力。

⑥语言习得过程不同。儿童习得第一语言是与其生理、心理的发育过程同步进行的。成人则由于已经具备比较完整的概念、语言系统（特别是语义系统）和思维能力，学习第二语言时就会出现系统性冲突和母语迁移现象。

⑦文化因素习得不同。儿童在第一语言环境中通过交际活动自然习得语言的同时，也自然地习得第一文化和社会价值。成人在非目的语言环境中不一定能同时习得目的语文化，而且两种文化可能形成冲突，先入为主的母语文化对目的语文化的习得也会产生强大的影响。

简言之，第一语言习得的过程伴随着学习者认知、情感、生理等方面的发展变化，而第二语言习得是在上述变化基本完成之后进行的。两者在习得条件上如此的不同，我们就必须对成人第二语言习得的特殊规律进行充分的研究。

第二节　第一语言习得

18世纪末，德国人蒂德曼通过日志记录的方式对小儿子的心理和语言发展进行观察分析，西方由此开始了对儿童心理发展的学术研究。此后，经过华生、斯金纳为代表的行为主义心理学，以乔姆斯基为代表的先天论派和以皮亚杰为代表的认知学派，到20世纪80年代，对儿童语言发展的研究便逐渐演变成为一门新的学科。

一、儿童第一语言的发展过程

儿童习得第一语言的过程大体上可以分为五个阶段，即喃语阶段→独词句阶段→双词句阶段→电报句阶段→成人句阶段。

（一）喃语阶段（半岁—1岁）

这是前语言时期，即婴儿对语音的听辨和发声的准备阶段。婴儿的发声过程始于呱呱坠地，半岁后则咿呀学语起来。

（二）独词句阶段（1岁左右）

幼儿学会用单个词（大多为名词，部分是动词和修饰词）来表达意思，如用"妈妈"来表示饿、抱抱、撒尿等意义。

（三）双词句阶段（1岁半以后）

两个词组成的句子大多为轴心结构，即轴心词+开放词，如"要奶""要娃娃""爸爸好""宝宝好"等，其中的"要""好"就是轴心词。

（四）电报句阶段（2岁—2岁半）

电报句即由三个以上的实词组成而缺少虚词的句子，如"妈妈袜袜""宝宝肚肚饿"等，一似成人打电报使用的句式。这个阶段非常关键，表明儿童已经出现模糊的语法关系概念，正在从儿童特殊语法向成人语法过渡。

（五）成人句阶段（2岁半—5岁）

儿童开始有了语法概念（感觉），功能词（虚词）开始出现，语法关系逐渐复杂起来。该阶段结束时，儿童第一语言口语的习得基本完成。尽管掌握的词汇还不多，但基本语法体系已经形成，儿童已经能够借此完成一般性的日常交际。

五个发展阶段并非泾渭分明，而是相互交叉，每个阶段的长短也是因人而异。之后，儿童的语言系统和语用能力继续发展，词汇量得到迅猛增加，更多更复杂的语法现象得以习得，书面语能力开始形成和发展起来。

二、对儿童第一语言习得的理论解释

任何国家的儿童几乎都能在四五年的时间内通过在第一语言（母语）环境里的自然习得而基本掌握第一语言（母语）（主要是口语）复杂的语言体系，这让语言教育家、教师和学习者都感到不可思议，心理学家和语言教育家也一直对此进行思考和研究，试图做出合理的解释和论述，结果就出现了很多不同的理论，有的理论还是针锋相对的。

（一）刺激—反应论：行为主义理论的解释

行为主义心理学盛行于20世纪40年代和50年代，代表人物是美国的华生和斯金纳。行为主义把语言视为一种人类行为，试图通过研究人的语言与行为来建立一套完整的第一语言习得理论。

理论要点：语言不是先天所有而是后天通过"刺激—反应—强化"的模式而获得的，是后天形成的一套习惯。外部的环境条件在习得过程中十分重要。

具体来说，儿童学话就是对环境所给予的刺激做出相应的反应，开始是对成人语言的模仿，如果模仿得比较接近，就从成人那里得到赞许或奖励，这样他的反应就得到了强化。为了获得更多的奖励，儿童翻来覆去地重复这一过程，最终形成语言习惯。

在"刺激—反应—强化"以养成语言习惯的过程中，强化非常重要，是塑造行为和保持行为强度所不可缺少的关键环节。

用刺激—反应论来解释第一语言习得具有明显的局限性，具体表现为：

①人们所说所听的每句话几乎都是新创的，儿童不可能通过模仿来学会每一句话。
②儿童言语行为中的创造性并不能得到合理的解释。
③儿童说出的话语并不总是得到强化或者来自"保姆"的肯定、否定表示。
④刺激—反应可能使儿童学到一些语言的外部形式，但无法使之获得语言交际能力。

（二）先天论：乔姆斯基给出的解释

乔姆斯基于20世纪80年代提出"普遍语法"理论，对儿童第一语言习得进行了阐释。乔姆斯基认为，语言并非"习惯的总和"，而是由抽象的规则构成的一个复杂体系，人们习得语言也绝非依靠单纯的模仿记忆，而是要把这些复杂的规则"内化"，达到自动运用的程度，从而成为理解和产生言语的基础。人们运用头脑里有限的语言规则系统来理解和生成无限的句子，使其言语行为具有明显的创造性。

LAD 假说：人类先天具有一种习得语言的特殊能力，即一种受遗传因素决定的"语言习得机制"。这一机制包含两个部分：以待定的参数形式出现的、人类语言普遍具有的语言原则，即"普遍语法"；评价语言信息的能力，也就是对所接触的实际语言的核心部分进行语言参数的定值。因此，语言习得过程就是一个"假设—验证"的演绎过程：当儿童接触到个别语言或语法时，就会不断地通过"假设—验证"对"普遍语法"的参数进行定值以形成具体语言的规则系统。

人与生俱来的语言能力是人类获得语言的决定因素，后天环境的作用是次要的，只是起了触发语言机制和提供具体语言材料的作用。

先天论同样不能解释第一语言习得的所有问题，因为：

①语言习得机制只是一种假说，是人脑思辨的结果，很难通过实验来加以证明。

②语言习得机制如果只是指称人类具有的语言习得能力便不会有争议，但用来指称普遍语法就产生了疑问：林林总总的人类语言即便具有普遍的特征，可是否能为人类生而所有呢？

③语言能力真的可以先于智力而发展，儿童在身心尚未发育成熟之时便能掌握复杂的语言规则体系吗？

④注重先天的语言能力却忽略了环境的作用，而语言本身无疑是具有约定俗成性的。

（三）认知论：发生认识论的解释

瑞士儿童心理学家皮亚杰①在阐述儿童心理发展时指出，人有先天遗传的心理功能，能与环境发生相互作用并向环境学习，结果就形成并发展了儿童的认知结构。认知结构由图式构成，而图式是人类认识事物的基础，也是人类向环境学习的产物，对新事物的理解和吸收又取决于人脑已有的图式。图式随着儿童心理的发展而发生变化，这些变化正是认知发展的体现。认知的发展受到同化、顺应、平衡三个基本过程的影响。儿童遇到新事物、新经验，总希望将其纳入已有的图式中，成为自身的一部分，这就是"同化"。

---

① 皮亚杰提出了人类认知发展理论，将儿童的认知发展看作是沟通生物学与认识论的桥梁，认为通过对儿童认知发展的了解可以揭示人类认识发展的规律。这一理论的基本概念包括：图式（动作的结构或组织）、同化、顺应、平衡。儿童的认知发展分为四个阶段：感知运动阶段→前运算阶段→具体运算阶段→形式运算阶段。

如果同化成功，就会使他的认识与外界趋于一致，达到暂时的"平衡"。如果同化失败，不能纳入已有图式，他就会调整原有的图式或者创立新的图式来适应环境，将新事物、新经验同化，这就是"顺应"。顺应的结果也使他的认识与外界趋于一致，达到新的平衡。同化是个体对环境的作用，顺应是环境对个体的作用，平衡则永远是动态的——总是从低水平的平衡过渡到较高水平的平衡。

理论要点：儿童语言的发展是个体在与客观环境相互作用的过程中，通过同化、顺应，达到暂时的平衡，不断从一个阶段发展到一个新的阶段。也就是说，儿童的语言发展是其天生的心理认知能力与客观经验相互作用的产物。儿童总是运用他已有的结构去创造新的用法，用熟悉的东西去理解不熟悉的东西，从而逐步丰富了他的认知结构。

与先天论一样，认知论强调语言是规则系统，语言学习是一种创造性的、受规则支配的内在心理过程，而不是简单的"刺激—反应"过程。与先天论不同的是，认知论并不强调语言学习能力的特殊性，认为是认知能力的发展决定语言的发展，语言能力不可能先于认知能力的发展而存在和发展，因而并不存在所谓的"语言习得机制"。

认知论在解释第一语言习得时，同样具有一定的局限性，主要表现有三点：

①认知论并非专门用来解释儿童语言习得的，所以语言习得的很多问题并未得到解决。
②儿童语言的发展受到多种因素的影响，仅强调认知因素当然是片面的。
③认知论强调认知能力对语言能力的影响，却忽略了语言能力的发展对认知能力的影响。

（四）语言功能论

刺激—反应论、先天论和认知论都是从语言结构的角度对第一语言的习得进行探讨，语言功能论则另辟蹊径，从语言交际功能的角度（即人为何使用语言）来研究儿童语言的发展。儿童习得语言是为了学会表达意思，即如何用语言做事情或者完成交际活动，所以必须掌握语言的语义系统和语用系统。儿童习得母语的过程应该是一个逐步探索并掌握表示功能的各种方式的过程。事实上，儿童在前语言阶段就已经在用非语言的手段来表达意思，之后便借助成人的语言由简单到复杂去表达意思，在表达意思（交际）的过程中，儿童的语言体系逐渐向成人的语言体系靠拢并最终与之相吻合。

语言功能论的代表人物是英国语言学家韩礼德。韩礼德通过对自己儿子习得母语过程的观察和分析发现，最初他只是使用有限的几个功能，而且一个词只表现一种功能，但随着词汇量的增加，他用以表达功能的语言结构越来越复杂，语言结构与语言功能之间也不再是一一对应的关系——同一句式、句型也会因语言环境的变化而表达不同的功能。

韩礼德将儿童语言功能的发展划分为三个阶段：第一阶段（10个半月—16个半月），掌握表达自己的愿望和要求、控制别人行为、与别人交往、表达自我等功能；第二阶段（16个半月—22个半月），增加了认识周围环境和创造想象中的世界的功能、传递信息的功能等，儿童的语言逐步向成人的语言过渡，儿童的词汇、语法和会话能力得到迅速的发展；第三阶段（22个半月—24个月），开始进入成人语言阶段，儿童语言的七种功能（工具功能、控制功能、交往功能、表达个体功能、启发功能、想象功能和信息功能）复合成为成人的观念功能和交际功能，并新增一个话语功能。①

理论要点：语言是交际工具，儿童习得语言就是学会如何用语言表达自己的意思，达到自己的交际目的。

语言功能论触及语言的核心——交际功能，从一个全新的视角对第一语言习得做出了解释，并最终导致了功能法或者功能—意念法的形成。该理论注重对儿童掌握语言意义和功能的过程进行阐述，但对儿童语言结构的发展论述并不多甚至有所忽视。

（五）"关键期"假说

上述四个学派从语言结构和语言功能两个方面对第一语言习得进行了阐述，心理语言学则从另一个角度，即"何时学习语言效果最好？"来对这一问题进行研究，结果提出了语言习得"关键期"或"临界期"的假说。

这一理论的代表人物是美国的心理学家勒纳伯格。勒纳伯格在《语言的生物学基础》一书中提出了语言"自然成熟说"，主要观点为：生物的遗传素质是人类获得语言的决定因素（人的大脑里有其他动物所没有的专管语言的区域），语言是人脑机能成熟的产物；语言的基础是大脑的基本认识功能，即对相似的事物进行分类和提取（抽象）的功能，语言的理解和产生都可以归结为分类和提取；语言既然是大脑功能成熟的产物，语言的获得就必然有一个关键期，即大脑功能单侧化（语言功能左侧化）完成之前的那个时期，也就是人从两岁开始到青春期结束（12岁左右）的这个时期——过了这一关键期，即使给予专门的训练，人也难以获得语言能力。

理论要点：婴儿出生后，大脑功能逐步单侧化，最后形成两个半球的不同功能；12岁之前，人对于刺激最为敏感，能够对其过程进行复杂的综合，以适应流畅和连贯地运

---

① 观念功能用以表达主客观经验；交际功能用以表达社会关系和私人关系；话语功能使语言的组成部分连贯和衔接。其中的交际功能又可分为人际功能和人内功能。

用言语和语言的需要。一旦发育完成，人为适应言语行为的生理需要而进行自我组织和自我调节的能力便迅速减退，大脑活动的方式也已固定下来。一般来说，除了发音之外，凡是在发育完成之前没有习得的基本技能就终生无法补足了。

在五种关于第一语言习得的理论解释中，刺激—反应论认为后天环境最为重要，必须依靠模仿、强化、重复等外部因素来习得第一语言；先天论认为先天的语言习得机制是决定因素，儿童头脑里的普遍语法使其能够自然地内化语言的规则体系；认知论则认为是先天和后天因素的相互作用，先天具有而后天不断发展的认知能力是语言习得的关键，语言能力只是认知能力的一部分；功能论把第一语言的习得看作是语义体系掌握的过程；"关键期"假说则认为语言是人的大脑功能成熟的产物，语言习得因此需在人发育成熟之前完成。它们从不同的方面对第一语言习得的奥秘进行了探讨，各自有其独到之处，与其说是相互对立，不如说是相互补充、相辅相成。

事实上，第一语言习得受到多种因素的影响，既有语言的因素、也有非语言的因素，包括认知心理和社会条件，既涉及语言的结构形式，也涉及语言的意义、功能。可见，仅从某一方面或某一视角去对它进行阐释和论述只能是"瞎子摸象"，认为"大象像棵树"了。

或许我们可以在综合这五种理论解释的基础上，得出下面四点基本认识：

其一，儿童第一语言的习得是先天语言习得能力和后天社会环境相互作用的结果，既需要对语言规则的内化吸收，又需要通过模仿和操练养成习惯。

其二，儿童语言能力的发展是其认知能力发展的一部分，是与儿童的成长发育过程相适应的，人一旦发育成熟再开始语言学习，或许就永远不能获得语言能力了。

其三，儿童第一语言的习得既包括语言结构（特别是语法体系）的习得，也包括语言功能以及与语用相关的文化知识的习得，结构、功能、文化的习得是同步进行的。

其四，儿童第一语言的习得是在交际活动中实现的，即"在用中学会"，在"浸润"中获得语言。

第三节　第二语言习得

第二语言习得研究始于 20 世纪 70 年代初，不久便成为第二语言教学研究中最有影响力的部分。

第二语言习得研究跟先前的应用语言学研究之最大区别就是其研究对象和研究方法。它试图解决的问题主要有六个，即：

①学习或习得第二语言时的心理过程是什么？
②教师如何才能最有效地帮助学生学习或习得第二语言？
③为什么人们学习第二语言时的方式和速度竟如此不同？
④为什么学习者课时、课程相同但所达到的语言水平却不同？
⑤是强调学习学得快，还是强调习得学得更快，还是最好二者都强调？
⑥了解人们如何习得第一语言对我们回答以上问题有多大帮助？

第二语言习得研究因此聚焦于两个方面：学习主题分析和学习过程分析。

一、主要理论和假说

（一）对比分析假说

对比分析盛行于20世纪50年代和60年代，人们一度相信，通过对学习者母语和目的语的对比研究，可以预测到学习者可能遇到的困难，并推测语言学习过程中可能发生的负迁移，将这类难点在教学中进行突出和强调，可以达到避免或减少学习者语言学习错误的目的。20世纪60年代末，对比分析的心理学理论基础受到怀疑和批评。人们发现，语言间差异大的部分反而容易被学习者掌握，而差异不明显或近似的部分反倒成为学习者容易出错的地方。对比分析于是逐渐被忽视和遗忘。到了20世纪80年代，人们又重新开始审视和评价对比分析在语言研究和第二语言教学中的重要作用，开始探索对比分析的新领域。对比分析便再次受到人们的重视。

现代意义上的对比分析应当以1957年拉多出版的《跨文化语言学》一书为标志。拉多提出了一个有名的公式：（目的语中）与学习者母语/第一语言相似的成分对他来说是简单的；与其母语相异的成分对他来说是困难的。这一理论的含义是：

①我们可以对学习者的母语和目的语进行对比；②根据对比分析中的差异，我们可以预测可能会让学习者感到困难的语言项目和他们可能会犯的错误；③我们可以利用这些预测来决定外语课程和教材中哪些项目应该得到特殊的处理；④对这些特殊的项目，我们可以利用强化的手段（如重复和操练）来克服母语干扰，建立新的语言习惯。

显而易见，对比分析的心理学理论基础是行为主义心理学中的刺激—反应理论和联想理论。在行为主义的语言习得理论中，语言被看作是一种习惯，学习第二语言等于是学习一套新的习惯。在学习新习惯的过程中，旧的习惯（母语知识）必然会对新的习惯（目的语知识）的学习产生影响。母语中与目的语相似的地方会促进目的语的学习，母语中与目的语有差异的地方则会对目的语产生干扰。差异越大，干扰就越大。这种原有知识对新知识学习发生影响的现象被称作"迁移"。促进新知识学习的迁移被称为"正迁移"。阻碍新知识学习的迁移被称为"负迁移"或"干扰"。行为主义心理学认为，学习第二语言过程中出现的错误是学习者母语习惯负迁移的结果。语言教师应该设法预测学习过程中什么时候会出现错误，因为通过比较学习者的母语和目的语，便可发现两者之间的差异并预测出这类错误。课堂上，语言教师可以通过重点讲解或专项练习等方法来帮助学习者克服由于母语知识负迁移所引起的学习上的困难。

沃德霍认为对比分析假说有强弱之分。强式假说可以简单地用下面的公式来表示：差异＝难点＝错误。从理论上讲，"强式"假说具有预测功能，因而更有价值。能够预测错误意味着知道错误的根源，于是可以采取相应的措施进行强化训练，来防止错误的出现。但是，有学者指出，差异的来源是语言描写和对比，难点的来源则是心理过程，没有理由认为差异和难点之间存在着稳定的联系。另一方面，难点和错误之间也不是简单的一一对应关系，学习者有时会因为意识到难点而采取"回避策略"。因此仅仅依靠行为主义的习惯性形成来解释第二语言学习，而不考虑其他相关因素，这无疑是不够的。与强式假说相比，弱式对比分析假说则温和得多。它不再自诩能够预测学习错误，而是在学习者的错误出现后，通过对比分析，从语言迁移的角度来对这些错误做出解释，而且解释的往往只是其中的一部分。从这个意义上讲，弱式对比分析已不再是一种假说，而成了一种纯粹的分析、解释错误的方法，即偏误分析的一部分。

对比分析在语言教学中的应用是相当广泛的。在教材编写与选择、教学准备与教学过程、课后练习与测试等过程中，我们都可以通过语言对比来确定重点，对症下药。但从20世纪60年代开始，对比分析对学习者错误的预测能力遭到怀疑，对比分析的心理学和语言学基础受到挑战，应用语言学和语言教学在认知心理学的影响下，逐渐将研究重心转向语言习得的过程。

（二）普遍语法假说

乔姆斯基的普遍语法理论是针对儿童的母语习得提出来的。令转换生成学派语言学家感到困惑和痴迷的是，正常情况下儿童可以习得的母语系统知识远远超过他们实际所接触到的母语输入。他们因此认为，儿童接触到的母语刺激或"正面数据"是"匮乏的"——不仅句型简单、数量有限，而且包含不少不合语法、不够通顺的语句。此外，在母语输入中，可以使儿童通过对自己语言错误的信息反馈而习得母语的负面数据同样也是匮乏的，因为除非交际发生障碍，成人一般不会去纠正儿童所说的文法不通的语句。另一方面，母语刺激的匮乏并不妨碍儿童高效成功地习得母语的知识体系，本族语使用者不仅可以理解一个从未听说过的语句，而且可以正确地判断其合法性。母语刺激的匮乏与儿童母语能力的超强之间的矛盾被生成学派语言学家称为"语言习得的逻辑问题"，这一问题无法用行为主义的"白板说"和"刺激—反应"来进行解释。既然来自外部环境的语言输入因素不能合理地解释儿童的母语习得现象，那就只能从人的内部因素，即天生的语法能力或语言习得机制中来寻找答案。结果，便出现了语言先天论和普遍语法理论。

乔姆斯基的"普遍语法"，其实是为了回答"语言习得的逻辑问题"而建立起来的一种语言习得观念，即人脑的语言系统在习得和使用任何语言时都遵循一定的普遍性原则，而这些原则是先天规定的，后天的语言经验只是对这些原则起着简单的参数（修订）作用。普遍语法即"由原则、条件和规则系统构成的所有人类语言共有的成分和属性"，其基本概念是原则和参数，它们分别揭示了自然语言之间的共性和差异。"原则"指适用于一切人类语言的高度抽象化的语法属性，某一具体的语言可能并不具有某些原则，但是没有任何语言违反这些原则。"参数"则反映了语言与语言之间的差异，它们有两个或以上的值，不同语言之间的差异体现为不同的参数值。乔姆斯基用"$PG=\alpha \cdot UG$"将普遍语法的"原则—参数"模式符号化和公式化（UG 即普遍语法，PG 为个别语法，α为参数）。在该模式中，普遍语法是人类通过生物进化和遗传先天获得的一种固有的语言知识，是人类与生俱来的语言初始状态；后天获得的个别语法则是对普遍语法原则进行参数设定或选择的结果。儿童以普遍语法为起点，通过后天的语言习得经验确立和设定目的语的参数值，从而建构个别语法。语言学家的研究目的就是鉴别构成普遍语法的原则和参数，并确定哪些原则和参数在具体的语言中产生作用；学习者的任务则是通过后天的学习经验决定对原则的参数做何种设定或选择。比如说，任何语言都会有元音，都有影响意义的语序，都有主语、谓语、宾语等句子的组成成分，都有表示时间关系的手段。任何语言的陈述句变为疑问句，都使用三种手段：改变语调；改变结构，将疑问词提前或主语跟动词改换位置；在陈述句后加助词或短语等。这些有关语法成分、语法结构以及句法转换等适合于所有语言的语言知识和原则，成为"核心"部分，而各种语言本身所具有的特殊结构成为"外围"部分。很多学者认为，在习得过程中，儿童先获得与核心部分有关的结构，而这些普遍原则（核心部分）是以参数形式出现的，如"±主语省略""±修饰语在中心语之前"等。这些参数的值（大多数只有两个值）在人们接触到实际语言材料之前是未定的和开放性的。当儿童接触到一种语言（如母语）的结构时，就能够不自觉地运用普遍语法知识来辨认该语言中的规则，逐步形成一些假设，然后根据在语言环境中获得的信息反馈，运用评价能力来分析、验证这些假设。那些被证实了的假设就成为该语言的语法规则或该语言结构的一部分。这样一个给未定参数赋值的过程是连续性和积累性的，它使儿童逐渐形成对该语言（母语）的规则系统的认识，促进其语言能力的发展。因此语言习得过程是"假设—验证"的过程。儿童除了头脑中的语言参数定值外，还需要学习具体语言的外围部分以及具体语言的词汇。

　　第一语言习得是这样，那么在人们掌握第一语言之后再学习第二语言，普遍语法是否仍起作用？在第一语言习得中已经确定了的参数值，能否根据第二语言给参数再定值？有实验对此做出了肯定的回答。第二语言学习者在初期往往采用第一语言的参数值，所以初期体现第一语言规则及偏误。他在接触到更多的第二语言之后，逐渐将第一语言的参数值进行调整或重建。但是也有试验则表明语言参数不能二次定值。儿童习得第一语言是利用大脑中先天的语言功能体系（普遍语法），因此能极其自然地、本能地学会第一语言。但人过了青春发育期后，左右脑分工，这时大脑中的推理思维功能体系有了发展，成年人学习第二语言时就不再是先天的语言功能体系起作用，而是大脑中的推理思维功能体系在起作用。这是一种类似于学习数学、物理那样的有意识的学习。将正常儿童和成人习得学习语言的经历加以比较，人们发现了下面这些情况：正常儿童都能掌握第一语言，而成人学习第二语言的成功率极低；成年人学习第二语言受情感因素的影响，幼儿则不受这一影响；成年人学习第二语言，即使年龄、环境条件都相同，也会有的学得快、有的学得慢，表现出很大的差别，而儿童即使所处的环境不同，他们之间的进步也没有很大的差别。这又似乎否定了上述的第二种观点。

　　尽管人们对普遍语法理论解释第二语言习得还有不同的看法，但自20世纪80年代中期以来，普遍语法理论对第二语言习得研究一直在起着很大的推动作用。以语言原则参数理论为基础的第二语言习得研究，已成为近几年来第二语言习得研究的主流。从语言教学的角度看，基于普遍语法的研究也具有重要意义。语法教学应该把学生最需要的语法规则在最短的时间之内教给他们，这就需要教师对教学资源（时间和内容）进行优化配置，可以不用教的（例如属于词汇范畴和共知范畴的知识）就不教。共知范畴的发现，将有赖于普遍语法及其相关研究。

（三）偏误分析

　　对比分析并不能预测学习者的全部错误，人们于是认为有必要对学习者错误进行系统分析和研究，以便确定其全部来源，为教学中消除这些错误提供依据。20世纪70年代以前，偏误分析主要局限于"普通错误"的收集，进行语言学意义上的分类，以便与第二语言教学结合起来。由于缺乏对"错误"进行解释的理论框架，"偏误"也就没有一个明确的定义和心理学意义上的解释。

因此，语言学家柯德尔成为现代意义上的偏误分析的创始人。他在1967年发表的《学习者偏误之重要意义》一文中指出，对学习者的错误进行分析有三个作用：①让教师发现学习者在向目的语接近的过程中已经到达哪个阶段，还剩下多少需要继续学习的内容；②给研究者们提供学习者如何学习或习得语言的证据，使他们了解学习者在学习过程中所使用的学习策略和步骤；③对学习者本人也不可或缺，成为一种用以检验自己对所学语言的本质进行假设的一种方法。

偏误分析的心理学基础是认知理论，与乔姆斯基的语言习得机制和普遍语法有着密切的关系。偏误分析的基本假设之一是人脑中有一种处理语言知识的特殊机制，而偏误分析的目标之一就是揭示普遍语法在多大程度上影响第二语言习得过程。

1. 偏误分析的基本步骤

偏误分析一般分为五步来进行：

（1）选择语料；

（2）确认偏误——区别lapse（口误、笔误）和error（偏误）；

（3）对错误进行分类；

（4）解释——解释偏误产生的原因；

（5）评价——主要为教学服务。

在偏误分析中，研究者们发现了一个十分有趣的现象：本族语使用者不但对过分的外国腔反感，过分地道的外语更加令他们反感！亨里克森等人的研究表明，英国人对学习英语的外国人常常使用 sort of, kinda, know what I mean, you bet, pull the other one 等一类的言语填空词表示很反感，也许过分地道在他们看来不过是装腔作势而已。这大概是深层的社会心理因素在起作用吧——本族语使用者可能感到身份受到威胁，于是产生反感。同样，本族语使用者对过多的意义解释（如用 things that come on TV every week 来替代 serial 等）也无法容忍。所以，本族语使用者对语法和发音上的错误可以容忍，但对语用方面的错误却不那么宽容，而语用方面的错误往往是受到了母语使用及本族文化的影响。

2. 偏误分析的难点

在偏误分析中，人们常常为一个问题所纠结，即用什么标准来确定学习者的错误？

是本族语使用者的标准不一样还是学习者个人的情况不一样？语音、语法规则相对稳定，错误往往容易辨认。语用却是一种倾向，规则并不十分明显。往往有这样的情况，有些学习者的偏误在句法上得到了纠正，可那些句子仍不符合语用习惯，即所谓"使用汉语的会话"而非"汉语会话"。

既然学习者学习外语的目的多种多样，那么语言掌握和使用的标准也就不应完全一样。有些学习者的语言可以用本族语使用者的标准来衡量和要求，另外的学习者就不一定非要这样。例如，用外语与本族语使用者以外的外国人交往、用外语与本国人（与学习者同属一个国家）交往等，其外语的正确程度就可以不以本族语使用者的使用习惯（主要指语用习惯）为标准。外国腔的外语有其生存的环境和条件又有其存在的必要，因为从社会心理学的角度来看，一些学习和使用外语的人有时会故意凸显自己的外国腔，来表明或强调自己的独特文化身份。

3. 对待"偏误"的态度

在如何对待学习者偏误的问题上，存在着两种截然不同的观点：偏误是刺激—反应中的一种偏差，应通过新的刺激来对正确的形式加以强化——行为主义观点；偏误恰恰证明学习者是一个灵活的有分辨和判断能力的决策者，在学习和交际过程中能够不断调整自己的目标和实现目标的手段，如回避、生造词和释义——认知论的观点。后者认为，出现偏误是正常的，没必要特别加以纠正，当学习者语言知识达到一定程度时，偏误会自动消失。

行为主义观点过于机械，认知论的观点过于宽容。正确的态度当是区分理解偏误和表达偏误。理解偏误往往说明学习者对某一语言规则无知无识，因而需要纠正，即教师告知其正确的用法，使之掌握这些新的语言知识。表达偏误也许是两种知识系统和能力的差距所造成的，学习者不一定对规则无知，很可能是因为这种知识对表达起着监控的作用，或者因为过分地利用了学习策略，结果出现偏误。这类偏误，往往过一段时间会自然消失，因而不需要特别纠正。教师可以用两种方式来纠正学习者的偏误：让他们接触正确的说法，帮助他们自觉改正错误；直接指出他们的错误，引导他们自行改正。

4. 偏误分析的贡献与局限

偏误分析研究的最大贡献有三点：

①使人们对对比分析的价值进行重新评价，认识到了对比分析研究对外语教学实践有一定的局限性；

②使人们改变了对偏误本质的认识，把错误从需要避免和纠正的地位提高到了作为认识语言学习内部过程的向导之地位；

③形成了一套行之有效的偏误分析方法和程序。

目前，偏误分析已成为第二语言习得研究中一个重要的组成部分。

偏误分析的局限性也有三点：

一是，"偏误"的定义和区分标准难以确定。虽然"偏误"指的是因对某种语言规则的无知而出现的语言使用上的偏差，但很难处理由于不了解目的语交际文化而出现的风格上的错误（语用错误），也很难解释学习者采用的交际策略，如释义、造词、借用等现象。

二是，"偏误"的分类缺少统一的标准。有人把"偏误"分为"语内偏误"和"语际偏误"两种，但有些错误却无法归入任何一种，例如，由于教师过分强调某一语法规则而导致学生不恰当地使用这一规则——学习英语的现在进行时，造出"I'm knowing him."之类的句子。

三是，偏误分析很难说明回避策略使用时的情况。回避是一种交际策略，而交际策略一般都是在有意识的情况下使用的，因此很难认定回避在有些场合就是"偏误"。

偏误分析在很大程度上改变了我们对学习者"偏误"本质的认识。一些重要的发现包括：

① "偏误"对语言交际中的可理解性的影响并没有外语学习者想象的那样严重。

②对可理解性的影响不仅取决于偏误的性质，还取决于语言环境在多大程度上帮助听话者理解说话者所要表达的意义。

③一般情况下，词汇方面的错误比起语法方面的错误来更可能影响交际，语音上的错误，除非十分严重，对交际的影响最小（三种不同错误各有严重程度上的差别）。

④ "整体性"语法偏误（即影响某个句子总体组织结构的偏误，如误用连词、主要词组语序颠倒等）比"局部性"语法偏误（即影响仅限于小范围内成分的偏误，如某一词尾的省略或某一冠词的误用等）更易影响交际。

⑤经常运用交际策略的学习者所使用的语言常常引起更多理解上的困难。

⑥学习者话语的流利程度如过多地受迟疑、自我纠正等的影响，也会产生理解上的困难。

⑦一般来说，偏误引起的"反感"主要取决于交际的效果，而不是某种独立的错误严重程度的判别标准。

（四）中介语

与中介语相近的概念"过渡能力"，即学习者尚未达到目的语语言能力的外语能力，最早出现在柯德尔于 1967 年发表的《学习者错误之重要意义》一文中。1971 年，美国学者耐姆瑟尔在一篇论文中提出"相似系统"的概念。1969 年，另一位美国学者塞林克在其 1969 年出版的《语言迁移》一书中首先使用了 interlanguage 一词，又于 1972 年发表了题为"中介语"的论文。中介语的概念于是在第二语言习得研究中的地位得以确立。

1. 中介语及其特征

"中介语"这一术语表达两个不同但相关的概念：学习者在某一阶段所建立起来的目的语知识系统；由此相互连接而形成的一种连续体。中介语研究的目标是：寻找外语自然习得过程的规律；为课堂教学提供选择材料并组织和安排材料方面的理论依据。

中介语具有以下三大特征：

①开放性。中介语是个开放的体系，具有逐渐进化的特征，其发展具有一定的阶段性。

②灵活性。中介语是一个灵活的、不断变化的体系，新的语言规则进入中介语系统后有极强的扩散能力，中介语系统处于不断的重组之中。

③系统性。中介语在任何阶段都呈现出较强的系统性和内部一致性。

2. 中介语研究

中介语研究的主要方法有偏误分析和策略分析两种，具体表现为纵向研究（即对某一些学习者学习外语的过程进行跟踪调查）和交叉研究（即同时对处于同一学习阶段的一些学习者的中介语进行研究）。研究的重点有两个：词素研究（即研究学习者习得词素的顺序）和句法研究（即研究学习者习得不同语法结构的顺序等）。

塞林克认为，学习者在中介语构建过程中主要使用以下五种手段：①语言迁移；②目的语规则的过度概括；③训练迁移，即通过教学习得某一规则；④外语学习策略；⑤外语交际策略。威多森将其统称为简化过程。简化能力属于人类正常语言交际能力的一部分，因此，中介语研究对揭示人类语言交际能力的本质也具有相当的启发意义。

中介语研究者们还注意到了外语学习过程中的另一种有趣的现象：化石化（或译作"僵化"），即学习者在中介语连续体尚未达到目的语状态时便停止发展，某些语言错误已作为一种语言习惯固定下来，进一步的学习也无法将其改变。人们曾试图从生理、认知和社会心理的角度来解释这一现象，但对化石化的形成以及如何避免僵化的问题却还有待于进一步的研究。

中介语研究无论是对学习者假设验证，还是对学习内部过程的研究都是对心灵主义母语习得理论研究方法的直接借鉴。其中，中介语研究者无法回避的一个问题是：根据乔姆斯基的观点，儿童的语言习得机制在"青春期"后便失去作用，那么在青春期之后学习外语的成年人是利用什么来处理语言素材输入的呢？

塞林克认为，成功的外语学习者是继续利用其语言习得机制。这种语言习得机制在"青春期"后被勒纳伯格所谓的"潜在语言结构"所替代。学习者正是利用这种"潜在语言结构"把普遍语法转化为目的语的语法。这是一种"重新激活"潜在语言结构的过程。多数学习者无法达到本族语使用者的语言熟练程度是因为他们过分依靠了潜在的心理结构或一般的认知机制，却未能充分利用普遍语法。

按照塞林克的观点，只有按照普遍语法去习得外语才有可能达到自然的熟练程度，任何利用一般的认知机制或潜在的心理结构的学习方法只会引起"化石化"之类的失败。这实际上成了中介语理论的一个致命弱点，因为它将外语学习过程完全等同于母语习得过程，习得的程序是由普遍语法预定好的，学习的过程就是不断做出假设并对此进行验证的过程。外语学习过程不需要有悖于普遍语法知识的认知手段参与，学习者的原有知识和其他知识只会"影响""正常"的习得过程。这实际上是把外语学习者和外语学习环境完全理想化了。外语学习者除非是年龄很小的儿童或者是文盲，对已有的语言知识没有任何明确的意识程度，否则其原有的语言知识和认知习惯必然会对外语习得过程产生影响。这也就是中介语何以有如此大的差异（或"变数"）的原因所在。柯德尔提出，中介语语法的性质在一定程度上取决于学习者已有的语言知识以及对该语言知识意识的精确和深刻程度，因为我们对任何新经验的理解和接受都会受制于先前获得知识的那些经验。中介语的差异应当由学习者个人差异、学习环境和所涉及的语言这样三个变量得到解释，即：

①学习者年龄越小，其中介语系统的相似点就越多。这是因为他们使用语言的功能有限，学习策略有限，对语言的意识程度也不高。

②在其他条件相同的情况下，学习环境越倾向于交际性，学习者中介语相似点就越多。这是因为学习者在真实的交际场合中将注意力更多地集中于表达意义上，更倾向于使用交际策略。

③如果人类语言确有共性，而且如果语言学习过程是一个由简单向复杂的系统过渡的过程，那么，不管学习者有何种母语背景，其所学中介语的起始阶段一致性就比较多。

在柯德尔看来，中介语最大相似性应该出现在儿童在非正式环境中学习任何外语的初始阶段，而中介语最大差异应出现在不同母语背景的成年人在正式环境下学习不同的外语。

中介语研究中另外两个颇具争议的问题：一是，中介语的起始点是什么？二是，外语习得究竟是一种重组还是一种重新创造过程？

从 interlanguage 一词本身来看，inter-是"在……之间"的意思，所以该词最初的含义是：一种介于学习者母语与目的语之间的学习者语言变体。这一定义的内在假设是：中介语的始点是学习者的母语，然后随着目的语知识的不断摄入，中介语逐渐向目的语靠拢；外语习得过程就是一种以目的语为标准（目标）的不断调整和重组的过程。另一个隐含的假设就是：中介语系统的复杂性在不同的阶段是一致的。因为新知识的吸收、新假设的验证必然以排除旧的错误和假设为前提。柯德尔对塞林克中介语研究的批评之一，就是他忽视了中介语连续体的复杂性呈渐进性状态这一特征。埃利斯认为，中介语构建过程其实是一个语言重新创造的过程，其起始点并不是母语，而是学习者一开始所掌握的一些词语以及有关如何没有语法知识的情况下将意思表达清楚的知识。这种知识是学习者一般语言知识中的一部分，随时可以运用。这一点可在"保姆语言"和"洋泾浜"等简化语码中得到证明。随着学习者对目的语知识的增加和逐渐系统化，他的目的语水平也逐渐向本族语语言能力的状态接近。

第二语言习得是一个极为复杂的心理过程，学习者的原有知识，包括一般的语言知识和具体的母语知识以及其他世界知识，都会对目的语的学习过程产生影响。从人类知识记忆、贮存的方式角度看，一方面，新的知识在被吸收时要受到原有知识结构的限制，另一方面，新的语言知识一旦成为原有知识结构的一部分，就必然引起原有知识结构的重组，并影响今后其他新的语言知识的学习。因此，外语学习过程是一个知识结构重组的过程。重组的结果就是一种新的结构，也就是一种重新创造。那么，母语知识系统与外语知识系统是否形成两个语义中心？脑科学的最新研究成果表明，人脑中只有一个语义中心，其存在是以母语知识为手段的。外语学习过程主要不是要建立新的语义信息中心，而是在建立一种新的语言形式与语义之间的联系。从这一意义上来讲，母语与外语是对应于同一语义系统的两个不同的规则系统。当然，在外语学习过程中，目的语特殊的语义结构和规则会对原来语义中心的结构产生影响。从这一意义上来讲，外语习得过程也是个知识结构的重建过程。

3. 中介语的定义和特点

简言之，中介语是第二语言学习者特有的一种目的语的语言系统，它在语音、词汇、语法、文化和交际等方面既不同于自己的第一语言也不同于目的语，而是一种随着语言学习的进展向目的语的正确形式不断靠拢的动态语言系统。

中介语因此具有以下四个显著的特点：

①它是一种语言系统，在语音、词汇、语法方面都有自己的系统，可以作为一种交际工具。

②它不是固定不变的，而是随着学习的进展不断地向目的语靠拢。

③中介语是因偏误存在而产生的，偏误的原因主要是语言迁移、目的语规则泛化、训练造成的迁移、学习者学习策略和交际策略等，要真正掌握目的语，就要慢慢减少中介语里面的偏误。

④其偏误具有反复性和顽固性，其中一部分可能形成僵化或者出现化石化的现象。

4. 中介语研究的局限

中介语研究自然也存在一些局限，主要表现在四个方面：

①研究仅限于词素和句法方面，对语义和语用知识习得研究不够，而且，根据词素研究来确定语言习得的顺序并不科学，因为将学习者使用某一词素的准确性作为习得的标准并没有心理学上的证据支持。

②仅以目的语作为参照系，忽视学习者学习外语的自我标准。

③忽视中介语与其他语言变体等不同的标准。

④研究的方法，如纵向研究和交叉研究本身还有一些技术性的问题未能解决，所得出的结论并不完全可靠。

总之，中介语理论有利于探索学习者语言系统的本质，发现第二语言习得的发展阶段，并揭示第二语言习得的过程及第一语言的影响。由于该理论提出的时间并不长，所以很多理论上的问题尚未得到解决，很多提出的观点也并未得到验证。

（五）输入理论

在第二语言习得研究中，成就最大、影响最广泛的则非克拉申莫属了。克拉申提出的第二语言习得理论是对近几十年来第二语言或外语学习研究的一个总结，一种把各种研究成果加以理论化、系统化之后而自成体系的学说。

克拉申从20世纪70年代初开始研究第二语言习得。20世纪80年代初，他发表了集大成的两部专著：《第二语言习得和第二语言学习》和《第二语言习得的原则和实践》，又与特雷尔合作于1982年出版了《自然途径》一书。在这三部著作中，克拉申通过对第二语言习得过程的分析，系统地阐述了他的外语教学思想和体系。

1. 五大假说

克拉申的第二语言习得理论主要由以下五个假说组成：

①习得—学习差异假说；

②监控假说；

③输入假说；

④情感过滤假说；

⑤自然顺序假说。

五个假说的核心是"输入"，所以被人们统称为"输入假说（理论）"。五个假说的具体内容如下：

（1）习得—学习差异假说。克拉申的出发点和核心是对"习得"和"学习"的区分，以及对它们各自在习得者第二语言能力形成过程中所起的作用的认识。根据这一假说，成人是通过两条截然不同的途径逐步习得第二语言能力的。其一是"语言习得"，类似于儿童母语能力发展的过程，是一种无意识地、自然而然地学习第二语言的过程。也就是说，在学习过程中，学习者通常意识不到自己在习得语言，而只在自然交际中不知不觉地学会了第二语言。其二是"语言学习"，即通过听教师讲解语言现象和语法规则，并辅之以有意识的练习、记忆等活动，达到对所学语言的了解和对其语法概念的"掌握"。习得的结果是潜意识的语言能力；学习的结果是对语言结构有意识的掌握。克拉申认为，只有语言习得才能直接地促进第二语言能力的发展，才是人们运用语言时的生产机制，对语言结构有意的了解（"学习"的结果）只能在语言运用中起监控作用，并不是语言能力本身的一部分。"习得"因而是第一位的，"学习"则是第二位的。

（2）监控假说。监控假说与"习得—学习差异假说"密切相关，是"语言习得"与"语言学习"之间内在关系的体现。一般说来，语言习得能"引导"我们讲第二语言，并直接关系到我们说话的流利程度；语言学习只起监控或"编辑"的作用。换句话说，当我们开口说话时，话语由"习得"系统产生，经"学习"系统监控后成为"真言"而吐露出口。语言学习的这种监控功能可能在我们说话或写作之前，也可能在其后。监控是否充分发挥作用，取决于三个条件：①语言使用者必须有足够的时间去有效地选择和运用语法规则；②语言使用者的注意力必须集中在所用语言的形式上，也就是说，语言使用者必须考虑语言的正确性；③语言使用者必须具有所学语言的语法概念及语言规则的知识。在口头交谈中，人们往往没有时间去考虑和斟酌语法，所注重的是说话内容而不是结构形式，语法规则如果不是习得来的，一时也用不上。因此，在口头交流中，如果一方过多地使用语法监控，不时地纠正自己讲话中的语法错误，说起话来就会结结巴巴，从而使对方失去交谈的兴趣，无法达到交流思想的目的。但在事先准备的正式发言和写作中，语法的使用能提高语言的准确性，为演讲或文章增添色彩。克拉申区别出三种不同的监控作用类型：成功使用、过度使用和使用不足。第一种人在口头使用语言时常有失言，但经人指出后能够自己改正，在写作时，由于较注重语言的形式，很少会出现错误；第二种人对语言的规则懂得很多，却不敢做口头表达，但书面语一般都较准确；第三种人能做口头表达，但错误很多，不能自己改正。

（3）输入假说。作为"输入"理论的核心部分，该假说表明克拉申对第二语言习得者是如何接受并吸收语言材料这一过程的实质的认识。以前的外语教学提倡先学句子结构（即句型），然后将学得的句型用于交际中加以练习，似乎只有这样才可能培养学生流畅地说外语的能力。克拉申则认为，只有当习得者接触到"可理解的语言输入"，即略高于他现有语言技能水平的第二语言输入，又能把注意力集中于对意义或信息的理解而不是对形式的理解时，才能产生语言习得。如果习得者现有水平为"i"，能促进他习得就是"i+1"的输入。根据克拉申的观点，这种"i+1"的输入并不需要人们故意地去提供，只要习得者能理解输入，而它又有足够的量时，就自动地提供了这种输入。说话的流利程度是随着时间的流逝自然而然地达到的，并不能直接教会。理想的输入应具备四个特点，即：①可理解性。理解输入语言的编码信息是语言习得的必要条件，不可理解的输入只是一种噪声。②有趣又有关联。要使语言输入对语言的习得有利，必须对它的意义进行加工，输入的语言材料越有趣、越有关联，学习者就会在不知不觉中习得语言。③非语法顺序安排。如果目的是"习得"而不是"学习"，按语法顺序安排的教学不仅不必要而且不可取。④有足够的输入量。要习得一个新的语言结构，单靠几个练习、几篇短文是不够的，只有连续多个小时的有内容有乐趣的广泛阅读和许多的会话才能解决问题。

（4）情感过滤假说。有了大量的、适合输入的环境并不等于学生就可以学好目的语了，第二语言习得的进程还受着许多情感因素的影响。语言输入必须通过情感过滤才有可能变成语言"吸入"（intake，或译为"摄入"）。在语言输入到达大脑语言习得器官的过程中，过滤是输入的语言信息必须逾越的头道障碍。也就是说，情感因素起着促进或阻碍的作用。克拉申在总结过去第二语言教学中的经验时指出，在习得第二语言或外语的过程中，习得者并不吸收他所听到的一切，有几个心理上的因素影响着他习得语言的速度和质量。这些因素是：①动力（学生的学习目的是否明确，直接影响他们的学习效果，目的明确则动力大，进步快；反之，则收效甚微）；②性格（那些比较自信，性格外向，乐于把自己置于不熟悉的学习环境，自我感觉良好的学生在学习中进步较快）；③情感状态（主要指焦虑和放松这两种互为对照的精神状态）。情感状态在较大程度上影响着外界的语言输入。在第二语言或外语的学习中，焦虑水平低的学生往往得到更多的语言输入，情绪放松、感觉舒适的学生在较短时间内学得更好。

（5）自然顺序假说。人们对语言结构知识的习得实际上是按一定顺序进行的，这种次序又是可以预测的。近年来语言习得理论研究的结果表明，无论儿童或成人，无论学母语或学第二语言，都是按一定的自然顺序来习得语言结构的，即有些语言结构先习得，另一些语言结构后习得。有实验表明，在儿童和成人将英语作为第二语言学习时，掌握进行时先于掌握过去时，掌握名词复数先于掌握名词所有格。克拉申指出，自然顺序假设并不要求人们按这种顺序来制定教学大纲。实际上，如果我们的目的是要习得某种语言能力的话，那么就有理由不按任何语法顺序来教学。

克拉申的输入假说（理论）在基本思路上无疑是正确的，但在很多地方仍然停留在理论假设的基础上，缺乏充分的实证数据的支持。即便是假设，有的地方也不够严密，操作性也不够强。例如，怎么去定义学习者现有水平"i+1"是什么意思？怎样把 1 和语言项目联系起来？学习的作用在于对输出的结果进行监控，那么它在理解中是否有用呢？情感过滤只对成人起作用，对青春期前的儿童没有作用，这又如何加以证明？可理解的输入是习得的唯一条件吗？理解是如何引起习得的呢？尽管如此，克拉申理论对第二语言习得研究的影响还是不容否认的，克拉申将第二语言习得研究成果应用到语言教学方面的努力也应该得到肯定。

附：习得顺序研究

语言习得顺序（即"发展模式"）包括"习得顺序"和"习得序列"两个方面的内容。前者指学习者习得语言总是先习得某些规则然后再习得另一些规则，即学习者习得语言规则是遵循一个固定的顺序的；后者则指学习者习得某个特定的语言规则也遵循着一个固定的顺序。

早在 20 世纪 60 年代，罗杰·布朗和他的同事就开展了一系列的相关研究，发现儿童在语言习得上总是遵循一定的顺序的。既然儿童对母语的习得遵循着一定的顺序，那么他们习得第二语言是否也遵循同样的顺序和序列呢？

（1）第二语言习得顺序研究的方法。语料分析是第二语言习得顺序研究的主要方法，它以学习者语言为研究对象，通过分析其变化特点，来窥视目的语的习得发展规律。鉴于偏误分析单纯以学习者错误语言为语料的局限性，语料分析法中语料的覆盖面就扩大到学习者的所有语言材料，而习得的标志就是首次使用。

库克认为，语料分析方法可分为纵向研究法和横向研究法两种。纵向研究法就是针对同一学习者或同类的一组学习者在某一时间段内的语言使用情况，即对学习者在 T1 和 T2 两个时间点之间的语言使用情况进行收集和比较；横向研究法则是研究不同的学习者在不同时间点的语言使用情况，然后再对他们之间的语言特征进行比较。

艾利斯根据语料来源和统计方法的不同也总结出两种研究方法：强制性情境分析和目标近似使用分析。强制性情境分析先界定某一词素正确使用的语境，然后统计出这一语境中该词素正确使用的比率，最后根据正确使用率确定该词素是否已经被习得。由于母语使用者也未必能够达到对某一词素100%的正确使用，所以基准准确率可被确定在80%~90%之间，也就是说，如果某一词素的正确使用率在三次收集的样本中均达到了90%，那么，我们就可以认定该词素已经被习得。该方法未考虑到语料中会有这样一种情况：虽然有某一词素的正确形式，但其使用却并不正确。因此，在进行统计的时候，除了要计算准确率外，还要了解该词素是否存在着被过度使用和误用的情况，于是产生了第二种方法：目标近似使用分析，即以目标语为正确标志，接近目标语的判定为习得，否则为尚未习得。两种方法均以目标语为参照物，但对同一样本采用的方法不同，统计的结果也可能有很大的差别。

（2）第二语言习得顺序的研究发现。对语言习得发展模式的研究，涉及该语言的方方面面，如语素、句法结构和语用功能等。

1. 语素习得顺序的研究及发现

（1）罗杰·布朗的研究。语素是具有确定意义或语法功能的最小语言单位，包括自由语素和黏着语素。在20世纪70年代，母语习得顺序研究区分出语法语素和词汇语素，主要研究成果既包括自由词素，也包括黏着词素。罗杰·布朗对母语习得顺序所做的研究发现，母语习得的早期阶段，儿童舍弃的是语法词素，而不是词汇词素，语法词素是在随后的习得中逐渐获得的。于是，他选取了三个儿童做研究对象，就他所规定的14个语法词素的习得规则进行研究。从研究开始，他连续跟踪这三个儿童到四岁年龄，并每个月录制两个小时的口语语料，统计每次录音中每一个词素在强制性语境（即操母语者必须使用某一词素的场合）中出现的次数。如果某一词素的正确使用率在三次收集的样本中均达到90%，那么他就认为该词素已经被习得。他对三个儿童语料中词素出现的先后顺序进行了排序，并得出母语习得中这14个词素的习得顺序。

（2）杜雷与伯特的研究。如果说母语中的语素习得是遵循一定顺序的话，那么，英语在作为第二语言被学习时，其语素习得是否也遵循某个特定的顺序呢？为了回答这一问题，杜雷与伯特进行了为期两年的习得研究。他们参照罗杰·布朗对儿童习得第一语言的语素习得顺序的研究成果，测试了中国和西班牙儿童学习英语的过程，用横向研究的数据推出纵向观察的结果。在被试的数量和覆盖面方面，他们比罗杰·布朗所做的试验要大，数据收集也不再采用录音的方法，而是采用"双语句法测量"方法（BSM），即通过向被试者提出关于一些图画的 33 个问题，从中引出大量含有各类语法语素的语料。这些语法语素大致有八组，分别是复数语素、进行时语素、系词语素、助词语素、冠词语素、不规则过去式语素、现在时第三人称单数语素、所有格语素。在研究中，他们还将上述每一语素应该出现的强制性语境，用三刻度的标尺进行度量，并规定：语素缺失为 0，错误使用的语素为 0.5，正确使用为 1.0。然后，他们把度量所得数值进行平均，并根据平均量值的大小对这些语素按使用最多到使用最少进行排序。

考虑到测试方法、学习者年龄、母语、是否课堂学习等因素也有可能影响语言的习得顺序，杜雷与伯特又在 1974 年对母语语种对语言习得的影响做了专门试验。在试验中，他们对比了 60 个母语为西班牙语和 55 个母语为汉语的学习者的语料，发现两组学习者所显示的习得顺序几乎是相同的——母语语种对习得顺序的影响较小。另外，在经过对母语分别为西班牙语和汉语的儿童进行了为期两年的研究后，他们还发现，他们所研究的那些语法语素的习得顺序也是相同的。

（3）克拉申等人及其他语言学家的研究。20 世纪 70 年代，克拉申与其他学者合作也对第二语言习得顺序分别进行了两次相关试验研究。1974 年，他与贝雷和麦登两人合作，对母语为西班牙语和非西班牙语的两组年龄在 17—55 岁之间的 73 个以英语为第二语言的成人进行试验，通过对用 BSM 收集的口语语料的分析发现，两组成人的语言习得顺序是相同的，并且这些成人的习得顺序与杜雷与伯特报告的儿童的习得顺序也大致是一样的（一个除外）。他们又发现，成人对第二语言的习得顺序与对第一语言的习得顺序是不同的。1978 年，他又与巴特勒等一起，对母语各异的 70 个在校大学生进行试验，采用有时间限制的自由作文和无时间限制并可以修改的自由作文两种形式收集语料。结果发现，两种形式不同的作文所显示的习得顺序是一致的，并且这个习得顺序与克拉申在 1974 年得出的习得顺序非常接近。

1976 年，拉森等对 24 个母语分别为阿拉伯语、日语、波斯语和西班牙语的大学英语学习者进行了试验，对通过阅读、写作、听、说和模仿等方式所收集来的语料进行分析发现，语种的不同不会对成人学习词素产生重要影响，而通过不同途径收集的语料所显示的语素习得顺序却很不相同（口头和模仿收集语料显示的顺序和杜雷与伯特发现的顺序相同)。研究还发现，单个语素也存在系统的习得顺序。众多的代词均可以通过成分分析细分成诸如性别、人称、数和格等更细小的组成部分，而且这些语义特征是遵循一定的顺序逐渐被习得的。

上述研究成果表明：①不同的实验任务对习得顺序有一定的影响，但不同监控条件对习得顺序没有影响；②不管学习者的母语背景是否相同，第二语言习得顺序总是相同；③第二语言习得顺序与母语习得顺序不同；④以英语作为第二语言的学习者习得英语语素，无论是儿童还是成人，都遵循固定的习得顺序。

2. 对句法结构与语用功能的习得顺序的研究及发现

在对语法自由语素和黏着语素的习得顺序进行研究的同时，语言学家也研究了句法结构的习得顺序。

杜雷等的研究发现，否定结构在完全习得之前必定会经历一系列变化阶段。另外，在对第二语言习得中学习者语言能力和语言形式习得顺序进行研究的基础上，语言学家开始关注学习者的语用能力，并着手研究学习者语言的语用习得规律。卡斯帕尔和达尔认为，中介语语用就是第二语言学习者对言语行为的运用和习得。言语行为理论认为，一个言语行为包含三方面的内容，即言内行为、言外行为和言后行为，其中的言后行为是交际能力的重要组成部分，因此具有重要意义。

在对否定结构、疑问句和关系从句的习得顺序研究的基础上，约翰斯顿和皮尼曼总结了英语作为第二语言其语言形式和内容的一般习得规律或"多维模式"，其句法结构的习得过程共由六个阶段组成。

布拉姆-库卡在对请求、道歉和拒绝等言语行为的研究中发现，言语行为的普遍习得序列由三个阶段组成：①以意义为导向，具有非系统性；②以中介语为导向，具有潜在的系统性；③具有跨文化的导向性和潜在的系统性。这一发现对言语行为的运用和习得研究意义重大。

3. 第二语言习得顺序研究的意义与不足

目前，人们对第二语言习得顺序研究的充分性问题非议较多。从研究的内容来讲，杜雷等人发现的语素习得规律只是对语法语素（或黏着语素）而言，而非语素的全体，以语法语素来代替语素的全体，似乎有以偏概全之嫌。从研究的方法来讲，在采用 BSM 统计语素出现的语境时，仅仅关注了语素的语法形式，而忽视了词素意义与语境之间的匹配，这种无视功能原则的做法也有失偏颇。另一方面，第二语言习得顺序研究提出的"母语对第二语言习得顺序不产生影响"的理论假设，也并非完全正确。事实上，母语对第二语言习得是会产生一定影响的，中国英语学习者的习作中大量出现的"中式英语"就是例证。第二语言习得顺序研究所提出的"准确度顺序"等于"习得顺序"的研究前提又是如何得来的呢？是罗杰·布朗等人凭空臆想出来的吗？果真如此，那习得顺序的研究又怎能让人信服呢？

尽管如此，第二语言习得顺序研究仍然具有重要的价值，因为这既是心理学理论发展到一定阶段、语言学家从内部认识习得过程的必然结果，也是语言学家从不同角度解读第二语言习得过程规律的一个阶段性成果。语言的语素、句法结构和语用特征等内容发展的顺序性和阶段性，对于"由浅入深，由简单到复杂"地开展英语教学活动具有重要指导意义，而第二语言习得顺序并不随母语和学习者年龄的差异以及习得过程中监控条件的改变而改变的理论假设，无疑会极大地增强学习者学习成功的信心。

（六）文化适应理论

舒曼提出的文化适应理论从文化与语言的关系出发，将第二语言习得过程看作是逐步适应目的语文化的过程，认为第二语言学习者对目的语文化的适应程度决定对该语言的掌握程度。

1. 文化适应

所谓"文化适应"就是学习者与目的语社会的社会、心理的结合，因此，学习者与目的语文化的社会距离和心理距离就是影响语言习得的主要因素。

由缩短的社会距离或者由良好的社会因素形成的有利语言环境指的是：

①第二语言学习者与目的语社会的成员具有平等的社会地位；②第二语言学习者本人和目的语社会都希望第二语言学习者被目的语社会同化和接受；③第二语言学习者与目的语社会都希望第二语言学习者能共享目的语国家的福利设施；④双方在文化上亲密和谐，彼此都以积极、肯定的态度相待；⑤第二语言学习者期望在目的语社会逗留较长的时间。

处于如此良好的语言环境，学习者便能够接触到较多的语言输入，语言习得也就得以顺利地完成。

心理距离主要指的是第二语言学习者在情感方面影响到目的语语言习得的因素，包括语言障碍带来的焦虑、文化休克带来的恐惧紧张，以及动机、自尊心等。

在社会距离和心理距离太大的情况下，学习者的语言就会停留在初级阶段，形成洋泾浜化，即使在自然的语言环境中也不一定能够习得目的语——所谓的"洋泾浜化假说"。在社会距离和心理距离之中，社会距离起着主要的作用，心理距离只是在社会距离不发生重大作用时才会发挥作用。

2. 对文化适应理论的评价

文化适应理论强调文化在第二语言习得中的重要性，这无疑是正确的。要想习得一种语言就必须了解并习得目的语的文化，而缩短与目的语文化的社会距离和心理距离也的确是习得第二语言的重要条件。但把文化适应视为第二语言习得唯一的要素和条件，把语言习得过程完全等同于文化适应的过程，而且把文化适应仅仅理解为对目的语社团的社会与心理的结合，则不免有失偏颇。

文化适应并不意味着对目的语文化的全盘接受——完全可以包括一部分虽不能接受但可以予以理解的内容，更不等于被异文化（目的语文化）完全同化。至于热衷于融入目的语社会并成为其中一员，从而去分享目的语社会的福利设施，也绝不可能是大多数第二语言学习者的学习动机。事实上，很多已经成为目的语社会之一员且在目的语社会生活了一辈子的移民，并不能说出几句像样的目的语来。文化适应的过程没有也不能够解释第二语言知识的内化和运用过程。

上述六种第二语言习得理论或者假说都不能单独对第二语言习得过程做出令人十分满意的解释。语言习得是规则组成或者参数设定的结果，这一观点虽然一直较为流行，但这恐怕只是因为人们的关注焦点一直在词法和句法上面。一旦第二语言习得研究拓展至语言能力和交际能力，人们便不得不考虑使用别的理论来说明问题。例如，"习惯形成"或许可以用来解释语音特征的习得和一些固定用法（如"好久不见""久仰久仰"）的习得，可一旦涉及语义和语用问题，"习惯形成"或者"规则组成"的解释便会显得苍白无力了。因为语言是如此复杂，我们不能指望语言习得过程是一件简单的事情。

假如我们将这些观点综合在一起，或许可以清理出一个粗略的线索来，习得一种第二语言至少需要三个条件：①学习者获得足量可以理解的输入；②学习者在情感上采取积极、开放、接受的态度；③习得者积极参与输出型的语言交际活动。

换句话说，可理解的输入、低屏蔽效应和低焦虑环境，加上实际的语言交际实践活动，可能使第二语言学习者最终习得目的语。

道格拉斯·布朗曾将语言学习比喻成一个完整的生态系统（图4-1），在这个生态系统里，花籽（即语言能力，包括先天因素、语言习得机制、已有的经验、文化图式、智

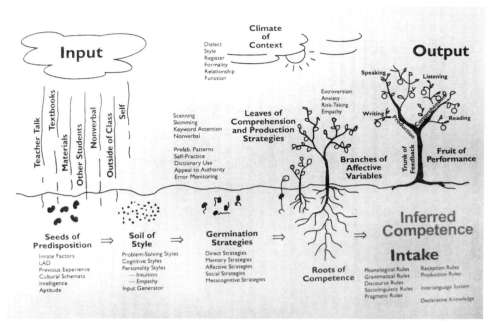

图 4-1　道格拉斯·布朗的语言学习生态系统

力和潜能等）是先天遗传的基因，云雨（即语言输入，包括教师话语、教科书及其他材料、其他学生、非言语行为、课外活动和自我努力等）将花籽催生，但花籽能否发芽还得取决于学习者所使用的适当风格和策略（即土壤，包括解决问题的风格、认知风格、个性特点和输入发动机制）；语言能力一旦萌芽（并非所有的花籽都被激活，因为萌芽需要直接策略、记忆策略、情感策略、社交策略和元认知策略等因素的参与），能力的网络就像地下的根须一样，随着有机体积极参与语言理解和语言产出（就像长出树叶一样，涉及扫读、略读、抓关键词、非言语行为等理解策略和预制句式、自我练习、使用词典、向人请教、偏误监控等产出策略的使用）而建立和强化起来；根须系统（即被推断出来的能力）就是人们通常说的"内化吸收"（即 intake，包括音系规则、语法规则、话语规则、社会语言学规则、语用规则、接受规则、产出规则、中介系统和陈述性知识）；然后经过更多的策略和情感能力（外向、冒险、意志、焦虑、移情等）的应用，加上从别人那里得来的反馈（就像树干），成就（包括听、说、读、写在内的）繁花似锦的语言理解，产出硕果累累的语言实际运用，并最终造就出可以推知出来的综合语言交际能力。语言运用亦即输出的结果当然要受到多种社会语境变数（如方言、风格、语域、正式程度、交际者关系和功能等）这种气候因素的调节和影响。

二、研究模式与方法

若是从拉多发表于 1957 年的《跨文化语言学》（对比分析法诞生的标识）算起，第二语言习得研究就已经有六十多年的历史了。第二语言习得的研究成果除了从学习者内部机制探讨第二语言习得方式的理论而外，还主要体现在三个方面：①对语言习得过程和学习者语言特征的研究，包括对比分析、偏误分析、运用分析和话语分析等模式；②对第二语言学习者个体因素的研究，即学习者生理、认知、情感因素对语言习得的影响；③对第二语言习得的外部因素或者习得环境（包括课堂教学的环境和社会文化大环境）的研究。

（一）习得过程研究

1. 对比分析

对比分析是将两种语言的系统进行共时比较，以解释其相同点和不同点的一种语言分析方法。

语言对比方法最早是用来进行语言研究的，马建忠的《马氏文通》（1898）和黎锦熙、王力、吕叔湘、高名凯等人的语法论著都是主要运用了汉外语言对比的方法进行的汉语研究。把语言对比方法应用于第二语言教学则是始于 20 世纪 40 年代的美国。著名学者福莱斯在 1945 年便提出，最为有效的语言教材应该基于对学习者的母语和目的语进行的科学描述和仔细对比。弗里斯的学生与后来同事拉多则于 1957 年指出，凡是跟学习者母语相似的项目，他们学起来就比较简单，而那些与其母语不同的项目，他们学起来则非常困难。教师如果把目的语和学生的母语进行系统的比较，就会清楚地发现学生学习的难点，并为这些难点的教学做好充分的准备。将对比分析应用于第二语言教学，一方面发现了学习的难点和教学的重点，另一方面促进了人们对目的语的研究。

（1）理论基础与实施步骤。对比分析的语言学基础是结构主义语言学，心理学基础则是行为主义心理学和迁移理论。结构主义语言学强调对语言的结构进行客观的、静态的描写，有了这种对语言结构的细致描写，不同语言之间的共时对比也就有了物质基础。行为主义心理学把语言视为一种习惯，习得另外一种语言就是克服旧的习惯并形成新的习惯，而在形成新习惯的过程中，原有的习惯会产生迁移作用。如果是负迁移，就会对学习产生干扰，包括障碍性干扰和介入性干扰。障碍性干扰指的是目的语中需要学习的语言项目是母语中所没有的，从而在学习过程中遭受阻碍；介入性干扰指的是母语中的语言项目虽然在目的语中找不到，但在学习过程中仍要顽强地介入。

对比分析大体上按照下面四个步骤来进行：

①描写。对目的语和学习者的第一语言（母语）进行详细的、具体的描写，这是对比分析的基础。

②选择。在两种语言中选择进行对比的语言项目或结构。

③对比。对两种语言中选择好的项目或结构进行对比，找出二者的相同点和不同点。

④预测。基于分析结果对学习者在目的语学习过程中可能遇到的困难和发生的错误进行预测。

（2）教学应用：难度等级。预测学习者在第二语言学习过程中可能出现的困难，从而确定教学重点，是对比分析在语言教学中的主要用途。为了减少预测的主观性，增加预测的准确性，语言教育家制定了一些语言难度等级，影响较大的便是普拉科特的"难度等级模式"。该模式将难度分为六个等级，等级越高难度就越大。

①零级——两种语言中相同的项目，在目的语学习中产生正迁移，不会发生困难。例如，英语和汉语都是 V+O 语序，英语为母语（第一语言）的学习者在学习汉语的"主+谓+宾"结构时就很容易。

②一级——第一语言中的两个语言项目在目的语中合并成为一项，学习者可以忽略第一语言中两个项目的区别而逐渐习惯合并后的项目。例如，英语中的单数第三人称代词有 he, she 之别，而汉语口语都用 tā 来表示，英语为第一语言（母语）的学习者在听、说汉语时就要忽略性别之分而使用同一个 tā。

③二级——第一语言中有而目的语中没有的语言项目，学习者须避免使用。例如，英语中字母组合 th 的两种读音在汉语里就没有，英语为第一语言（母语）的学习者在学汉语时便应防止其产生介入性干扰。

④三级——第一语言中的某个项目在目的语中有相应的项目，但在项目的形式、分布和使用上不尽相同，学习者便要将其作为目的语的新项目重新习得。例如，汉语和英语里都有被动句，但汉语中的被动句除了由"被""叫""让"等表示的有标记被动句而外，大多为无标记被动句，还有像"是……的"之类的特殊被动句。以英语为第一语言（母语）的学习者在学汉语时，必须在其原有的英语被动句知识的基础上重新认知汉语中的被动句，否则就会出现受英语影响的错句，如"这本书是被他买的"。或者无法理解"茶喝了"之类的句子。

⑤四级——目的语中的语言项目在第一语言里找不到相应的形式，学习者在习得过程中会出现障碍性干扰。例如，以英语为第一语言（母语）的学习者在学习汉语的声调、

汉字和语法中的"把"字句、补语、量词之时都会遇到相当的困难。

⑥五级——第一语言中的一个项目在目的语中分成了两个或两个以上的项目（与一级刚好相反），学习者必须克服第一语言所形成的习惯而逐项进行区别，逐步习得和正确使用。例如，英语里的动词 visit，在汉语里的对应词就有三个："参观""访问""看望"，各自与不同的宾语相搭配——"参观"的宾语是场所或者机构，"看望"的宾语是人，"访问"的宾语可以是人也可以是物。学习者不了解这种区别，就会受其母语的影响而说出"我明天参观我的老师"之类的句子来。

这一"难度等级模式"为我们进行语言对比分析、预测学习难点、确定教学重点提供了很好的参考，但它是否完全适合汉语的实际，还有待于进一步的研究。

（3）意义和局限。盛行于20世纪50年代和60年代的对比分析对语言学和语言教学的研究做出了巨大的贡献，具体表现在：

①有一套严密的方法和程序，通过不同语言的比较，使人们对语言现象的描写和分析、对语言特征的了解更为深入，从而丰富了普通语言学、具体语言学和翻译学的理论。

②对比分析应用于语言教学，通过目的语和学习者第一语言（母语）的对比，从两种语言的差异中发现了第一语言（母语）给第二语言教学带来的干扰，从而为第二语言教学提供了重要的信息，即发现了学生学习的难点，揭示了教学中的重点，使教学的针对性得到了加强。

但是，作为第二语言习得的一种研究方法，对比分析也存在一定的局限性，具体表现在：

①对学习难点的预测并不准确。对比分析的主要观点是：两种语言的相同点产生正迁移，不同点则产生负迁移；两种语言的差异越大，干扰（负迁移）就越大，学习的困难也就越大。然而，实际情况并非如此简单。两种语言差别大，掌握起来自然要慢一些，但其干扰作用反而要小，掌握的准确度也要大一些；两种语言表面上相似，掌握起来或许要快一些，但细微差别所产生的干扰作用反而更大一些，其准确度也会更难把握。语言之间的差异与学习者可能遇到的困难并不是简单的正比关系。

②仅只研究第一语言（母语）对目的语学习的迁移作用，而第二语言学习者遭遇的困难、出现的错误来源是多方面的，第一语言干扰所导致的错误据称只占学习者全部错误的三分之一，而且大多集中在初级阶段，因为此时学习者由于目的语知识不足比较多地依赖于母语，主要通过母语来学习目的语。

③只是对语言的表层结构进行对比，而且集中于语音、词汇、语法等方面，没有语用、语义、文化方面的比较，所以所谓的"对比"并不全面。

④最大的缺憾是：把学习者视为机械刺激的对象而不是活生生的具有主动性和创造力的人，即忽视甚至抛开学习者而只对两种语言进行对比分析，几乎不涉及学习者的实际语言表现和学习者自身的特点。

正是考虑到这些局限，沃德霍后来把对比分析分成强式和弱式两种。强式对比分析是以事先对第一语言和第二语言的对比分析为基础来预测学习者在第二语言习得过程中可能产生的错误——但这种预测往往不是那么准确。弱式对比分析则是从两种语言的相似和相异之处入手，事后对学习者已经出现的错误进行归因的解释——它在寻找错误来源方面仍能发挥作用。

2. 偏误分析

20世纪60年代末70年代初，人们把研究重点从两种语言的对比分析转到对学习者语言本身的直接研究上来，通过对学习者在第二语言使用过程中出现的错误进行系统地分析，来考察第二语言的习得过程。也就是说，第二语言习得研究从对比分析发展到了偏误分析。

（1）理论基础与主要作用。偏误分析是对学习者在第二语言习得过程中所产生的偏误进行系统地分析，研究偏误的来源，揭示学习者的中介语体系，从而了解第二语言习得的过程与规律。

柯德尔把学习者所犯的错误分为"失误"（mistake）和"偏误"（error）两种。"失误"是偶尔出现的口误或者笔误，这种错误没有规律可循，说话人一旦意识到了就会马上自行改正，所以没有什么研究的价值。"偏误"则是由于目的语掌握不好而犯下的偏离目的语正确用法的规律性错误，对这类错误学习者自己往往没有觉察，也很难自行加以改正，而且还会反复出现。这类规律性的语言偏误正是学习者中介语特质的反映，所以成为偏误分析的研究对象。

偏误分析的心理学基础是认知论，语言学基础则是普遍语法理论。认知论和普遍语法理论认为，第二语言习得过程是一个规则形成的过程，也就是学习者不断从目的语的输入中尝试对目的语规则做出假设，并进行检验和修正，逐渐向该目的语靠近并结构起目的语的规则体系。

偏误分析具有三个主要作用：

①教师可以借此了解学习者对目的语的掌握程度及其已经达到的阶段。

②研究者可以借此了解学习者习得目的语的途径、方式及其在学习过程中采取的学习策略和步骤。

③学习者可以借此更好地检验自己对所学语言规则做出的假设。

中介语视角下的偏误分析研究，在我国对外汉语教学界是从 1984 年鲁健骥发表《中介语理论与外国人学习汉语的语音偏误分析》一文开始的。其后，出现了数十篇有关偏误分析的论文，涉及汉语语音、词汇、语法、汉字、语用、语篇等方面。与此同时，海外一些学者和教师也在汉语习得偏误分析方面做了很多工作。

（2）实施步骤与偏误分类。偏误分析的创始人柯德尔将偏误分析分为五个步骤，即：

①搜集语料。从第二语言学习者的口头、书面表达或听力理解中选择可供分析使用的语料。

②鉴别偏误。首先区分具有规律性的偏误和偶然出现的失误（虽然不太容易），然后区分结构形式的偏误和语用的偏误。

③对偏误进行分类。

④解释偏误产生的原因。

⑤对偏误进行评估。即：严重程度如何？是否影响到交际？

偏误可以从不同的角度进行分类。传统的分类是按照语言要素（语音、词汇、语法等），还有学者根据偏误的严重程度将其分为整体性偏误和局部性偏误。整体性偏误涉及句子总体组织结构，从而影响句义的理解；局部性偏误涉及句子的次要成分，不影响对整个句子的理解。其他分类还有：语内偏误和语际偏误、理解偏误和表达偏误、口语偏误和书面语偏误……

柯德尔对偏误做出了两种分类：

①显性偏误与隐性偏误，即目的语语言系统形成之前的偏误。显性偏误指的是那些明显带有结构形式错误的句子。隐性偏误指的是语法虽然正确但在一定的语境或交际情境中并不恰当（或得体）的语句。这种分类既强调语言的结构形式又注重语言的实际使用。

②前系统偏误、系统偏误与后系统偏误，即根据中介语系统的发展过程进行的分类。前系统偏误指的是目的语语言系统形成之前的偏误，学习者无法解释也不能自行更正。系统偏误指的是学习者在习得过程中逐渐发现和形成目的语的规则和系统，但不能正确运用它们，因而出现的规律性的偏误，学习者不能自行改正但可以做出一定的解释说明。后系统偏误指的是目的与系统形成后的偏误，学习者基本掌握了语言规则，也能正确地加以运用，但仍会用错而出现偏误。学习者对这些偏误能够自行改正，也能够说明其产生原因。

（3）偏误来源。第二语言习得过程中出现的偏误是由多种因素造成的，但主要来源有五种，即母语负迁移、目的语知识负迁移、文化因素负迁移、学习策略与交际策略的影响、学习环境的影响。

①母语负迁移（语际干扰）。学习者由于不熟悉目的语规则，只能依赖母语知识，结果属于同一母语的学习者往往犯下同类性质的偏误。这是初学者偏误产生的主要原因，特别体现在语音的学习上，即用母语的语音规律来替代目的语语音规律，也体现在词汇和语法的学习上，例如：

*那个鸡很胖。（英语里的 fat，既可指人也可指动物和肉类。）

*李明想结婚张华。（英语里的 marry 是及物动词。）

②目的语知识负迁移（语内干扰或过度泛化）。学习者把他所学的有限的、不充分的目的语知识，用类推的方式不适当地套用在新的语言项目上，结果造成偏误。这类偏误在学习者的母语里找不到根源，而且属于不同母语的学习者常常出现同样的偏误。如果说母语负迁移造成的偏误在学习的初级阶段占优势，那么到了中高级阶段，目的语知识负迁移造成的偏误则逐渐占了优势。例如：

*我们每天两小时学习。（"两小时"为时量补语，此处为状语的泛化。）

*他做练习做得很马马虎虎。（形容词重叠后不能再用程度副词"很"修饰，此处为副词"很"的过度泛化。）

*马大为正在看看电视呢。（表进行时态的动词不能再重叠，此处为动词重叠的过度泛化。）

③文化因素负迁移。有些偏误是由文化差异造成的，即受母语文化的影响或者由于未能理解目的语文化而出现的偏误。例如，与中国人在大街上相遇，交谈几句后用"走好"或"慢慢走"道别，让人莫名其妙。显然，他把送客时才使用的语句当作是一般性的告别用语，把适用场合给弄错了。

④学习策略与交际策略的影响。学习者无论在学习语言还是在运用语言的过程中都会积极主动地采取一些方法和措施来克服困难，使学习有效，让交际顺畅。学习策略造成的偏误主要有迁移、泛化和简化三种。迁移，即学习者在遇到困难时借助第一语言（母语）知识去理解和使用目的语，从而产生偏误。泛化是学习者采用类推的方法把新获得的目的语知识不适当地推而广之从而产生偏误。这两类偏误其实就是前面的第一、二两类偏误，即语际干扰和语内干扰造成的偏误。简化的策略是学习者故意减少自认为是目的语的冗余部分，或者将带状语、定语成分的复杂句子分成几个简单的句子。例如：

*他气得不说话。（正确表达为：他气得连话也说不出来了。）

*他不高兴，他走了。（正确表达为：他不高兴地走了。）

造成偏误的交际策略很多，但主要有回避和语码转换两种。回避是第二语言学习者经常采用的策略,即在对某一语言项目甚至话题感到没有把握时尽量不去使用它。回避的方式可能是保持沉默,不愿开口,但更多的是以简单的形式将复杂的形式替代。例如,不说"请把你的书给我"而说"*请给你的书"或者不说"太多了,我吃不下"而说"*太多了,我不能吃"。语码转换是指学习者觉得无法用目的语说清楚时求助于第一语言(母语),在目的语中夹杂进几个第一语言(母语)的词语。在他知道听话人也懂得其第一语言(母语)时,学习者更容易采取这一策略。

⑤学习环境的影响。学习环境(外部因素)的不良影响主要指教师不够严密的解释和引导乃至不正确的示范、教材的科学性不足或者编排不当、课堂教学的偏差失误等。很多语法点、句型常常由于课堂训练不当而导致学习者偏误,例如,教师要求学生反复把非"把"字句改成"把"字句或者将"把"字句改成非"把"字句的练习,结果给学生留下用不用"把"字句所表达的意思都一样的错误印象,便对这一特殊句式采取回避的策略。

(4)对待偏误的态度。①偏误具有积极意义,是学习者尝试过程的反映与其学习过程中的正常现象。偏误既反映了学习者的目的语体系(中介语)的发展过程,也反映了学习者的学习心理过程。对偏误在实际交际活动中所产生的影响不要过高估计,因为一般的第二语言学习者所追求的是成功的交际而不是完美的交际,而且并非所有的偏误都会对信息传达与理解活动造成阻碍性的影响。我们对待偏误的正确态度因此是:偏误是第二语言习得中必然出现的现象,偏误伴随着语言学习过程的始终。当然,教师有责任想方设法地去帮助学生纠正偏误。

②教师应当利用对比分析和偏误分析,预先了解学习者可能产生的偏误及其来源,以便在教学过程中掌握主动;另外,应当从一开始就给予学生正确的示范,让他们正确地模仿、记忆和运用并帮助他们克服和消除偏误。

③对学习者出现的偏误,既不是有错必纠也不能任其自由能不纠便不纠,而应该:首先对偏误的性质进行分析(整体性的还是局部性的?理解性的还是表达性的?口语上的还是书面语的?),然后根据偏误发生的场合采取不同的纠正方式,即在语言形式结构进行训练时,无论是语音的还是词汇、语法的偏误都要从严纠正,但在交际性练习(演讲、会话等)时则应尽量不要去当场纠错以免影响交际活动的顺畅进行。最好的方法是启发学生自己发现并纠正偏误。

(5)偏误分析的意义和局限。偏误分析作为一种理论和方法,在第二语言习得研究中具有重要的意义。

①偏误分析是对对比分析的继承和发展,弥补了后者的不足,而且对学习者偏误及

其来源进行全面的分析，形成了一套科学的分析方法和操作程序。

②偏误分析改变了人们对偏误本质的认识，将偏误视为了解第二语言习得过程和习得规律的窗口，把偏误分析看成是中介语研究的一个重要手段。

③偏误分析丰富了第二语言教学理论，促进了第二语言教学事业的发展，其研究成果为整个教学活动提供了积极的反馈和依据，有利于教学质量的提高。

同时，偏误分析也存在着一定的局限性。

①正确用法与习得偏误的区分标准很难确定。因为语言在实际运用中会产生很多变体，这些变体很难区分正误，而且第二语言学习者并非人人都想达到标准完美的目的语水平，有些第二语言使用者甚至故意凸显其"洋腔洋调"来表明自己非目的语国家成员的身份。

②对各种偏误的研究很不平衡，即：语音、词汇、语法方面的研究比较充分，对语用和文化方面的分析则相当缺乏；对表达性偏误研究较多，对理解性偏误分析则很少。对学习者由于采取某种交际策略（如回避）而造成的偏误则几乎没有什么研究，这是因为相关的理论探讨还不够。

③对偏误来源或者成因的分析虽然是其一大特色，但未能深入下去，而且流于公式化，即说来说去就是五个来源，因而对教学的指导意义不大。其实，偏误来源问题相当复杂，有的是多种因素同时作用的结果，有的来源则很难说清楚，而且迁移、泛化、简化时有交叉，很难明确地区分开来。

④只对中介语中的偏误部分进行分析，而且是横切面式的分析，并未对其中的正确部分进行研究，结果，虽然对学习者未掌握的部分有了了解，对其已掌握的部分则无从得知。这种研究显然是不全面的，人们无法从中完整地了解到第二语言习得的过程。

偏误分析的局限并不意味着它的消亡，而是促使其融入一种在更大范围内对中介语体系进行研究的"运用分析"里面。

3. 运用分析和话语分析

运用分析和话语分析也肇始于 20 世纪 70 年代，但在 20 世纪 80 年代，随着偏误分析的局限性愈来愈多地显现出来才得到人们的重视。

（1）运用分析。运用分析是对第二语言学习者运用目的语的全部表现（习得偏误部分和正确部分）进行分析，从而揭示出中介语发展轨迹的一种方法。西方学者的运用分析研究主要集中在对英语语素习得顺序的研究和对英语某些句法结构发展进程的研究。

20 世纪 70 年代初开始的语素研究，可谓是最早的运用分析研究。杜雷、伯特和克拉申等人对英语语素习得顺序进行了实验研究并得出一些结论，他们使用的方法是双语句法测量法（BSM），即在与被试的自然会话中利用色彩漫画诱导被试回答问题时运用某一目的语结构或语素（如表复数的-s/-es），根据被试不同的回答情况（a. 能够正确地运用这一结构或语素；b. 虽然能够说出但结构不完整；c. 根本没有使用这一结构或语素）来给出得分。可见，研究是基于一种假设，即使用得准确的语法项目就是较早习得的项目。这一假设是否成立尚有争议，实验得出的结论因而受到怀疑，但仅从其实验过程中人们便可发现，他们所关注的已不仅是学习者的偏误，而是其语言运用的全貌。对英语句法结构（如否定句、疑问句、关系从句等）发展过程的研究，主要采用了长期跟踪调查的方法，即对一个或数个被试的语言运用进行长时期的跟踪观察和分析——按照一定的间隔（通常是两周）记录被试运用目的语的情况，对半年或一年里跟踪所得的语料进行分析，找出这一语言结构的发展阶段与进程。最早的研究是拉万在1968年和1970年对说挪威语的儿童进行的英语否定句和疑问句的跟踪调查以及米龙对一个日语为母语的七岁儿童的跟踪分析。调查结果表明，不同母语背景的第二语言学习者对英语否定句和疑问句的习得与英语为母语的儿童对这些结构的习得进程非常相似。

中国学者在20世纪80年代进行了大量偏误分析研究，之后在90年代初也开始了运用分析的研究。孙德坤首次采用个案跟踪法对汉语作为第二语言学习者进行了纵向研究，于1993年发表论文《外国学生现代汉语"了·le"的习得进程初步分析》。赵立江首次进行了纵向个案跟踪和横向规模调查相结合的运用研究，于1996年发表论文《外国留学生使用"了"的情况调查分析》。王建勤则首次借助北语"汉语中介语语料库系统"中的914条语料对英语为母语的汉语学习者群体对"不"和"没"否定结构的习得过程进行了探讨，于1996年发表论文《"不"和"没"否定结构的习得过程》。1997年，施家炜结合其硕士学位研究课题对汉语肯定句式和疑问句式习得顺序开展了大规模的综合研究，于1997年发表论文《外国留学生22类现代汉语句式的习得顺序研究》，并据此提出一套"外国留学生汉语作为第二语言习得顺序理论假说"和"自然顺序变体理论假说"。1999年，王建勤发表论文《表差异比较的否定结构习得的分化过程》，通过对第二语言学习者对"跟/和……不一样"的表差异否定结构及功能的习得过程（即"简单表述→分化→整合"三个阶段）的描述和分析，进一步探讨了习得过程中的简化策略、外化过程的心理机制、语境认知与模板制作机制及策略取向等理论问题，对西方学者提出的观点进行验证和补充。同年，孙德金发表论文《外国留学生体标记"了""着""过"习得情况的考察》，从动词语义特征和句法结构对习得的影响这一视角对三个体标记助词的习得过程进行了综合研究。王建勤与孙德金的两篇论文，标志着通过运用分析对汉语习得过程的研究进入了一个新阶段。

（2）话语分析。运用分析在第二语言习得研究中虽然表现出明显的优势，但其研究对象集中在句子层面上，只关注语言结构而脱离语用情境，而且抛开直接引发学习者语言行为的语言输入，所以不能对学习者的语言表现做出全面的考察。要想全面研究第二语言习得过程和学习者中介语的特征，只靠研究学习者语言表现的运用分析显然是不够的，以旨在研究语言交际活动中交际双方应接的连贯表达的话语分析，于是进入研究者的视野。

话语分析或者"语篇分析"是对话语的结构和功能进行的分析研究。将话语分析用于第二语言习得研究，首创者是 20 世纪 70 年代末的哈奇。哈奇认为，语言习得最重要的途径是语言交际，即第二语言学习者与目的语作为母语使用者之间进行的交谈，话语分析中的会话分析——尤其对是母语使用者所提供的语言输入与学习者中介语形式之间的关系之研究——因此至关重要。另外一些学者又提出，对学习者如何掌握语言形式的研究固然重要，对其如何恰当地运用这些形式（即言语行为和功能）进行研究也是必不可少的。

语言形式和功能并重，打开了话语分析研究的广阔领域。对外国人谈话的话语分析着重研究母语使用者在与第二语言学习者交谈时如何调整自己的话语以及这种调整对第二语言习得有什么影响；对贯连和衔接的分析研究贯连与衔接在超句子的系统中如何得以实现；交际策略研究聚焦于第二语言学习者在尚未获得目的语完整知识的情况下采用了何种补偿手段以使交际进行下去；语境分析主要研究语境对语言形式的影响；课堂话语分析专注于第二语言课堂中师生之间和生生之间的互动研究；话语功能分析研究学习者如何运用已掌握的目的语句法知识在口语中完成话语功能；言语行为分析则对某一言语行为在语言中实现的方式进行研究，并根据某一功能在学习者的母语和目的语中实现的方式来对第二语言习得过程进行分析和推断。西方学者自 20 世纪 70 年代以来在这些研究领域里都取得了一些初步的成果，我国学者运用话语分析方法对汉语作为第二语言习得过程进行研究，至今仍是寥寥无几。

对比分析始于 20 世纪 50 年代，偏误分析、运用分析和话语分析始于 70 年代，在它们之间很难分出不同的研究阶段，更不存在谁取代谁的问题。事实上，每一种分析模式都以其自身的特点拓展了研究领域和研究视野，从而在第二语言习得研究中做出了各自的特殊贡献。偏误分析仍然需要对比分析来解释一部分偏误的来源，又要在运用分析中继续发挥其作用，因为偏误是学习者语言运用的一部分。学习者的全部语言运用则必须置于话语分析的范围之内进行考察，运用分析和话语分析因此极有可能成为今后对中介语进行研究的热点。

（二）学习者个体因素研究

如果说在第一语言习得过程中儿童的语言发展有快有慢，但都是经历相同的几个阶段，并且在一定时间内（五岁左右）都能基本习得各自的第一语言，那么第二语言习得即使年龄一样又在同一间教室里学习的人之间也会表现出明显的差异来。这些差异千差万别，因人而异，直接影响学习效果甚至目的语最终能否习得。所以，除了习得过程这样的共同规律之外，第二语言习得研究还须将个体差异对语言习得的影响纳入考察范围。语言学习必须通过学习者才能够实现和完成。从这个意义上来讲，学习者个体因素决定着语言习得的成败和效果。

学习者的个体因素，指的是第二语言学习者个体在目的语习得过程中表现出来并对习得产生一定影响的生理、认知、情感上的特点。

1. 生理因素

与语言习得相关的生理因素主要是年龄，但年龄对第二语言习得的影响仍然是一个悬而未决的问题。有人将母语习得的关键期假说运用到第二语言学习中，认为第二语言习得的关键期（最佳年龄段）也是青春期开始之前的这段时间。但反对的意见也不少，毕竟人们对大脑发育完成的年龄看法不一致，儿童母语的习得也并非人们想象得那样快捷、容易。儿童是以数万小时的时间来接触母语才学会母语的口语能力，而且没有习得全部的语法结构，所掌握的词汇也是相当有限的。假如成人花上这么多的时间来学习第二语言，那么他们的学习效果未必不如儿童。即便是母语习得在语音方面具有优势，也有试验得出了相反的结果。

尽管如此，人们还是在试验和经验的基础上达成了一些共识，包括：

（1）年龄对第二语言习得的影响是存在的，开始学习外语的最佳年龄或许也是青春期结束之前，因为那时人的大脑仍然具有灵活性，学习者的认知发展也比较成熟，足以对语言系统进行分析但同时又对使用所学语言不感到拘束。

（2）但不同年龄的学习者具有不同的学习优势。儿童和少年模仿能力强，短时记忆力好，学习方式灵活多样，又敢于表现自己，善于在一定的语言环境中自然、有效地习得语言，因而容易获得准确、地道的语音和流利的口语能力，但另一方面，他们在理解、分析能力上和学习经验上比较薄弱，在对词法、句法规则的理解和领悟方面尤其不能和成人相比。成人的自我意识强，自我表现欲望弱，模仿能力和记忆力下降，又不擅长自然习得，因而在语音和口语的掌握方面困难要大一些，但另一方面，他们的理解和联想能力强，擅长语言规则的发现和掌握，在词法、句法学习和书面理解与表达方面（特别是对较难的语言内容的理解和掌握上)占有优势。

（3）影响第二语言习得成败的根本因素是学习时间的长短而非学习开始的早晚。学习开始早的儿童在总体上讲并不表现出明显的优势，开始得晚的成人只要增加学习时间也能达到既定的标准。开始学习时间的早晚，可能只对获得语音的准确程度具有一定的影响。

（4）由于个体差异的普遍存在，很难确定适合所有人的最佳第二语言习得年龄段（虽然有人声称，8—9岁是开始学外语的最佳年龄）。年龄因素必须结合认知、情感等因素来进行综合的分析考虑。

（5）第二语言教师应根据不同年龄学习者的心理特点因材施教，即采用不同的教学方法帮助他们扬长避短，以达成理想的教学效果和既定的习得目标。

2. 认知因素

与语言习得相关的认知因素包括智力、语言学能、学习者策略和认知方式。

（1）智力。智力是人的一种心理机能，是成功认识客观事物和解决问题的各种心理因素的总和。智力由观察力、注意力、记忆力、思维力、想象力和创造力组成，人的智力水平可以用智商来表示。智商中等的在人群中比例最高，智商高的、智商低的人都比较少。一般认为，人的智商越高，其学习效果就越好。但不同科目的学习与学习者智商的相关度并不一样。

在第一语言习得过程中，智力似乎并不是决定性的因素——只要不是智障者，所有儿童都能习得自己的母语（尤其是口语能力）。在第二语言习得过程中，智力起着什么样的作用，迄今并没有任何结论。但有研究表明，智力因素对年龄小的学习者影响小，但随着学习者年龄的增大，这种影响逐渐变大。在自然语言环境里，智力因素影响不大，但在正式的课堂教学环境里（特别是强调语言形式的教学时），智力因素影响比较大。研究还表明，智力与正式学习中的阅读、写作能力培养与提高以及语法、词汇知识的学习与掌握有较大的关系，但与听说能力的培养与提高关系并不太大。当然，这些结论还有待进一步验证。

智力因素虽然不是第二语言习得决定性的因素，但教师仍然应对每个学习者的智力状况有所了解，从而因材施教，为智力一般或者较差的学习者提供鼓励和帮助，培养和增强他们的学习自信心。

（2）语言学能。所谓语言学能，就是学习第二语言所需要的特殊认知素质，即第二语言学习的能力倾向。影响较大的语言学能测验有三种：卡罗尔和萨彭于1959年编制的《现代语言学能考试》，卡罗尔和萨彭于1967年编制的《初级现代语言学能考试》，皮姆斯勒于 1966 年编制的《语言学能考试》。语言学能测验（考试）通常采用一种人们不熟悉的语言甚至人造的语言来进行。

卡罗尔认为，一个人的语言学能主要由四种能力成分构成，即：

①语音编码能力。能够识别不同的音，建立声音与其代表符号之间的联系，并记住这些联系。

②语法敏感性。能够识别词和短语在句中的语法功能的能力，例如，在所给句子中找出与例句中某一成分语法功能相同的词语。

③强记能力。即在较短的时间里迅速记住大量语言材料（特别是新词语）的能力，再通过与之意义匹配的母语词语来检查是否记得正确。

④归纳能力。即从不熟悉的语言材料里归纳出句型和规律的能力。

对于语言学能，人们已经取得了三点共识：

①语言学能是可以分析的，例如上述的四种特殊能力，但语言能力不仅包括语言知识而且涉及能够自然、得体地运用语言知识去做事情的部分能力。

②第二语言学习者在不同程度上具有这些能力。有的辨音能力强，有的语法感强，有的善于强记，有的善于归纳，因而出现学能方面的个体差异。

③语言学能的差异对第二语言习得的速度有影响，但学能某一方面的不足可能被另一方面弥补，也可能通过训练和实践得到改善。

学能测验的设计受到当时流行的听说法的影响，因而强调对语言形式的掌握和听说能力的培养，并未考虑到社会文化和语用的因素以及学习者的情感因素，所以并不全面和完善。在我国，对汉语学习者学能测试的研究一直是个空白。

（3）学习者策略。学习者策略，即"学习者有意识地选择行为程序，通过对语言信息的储存、回忆、提取和应用等形式而采取用以促进外语（第二语言）的学习和使用的行动"。也就是学习者为提高第二语言学习和使用的效率而有意选择、采取的那些观念和行动。学习者策略包括"语言使用策略"和"语言学习策略"两大类。语言学习策略是学习者为了改善对目的语的了解和理解而具有的观念和行为，包括认知策略（用以记忆和操控目的语的结构）、元认知策略（用以管理和监控策略的使用）、情感策略（用以测控学习上的情感反应、降低焦虑水平）和社交策略（诸如与人合作、寻求与本族语使用者交流的机会）等。一旦获得灵活有效地运用这些策略方法的能力，学习者就更可能圆满完成其语言学习任务，并表现出某种独特的学习方式，其学习过程也就更加快捷而且充满乐趣。完成一定语言学习任务、获得一定语言材料之后，学习者开始模拟或真实的语言交流活动，他所掌控的语言使用策略也就开始发挥作用。语言使用策略包括检索策略（从记忆储存中提取信息）、演练策略（对目的语结构进行演练）、掩饰策略（在语言课堂上或语言运用过程中掩饰自己）和交际策略（在目的语知识不足的情形下进行交际）等。使用这些策略有助于语言交际活动的顺畅进行和交际者意图的最终实现。

认知策略主要包括五个方面，即：

①求解。学习者对所接触的语言材料进行感知和理解，往往通过已有的语言知识和具体的语言情景来进行猜测，再使用各种方法（如要求说话人或教师举例说明、解释或者重复）对做出的假设进行验证。

②推理。学习者通过原有的知识（包括第一语言知识）和新获得的语言知识进行概括或演绎推理和分析、归纳等思维活动，以内化语言规则。

③实践。学习者通过大量的练习或言语活动，从模仿、重复、记忆直到运用，以熟练掌握目的语。

④记忆。使用各种方法（如记笔记、朗读、复述、比较、组织、复习等）来记住所学的语言规则和语言材料。

⑤监控。学习者发现自己语言形式和交际上的错误并自行改正。

元认知策略主要包括四个方面，即：

①计划。根据认知活动的性质、任务与应达到的目标而制订活动计划，确定认知策略，如预习教学内容，确定学习重点并进行预先演练。

②监控。对听说读写活动进行自我监控，确保理解和表达的正确性。

③评估。根据反馈的信息对学习策略的运用和学习成绩与效果进行自我检查和评估。

④调整。根据评估效果，对学习策略和学习进度进行调整，对出现的问题提出补救措施。

情感策略，即对学习过程中的情感进行调适，主要包括三个方面，即：

①降低焦虑水平。如使用逐渐放松方法，深呼吸或打坐默想，利用音乐和笑声来自我宽慰。

②自我鼓励。采取积极的态度，明智地冒险和自我犒劳。

③监控自己的情感指标。如聆听身体，使用情感指标检查表，做语言学习日记，向人倾诉自己的情感等。

交际策略是学习者顺利进行语言交际活动而有意识采取的计划措施或方法技巧，主要包括：

①回避。回避某一话题或者放弃某一信息的表达。

②简化。对目的语的形式或概念进行减缩，以方便记忆。

③语码转换。在目的语中夹杂母语词语或者表达式。

④母语目的语化。用母语的语言项目或规则来进行目的语的表达活动，形成母语式的目的语，如汉语式英语。

⑤母语直译。将母语直接翻译成目的语。

⑥语义替代。用自己较为熟悉的同义词语做出近似表达。

⑦描述。用一段描述或解释来迂回地表达某一意义。

⑧造词。生造目的语中并不存在的词语。

⑨重复。对听话人听不明白的部分不断重复，以期对方听懂或留出时间想出别的表达方式。

⑩使用交际套话。使用储存在记忆中的一些固定说法，如"好久不见"和"Fine, thank you. And you?"等。

⑪利用交际环境。特定的语境有助于意义的表达和理解。

⑫等待。一时不知如何应对，努力在记忆中检索表达式。

⑬体势语。使用表情、眼神、手势、身姿等辅助表意手段。

⑭使用其他语言。母语和目的语之外的对方可能听得懂的语言。

⑮求助于对方。直接要求对方解释或重复，或者借助停顿、眼神等间接方法向对方求助。

这十五项策略又可减缩为四大类的策略，即：

a. "回避"类，即改变原来的交际目标，包括①、②两项；

b. "依赖母语解决问题"类，包括③—⑤三项；

c. "基于目的语来解决问题"类，包括⑥—⑪项；

d. 其他类，包括⑫—⑮四项。

"回避"类策略为初学者或低水平学习者所常用，"基于目的语来解决问题"类策略为较高水平的学习者常用。适当地使用交际策略有助于目的语的学习，但过多地使用交际策略会影响新的语言知识的学习，甚至误以为是语言表达的替代手段。教师对学习者交际策略的推介和培养必须结合语言知识的学习和言语技能的训练。

（4）认知方式。认知方式是人们组织、分析和回忆新的信息和经验（即感知世界、认识世界）的方式，对学习者来说也就是学习方式。人的认知方式存在着个体差异，与第二语言学习相关的差异主要有：场独立型和场依存型、审慎型和冲动型、排他倾向型和容忍倾向型。

①场独立型和场依存型。场独立型是易于从整体中发现个别的认知方式，场独立型的人善于剖析事物和问题，能把部分与整体区分开来，聚焦于某一部分而不受其他部分的干扰。测量者让学习者观看一个复杂的图案，并找出隐藏在图案内部的几个简单几何图形，来看他们能否把看到的东西分解成若干部分，并能使这些部分脱离整体。场独立型的学习者：a. 不把接收到的语言信息视为理所当然和正确的，总要在分析和思考的基础上对其做出正确与否的判断；b. 具有很强的自我意识，对别人则不太敏感，不喜欢接近别人，因而对发展交际技能可能不感兴趣；c. 在正式的教学环境中会对所教给的语言项目进行思索和分析，并考虑如何将其纳入整个语言系统，而在自然习得环境中会积极加工语言输入，建立关于语言功能的假设——他们对语言结构的理解要深刻、广泛得多。

场依存型是一种易于感知事物整体的认知方式，倾向于从宏观上看待事物，把事物作为一个整体来对待。场依存型的学习者：a. 对教师提供的语言信息不加分析也不加思考，教师怎么教授他们就怎么接受；b. 特别依赖别人对他们的看法，特别在乎别人的表扬；c. 给人的印象是直爽，对别人感兴趣，用第二语言与别人交往的技能可能会发展较好。

可见，两种认知方式各有利弊：场独立倾向的人容易出现"只见树木不见森林"的情况，场依存倾向的人则容易忽视个别而不能很好地解决具体问题。在第二语言学习过程中，场独立倾向的学习者由于分析能力强，往往能从一定的语境中把语言项目分离出来，善于在课堂上有意识地学习语言形式，而且自信心和竞争意识比较强，在考试中有较好的表现。场依存倾向的学习者则擅长在自然环境中习得语言，而且关心别人，善于与人交往，会在交际过程中自然而然地习得语言。

研究表明，在儿童群体中，场依存倾向更加明显，所以儿童易于在自然语言环境中习得语言，他们的场独立性也在此期间得到发展；在成人中间，场独立倾向比较强，所以需要在正规的课堂教学环境里学习第二语言。

由于第二语言学习既要学习者能在一定的语境中从整体上把握语言所表达的内容，又要求他们能够离开语境对具体的语言结构进行分析和理解，所以两种认知方式都应该参与其中，学习者应根据具体情况灵活利用。

②审慎型和冲动型。审慎型的人思考周密，对问题进行全面分析和反复权衡之后再做出决定或反应，他们深思熟虑，谨慎而全面地检查各种假设，因而错误较少。冲动型的人反应敏捷，甚至在不假思考、没有现成答案的情况下采用猜测的办法做出决定或反应，他们遇到问题往往急于作答，所以常常出错。

在课堂上，审慎型的学习者一般冷静持重，不轻易开口作答，冲动型的学习者则非常活跃，答案还没有想好便抢着举手发言。

可见，两种认知方式也是各有长短：审慎型的学习者语言知识较扎实，读写能力较强，但反应谨慎而缓慢不利于开展语言交际活动，也不利于语言交际能力的培养；冲动型的学习者急于表现但易出错，一般都具有较强的口语能力。经验告诉我们，冲动型的学习者会在较短的时间内取得小进步，审慎型的学习者虽在某一阶段停留较长的时间，但进步的幅度要大得多。

③排他倾向型和容忍倾向型。对模糊不清或有歧义的问题的接受（容忍）程度叫歧义容忍度。歧义容忍度高（容忍倾向）的人能接受与其理念和知识结构不同的观点和意见，能接受互相矛盾的内容，能恰当处理复杂、模糊的问题，易于接受概括性广的类别并能做到兼收并蓄。歧义容忍度低（排他倾向）的人则易于接受概括性小的类别，会拒绝与自己不一致的观点和意见，对事物的看法是非白即黑，没有中间色彩，不能接受或者回避模糊不清或有歧义的问题。

在第二语言学习过程中，学习者经常遭遇歧义现象，不仅母语和目的语之间存在很多矛盾和例外现象，而且会出现两种文化的碰撞和冲突。容忍倾向的学习者更可能较好地处理这些问题，从而促进第二语言的学习，但由于过分容忍歧义而不予以深究，结果不利于语言知识的吸收和掌握。排他倾向的学习者往往要把每件事情都弄清楚（实际上并不可能），结果对歧义和自相矛盾的现象采取回避甚至拒绝的态度，也不利于第二语言学习。理想的第二语言学习者既能采取开放的态度容忍歧义和差异，又能对歧义和差异深入探究来促进语言学习。

3. 情感因素

情感因素在第二语言习得过程中非常重要，甚至比认知因素还要重要。克拉申就把情感因素看成可能阻碍学习者吸收所输入的信息的一道屏障。作为学习者个体因素的情感主要涉及动机、态度和性格。

（1）动机。动机是激励个体从事某种行为的内在动力，主要表现是为达到某种目的而付出努力的愿望。西方学者将动机看作是人为了满足自身需要而采取行动的欲望，而需要既有生理上的也有心理上的。生理上的需要常常出于某种本能，心理上的需要则包括自尊、对成功的期望、得到社会的认可（自我实现）等。

决定第二语言学习动机的关键因素是什么？最为重要的变量是：学习者学好这种语言后会得到什么样的鼓励？将其分解为两个问题就成了：成功的话，我将会得到什么？失败的话，我将会失去什么？

斯特维克（1971）指出，第二语言学习班一定要有自己的"优势"，这样所有学生都会觉得学习这种语言是值得的，学好之后是会有收获的。如果这个学习班有下面五个特点，那么他就有"优势"来对全班的学习动机施加"影响"。

①相关性。学习者认为大纲的内容与他们学习语言的原因是相关的。

②完整性。学习者要达到自己的目标所需要的语言内容都已包括在内。

③真实性。所用的教材在语言上和文化上都是真实、地道的。

④令人满意。每次离开教室，学习者都感到本次课是有收获的。

⑤有用性。走出教室就能立刻用上刚刚学到的知识。

对第二语言学习动机进行研究，影响最大的当属兰伯特和加德纳。他们通过一系列的实验发现，第二语言学习者可能持有两大类的动机：工具型动机和融入型动机。

工具型动机，即把第二语言用作工具的实用目的，如查阅资料、做研究、找工作、提升自我、改善社会地位等。工具型动机在学习外语的情形下比学习第二语言更为典型，也就是说，学习者在母语环境中学习另一种语言，其学习目的与做生意、政府管理、学术研究有关。在母语环境中若能使用另一种语言，在特权、社会地位或经济收入等方面会给他带来好处。因此，带有工具型动机的学习者有具体的、个人的、可以辨认的学习目的，他们的目标非常明确，要达到自己的目标就必须学会另一种语言。

融入型动机，即为了跟目的语社团进行交际，与目的语文化有更多的接触甚至想融入目的语社团中并成为其中的一员。融入型动机通常是在第二语言环境中学习第二语言。带有这种动机的学习者是为了使自己更像第二语言社团的一个成员，或作为一个成员被社团所接受，而不再是一个明显的局外人。

一般认为，融入型动机更强烈，所取得的学习效果也更大。但这不是绝对的，因为仅靠"目的"划分动机是不够的，还需考虑学习者的愿望、态度和努力程度。工具型动机因此也可能带来强烈的学习愿望并产生很好的学习效果。在很多情形下，第二语言学习者会同时具有两种动机。目前的汉语学习者的动机显然是工具性的，因为他们希望将来在国内所从事的工作中，汉语知识会给自己带来益处。有些学习者也许有融入型动机的成分，因为他们欣赏中国文化，有融入其中来进行深入研究的兴趣和愿望。

第二语言教师应当在教学过程中不断激发和强化学习者的学习动机，从而使语言学习持续有效地进行下去。这就要求他们做到：①充分利用学习者已有的学习动机，并对其不断"充电"和加强；②通过激发学习者的交际需要来达到增强其语言学习动机的目的；③选择适合学习者需要的教学内容与能引发其兴趣的教学方法，加强目的语语言交际活动，将文化因素融入语言教学中，提高其语言交际能力；④以鼓励和表扬为主，及时提供帮助，给出肯定，使学习者更多地获得成功的机会，享受成功的喜悦；⑤适当运用竞争机制，开展学习竞赛活动，激发学习者的上进心，调动他们的积极性，使其学习动机得到进一步的强化。

（2）态度。支撑或者破坏动力（动机）的是态度，即个体对某种客观事物的评价性反应，亦即在对事物了解的基础上产生情感上的褒贬好恶，并反映出对其采取行动的倾向性。研究表明，第二语言学习者的态度（对学习本身的态度、对第二语言文化的态度及对其使用者的态度）与其取得的学习成绩之间的关联性明显要高于其他学科。这是因为语言学习涉及更多的情感因素。

第二语言学习者的态度主要包括三个方面，即：

①对目的语社团和文化的态度。学习者对目的语文化、社会和使用者有好感，渴望更多地了解甚至向往其生活方式和文明成果，就极可能形成积极态度；学习者对目的语文化反感甚至仇视，则极可能形成消极态度。

②对目的语的态度。学习者对所学语言本身有好感，觉得通过学习这一语言可以接触新事物，拓展新视野，并提升自身素质，学习过程就会成为一种乐趣；学习者若觉得所学语言难听、难学，就会心生畏惧甚至感到厌恶，从而消极应付或者干脆放弃。

③对课程和教师、教材的态度。对大多数学习者而言，直接影响其学习态度的还是他们在课堂上的直观感受，即：课程是否有意义，教材是否实用而有趣，教法是否生动活泼，教师是否知识渊博、经验丰富、富有魅力。这种感受在很大程度上影响他们对第二语言学习的态度。

学习态度可以分为积极、一般、消极三种。持积极态度的学习者往往有较强的内部动机支撑，表现为自觉自愿、主动地学习，对学习本身具有浓厚的兴趣。持一般态度的学习者往往是受到外部因素的影响改变了原有的态度，仅仅把语言学习当作一般性任务来完成，缺乏热情和兴趣，也不表现出任何主动性。持消极态度的学习者往往受到外界压力而被迫学习目的语，对学习没有兴趣甚至十分反感，语言学习成为其沉重负担，一有机会便会中断或者放弃。消极的学习态度与学习成绩往往会形成一种恶性循环。

如果学习者对第二语言母语使用者持肯定的态度，他们的学习动力就会大一些，学习成绩也会好一些。学习态度也是可以随着时间而变化的。研究发现，学习五年以上的学习者比初学者对第二语言文化持更肯定的态度，学习水平越高的学生，对第二语言文化越是持肯定的态度。年幼的儿童一般对语言没有什么态度可言，对第二语言母语使用者也不会产生什么强烈的态度，即"把一个儿童突然从多伦多送到柏林，他就会学习德语，不管他对德国人的看法如何"。

对动机和态度的研究给第二语言教学至少提供了两点启示：

一是，要想使语言教学给学生以动力，就必须首先了解他们学习该语言的目的，然后对其做出反应。他们越是感到学习这种语言确有所得，他们的动力就会越大。反之亦然。

二是，语言学习成绩优秀能够培养学习者对第二语言文化的肯定态度并能够促进学习过程本身，所以让学习者感到自己学习进步很快，他们继续提高自己语言水平的动力也就越大。

（3）性格。人们普遍认为，学习者的个性特征对第二语言习得具有影响作用。第二语言习得涉及的个性特征主要有内向和外向、自尊和抑制、焦虑和移情等。

①内向和外向。内向性格的人一般不爱说话，不喜交际，不好活动，不善于或者不愿意表达自己，长于独立自主地学习。外向性格的人则热情开朗，生动活泼，喜爱说话，善于交际。

人们一直认为性格外向的人学习第二语言速度更快、效果更好，因为这类人善于交往，喜欢变化，更愿意在课堂上甚至课外使用目的语，不怕犯错误出洋相，而且对语言输入更加敏感，有更多的机会建立和检验关于语言结构的假设。然而已有的调查并不明显地支持这一看法。事实上，不同性格的学习者会运用不同的策略来处理学习任务，因而是各有所长、各有所短。性格外向的学习者乐于交际，因而能获得较多的语言输入和输出的机会，特别利于口语能力的提高，但可能不太重视语言形式的准确性。性格内向的学习者沉默寡言，不善交际，因而可能在口语能力提高方面慢一些，但他们愿意花更多时间去分析和练习语言形式和文化因素，在听力和读写方面钻研较深，所以在总体水平上并不差多少。

对于不同性格倾向的学习者，教师要做到心中有数、因材施教，扬其长而避其短，即：性格内向的学生需要一种鼓励性的、轻松愉快的课堂气氛，否则不会"冒险"来使用目的语；不能只让性格外向学生发言，还应提醒他们，仅是可理解的流利讲话是不够的，还要注意语言形式的准确性。同时也要适当地鼓励他们吸取性格对立一面的某些特点，以便适应不同的学习任务。

②自尊和抑制。自尊是个体对自身价值的自我判断，自尊心强即充分肯定自身的价值。个体对自己的评价往往来自主观感觉，有时也从跟别人的关系中了解自己。语言学习过程中的自尊心既表现为对语言综合能力的自我评价，也表现为对某种言语技能的自我评价。如有的学习者口语能力强，他们在口头表达方面的自信心、自尊心就强一些。有实验表明，自尊心强的人第二语言口语会学得更好一些。

与自尊息息相关的是抑制,即个体所具有的一种抵御外部伤害、保护自我的心理屏障。人出生时没有自我意识,甚至不能区分自我和周围世界,但随着年龄的增长,自我意识逐渐形成,到了青少年时代,自我意识进一步发展,担心过多地自我暴露会使自尊心受到伤害,于是采取抑制的方法进行自我保护。进入青春期,生理、心理、情感上受到越来越多的挫折,对自己与环境、与社会的关系有了深切的认识,用于自我保护的抑制心理便更加强烈。相对而言,自尊心强的人因为自信自我保护的意识要弱一些,自尊心不强的人因缺乏自信而自我保护的抑制心理要强一些。

圭奥拉在研究第二语言习得过程中的抑制心理时,提出"语言自我"的概念来表征对自己语言的认同。认为学习一种新的语言其实就是建立一种新的语言自我,因而会对自身评价带来某种变化。儿童的自我意识正在发展,可塑性较强,抑制作用比较小,学习一种新的语言因此对其自我影响不大。但过了青春期的人,自我(包括基于母语的语言自我)保护意识日益增强,抑制的屏障也形成了。学习一种新的语言并将其用于交际,自然会犯错,出洋相,复杂的思想与较低的目的语表达能力之间的反差更会让人十分难堪。建立新的语言自我于是不仅对已有的语言自我,而且对整个的自我都可能造成伤害和不安,成人在学习过程中的抑制心理会得到进一步的加强。过高的抑制心理显然不利于第二语言习得,如何消除这一心理屏障,成为摆在学习者和教师面前的一项艰巨任务。

③焦虑。具有焦虑性格特征的人在做事前后都会产生对能否做好事情的焦急、担心和忧虑的情绪状态。研究表明,38%的学习者在第二语言课堂上产生焦虑的情绪。这种焦虑常常表现为对交际、考试和负面评价的担忧。焦虑与学习态度、学习成绩之间呈现一种负相关的关系。过多的焦虑会带来很大的思想压力和心理负担,从而使个体抑制作用加强,阻碍第二语言的习得。但假如一点焦虑也没有,也不利于第二语言的习得。例如,学习者对考试有过多的焦虑,就会在平时影响正常的学习,在考场上发挥不出现有水平,因而考不出好成绩来。假如一点焦虑和压力也没有,便会整天松松垮垮,吊儿郎当,临场则可能连题都做不完。

教师在第二语言教学过程中要给予学生适度的焦虑和压力,但对焦虑过重,特别是在性格上容易产生焦虑的学生要多做工作,帮助他们减轻焦虑水平。缓解焦虑的有效方法是:a. 事先做好准备;b. 对困难有充分的估计并有克服困难的方法和措施;c. 能看到有利的条件与取得的成绩,对完成任务充满信心。

④移情。移情或者共情、共鸣,指的是设身处地地领会别人的思想和感情。这是人际交往中相互沟通、消除隔阂并能够和谐相处的必要条件。语言是达成移情的主要手段,语言交际双方都在不断地做出假设,揣摩对方的意思,同时还要弄清自己的意思是否被

对方理解。做出假设和判断自然离不开移情，因为只有理解了对方的认知、情感特点和状态，交际活动才能顺利进行下去。在交际活动中经常见到这样的情形：一方的话才说出一半，另一方就心领神会，双方的谈话于是十分投机，好像有说不完的话。相反，如果一方的话让另一方误解或曲解，做出错误的判断，便会出现"话不投机半句多"的局面，双方的交际于是变得索然无味，甚至无法进行下去。使用第二语言进行交际，除了认知和情感方面的差异外，还有文化上的差异和语言上的障碍，因而更需要交际双方借助更多的移情去理解对方的文化和语言。

第二语言学习者需要足够的灵活性，拆除自我保护的心理屏障，并乐于接受新事物和新文化，而这就要求第二语言教师采用适当的方式方法，去培养和加强他们的灵活性，鼓励和帮助他们降低抑制水平，减少焦虑状态，提升移情能力。

生理、认知、情感等个体因素在第二语言习得中发挥着重要的作用，对这些因素进行全面研究无疑有利于了解第二语言的习得过程和习得规律。然而，多年的调查研究并未能给出令人信服的结论，究其原因无非是两个：其一，人的情感和认知本身十分复杂，常常是多种因素同时发生作用，很难将单个的因素从其中分离出来加以专门的研究；其二，人们还缺乏科学可靠的研究手段和研究工具，人的情感和认知特征很难用实验的方法进行分析和证实。尽管如此，有限的研究发现和大量的实践经验告诉我们，第二语言教师可以在利用和顺应学习者个体因素以促进第二语言习得成效上面有所作为。

（三）语言学习环境研究

如果说生理、认知、情感等个体因素是第二语言习得的内部条件，那么客观存在的环境便是第二语言习得的外部条件。事实上，第一语言习得和第二语言习得都与环境有着千丝万缕的关系。在第一语言习得的问题上，刺激—反应论认为环境决定一切，先天论虽然特别强调先天语言习得机制的作用但也需要后天环境通过语言输入来将其激发，认知论则强调人的认知能力与环境的相互作用。至于语言环境对第二语言习得的重要性，不仅每一个学习者都有切身的体认，而且在克拉申的输入理论中得到逻辑的阐释。在第二语言教学过程中，无论是总体设计、教材编选还是课堂教学、测试评估，所有的环节都必须将环境纳入其考虑范围。

语言学习环境是一个内涵、外延皆广大的概念，学习者主体以外与语言学习和运用相关的一切都可被称为环境，大到国家的政治、经济、文化、语言政策和教育政策，中到使用目的语的社会（社团），小到教学课堂，都可以是语言环境。不过，第二语言习得的环境主要是指社会环境和课堂环境两个方面。

1. 社会环境对目的语学习的影响

第二语言学习可能在目的语社会环境中进行，也可能在非目的语社会环境中进行。社会环境包括语言环境和人文环境两个方面。语言环境又包括视觉环境（如报纸、杂志、书籍、网络、广告和标识等）和听觉（或视听）环境（如广播、电视、电影、戏剧、录音、录像等），它们给学习者提供了无限的既自然生动又丰富多彩的语言输入和学习资源。人文环境则包括目的语社会的物质文明、人际交往、风俗习惯、历史传统和精神文明，即广义的目的语社会文化，它们为学习者提供了学习目的语及相关文化因素的社会环境，也提供了运用目的语进行交际并获得反馈的活动场景。社会环境从质和量两个方面都直接影响到学习者的语言输入、内化和输出整个习得过程，也影响到课堂教学中教师所采用的教学方法和学生所采用的学习策略，并最终影响到第二语言教学的效果。

在非目的语环境中学习第二语言固然有天然的不利因素，但可以通过一定的方式加以弥补。美国很多的暑期学校（如明德暑期学校和马里兰中文师资培训班）都采用"沉浸法"进行短期语言强化训练，对运用中文的语言环境的创设非常重视。他们想方设法使教学活动场所"中国化"，让学员眼里看到中国的书法、绘画、图片和艺术品，耳中听到汉语广播和中国歌曲，看到和听到的是中国电影和音像制品。除了安排得满满的强化课程，还让学员与汉语母语使用者的教师同吃同住同参观，并规定学习期间将汉语作为唯一的交际工具。如果附近有"中国城"（或唐人街），便会在周末把学员带到那里去体验华人华语的社会环境。

在目的语环境中学习第二语言虽然十分有利，但并不一定能将社会环境因素的优势自动地发挥出来。换句话说，如果采用基本是封闭式的课堂教学，不能把课堂环境中的语言学习与自然环境中的语言习得有机地结合起来，不给学生提供充分接触社会语言环境、进行真实语言交际的机会，再好、再理想的社会语言环境也无济于事。

在国际中文教学过程中，如何充分利用社会语言环境"人为"地创设运用汉语进行交际的环境，是一个重要而迫切的研究课题。

2. 课堂语言环境与第二语言学习

课堂语言环境主要指由教师、教材和学习者相互之间提供的目的语语言输入与学习者使用目的语进行的各种形式操练和交际性的语言活动。无论是在目的语环境中还是在非目的语环境中，第二语言学习都主要是倚靠课堂教学来进行的，第二语言的获得也是在课堂学习的环境中实现的。

从 20 世纪 60 年代开始，语言教育家就对第二语言课堂中教师和学生的行为进行研究，但对课堂教学与第二语言习得的关联性一直没有定论。

（1）"无关联"与"有关联"。克拉申通过英语语素习得的研究发现，学习者的年龄和母语都不能改变英语作为第二语言的习得顺序，课堂教学也影响不到这一习得顺序。课堂上讲授语法规则对学习者习得这些规则（即运用规则进行真实的交际活动）没有明显的影响——仅仅起着有限的、有意识的监控作用。有许多人在完全没有课堂讲授的情形中习得第二语言，也有许多人花了很长时间在课堂上学习语言结构却终究不能运用目的语来进行交际。这就是正规课堂教学与第二语言"无关联"的观点。

同时，也有不少学者认为，尽管正规的课堂教学对语言习得顺序不起作用，不能帮助学习者跨越习得顺序的任何阶段，但对他们掌握语法结构的速度会产生影响。有实验表明，在课堂教学的情形下，学习者的语法知识进展较快，对语法结构的掌握速度也较快。当然，这种正规教学的内容须与学习者的语言发展水平、认知能力和心理倾向（随时准备接受教学内容）相吻合。这就形成了与克拉申观点相对的、正规课堂教学与第二语言习得"有关联"的观点（interface position）。沙伍德—史密斯就坚持认为，学习先于习得，学习到的东西可以通过练习转变成习得的东西。

同属"有关联"一派的巴里斯托克则持这样的观点，认为第二语言既可以通过习得也可以通过学习获得，不同的学习者设有不同的具体学习目标，所以会采取课堂讲授或者自然习得的不同途径。对语言知识的掌握也分为两种情形：分析性地掌握，即对语言规则进行分析，经过分析的语言知识容易被人灵活运用；自动地掌握，即语言知识能被迅速准确地运用，达到脱口而出的地步。不同的语言活动需要不同类型的语言知识并通过不同的途径而获得。自然习得注重流利地运用语言而忽略对语法的分析，结果提高了语言运用自动化的程度却不能灵活运用语法规则。课堂教学既重视语法分析能力又强调语言运用的自动化，所以最终能够流利而准确地运用语言。

我们或许可以得出以下的推论：如果学习目的仅仅是要进行自然的口语会话，便可主要通过交际来习得目的语；如果学习目的是既要进行口语会话又要掌握书面语，则应从正规的课堂讲授开始。

（2）课堂教学的作用与局限。其实，课堂教学既有自己的优势又有自己的局限性。其优势表现以下几个方面：

①能充分利用人们长期积累下来的语言和语言教学研究成果，通过教学大纲和教材的精心安排，进行集中的、有目的有计划的教学活动，最终收到短期速成的效果。

②能有目的地提供比自然语言环境更加集中、范围更广、形式更复杂的语言形式，同时也提供了这类语言环境，让学习者注意到形式结构进而掌握这些语言形式。

③对语言规则的强调符合成人的思维模式和学习特点，而语言规则的教学虽不能影

响规则的习得顺序，但可以加快习得的速度。

④经验丰富的教师的指导和帮助，可以给语言学习提供及时的反馈，及时地纠正错误，从而加快学习进程，提高学习效率。

其局限性则表现在：

①通过课堂教学来接触目的语不仅时间有限，而且语言输入量不足。

②给出的语言材料大多为"课堂语言""教科书语言"，与实际生活中使用的真实语言有一定的距离。

③侧重语言形式，但不可能交给学生所有的语法规则，因为最好的语法规则体系也不可能是完全充分的，而且，课堂教学还可能产生误导，造成偏误。

④难以提供真实的交际情境，难以进行真实的交际活动。单单靠课堂不可能完成培养学习者语言交际能力的根本任务。

既然课堂教学在今后很长一段时间内仍将是获得第二语言的主要途径，如何发挥其优势、克服其局限，便成为第二语言习得研究和第二语言教学亟待解决的一个重要问题。

（3）充分利用语言环境，提高第二语言学习效率。摆在国际中文教学从业者面前的一个现实问题就是：如何充分利用社会语言大环境，改善课堂语言小环境，并将二者有机地结合在一起，以建立一个既利于语言学习又利于语言习得的全新教学体系？

新的教学体系强调在充分利用语言环境的基础上发挥成人自然习得的作用，而要发挥成人自然习得的作用，就必须充分利用语言环境。新的教学体系因此要突破传统课堂的限制，将课堂教学、课外活动（第二课堂）和社会语言环境有机地结合起来。

充分发挥课堂教学的重要作用。除了语言知识、语法规则的传授和言语技能的训练外，课堂本身也尽量给学生提供自然习得的机会，即加强交际性的语言活动和拓展语言信息输入的渠道，并引导学生用已掌握的知识技能去解决实际问题。

把语言实践的各种课外活动纳入教学计划，对教学计划进行精心的设计和全面的安排。通过各种渠道，如参观游览、座谈访问、游戏表演、文化体验等，给予学生真实的语言交际情境，使其在交际活动中习得语言。

充分利用汉语的社会大环境，引导学生在汉语的江河海洋里自由地游弋。教师首先要激发学生投身汉语大环境的兴趣和热情，其次要利用一切机会给学生提供进入这一环境的机会。敏感细心的教师往往可以通过学生的言语表现发现他们在社会环境里自然习得的鲜活语言，并通过课堂教学和课外活动（第二课堂）对其进行肯定、鼓励和巩固。教师不能完全操控学生的自然习得，但可以对自然习得施加影响并加速习得的进程。

课堂内外结合起来、学习与习得相辅相成、大中小环境有机融合,这便是新的教学体系的鲜明特征。

本章思考题

1. 学习和习得有什么区别?又有什么联系?
2. 行为主义心理学对儿童第一语言习得是怎么解释的?
3. 乔姆斯基对儿童第一语言习得的解释是什么?
4. 皮亚杰的认知论是怎么对儿童第一语言习得进行解释的?
5. 韩礼德语言功能论的基本观点是什么?它对第二语言教学有什么影响?
6. 什么是语言习得的"关键期"?这一假说对第二语言学习有什么意义?
7. 对比分析假说的基本观点是什么?偏误分析的基本观点又是什么?两种分析之间有什么关联?
8. 什么叫作"中介语"?它有哪些特点?与对比分析和偏误分析又有什么联系?
9. 克拉申的"输入理论"由哪几个假说构成?其基本观点都是什么?几个假说整合在一起能否对第二语言习得做出较为合理的解释?
10. 什么是"文化适应理论"?你认为它对第二语言习得具有什么样的解释力?
11. 普拉科特提出的"难度等级模式"是什么?这一模式对国际中文教学有什么有益的启示?
12. 偏误分析的操作程序是什么?第二语言学习者的习得偏误可以分成哪几类?这些偏误产生的原因是什么?
13. 习得一种第二语言至少需要哪些条件?你认为还有别的什么条件吗?
14. 会话分析和话语分析分别是什么?它们对第二语言习得研究有什么作用?
15. 学习者的年龄和智力会影响其第二语言习得吗?如果会,它们是怎样对其产生影响的?
16. 学习者策略是什么?可以分成哪些类别?它们对第二语言习得有什么影响?
17. 语言学能是什么?它主要由哪些能力成分构成?一个人的语言学能会对其第二语言习得产生什么影响?
18. 什么是认知方式?通常都有哪些认知方式?认知方式对第二语言习得都有什么影响?
19. 动机是什么?与第二语言学习相关的动机有哪些?你认为外国人学习汉语的动机

有哪些?

20.语言环境和课堂教学对第二语言习得有关联吗?什么样的语言环境和课堂教学能够促进第二语言习得?

第三编

国际汉语(中文)教学流程

课前思考：

1. 第二语言教学总的流程是什么？它由哪些环节构成？
2. 课程设计、教学计划、教学大纲、课程标准分别是什么？
3. 国际中文教学必须遵循的基本原则都有哪些？
4. 第二语言教学的教材有什么作用？可以分为哪几个类别？
5. 你所知道的对外（国际）汉语教材有哪些？它们有什么特点？
6. 课堂教学的内容和目标是什么？评价课堂教学质量的标准是什么？
7. 语言测试有什么作用？你知道有哪些汉语考试？
8. 国际中文课堂教学的三个基本问题是什么？
9. 国际汉语综合课教学的教学内容有哪些？
10. 语言要素和言语技能分别指的是什么？

内容提要：

1. 第二语言教学总流程：总体设计、教材编选、课堂教学、测试评估
2. 课程设计的具体表现是：教学计划、教学大纲和课程标准
3. 《国际汉语教学通用课程大纲》和《国际中文教育中文水平等级标准》
4. 第二语言教学教材编写和选用应遵循的基本原则
5. 课堂教学：要素、内容、目标和程序
6. 语言测试的作用、类型与质量保证
7. 国际中文综合课教学：词语教学、语法教学、课文教学、练习处理
8. 国际中文语言要素教学：语音教学、词语教学、语法教学、汉字教学
9. 语言教学过程中的文化渗入和策略引导
10. 国际中文言语技能教学：听力教学、说话教学、阅读教学、写话与写作教学

第五章　第二语言教学的总流程

国际汉语（中文）教学是一个多层次、跨文化的复杂过程，这一过程除了宏观政策的制定外，还包括国际汉语（中文）教学的总体设计、教材编选（编写与选择）、课堂教学和测试评估四个主要环节。

第一节　总体设计

总体设计是"针对既定教学对象的一种教学设计"，而"教学设计包括语言专业的教学设计和语言课程的教学设计，语言专业的教学设计要包括非语言课程的设计，所以是语言教育的任务。作为教学设计的总体设计是指语言课程的教学设计"。其目的是"设计出一种整体教学方案"。

第二语言教学的总体设计则是"以反映语言规律、语言学习规律和语言教学规律的各项教学原则为指导，在全面分析自己的主客观条件的基础上，针对既定教学对象的特点，对各种可能的教学措施进行比较和优选的过程和结果"。其主要内容包括"针对既定教学对象特点的教学目标、教学内容、教学路子、课程设置和教学方法，这些内容对教材编写（或选择）、课堂教学和语言测试等具有指导和规约作用，能够使各个教学环节成为一个互相衔接的、统一的整体，使全体教学人员根据不同的分工在教学上进行协调行动"。

这里的主客观条件指的是"执教者条件、教学对象的条件、教学设施和设备以及经费保障等"，这里的教学措施则指的是"怎样确定教学目标、教学内容、教学路子和课程设置，采用什么样的教学方法，编写或者选择什么样的教材等"。

可见，总体设计就是：为所有的教学活动选择出一种最优化的方案，既指设计的过程，也指设计的结果。

一、总体设计的任务和作用

第二语言教学是一个相当复杂的系统工程，其中涉及反映语言、语言学习和语言教学的种种矛盾，例如教与学的矛盾、教学内容和教学方法的矛盾、语言要素（语音、词汇、语法、文字）教学和言语技能（听、说、读、写）训练的矛盾、不同语言要素教学的矛盾、不同言语技能训练的矛盾、言语技能训练和言语交际技能训练的矛盾等。第二语言教学的过程，其实就是一个不断地分析与解决这些矛盾的过程。也正是为了解决这些矛盾，人们才摸索和设计出来这样那样的教学路子和教学方法，而这些路子和方法是不断发展又是具有针对性的。要取得理想的教学效果，就必须根据特定的条件，在综合分析各种矛盾的基础上，提出解决普遍性矛盾与特殊性矛盾的最佳方法，设计出能够有效解决这些矛盾的最佳方案。

二、总体设计的内容和程序

（1）分析教学对象的特点。包括：自然特征（年龄、文化程度、第一语言和第一文化与目的语和目的语文化间的关系等）、学习目的（教育的、学术的、职业的、职业工具的、临时的目的）、学习起点（零基础、初级、中级、高级水平者）、学习时限（总的期限和课时量）等。

（2）确定教学目标。包括使用目的语的范围和目的语水平的等级。

（3）确定教学内容。包括语言知识、语用知识、相关文化知识和言语技能、言语交际技能等。

（4）确定教学路子。包括：①在知识传授方面，是以"词"为基本教学单位，还是以"字"为基本教学单位？把口头语言和书面语言合在一起教，还是分开来教？②在技能训练方面，是采用综合训练的方式，还是采用分技能训练或者综合训练与分技能训练相结合的方式？

（5）进行课程设计。即根据既定的教学目标、教学内容和教学路子制订出课程设置计划，包括对每门课程、每种课型的周课时与总课时。

（6）划分教学阶段。教学阶段的划分可以从四个角度进行：①语言习得规律的角度；②语言要素（语音、语法、短文等）教学的角度；③教学时限（学年、学期）的角度；④教学目标（如水平等级）的角度。

（7）规定教学方法。影响最大的教学法是结构法与功能法，理想的方法则是"结构""功能""文化"三结合，例如"话题教学模式"——以话题为中心组织语言材料，在选择、编写和编排话题时充分考虑话题的常用性和语法点的难易度，同时从结构、功能、文化等不同的角度来解释有关语言现象。

（8）规定教师的分工、对教师的要求。即任课教师必须明确自己所教课程或课型的特质、应当达到的教学目标以及对教学的具体要求。

简言之，汉语作为第二语言教学总体设计的内容和程序是：在分析教学对象的基础上确定教学目标、教学内容和教学路子；进行课程设计，规定教学方法并划分教学阶段；规定教师的分工与对教师的要求。

三、教学计划与教学大纲

（一）教学计划、大纲和标准

总体设计的中心任务是课程设计，即"对语言教学的整个过程制订计划方案并对其实施情况进行监督和干预"。（赵金铭，2005）课程设计的具体表现则是教学计划，即根据教育目的和培养目标而制定的全面指导某一专业的教学活动的规范性文件，包括专业培养目标、修学年限、课程设置、教学方式和学时分配。根据教学计划以纲要的形式制定出来的、对具体课程的教学目的、教学内容、教学进度和教学方法进行规范的指导性文件，便是教学大纲。

教学大纲一般包括说明、正文和附录三个部分。语言教学大纲包括词汇大纲、语法大纲、句型大纲、情景大纲、功能大纲、意念大纲、文化大纲等。课程标准也是规定某一学科的课程性质、内容目标、实施建议的教学指导性文件，包括前言（课程的性质和基本理念等）、课程目标、实施建议和附录四个部分。与教学大纲相比，课程标准在课程的基本理念、课程目标、实施建议方面的阐述更加详细和明确。

教学计划、教学大纲和课程标准都是教学工作的指导性文件，是进行教学活动与评价教学工作的主要依据。

汉语作为第二语言教学在 20 世纪末就有了三个国家级的课程标准和等级大纲，即：

《汉语水平等级标准》(1988年)、《汉语水平词汇与汉字等级大纲》(1992年)和《汉语水平等级标准与语法等级大纲》(1996年)。北京语言大学也于1999年陆续推出《对外汉语教学初级阶段教学大纲》(杨寄洲主编)、《对外汉语教学中高级阶段功能大纲》(赵建华主编)和《对外汉语教学初级阶段课程规范》(王钟华主编)、《对外汉语教学中高级阶段课程规范》(陈田顺主编)。原国家汉办又于21世纪初制定和颁布了《国际汉语能力标准》《国际汉语教师标准》和《国际汉语教学通用课程大纲》,成为"汉语水平考试""国际汉语(中文)教师证书考试"和国际汉语(中文)教学的直接依据。《国际汉语教师标准》和《国际汉语教学通用课程大纲》还由孔子学院总部分别在2012年和2014年颁布了修订版。

(二)能力水平等级标准

1.《汉语水平等级标准》

将汉语水平分为三等五级,即初等水平(一级标准、二级标准);中等水平(三级标准);高等水平(四级标准、五级标准)。

主要内容包括三个方面,即话题内容、语言范围、言语能力。每一级标准都从这三个方面进行了总体描述,而且具体规定了学习者在听、说、读、写、译五种言语技能上应该达到的水平。

话题内容:描述和规定话题涉及的范围和内容,例如日常生活、学习、社交、工作、新闻、职业活动等,分"最基本""基本""一般性""较高"等层次。

语言范围:描述和规定语言知识和语言要素的范围和内容,例如语音、汉字、词汇、语法项目,并分别进行了量化要求,包括字、词、语法项目的等级和数量等。

言语能力:描述和规定在汉语听、说、读、写、译方面的能力,分"初步的""基本的""一般性的""较高的"等层次要求,对汉语使用的规范性、多样性、得体性的要求,以及对所学汉语的文化背景和语义含义的要求等。

2.《国际汉语能力标准》

也将汉语水平分为三等五级,即:初等(一、二级);中等(三、四级);高等(五级)。正文包括七个方面,即:汉语能力总体描述;汉语口头交际能力;汉语书面交际能力;汉语口头理解能力(一至五级);汉语口头表达能力(一至五级);汉语书面理解能力(一至五级);汉语书面表达能力(一至五级)。

其中,"汉语能力总体描述"为:

一级 能大体理解与个人或日常生活密切相关的简单、基础而又十分有限的语言材料。借助肢体语言或其他手段的帮助，能用非常有限的简单语汇介绍自己或与他人沟通。

二级　能基本理解与个人或日常生活密切相关的熟悉而简单的语言材料。能就常见话题以较简单的方式与他人沟通，介绍自己或他人的基本情况，有时需要借助肢体语言或其他手段的帮助。

三级　能理解与日常生活和工作相关的以及在一般交际场合中遇到的基本的语言材料。能就熟悉的话题与他人进行沟通和交流，能对与这些话题相关的基本情况做简单描述。

四级　能理解在一般社交场合或在工作、学习等场合遇到的表达清晰、内容熟悉的语言材料，抓住重点，把握细节。能就熟悉的话题与他人进行交流，表达清楚且有一定的连贯性，会使用基本的交际策略。能描述自己的经历，表达自己的看法，给出简单的理由或解释。

五级　能理解多种场合、多个领域（包括个人专业领域）普通语言材料，能够把握重点，进行概括和分析。能使用多种交际策略较自如地参与多种话题，包括专业领域内一般性话题的交流和讨论，表明自己的观点和态度，并能对各种意见进行阐释，表达连贯，基本得体。

3.《国际汉语教学通用课程大纲》（修订版）

将汉语学习内容分成三等六级，包括"正文""附件""附录"三个模块。

"正文"分六章，即一至六级的"目标及内容"，每一级都从五个方面进行具体描述，即目标、语言技能、语言知识、策略、文化能力。

各级的学习目标总体表述为：

一级　学习者能理解有关个人和日常生活的基本语言材料，可以较准确地进行词句复述、背诵及抄写，能模仿范例书写词句。开始培养学习汉语的兴趣和信心。在教师的指导下，初步接触简单的学习策略、交际策略、资源策略和跨学科策略。开始了解中国的文化知识，开始具有初步的跨文化能力和国际视野。

二级　学习者能理解和掌握有关个人和日常生活的基本语言材料，掌握基本句型，可以造一些简单的句子，对事物做简单的描述，以比较简单的方式进行简单的语言交流。开始培养学习汉语的兴趣和信心。初步学习简单的学习策略、交际策略、资源策略和跨学科策略。开始了解中国的文化知识，具有初步的跨文化能力和国际视野。

三级　学习者能理解并学习与生活相关的语言材料，可以运用较为复杂的句型，就熟悉的话题进行沟通、交流与描述，可以组织简单的语段。具有学习汉语的兴趣和信心。掌握简单的学习策略、交际策略、资源策略和跨学科策略。了解简单的中国文化知识，具有一般的跨文化能力和国际视野。

　　四级　学习者能理解与社会生活相关的语言材料,造句的准确率高,能就熟悉的题材进行描述、解释或比较,可以进行一些基本的成段表达,能组织简单的篇章。具有学习汉语的兴趣和信心。掌握一般的学习策略、交际策略、资源策略和跨学科策略。了解中国文化中基本的文化知识,具有基本的跨文化能力和国际视野。

　　五级　学习者能理解多种主题的语言材料,能熟练造句,掌握一些成段表达的技巧,具备组织比较完整的篇章的能力,具备进行比较流利的语言交流的能力。对学习汉语具有较强的兴趣和信心。较全面地掌握学习策略、交际策略、资源策略和跨学科策略。比较深入地了解中国的文化知识,具有跨文化能力和国际视野。

　　六级　学习者能理解多种主题的语言材料,能熟练造句,掌握成段表达的技巧,具备组织完整的篇章的能力,具备进行流利的语言交流的能力。对学习汉语具有强烈的兴趣和信心。全面地掌握学习策略、交际策略、资源策略和跨学科策略。深入了解中国的文化知识,具有跨文化能力和国际视野。

　　"附件"包括六项,即:汉语拼音声母、韵母与声调;常用汉字(一至六级,共2500个);常用汉语词语表(一至六级,共5000个);常用汉语语法分级表(一至六级,共141项);汉语教学话题及内容建议表;汉语课堂教学常见课型结构流程建议表;汉语课堂常用综合教学模式课例;汉语教学常用评价活动建议表。

　　"附录"包括:参考资料;实用链接。

(三)教学项目等级大纲

1.《汉语水平词汇与汉字等级大纲》(简称《词汇与汉字大纲》)

　　提出对外汉语教学词汇分级的四个界标:1000词;3000词;5000词;8000词。1000个最常用词是可以满足旅游和最基本生活需要的词汇量;初等汉语水平的界标是3000词,其语料覆盖率为86%左右,成为对外汉语教学基础阶段的词汇量要求;中等汉语水平的界标是5000词,其语料覆盖率为91%左右,成为对外汉语中级教学阶段的词汇量要求;高级汉语水平的界标是8000词,其语料覆盖率可以达到95%,成为对外汉语高级教学阶段的词汇量要求。

　　大纲最终收入的词汇总量为8822个,分为四个等级:甲级词1033个;乙级词2018个;丙级词2202个;丁级词3569个。

　　此外,还对所收词语进行了音序排列,标注了词性和汉语拼音。

　　对汉字的选择和分级主要以相对应的词汇总量和分级为依据,以《现代汉语词表》中的一级常用字（1000个）、二级常用字（1500个）和三级常用字（1000个）的分级为主要参考，也采用了四个界标：甲级字800，对应于1000甲级词；乙级字800，对应于2000乙级词；丙级字600，对应于2000丙级词；丁级字700，对应于3000丁级词。四级字的总量为2900个，其累计使用频率起码达到98%。

大纲最终收入的字汇总量为2905个，分为四个等级：甲级字800个；乙级字804个；丙级字590+11个；丁级字670+30个。

此外，还对所收汉字进行了音序排列。

2.《汉语水平语法等级大纲》（简称《语法大纲》）

对汉语语法项目和语法点进行了选择和排列，并为这些语法项目和语法点划分了等级，其中，语法点有1168项，归结为18类：语素；词类；词的构成；词组；固定词组；固定格式；句子成分；句子类型；特殊句型；提问方式；数的表示法；强调的方法；动作的态；反问句；口语格式；复句；多重复句；句群。

又根据其难度将这些语法点分为甲、乙、丙、丁四个等级：

甲级语法点129项；乙级语法点123项；丙级语法点400项；丁级语法点516项。

甲级语法项目是一个由"词类""词组""句子成分""句子的分类""特殊句型""提问的方式""数的表示法""强调的方法""动作的态"和复句等内容组成的比较完整的体系，基本上反映了汉语语法的整体面貌和特点。乙级语法项目可以看作是对甲级语法的补充、拓展和深化，增加了"固定词组""固定格式"两个大类并选取了其中一部分最常用的内容。甲乙两级语法项目一起构成汉语初等水平标准的语法内容。丙级语法项目又增加了"语素""口语格式"两个大类，内容进一步深化，构成汉语中等水平标准的语法内容。丁级语法项目则增加了"词的构成""反问句""多重复句""句群"几个大类，构成汉语高等水平标准的语法内容。

在对各个语法项目和语法点的描述上，大纲既标出了该项目所属的大小类别，又以格式化的方式确定了项目名称，其中的大多数项目还给出了例句。

（四）《国际中文教育中文水平等级标准》

2021年3月，经国家语委语言文字规范标准审定委员会审定，《国际中文教育中文水平等级标准》（GF0025—2021）由教育部和国家语委共同发布，并于同年7月1日起正式实施。

该标准将学习者的中文水平分为三等九级，并以音节、汉字、词汇、语法四种语言要素为"四维基准"，以言语交际能力、话题任务内容、语言量化指标为三个"评价维度"，以中文听、说、读、写、译为五项言语技能，来准确地标定学习者的中文水平。具体描述如表 5-1 所示：

表 5-1 《国际中文教育中文水平等级标准》语言量化指标总表

等次	级别	音节	汉字	词汇	语法
初等	一级	269	300	500	48
	二级	199/468	300/600	772/1272	81/129
	三级	140/608	300/900	973/2245	81/210
中等	四级	116/724	300/1200	1000/3245	76/286
	五级	98/822	300/1500	1071/4316	71/357
	六级	86/908	300/1800	1140/5456	64/424
高等	七—九级	202/1110	1200/3000	5636/11092	148/572
总计		1110	3000	11092	572

注：表格中的"/"前后两个数字，前面的数字表示本级新增的语言要素数量，后面的数字表示截至本级累计的语言要素数量。高等语言量化指标不再按级别分。

该标准是国家语委首个面向外国中文学习者，全面描述评价其中文言语技能水平的规范标准，适用于国际中文教育的学习、教学、测试与评估，并为开展国际中文教育的各类学校、机构和企事业单位提供规范性的参考。①

四、国际中文教学目的与课程设计

（一）教学目的与内容

国际中文教学的目的有三个：

（1）掌握汉语语言要素知识和言语技能，培养运用汉语进行交际活动的能力；

（2）增强学习汉语的兴趣和动机，发展智力，培养汉语自学能力；

---

① 人民网，2021-03-31，17：28.

（3）掌握与汉语交际相关的文化因素，熟悉基本的中国国情和文化背景知识，提高文化素养。

国际中文教学内容相应地包括四个方面：

（1）汉语语言要素知识，即语音、词汇、语法、汉字知识；

（2）汉语言语技能，即口头和书面的理解（听、读）能力与口头和书面的表达（说、写）能力；

（3）言语交际技能，即汉语语用规则、话语规则、交际策略等运用能力；

（4）相关文化知识，即汉语中的文化因素、中国基本国情和文化背景知识。

也就是《国际汉语教学通用课程大纲》里的"语言技能""语言知识""策略"和"文化能力"的学习和培养。

（二）课程设计

课程包括必修课、选修课与课外实践课等，课程设计即制定课程，也就是：在总的教育目的和具体教学目标的指导下，从学习者特点和需要出发，根据专业对知识结构和能力结构的要求，最优化地选择教学内容、组织教学进程以形成合理有效、相互配合、共同提高的课程体系。

国际中文教学基础阶段的主要课程一般可分为三类：

（1）言语技能课，包括综合技能课（"精读课"）和专项技能课（听力、口语、阅读、写作）两类；

（2）语言知识课，包括语音、词汇、语法、汉字知识课；

（3）中国文化知识课，包括中国基本国情和中国文化知识等。

五、国际中文教学的基本原则

（一）刘珣提出的"十项原则"

国际中文教学原则是基于一定的教学理论，结合汉语作为第二语言教学规律和教学实践而制定出来，用以指导教学工作的基本要求。刘珣（2000）曾经总结出来十条"对外汉语教学的基本原则"：

（1）掌握汉语的基础知识和基本技能，培养运用汉语进行交际的能力；

（2）以学生为中心、教师为主导，重视情感因素，充分发挥学生主动性、创造性；

（3）结构、功能、文化相结合；

（4）优化汉语学习环境，加大汉语输入，自觉学习与自然习得相结合；

（5）精讲多练，在语言知识指导下以言语技能和言语交际技能的训练为中心；

（6）以句子和话语为重点，语音、语法、词汇、汉字综合教学；

（7）听、说、读、写全面要求，分阶段侧重，口语、书面语协调发展；

（8）利用母语进行与汉语的对比分析，课堂教学严格控制使用母语或媒介语；

（9）循序渐进，螺旋式提高，加强重现；

（10）加强直观性，充分利用现代化教育技术手段。

这些原则大体上体现了汉语教学过程中种种矛盾的解决方案，从不同侧面勾画出汉语作为第二语言教学法体系的大致轮廓。

（二）教学原则的"四个层次"

按照其内在的逻辑层次，我们还可以将汉语作为第二语言教学所遵循的基本原则分出四个层次来，即：

（1）常规教学原则。如启发式原则、循序渐进原则、教学相长原则、因材施教原则、学以致用原则、巩固性原则等。

（2）语言教学原则。如学习者中心原则、交际性原则、结构—功能—文化相结合原则等。

（3）汉语教学原则。如先语后文原则、结合语境和语用原则、利用形象和表意性的原则等。

（4）汉语作为第二语言教学的特殊原则。如汉外语言对比分析原则、中外跨文化交际原则等。

第二节 教材编选

教材分狭义和广义两种。狭义的教材即教科书或者课本，广义的教材则除教科书外还包括教学参考书、讲义、讲授提纲、图表、教具和教学音像资料（如多媒体课件）等。

教材是教师的"教"与学生的"学"所依据的材料,与教学计划、教学大纲一起构成学校教学内容。教材是总体设计具体、生动的体现,反映了培养目标、教学要求、教学内容和教学原则,同时又是课堂教学、测试评估的依据,因而在整个教学过程中占据着重要的地位,发挥着纽带的作用。

课堂教学质量的提高依赖于高质量的教材,而理想的教材应该是:其内容与教学目标相一致,能够激发学习者的学习兴趣和学习热情,既易教又易学。

一、第二语言教材的属性和功能

(一)教材的属性

第二语言教材应该具备五种基本属性,即工具性、系统性、规范性、实践性、国际性。

(1)第二语言教材是语言知识传授和言语技能训练的工具,其编写因此既要设计合理、样本规范,又要方便教师的教学和学习者的学习。

(2)知识和能力具有一定的层次性和系统性,第二语言教材也就要将其很好地体现出来,即确保教材内容具有系统性,同时纵横皆有关联——横向上跟与之有平行关系的教材相照应,纵向上跟与之有上下位关系的教材相衔接。

(3)第二语言教学内容(语音、词汇、语法、课文语言等)必须符合目的语的规范,即采用目的语使用者的民族通用语,这样才能更好地适应学习者当前和未来生活、学习和工作的需要。

(4)第二语言教材以言语技能训练为主,在基础阶段尤其如此,语言知识的传授一定是服务、服从于言语技能和语言交际能力的培养。因此,课文的编写、场景的安排、功能项目的选取、练习的设计编排都要体现出实用性与可操作性。

(5)第二语言教学具有跨文化性质,第二语言教材则具有跨语言、跨文化的特点,属于一种国际性、外向型的教材。这就要求教材编写者:①以目的语及其文化与学习者的母语及其文化之对比为前提,增强教材语言内容的针对性和文化内容的可接受性;②充分考虑到不同学习者的文化背景、宗教信仰、教育传统、认知特点和心理需求等;③注意人类共同的思想感情、行为规范、伦理道德和人类社会共同面临的社会问题、自然问题。

(二) 教材的功能

第二语言教材又须具有五种基本的功能，即教学功能、课内外媒介功能、文化交流功能、学习兴趣激发功能与学科建设促进功能。

(1) "用之于教学"是教材的根本功能，也是教材与一般学术著作的本质区别，第二语言教材因此要：

①在内容上符合学习者的认知规律和学习需求；

②在容量和难度上要适度、适中；

③在内容的安排上应注意词汇、语法点的重现和文化的民族性、多元性之协调。

(2) 教材是教师与学习者之间沟通与合作的"媒介"，教与学的行为都通过教材来完成，这就要求教材的编排既要符合语言规律、语言教学规律，便于教、易于教，又要符合语言学习规律和学习者的认知风格，便于学、易于学。同时，教材还将学习者与目的语社会和实际语言现象联系在一起，其设计和编写应该做到三个"有利于"：

①有利于学习者与目的语社会亲密接触；

②有利于学习者通过教材去学习和获得教材之外的语言现象和语言事实；

③有利于学习者走出教室，在目的语社会中独立自主地发展其语言能力。

(3) 第二语言教材通过语言要素和课文内容来反映目的语使用者的社会景观和文化习俗，教授一种语言也就是在教授这种语言所承载或反映的文化，学习一种语言也就是对这种文化进行解读和了解。国际中文教材的编写既要克服刻意"弘扬中华文化"的心理，又要避免过分强调中外文化差异和中华文化独特性的做法。揭示、介绍文化的根本目的是提高学习者的中文交际能力而不是强迫他们认同中华文化。

(4) 理想的第二语言教材能够唤起学习者强烈的学习热情与学习兴趣，这种教材一定具有下列特点：

①难易适度，长短适中，科学实用，生动有趣；

②文化含量高，知识性较强，语言优美，内容富于哲理；

③练习项目丰富多样且具有刺激性和挑战性。

教材编写因此须从各个方面都符合学习者的认知过程，满足学习者的情感特点和心理需求，使其产生对深入学习的期待、对未知"世界"的憧憬与对异域风情的向往。

(5) 第二语言教材对于第二语言教学学科建设的促进作用表现在五个方面：

①体现新的教学理论和教学法，并通过教学实践对其进行检验，从而推动学科理论研究的发展；

②检验教学大纲，推动课程建设甚至教学改革，从而提高教学质量；

③教材的创新带动教学策略和学习策略的更新和优化；

④教材的更新换代有利于教学评估手段和方法的改进和完善；

⑤教学实践经验通过教材得到体现，好的经验可以提炼成为教学理论和教材编写理论，反过来指导教学和教材编写。

二、第二语言教材的基本类型

（一）多种分类

第二语言教学所面对的是不同的教学对象，必须针对不同的教学对象来划分其教学类型。同样的教学类型有不同的教学目标和教学时限，因而要设置不同的课程和课型，还可以采用不同的授课方式和教学方法。因此，需要编写和使用不同类型的教材。每一种类型教材都应有自己不同的特点，所有类型的教材又具有一些共同的特点。换句话说，第二语言教材应该做到"和而不同"。

第二语言教材的类型就是根据教学类型、教学目标、课程和课型、教学方法等标准来划分出来的教材种类。吕必松、赵金铭、刘珣对教材都有自己的分类。

吕必松的分类（2007）包括五个层次：教学类型（8种）的角度，至少需要18种教材；教学目标（初、中、高三等）的角度，至少需要50种教材；课程和课型（平均3种）的角度，大致需要150多种教材；教学方法（功能法、结构—功能法、功能—结构法、话题法、组合法5种）的角度，需要312~780种教材；国别和语种（假设平均7个），需要2000多种。这还只是成人教材和课堂用教材，如果加上幼儿、中小学生用教材和自学、特殊目的使用的教材，以及教学指南、课外阅读、课外练习，所需要的第二语言教材就更是不可胜数了。

赵金铭（2005）也认为可以从五个角度来对第二语言教材进行分类：①教材的组织和使用要求：统编教材、自编教材；②编写人员的组成：独编教材、合作（国内合作、国际合作）教材；③教学性质：学历教育教材、非学历教育教材；④教学阶段与层次：初级教材、中级教材、高级教材；⑤教与学的方式：自学教材、函授教材、网络教材。他认为对外汉语教材还可以做进一步的细化分类，例如：①从知识传授的角度，可以编写汉语语音、词汇、语法、汉字教材；②从技能训练的角度，可以编写汉语说话、听力、阅读、翻译教材等；③用于特殊目的教育的教材，可以有新闻报刊教材、外贸洽谈教材、商务往来教材等；④速成强化教材、短期进修教材；⑤儿童汉语教材、个别教学教材；⑥带地域性的乡土汉语教材、汉语方言教材；⑦广播、电视汉语教材和远距离教学（如函授）汉语教材；⑧外国人学历教育系列教材；⑨华人、华裔及外国人在非汉语环境下使用的汉语教材；⑩各类文化教材等。

刘珣（2000）则从教材编写的角度，即如何编排教学内容，对对外汉语教材进行了分类。按教材的体例分为三类：综合型和分科型、单课型和单元型、直线式和螺旋式。按所遵循的教学原则分为七类：课文型、结构型、功能型、结构—功能型、功能—结构型、话题型、文化型。

（二）基本类别

根据国内外第二语言教学课程设置的实际情况，我们可以把国际中文教学用教材分成四大类，即：

（1）语言技能类教材。综合技能训练（精读、听说、读写）教材和专项技能训练（口语、听力、阅读、写作、翻译）教材。

（2）语言知识类教材。汉语语音、汉语词汇、汉语语法、汉字教材以及汉语概论、古代汉语、汉语书面语教材等。

（3）文化知识类教材。中国历史、中国哲学、中国文学、中国艺术、中国国情教材等。

（4）特殊用途类教材。商贸（商务）汉语、医用汉语、旅游汉语、新闻汉语、外交汉语、工程汉语、科技汉语教材等。

四类教材中的每一类都可以包含初、中、高不同的等级，运用不同的教学法或教学路子，采用不同的编写体例或针对不同的教学对象和教学手段。所以国际中文教学用教材一定是五花八门、多种多样的。

三、第二语言教材编写和选用的原则

国内对外汉语教学界和英语教学界对第二语言（外语）教材编写的通用性原则进行了比较系统的研究，也取得了一些共识。

赵贤州于 1988 年提出教材编写的"四性"原则，即针对性、实践性、趣味性和科学性。吕必松于 1993 年提出教材编写的"六性"原则，即实用性、交际性、知识性、趣味性、科学性和针对性。束定芳、庄智象于 1996 年提出外语教学的"六性"原则，即真实性、循序渐进性、趣味性、多样性、现代性和实用性。刘珣于 2000 年提出教材编写的

"五性"原则，即针对性、实用性、科学性、趣味性和系统性。赵金铭则于2005年提出教材编写的十项通用原则，即定向原则（包括定性、定位、定量）、目标原则、特色原则、认知原则、时代原则、语体原则、文化原则、趣味原则、实用原则和立体原则。由此可以看出，科学性、趣味性、针对性、实用性四项原则已经成为学界的共识。

（一）科学性原则

一是，要使用规范、通用的语言。对国际中文教学而言就是《汉语拼音方案》、简化字和普通话。

二是，内容组织和编排要符合语言教学规律，循序渐进，做到由易到难、由简到繁、由浅入深和由近及远，语言点的分布均匀、合理，螺旋式提升，且做到重点突出、难点分散并有一定的复现率。

三是，对语言现象的解释力求准确无误，对练习的安排要有梯次（模仿性、活用性等）而且多样化。

四是，教学内容和方法尽量反映最新研究成果，做到与时俱进。

五是，整体设计立体配套，纵向上，初、中、高不同阶段相互衔接，横向上，综合训练和专项技能训练相互照应，同级别、同类型教材既有学生用书、教师用书、练习册和单元测试，又有图片、多媒体和网络辅助教学资料。

（二）趣味性原则

教材的内容既有趣又有用。即课文、词汇、语法、注释、翻译、练习等紧密结合学习者的生活实际，是学习者关注的话题且富含文化内涵，而且以多样化的方式呈现出来。

教材的形式既赏心悦目又方便实用。即封面设计、体例篇幅、字体字号、插图照片、装帧用纸、引述效果等活泼醒目、美观大方、生动活泼。

教材的趣味性体现在内容和形式的各个方面，但以内容（尤其是课文）为主，因为有趣有用的内容能够抓住学习者，让他们感到"学了有用"，从而可能使之产生真正的持久的兴趣。

（三）针对性原则

教材要适合使用对象的特点，比如母语和母语文化、年龄、文化程度、学习目的、学习起点、学习时限等。

学习者的年龄、国别、文化程度。儿童用语言教材与成人用语言教材在内容和方法上不可混同，美国学习者使用的语言教材在语言、文化教学重点上与日本、韩国学习者使用的有所区别，研究生或学者使用的语言教材也不能用于初中等文化教育程度的学习者。

学习者的学习目的。为了专业目的的正规语言学习与为了某种实用目的的临时语言学习区别明显，前者强调知识的系统性和扎实的基本功，后者则是讲求解决某些实用问题而不在乎系统的知识学习。不同专业目的（如文史类与理工类）的语言学习在目标和内容上也有很大的不同。

学习者的学习起点。启蒙教材与初、中、高级的语言教材在学习目标和内容、方式的选择上必然有所区别。

学习时限。短期班不能使用长期班的语言教材，强化班也不宜使用普通班的语言教材。

（四）实用性原则

第二语言教材主要用来培养学习者的言语技能和语言交际能力，其课文内容的取向、词汇语法的选择、练习的内容和方式与情景设置、功能项目的安排都须有利于总体目标的实现，既能满足学习者当前学习、生活的实际需要，又能满足学习者未来对目的语使用的目的和方式的需要。

第一，教材内容要让学习者感到"学了有用"，包括"当前急用"和"未来使用"。语言材料来源于生活现实，而非"教科书语言"和"教师语言"，而且符合学习者的实际需要，即进行交际活动所必需的内容。

第二，具有较强的课堂教学可操作性。实用性较强的语言材料应该让教师觉得便于进行言语技能训练，让学习者在每一节课后都在言语技能上直接、具体、实在的收获，即"人人有所得""课课有所得"。

第三，课文场景的安排、话题范围的确定、练习题型的选择乃至注释说明都有具体的目标和实际的效用。比如练习具体分为理解性练习、模仿性练习、记忆性练习、巩固性练习和交际性练习。

第四，内容的编排依照由易到难、急用优先、难点分散、注意语法现象的内在关联和难易度区分、注重语汇的重现等基本原则，同时保证练习的内容既丰富多样又具有吸引力，题型既新颖别致又具有挑战性。

四、第二语言教材编写的基本程序

（一）思想准备

①要有"编教材不容易"的心理准备。
②要有"编教材很重要"的意识，即对教材的重要性有充分的认识。
③知难而进，迎难而上，追求"质量第一"，才能完成这"百年大计"。

（二）理论准备

①掌握第二语言教学学科理论，包括学科性质、语言教学、语言学习、跨文化交际和教材编写理论等。
②了解相关学科理论，如语言学、教育学、心理学及其分支学科理论。
③知晓目的语语言学理论，如汉语语言学，包括汉语语音学、汉语词汇学、汉语文字学、汉语语法学、汉语篇章语言学和汉语语用学等。

对这些理论了解得越全面越深入，对第二语言教材的帮助也就越大。

（三）资料准备

①尽可能全面地收集与教材编写（尤其是与即将编写的教材）相关的文章。
②尽可能多地收集代表性的第二语言教材，特别是与拟编教材类别相同的教材。
③收集和分析教学大纲与课程标准。
④广泛收集跟拟编教材有关的目的语素材，为课文编写、改写、选文做好"物质"准备。

收集各种相关的资料，并对资料进行研究、分析和筛选，物质准备才算完成。

（四）方案制订

①分析教学对象需求。
②明确教材编写目标。
③研究教材的创新之处和特色。
④明确教材编写原则，如学习者中心、交际能力培养和"结构—功能—文化"三结合等。

⑤规划教材的体例和构成，包括编写体例（如何构成）、容量、规模、结构方式、学制学时、习题设计等。

⑥实现目标和保证创新的措施，包括制定编写材料表、召开教材论证会、利用计算机辅助教材的编写等。

⑦制订具体的编写方案，内容包括适用对象、教材目标、指导思想与编写原则、教材的支撑理论、教材特色体现、教材体例设计、课文编写原则、练习体系制定、使用建议等，附件包括汉字表、词汇表、语法项目表、功能项目表等。

⑧制定具体可行的工作程序和时间表，包括编写分工、完成各项任务的要求和时间节点、论证会或咨询会的具体安排等。

教材编写方案必须包括拟编教材的类型、特点、结构、体例、使用说明、工作安排等具体内容。①

五、第二语言教材的评估与选择

（一）教材评估

教材评估就是根据特定的标准对教材设计和实施的成败得失、优劣高下进行评议和估量。第二语言教材评估的范围和内容不一而论，可以是多角度、多层次的全方位评估，也可以是就教材本身的设计和编写状况进行评估，还可以是对教材的某些方面进行定向性考察。全方位评估涉及教材的指导思想、编写原则、目标定位、知识传授和技能培养关系的处理、目的语文化的体现、课文语言的实用性和规范性、语体风格的多样性、内容编排的科学性和趣味性，以及语法点的融入量和编排顺序是否合理、生词数量和重现率是否适当、练习是否覆盖全部或主要的教学内容、题型的针对性和有效性如何、语法注释是否简明准确、有无配套学习资料和教师用书、有无结合教学内容的插图、有无整体性或局部性的创新和特色等。对教材本身的评估旨在考察其是否达到自身的设计要求，能否实现其既定目标等。定向性评估则可能有对某一部或几部教材的针对性研究、趣味性研究、课文研究、练习设计研究等。

---

① 吕必松认为，教材编写的"前期准备工作"应包括五项内容，即以一定的总体设计和教学大纲为依据；对有关的情况进行调查和研究；继承和创新；吸收最新理论成果；制订编写方案（包括所编教材的类型、特点、结构和体例、使用等）。

1. 印象性评估与系统性评估

教材评估可分为印象性评估和系统性评估。前者往往凭借评估人的直觉和教学经验、教材使用经验来对教材进行主观的、随意的、印象性评价,后者则包括对教材本身的科学性、合理性、有效性的内部评价与对教材于特定使用群体的适用性的外部评价。印象性评估主观性、随意性强而系统性不足,因而只能作为一种参考性的评估。系统性评估中的外部评估只是确定某种教材是否适用于特定的使用对象群体,其实是在"寻找教材",内部评估才是真正对教材本身的评估,评估结果对于认识教材和选用教材都有助益。

2. 实然性评估和应然性评估

对教材的内部评估可以从两个角度来进行:①教材自身的、内在的、实然性。②教材类型上的、外部的、应然性。前者就事论事,考察教材是否实际上达到了既定的设计目标,评估标准来自教材内部,亦即该教材实际做得如何。后者是从学科发展和教材开发方向的高度来对教材进行评估,考察教材是否达到第二语言教材(特别是同一类型的教材)应有的设计标准和要求,评估标准不限于教材内部,亦即该类教材应该做得怎样。实然性评估的要求是,尽量采用客观可行的评价标准来检验既定的编写设计是否得到具体的落实,可谓是"验收性"要求。应然性评估的要求是,尽量采用客观可行的标准来考察教材达到先进或优秀标准的程度,可谓是"选优性"要求。

赵金铭(2000)认为,优秀的教材有三个基本要求:

(1)"自己说到的一定做到",而且要"说"得有理,"做"得仔细。

(2)在同类教材中从设计到实施都有出色的表现。

(3)对第二语言教材编写具有启发和示范的作用。

附:对外汉语教材评估表①

本评估表共设有评估项目 55 项,每项分为 A、B、C、D 四个等级。其中:1—45 项,A 为 4 分,B 为 3 分,C 为 2 分,D 为 1 分;46—55 项,A 为 2 分,B 为 1 分,C 为 0.5 分,D 为 0.25 分。前 45 项满分为 180 分,后 10 项满分为 20 分,55 项总满分为 200 分。累计得分 170 分以上者为优秀教材,150—169 分之间者为良好教材,120—149 分之间者为一般教材,119 分以下者为较差教材。

---

① 李泉. 外汉语教材研究[M]. 北京:商务印书馆,2006 年,第 316-319 页。该表是赵金铭基于调查研究、针对教材编写现状而拟定的一份对外汉语教材评估表。评价指标分为八个部分。

请评估者根据自己的判断，在该教材符合的等级上打"√"，谢谢合作。

教材名称_____　　作　　者_____
出版时间_____　　出版单位_____
教材类型_____　　适用对象_____
开　　本_____　　总 页 码_____

序号		评估项目	得分			
			A	B	C	D
1	前期准备	对学习者的需求有调查了解				
2		依据现行的某种教学计划、课程大纲进行编写				
3		依据大纲对词汇总量及其分布进行控制				
4		覆盖大纲所规定的语言点				
5		依据大纲确定功能意念项目且分布合理				
6	教学理论	以某种语言理论为基础，如结构主义或功能意念				
7		体现或侧重某种教学法原则，如听说法或交际法				
8		使用该教材可以完成既定的教学目标				
9		正确处理语言知识的传授和语言技能的培养之关系				
10		听说读写译各项技能训练比重均衡，并有综合训练				
11		按照语言技能编排教学内容				
12		既注意表达正确，又注意表达得体				
13		语言能力与交际能力并重				
14	学习理论	以第二语言学习心理过程为理论基础，如行为主义				
15		教学内容与学习者的需求相一致				
16		内容编排符合学习者的学习心理过程				
17		语言水平与学习者的基础相符				
18		语言内容与学习者以前所学相衔接				

续表

序号		评 估 项 目	得 分			
			A	B	C	D
19	语言	注意学习者的情感因素对学习的影响				
20		每课生词量适当，重现率充分				
21		句子长短适度				
22		课文篇幅适中				
23		课文与会话语言真实、自然				
24		口语和书面语关系处理得当，是真正的普通话口语				
25		所设语境自然、情景化				
26	材料	课文内容符合外国人、成年人、有文化的人的心态				
27		课文题材涵盖面广，体裁多样				
28		课文内容的深浅难易排序得当				
29		从一开始就有可背诵的材料				
30		课文有趣味，给学习者以想象的余地				
31		内容无宣传、无说教、无强加于人之处				
32		教材的文化取向无误				
33	练习编排	练习覆盖全部的教学内容				
34		练习有层次：理解性—机械性—活用性练习				
35		练习类型多种多样，每个练习都很短				
36		各项联系之间具有内在联系				
37		注重表达练习，练习项目具有启发性				
38		练习的量足够				
39		练习编排遵循"有控制—较少控制—无控制"原则				
40		练习兼顾各项语言技能的训练				

续表

序号	评估项目	得分			
		A	B	C	D
41	注释解说 — 淡化语法，少用概念和术语，加强交际				
42	注释解说 — 语言现象的注释简明、扼要				
43	注释解说 — 外文翻译准确，具有可读性				
44	注释解说 — 注重词的用法及使用条件的说明				
45	注释解说 — 例句精当，可以举一反三				
46	教材配套 — 有教师手册及参考用书，方便教师，有导向作用				
47	教材配套 — 有学生练习册				
48	教材配套 — 各项语言技能训练教材配套				
49	教材配套 — 有清晰音像材料，可供视听				
50	教材配套 — 有阶段复习材料及总复习材料				
51	教材配套 — 有相关的测试练习				
52	其他 — 开本合适，使用方便				
53	其他 — 插图数量适当，与内容配合紧密				
54	其他 — 版面活泼新颖，吸引学习者				
55	其他 — 教材内容使用不同字号编排				

（二）"适合于特定教学语境"的国际中文教材

好的语言教材总是体现着某种先进的语言教学理念和教学途径。是否包含了特定的语言教学理论与体现这种理论的教学程序（即践行一定的语言教学法），是否包含了通过一定文本的编排组织而表现出来的、系统的目的语语言知识（即关于目的语的语音、词汇、语法、语篇等规则或知识），于是成为衡量一部语言教材好坏的两个重要尺度和参数。把这两个尺度和参数做一个逻辑上的排列组合，我们可以得到四种理性的价值判断。(表5-2)

表 5-2　教材衡量参数的逻辑组合①

尺度和参数（1）	尺度和参数（2）	衡量结果
语言知识系统和规则的正确表达	行之有效的教学法理论或思想	
+	+	很好
+	-	不很好
-	+	不好
-	-	很不好

"很好"的语言教材是二者兼备；"不很好"的语言教材只具备准确的系统语言知识；"不好"的语言教材只具备有效的教学法思想；"很不好"的语言教材二者都不具备。可见，语言学理论、教育学与语言教学理论和目的语本体知识是语言教材编写和选用的四大理论支撑。

作为第二语言教学的国际中文教材应当具有多种功能，因而包括了各种不同的类别，如汉语知识类教材、中国文化介绍类教材、汉语言语技能训练类教材和特殊用途类教材。但无论是哪一类的教材都必须将上述因素考虑在内，也就是要贯彻以下的五项"基本原则"，即：

（1）以熟练运用和实际交际为基本导向，以培养汉语交际能力为根本目标，以任务型交际性活动为主要教学形式。

（2）以学习者为中心，体现汉语语言习得的过程和规律，尽量满足各类汉语学习者的要求和愿望，同时也为学习的促进者和组织者（教师）提供教学使用上的便利，成为"使用者友好型"教材。

（3）以汉语语言本身的特点为出发点，从口语（拼音）到书面（汉字），由字词到语句再到句群、语篇来组织汉语语言知识的学习和汉语言语技能的训练，特别注意对汉语语用和汉字习得的得当处理。

（4）以"结构、功能、文化"的三结合为最高追求目标，做到三者同时并举却也分阶段有所侧重，如初级侧重结构、中级侧重功能、高级侧重文化。

---

① 金立鑫．"教师、教材、教法"内涵和外延的逻辑分析［J］．语言教学与研究，2009（5）：53-57．

（5）与时俱进，因地制宜，向"立体化"（即教学用书、音像文本的配套与多媒体和网络等现代化教育手段的运用）和"组合式"（教学资料多样化以利于教师和学习者"各取所需""各取所爱"，满足多种教学环境和学习需要）的方向发展。

总而言之，新型国际中文教材应当是以实际的交际为教学目的、以中文学习者为中心的语言教材。

附：牛津大学的"语言教材十九条"

英国牛津大学于1996年颁布了第二语言教材选用的标准，总共十九条。

（1）目标明确。

（2）途径和方式适合于目标群的教育和社会背景。

（3）清楚、诱人的版面设计。

（4）提供合适的音像资料。

（5）有趣的话题和任务。

（6）话题、任务多样化，满足不同水平、不同认知风格和兴趣。

（7）指示说明语清楚、明白。

（8）系统覆盖大纲所规定的内容。

（9）内容组织结构明晰且有难度分级。

（10）定期复习和检测。

（11）富含知识的语言。

（12）语音方面的解释好、练习好。

（13）词汇方面的解释好、练习好。

（14）语法方面的解释好、练习好。

（15）有听、说、读、写技能流利性的训练项目。

（16）鼓励学习者掌握自己的学习策略、独立自主地进行学习。

（17）为教师的使用提供有效的指导，减轻教师的备课压力。

（18）配有录音。

（19）容易在本地获得。

六、对外汉语（国际中文）教材

（一）发展演变的三个阶段

1. 起步阶段：20 世纪前半叶

代表性教材包括：《华英捷径：初步100步（注音）》（1910 年）、《新官话汇编：现代汉语入门》（1933 年）、《国语入门（英文）》（赵元任，1948 年）、《中英会话三用教本》（周辨明，1950 年）。其主要特点为：教学对象主要是外国传教士和外国商人，具有一定的实用价值和针对性，但缺乏相关专业理论的支撑，经验型和实践型的特点比较明显。

2. 逐渐发展阶段：1950—1990

代表性教材包括：《汉语教科书》（邓懿，1958 年）、《基础汉语课本》（李培元，1980 年）、《实用汉语课本》（刘珣，1981 年）、《初级汉语课本》（鲁健骥，1986 年）、《开明中级汉语》（孙晖，1987 年）、《中国语文》（1988 年）。其主要特点为：吸收国外语言教学理论的研究成果，并结合国内对外汉语教学的实践经验，在继承汉语传统语法和结构主义语法研究成果的基础之上，加入"功能"和"意念"的语用因素，将教学重点开始向学习者汉语交际能力的培养方面转变。

3. 多元化发展阶段：20 世纪 90 年代以来

代表性教材包括：《说什么和怎么说》（邱质朴，1990 年）、《中国家常》（杨贺松，1991 年）、《外国人学中国语》（王福祥，1995 年）、《桥梁——实用汉语中级教程》（陈灼，1996 年）、《汉语教程》（杨寄洲，1999 年）、《新实用汉语课本》（刘珣等，2002 年）、《博雅汉语》（李晓琪，2004 年）、"体验汉语系列教材"（刘援总策划，2006/2007 年）、《加油 jiā yóu》（许嘉璐、陈黻，2008 年）、《当代中文》（吴中伟，2010 年）、《快乐汉语》（李晓琪、罗青松等，2003 年）、《HSK 标准教程》（姜丽萍主编，2014 年）。

这些教材的主要特点：在继承以往对外汉语教学研究成果的基础之上，逐渐渗入功能和文化的因素，开始注意教材的国别化和针对性的问题。其中，《快乐汉语》和《HSK 标准教程》颇具特色。

《快乐汉语》由原国家汉办和英国文化委员会合作研发，适用于主流学校 11—16 岁的中学生，秉承"将快乐进行到底"的兴趣理念，曾被评为"2006 年度最受欢迎的国际汉语教材"。教材包括 3 册，每册分 8 个单元、24 课，每课的构架为"课文—生词—句式—练习"，每册包括学生用书、教师用书、练习册 3 本，总共 9 本，配有"词语卡片""教学挂图""CD/CD-ROM"。教材编写参考了英国中学外语课程大纲和 GCSE 考试大纲，最初的版本就叫 Chinese for GCSE，后来又改变研制出其他 44 个语种的《快乐汉语》入门级教材。

《HSK 标准教程》由北京语言大学联合汉考国际（CTI）共同研发，将 HSK 真题作为基本素材，以自然幽默的风格、亲切熟悉的话题、科学严谨的课程设计，实现了与 HSK 考试内容、形式和等级水平的全方位对接，从而体现了"考教结合、以考促学、以考促教"的理念，比较适合孔子学院和其他汉语教学机构的教学使用。全套教材对应 HSK 考试分为六个级别，1—3 级每级 1 册，4—6 级每级 2 册，总共 9 册。每册分课本、练习册、教师用书 3 本，总共 27 本。

1950 年以后，中国的对外汉语教材可以说是走过了以《基础汉语课本》为代表的纯结构时期和以《实用汉语课本》为代表的结构与功能相结合时期，现在正步入一个崭新的"结构—功能—文化"三结合的新时期。结构、功能、文化三者相互融合，是对外汉语教材编写的理想模式，也是对外（国际）汉语教材编写的既定目标，尽管在实际操作中还有一些问题需要解决。

（二）具有代表性的几种教材

1. 结构法时期

第一部对外汉语教材：《汉语教科书》，1958 年出版，内容比较枯燥。

第二部对外汉语教材：《基础汉语》《汉语课本》，中文部分由吕叔湘执笔，英文部分由许国璋执笔。

第三部对外汉语教材：《基础汉语课本》，20 世纪 70 年代末出版。

2. 结构—功能结合时期

《实用汉语课本》《初级汉语课本》《开明中级汉语》《桥梁——实用汉语中级教程》《说什么怎么说》《中国家常》等。

3. 结构—功能—文化三结合时期

《新实用汉语课本》《博雅汉语》《体验汉语》《加油 jiā yóu》《快乐汉语》《HSK 标准教程》《长城汉语》《乘风汉语》等。

第三节 课堂教学

第二语言课堂教学是帮助学习者学习和掌握目的语的主要场所，因为：其一，学校教育是有计划、有组织的教学活动，教学内容也是有计划地安排下来的，而计划中的教学内容必须在课堂上加以展示；其二，展示教学内容是为了让学习者进行操练，而操练必须在课堂上进行；其三，学会一种言语现象必须经过感知、理解、模仿、记忆、巩固和运用这一过程，这一过程主要是在课堂上完成的。

一、课堂教学的要素与特点

（一）课堂教学的要素

课堂教学系统的基本构成要素有四个：教师、学生、教学内容和教学环境。

1. 教师

教师在教学过程中发挥着主导的作用，既是教学设计者又是活动的组织者。在第二语言的课堂教学中，教师的角色和职责包括：控制者、评价者、纠错者、组织者、促进者和资源提供者。第二语言教师首先要成为一个中介者和协助者，其次是学习的促进者，再次是教学活动的设计者、合作者和角色扮演者，最后是教学的研究者。

2. 学生

学生是学习的主体，也是教学效果的体现者。正确的学生观是：①学生是具有主体性的人，教师要想方设法引导学生参与教学过程——只有将学生的积极性、主动性调动起来，教学才能够有效地进行下去；②学生是有差异的人，每个学生都有自己的个性特点、认知风格和学习策略等，教师不能强求他们达成同样的水平，而应使其在各自已有的水平上不断进步；③教学的最终目标是学生的发展，学生的知识技能得到发展，思想情感有了进步，价值得以体现，教学才真正有了意义。

3. 教学内容

教学内容是教学活动的素材和依据。学生在教学过程中理解教学内容，并把教学内容内化为自身的知识和技能，进而提高自己的能力水平。《国际汉语教学通用课程大纲》将教学内容规定为语言知识、语言技能、策略和文化意识。汉语作为第二语言学习者不仅要学习和掌握汉语语言知识（语音、字词、语法、功能、话题、语篇等），还要通过训练将这些知识转化为语言技能（听、说、读、写、译），并培养和掌握自己学习汉语的兴趣和方法，同时要学习文化知识，获得跨文化意识和国际视野，使自己成为"中国通"和文化交流的使者。

4. 教学环境

教学环境指的是教学实施的各种外在条件，包括社会、学校、家庭和班级，而课堂教学环境既包括物质环境，也包括心理环境。物质环境指教室空间的大小、人数的多少、男女生的比例等，心理环境指师生之间、生生之间的人际关系和班级氛围等。教学是在创造出来的物质环境和营造出来的心理环境中展开和实施的，教学环境的好坏因此直接影响教学的效果和效率。国际汉语（中文）教学的环境有两种：目的语（汉语）环境和非目的语（非汉语）环境，教师需想方设法为学习者创造学习和使用汉语的环境。

在四大要素之中，课堂教学主要是处理好教师和学生的关系，而理想的师生关系是"以学生为中心，以教师为主导"，也就是在教师的指导下充分发挥学生的主动性和创造性，属于一种双向、互动或者"教学相长"的关系。

（二）课堂教学的特点

第二语言教学属于应用性学科，语言知识和言语技能只有通过学生的主动学习和积极训练才能最终获得，策略方法和文化意识也只有在语言使用过程中获得或者提升。第二语言课堂教学因此呈现出六个特点，即实践性、交流性、创造性、表演性、互动性和情境性。

1. 实践性

语言的运用离不开实践，只有通过各种语言实践活动学习者才能掌握目的语，运用目的语。第二语言课堂教学的实践性体现在三个方面：

（1）精讲多练。教师既要钻研教材，把握教材的重点，把知识规律揭示给学生，又要了解学生，把握其学习难点，将其学习主动性和积极性调动起来，还要保证学生操练的时间多于教师讲授的时间，保证操练的形式多样化、富有趣味。

（2）在"用中学"。学生在"做"和"体验"中才能获得直接经验，增加感性知识，而在语言课堂上的"做"和"体验"就是使用目的语的教学活动，这些活动既要紧密结合学生的实际又要让学生动用多种感官，手脑并用，在使用目的语的过程中学习和掌握目的语。

（3）课外社会实践。语言是一种社会现象，只能在社会交际实践中逐步掌握，开展社会实践活动，把学生带到鲜活的语言情境中，才能使他们体验语言的真实意义，了解社会生活，从而更好地理解和使用目的语。

2. 交流性

有效的学习活动不只是简单地模仿和记忆，而是社会实践、自主探索与合作交流的积极参与。第二语言课堂上的交流，作为一种不可或缺的学习方式，发生在个体之间，也发生在小组合作中。生动有趣、具有实效的语言课堂，不仅是师生之间教与学的交流，而且是师生之间情感上的交流——教师通过自己的口头、肢体语言，唤起学生情感上的认可，又通过自己的教学特色和人格魅力点燃学生的学习热情和积极性，使学生积极主动、自觉自愿去配合教师的教学。课堂教学中的交流形式主要有知识交流、思想交流、语言交流、情感交流、行为交流等，理想的师生交流状态则是：

（1）思维共振，即在思维上处处呼应，时时合拍。

（2）情感共鸣，即在情感上保持高度的一致，时时处于兴奋状态。

（3）活动默契，即在活动中同步互动、相互协调。

3. 创造性

教学进程随时变化，教学对象千差万别，不可能用一个固定模式来解决课堂上出现的所有问题。教师的作用不是给出学生正确的答案，而是想方设法拓展和延伸学生的思维，使学生得到全面的发展。因此，教师应根据学生的需求和特点灵活地选择教学内容、教学方法，尊重学生的个性体验，允许答案的多样化，还应鼓励学生对所学知识大胆质疑，发现学生提问中所蕴含的创造性、探索性火花，鼓励学生用不同于自己所教的方法去解决问题，从而培养学生的创造性思维习惯。

4. 表演性

教师的课堂教学行为，就像演员的舞台表演，是其外观行为的综合表现，比如衣着、打扮、表情、态度、姿势、口语、课件、板书等。这种表演的关键在于一个"情"字，也就是以情感人。教师对教学内容有深刻的情感体验，对教学对象有深厚的热爱之情，便能在教学表演中很快进入角色，产生移情效应，从而形成一种教学之美。所谓的教学风格，也就是教师的教学思想与理念、知识积累与构成、教学水平与艺术、人格修养与魅力等多种因素的综合体现。

5. 互动性

互动即相互作用、相互影响，课堂互动即教师为了有效地解决某一具体问题或者加深学生的理解和体验而精心设计的能够充分发挥学生主体性的教学活动。课堂教学中的互动需注意四点：

（1）形式多种多样。既有师生互动又有生生互动，采用的形式可以是提问、辩论、讨论，也可以是表演、游戏、比赛、手工制作等。

（2）桌椅摆放利于互动。例如分组围坐的讨论式、通道排列的辩论式、腾出讲台的表演式、自由组合的沙龙式或游戏式等。

（3）捕捉智慧火花，及时给予积极的评价，使学生时而享受互动的愉悦和乐趣，增强其努力学习、参与互动的信心。

（4）问题的答案是开放的，从而发挥学生的想象力和创造力。

6. 情境性

语言学习与一定的社会文化背景或者"情境"紧密联系的，只有在真实的情境之下学习语言，学习者才可能将自己原有认知结构中的有关经验、知识与当前学习到的新知识连接起来，将新知识纳入自己已有的认知结构中。假如原有经验和知识不能吸收、同化新知识，学习者就会对自己原有的认知结构进行改造、重组，以便实现对新知识意义的建构。课堂教学是教师在人工环境下将那些从实际情境中抽象出来的一般性知识、技能传授给学生，这就要求：

（1）教师尽可能根据真实情景来设计课堂情境。

（2）学生在真实和模拟的语言情境中感知、理解语言材料，从而触景生情，促进语言理解和表达能力的发展。

二、课堂教学的内容和目标

（一）课堂教学内容

第二语言教学涉及五项内容，即语言知识、语用知识、相关文化知识、言语技能、言语交际技能。

在第二语言课堂教学中，必须将语言知识的传授和言语技能的训练紧密地结合起来，实施方法有三种：

（1）展示和传授语言要素知识。

（2）利用这些语言要素进行言语技能和言语交际技能的训练。

（3）结合语言要素知识的传授和言语技能、言语交际技能的训练介绍语用知识和相关文化知识。

（二）课堂教学目标

第二语言课堂教学的目标可以分成三个层次：（教学全过程的）总体目标、（教学各个阶段的）阶段性目标和一堂课的目标。

（1）课堂教学的总体目标是：根据教学大纲的要求和教材的具体内容，全面完成教学任务，使学习者全面掌握必须掌握的学习内容。

（2）课堂教学的阶段性目标是：根据教学大纲所规定的该阶段教学内容和要求以及教材中相应的具体内容，全面完成该阶段的教学任务，使学习者全面掌握该阶段必须掌握的学习内容。

（3）一堂课的目标是：全面完成教师事先计划好的任务，使学习者全面掌握这一堂课必须掌握的学习内容。

教师是否全面完成教学内容，学习者是否全面掌握学习内容，可以从五个方面来加以衡量和评估，即：教师是否全面展示和传授计划内的教学内容；教师是否让学习者全面理解所学的内容；学习者能否正确地模仿；学习者是否记住了所学的内容；学习者能否正确地运用所学的内容进行交际活动。

综上所述，课堂教学的总体目标是：根据教学大纲的要求和教材的具体内容，全面完成教学任务，使学习者全面掌握必须掌握的教学内容。课堂教学的最高目标是：使学习者能够正确地使用目的语进行交际。为此，教师在课堂上必须全面展示和传授计划内的教学内容，使学习者全面理解所学内容，并能够正确地模仿、记住和运用，必须计划好每一堂课的教学任务，努力实现每一堂课的教学目标。[①]

三、课堂教学中的几组关系

第二语言课堂上，教师必须处理好四组关系，即讲和练的关系、学习和习得的关系、目的语和媒介语的关系、语言和文化的关系。

（一）讲和练：精讲多练

"精讲"即讲解要简明扼要，要少而精。教师要对教学内容精挑细选，又要用最少的

[①] 吕必松. 汉语和汉语作为第二语言教学 [M]. 北京：北京大学出版社，2007年，第116-118页。

语言、最简单的方法把教学内容讲透、讲明白。具体要求包括：准确简明；深入浅出；针对性强；启发性强；充分利用现代化教学手段。

"多练"即以言语技能训练为主，练习数量、时间和方式要多于讲解，而且效果明显，即有助于学生汉语语言运用能力的培养和提高。具体要求包括：有针对性；循序渐进；灵活多样；讲求实效；有张有弛，节奏分明。

精讲、多练是有机组合的整体，"讲"不只是教师的活动，"练"也不只是学生的活动，只有讲练结合，讲中有练，练中有讲，才能达到良好的教学效果。

（二）学习与习得：相得益彰

"习得"指儿童不知不觉地获得自己母语的过程，"学习"指有意识地学习语言知识和掌握语言规则的过程。从理论上区分二者，有助于我们认清获得语言知识和技能的不同途径和方式，但实际上二者并非"井水不犯河水"，而是相互联系、相互补充、相互渗透、相互作用，在语言获得过程中是相得益彰的。

如果学习者是成人，且在目的语环境中，就要首先在课堂上强调学习的重要性，同时不忽视课堂情境和课下大环境对语言学习的作用，从而把课上与课下、学习与习得紧密结合起来，快速、高效地培养学习者的语言交际能力。如果是在非目的语环境下，教师就更要特别重视课堂上的学习，想方设法去营造课堂语言情境，提供真实的语言材料和创造课下真实的语言环境（比如观看原声影视作品、阅读原文报纸杂志、聆听原声广播录音等），并努力将二者结合起来。

掌握第二语言的过程其实就是从有意识的学习逐渐发展到潜移默化的习得的过程，随着时间的推移和学习者水平的提高，习得的成分越来越多，学习的成分就相对减少了。

（三）目的语与媒介语：主辅配合

教师尽量使用目的语进行教学，以便为学生创设沉浸式的语言学习氛围，但当目的语讲解"成本"太大，费时费力也讲不清楚时，就应该适当、适度地使用媒介语，从而达到一语道破和"画龙点睛"的效果。

使用目的语进行教学是一种高强度的教学，教师因此要特别注意以下四点：①要求学生充分预习；②由学生已知引入其未知；③借助形象化手段（实物、图片、多媒体、身体语言等）；④综合运用多种方法。

使用媒介语进行辅助教学，需要注意以下三点：①把握时机——如零起点教学之初、遇到难点和疑点时、课堂管理和练习指令中；②适度适量——不超过10%的分量；③逐渐调整——水平提高后有所减少。

"普林斯顿北京暑期中文培训班""哈佛北京书院""哥伦比亚在中国"等著名项目都采用全中文的强化教学模式，并取得了成功。我国的对外汉语教学在经历了直接法和听说法教学后，在相当长的时间里都主张要适当使用媒介语，但随着学习者汉语水平的提高，要逐渐过渡到完全目的语（汉语）教学。

（四）语言和文化：相互依附、彼此制约

国际中文教学的目标之一是培养学习者的文化意识。文化意识即对影响人们行为和观念的自身文化和其他文化的理解，属于一种文化的敏感性或洞察力，它包括四个层次：①文化知识；②文化理解；③跨文化意识；④文化体验。

文化知识可以通过教材、读物的学习和教师的讲解让学习者逐渐获得。文化理解可以通过语言知识的教学使学习者了解其中蕴含的文化知识和信息，通过与母语文化的比较使其了解两种文化的差异，从而为运用目的语打好基础。跨文化意识主要通过对目的语文化的系统介绍来培养学习者对文化差异的敏感性和宽容性。文化体验则是引导学习者参加各种跨文化交际的实践活动，以便正确理解和评价目的语文化。

直接影响语言学习和使用的文化因素主要有六种：①社会习俗；②思维方式；③社会心态（价值观、审美观、道德伦理等）；④字；⑤历史典故；⑥身势体态（"身体语言"）。这些内容大多隐含在教材、读物和交际里面，教师应将其自然而然地融入语言教学之中。

四、课堂教学的结构和程序

（一）课堂教学结构

第二语言课堂教学由四大成分结构而成，即教学过程、教学单位、教学环节和教学步骤[①]。

教学过程是课堂教学的总称，即教学全过程中的课堂教学，可以划分为若干个教学单位，例如一课书（由几节课来完成）或者一节课。

一个教学单位又可以划分为若干个教学环节，如开头、展开和总结，其中的每一个环节还可以划分成若干个小环节，即对某一项具体教学内容的处理，如生词处理、句型

---

① 崔永华. 基础汉语阶段精读课课堂教学结构分析［J］. 世界汉语教学，1992年第3期。

或语法点的处理等。

一个教学环节又可以分成若干个有着具体教学目的的教学步骤,例如,一个语法点的处理可以分成展示、解释、操练等步骤,以话题为中心的交际性练习,可以分成话题提示、话题操练、纠正错误等步骤。

(二)课堂教学程序

第二语言课堂教学的程序就是课堂教学结构的自然程序,包括备课和上课这两个方面。

备课(即写教案)的流程是:教学过程→教学单位→教学环节→教学步骤;上课(即课堂操作)的流程则是:教学步骤→教学环节→教学单位→教学过程。可见,教师备课的程序是分析性的,即:首先,从教学过程的全局出发,把握好本课程或课型的教学特点以及本课程或课型的教学任务与其他课程或课型教学任务之间的关系;然后,依照教学结构的特点,依次研究每一个教学单位、每一个教学环节、每一个教学步骤的教学内容、教学目的和教学目标,设计出每一个教学单位、每一个教学环节、每一个教学步骤的实施方法和技巧。教师上课的程序则是综合性的,即:根据备课时设计的教学方案,从具体的教学步骤开始,一步一步地完成教学任务,亦即通过教学步骤来完成教学环节的教学,通过教学环节来完成教学单位的教学,通过教学单位来完成整个教学过程的教学。

教师上课其实就像人说话一样,要有条有理,逻辑清晰。课堂教学的条理性和逻辑性既表现为教师说话讲究条理,也表现为教学环节、教学步骤的安排得当。这种得当安排的标志则是:①教学内容清楚,教学目的明确;②教学环节和教学步骤之间相互关联,一个环节和步骤的教学既完成一定的教学任务,又为下一个环节和步骤做好铺垫。

五、课堂教学技巧

第二语言教学是教师和学习者、和学习者之间的双边活动,相互间的密切配合自然是不可或缺的。在整个教学过程中,无论是教师的教还是学习者的学都需要掌握和应用一定的技巧。

(一)课堂教学技巧的特性

教学技巧是教师在教学实践中形成的能够熟练、自如运用的教学技能,教师在课堂教学中使用的教学技巧往往是独特的又是多种多样的。

1. 独特性

教学技巧体现教师的个性，教师个性则体现于其独特的处理方式，包括：独特的内容处理；独特的技巧运用；独特的表达方式。

案例一："对……感兴趣"句式教学

首先，从"喜欢""高兴"入手，PPT展示一个小人高兴地蹦蹦跳跳，由此导入跳舞、打拳、旅游、书法的动漫。

然后，逐个引出"他对跳舞感兴趣""他对打拳感兴趣""他对旅游感兴趣""他对书法感兴趣"等语句。

案例二："结婚照、婚戒、婚宴、蜜月旅行、支出"生词教学

教师借助图片或画面引导学生构架出："……都是结婚的支出。"

2. 多样性

教学技巧的使用贯穿整个教学过程，自然不能是千篇一律而应多种多样，比如：怎样的设计才能自然而然地导入一个语言点？怎样的板书才能使学生流畅地复述课文？怎样的提问才能呈现难度的层级性？怎样才能让全班学生集中注意力？怎样才能调节好课堂气氛？运用哪些词语才能使学生全都听懂？使用什么手段才能使学生都感到轻松？教学技巧使用得当既能吸引学生，又能提高教学质量并体现教师的价值。

（二）常用的课堂教学技巧

常用的第二语言课堂教学技巧包括五个方面：第一，如何编排一个教学单位的教学程序？第二，怎样组织交际性的练习活动？第三，如何稳定课堂教学秩序？第四，怎样使学习者集中和保持注意力？第五，怎样使学习者积极主动、创造性地学习？

1. 编排教学程序

一个教学单位通常可以分成开头、展开和总结三个环节。

（1）一堂课常用的开头有三种：①复习旧课，所谓的"温故而知新"；②检查新课预习情况，如听写生词、句子等；③复习旧课与检查新课预习相结合。

（2）新课文的展开教学通常包括四个步骤：①教师示范朗读，教师领读学生跟读；②教师自己或者指定学生解释课文中的语音、字词、语法、语用难点；③教师自己或者指定学生叙述课文内容；④师生就课文内容和课文中的语言点进行多种形式的练习或讨论。

（3）一堂课的总结可以采用两种方法：①教师简明扼要地归结本节课所讲的语言点

以及掌握这些语言点的注意事项；②教师就本节课所教的语言点进行提问，检查学生是否已经将其掌握，然后就练习中出现的问题进行画龙点睛式的讲解。

当然，也可以先由学生总结，然后教师补充，将本节课所讲的语言点提纲挈领地归纳出来。

2. 组织交际练习

组织和完成好语言交际性练习，关键有三点，即：①根据教材提供的内容选择适当的语境和话题；②根据话题的特点选择适当的练习方式，如问答式、陈述式、描写式、讨论式和辩论式；③不要轻易打断学生的话语，避免挫伤学生的学习信心和交际积极性。

3. 稳定课堂秩序

稳定课堂教学秩序的办法必须因时因地来确定，常见的情形有：

①教师进入教室后，在正式讲课前用目光扫视全班，使每一个学生都感到老师在注视自己；②当学生交头接耳时，老师不应当众斥责，而是本着关心和爱护的宗旨，或者提出一个有趣的问题吸引其注意力，或者走近前去问他们是否有什么不懂的问题，或者给出某种提示或暗示。

4. 吸引学生注意力

吸引和保持学生的注意力是课堂教学活动的关键之一，教学内容适当和有趣则是吸引其注意力的必要条件。教师因此必须想方设法做到下面七点：①使自己讲解、练习的内容和方法让学生感到有用、有趣而且深浅适度；②使自己对教学环节的安排有张有弛、有起有伏，将学生置于既紧张又轻松的气氛中；③目光面向全班，使每一个学生都感到要随时回答教师的提问；④提问时要先提出问题，然后指定学生回答或让学生举手回答；⑤讲话要抑扬顿挫，声音高低适度，并伴随一定的表情和动作；⑥准备几个笑话或者幽默故事，必要时可以用来活跃课堂气氛；⑦衣着、仪态、表情、动作适应一般的社会心理，避免任何可能分散学生注意力的因素。

5. 发挥学生积极性

只有学生积极主动、创造性地去学习，第二语言课堂教学质量才能得到保障，而学生的积极性、主动性和创造性需要教师去调动。相关的方法包括：①突出语言教学的交际性，把课堂组织成交际的场所，选择交际话题时尽可能让每一个学生都感到有话可说；②经常提出一些能促使学生进行思考的问题，对学生的良好表现及时给予鼓励和表扬；③对不同水平的学生区别对待，使每一个学生都感到自己在课堂上能够发挥自己的潜力，例如，提问时，对程度不同的学生提供与其水平相一致的问题，使低水平的不失信心，高水平的学生不骄傲自满。

教学技巧体现着教师个人的教学经验和教学风格，因而需要每个教师自己去根据具体的教学内容、本班的具体情况和本人的性格特点来灵活地创造和使用。

六、课堂教学的要求与评估

（一）课堂教学的要求

1. 对教师的要求

一是，必须全面展示和传授计划内的教学内容。

二是，必须使学生全面理解所学的内容。

三是，要给予学生的模仿以正确的引导。

四是，要尽量给学生创造记忆的条件，教给学生记忆的方法，运用各种手段加强学生记忆。

五是，在课堂教学中要营造交际的气氛，创造交际的条件。

2. 对学生的要求

一是理解：学习目的语的第一步，也是学生在课堂教学中要完成的首要任务。

二是模仿：尽量利用课堂教学的有利条件，充分地进行模仿操练，同时要把握模仿的正确性。

三是记忆：尽量利用课堂教学的各种因素来帮助记忆。

四是运用：积极主动地参与各项课堂操练和课堂活动，以达到运用所学语言进行交际的目标。

这是与"感知→理解→巩固→运用"的人类认知过程相吻合的。首先，感性的语言材料通过视、听、读等途径被学习者感知，进入其大脑形成表象。其次，学习者从已感知的表象出发，通过积极地思考并联系自己已有的知识进一步了解语言材料的含义、结构和用法。再次，学习者从识记、理解的语言材料中归纳出语言规则和用法，扩大和完善其语言知识结构，并通过练习和交际活动，将规则内化并形成言语技能。最后，学习者将所掌握的语言知识和言语技能运用在真实语言情境中进行实际的语言交际活动。这四个阶段基本上反映了课堂教学的主要环节。

（二）课堂教学的评估

对课堂教学效果进行评估，是第二语言教学过程的一个重要环节。教师通过评估可以总结经验教训，获得学习者的反馈，从而反思和改进教学。学习者通过评估可以反映自己的意见和要求，和教师进行深入的沟通交流。教学同行和管理者通过观摩、评估可以开展教学研讨，以实现教学的最优化目标。

课堂教学评估应从学习者实际出发，按教学大纲所规定的目的和任务，基于基本的教学原则，对教师和学生在课堂教学过程的全部活动（特别是教师所使用的教学方法和教学技巧），结合学生的习得效果，进行全面的评价。评估的重点则包括以下七个方面：

（1）教学目的是否明确？是否符合学生的水平？

（2）教学内容是否做到了重点突出、难点分散？

（3）教学环节是否安排得合理、清晰、紧凑、自然？能否处理好新知识的感知、理解、巩固、运用和旧知识的重现、复习之间的关系？

（4）教学时间安排得是否得当？是否体现了精讲多练的原则？

（5）是否体现了启发式、发现式的教学原则？教学方法是否灵活多样而且有效？

（6）是否体现了成熟高超的教学技巧，包括课堂驾驭能力、提问和语言及板书的技巧、教学辅助手段的利用、教师教态和课堂气氛等？

（7）教学任务是否全部完成？教学效果是否达到（即学生在言语交际技能方面是否有所提高）？

第四节　测试评估

测试是教育评估的主要手段，语言测试则是语言教学中一个十分重要的环节。第二语言教师总会接触到各种各样的语言测试，随时都有可能从事试卷的设计和命题工作。有关语言测试的基本理论知识，因而成为每一个第二语言教师所必备的职业素养。

一、语言测试的作用

语言测试是根据一定的测试目的，以抽样的方式，通过有限的试题来诱导出受试者的言语行为，然后借助于定量描述的方法来对受试者所掌握的语言知识和能力做出推断。

语言测试不仅与语言教学密切相关，而且为语言研究（包括语言教学研究）提供有效的信息。具体来讲，语言测试的作用表现在以下五个方面：①评价学习者的学业成就和语言水平；②评估教学的实际效果，发现教学中存在的问题；③为选拔人才和使用人才提供依据；④是语言教学研究和语言研究的重要手段；⑤推广母语教学，提升母语影响力。

随着国际交往的日益频繁和国际竞争的日益加剧，世界各国（尤其是大国）都意识到"语言影响力"的重要性，从而不遗余力地向外推广自己的语言，吸引更多的外国人来学习和使用自己的语言。大规模、国际化、标准化的语言测试，如美国的"托福"（TOEFL）和GRE、英国的"雅思"（IELTS）、我国的"汉语水平考试"（HSK）都起到了推动本国语言的对外教学、扩大本国语言在世界上的影响力之作用。

二、语言测试的类型

对语言测试的分类可以从不同的角度来进行。

（一）按照测试目的或用途分类

1. 水平测试

这种测试旨在测量测试对象整体的语言实际运用能力，以评定其是否已达到胜任某项任务的要求，所以又被称为"能力考试"。前面提到的HSK、TOEFL、IELTS和GRE都是水平考试。水平考试的内容和方法以能够有效测量测试对象的实际语言水平为原则，而不以某种教学大纲、课程或者特定教材为依据，所以跟年龄、学历、教学过程和学习年限没有关系，可谓是"条条大路通罗马"。

2. 成绩测试

这是针对一门课程或课型的测试，所以又被叫作"课程测试"。成绩测试是教学中最常用的一种测试，目的是检查和测量学习者在某一教学阶段是否掌握了教学大纲和教材所规定的教学内容，在学习上取得了什么样的成果。单元考试、期中考试、期末考试和结业考试都属于成绩测试。这种测试在内容和方法上都跟教学大纲规定的教学要求以及体现在课程教材和课堂教学中的内容和方法保持一致，即教什么考什么。

3. 诊断测试

这是一种旨在检查学习者在学习某一具体语言内容或在较短一段时间里所存在的问题（从而为教师改进教学提供反馈信息）的测试。通过测试，我们可以了解学习者对教学内容哪些已经掌握、哪些尚未掌握，以便对教学进行及时的调整。诊断测试通常采用小测验的形式，测试的内容比较集中，针对性更强，可能只有一两道或者两三道小题。教师在课堂上随时都可以进行这种测试。

4. 潜能测试

这是一种旨在检查测试对象学习第二语言的潜在能力和素质的测试，因而又叫"学能测试"和"素质测试"。通过测试，我们可以了解考生学习目的语的潜力（能力倾向）如何，从而对其未来学习目的语是否会成功做出预测。学习第二语言的基本能力或者素质包括模仿能力、记忆能力和理解能力，涉及语音解码和编码能力（如模仿语音、听辨语音的能力）、语法解码编码能力（辨认语法类型、利用语法形式的能力）、综合归纳能力（猜测词语或句子意义的能力）、语言记忆能力（如短时记忆有效信息的能力）和语言表达能力（如口齿是否伶俐）等。

附：语言学能（潜能）

仅仅依据人的一般智力并不能可靠地预示其最后的综合语言能力。有可能还存在着一种与生俱来的能力——语言学能，这一能力有些人具有，有些人不具有，有些人比别人多一些。具有这种能力的人最有希望成为优秀的第二语言学习者。

至今已有两种著名的语言学能测验，都是在 20 世纪 60 年代由北美人设计的。一种是卡罗尔的《现代语言学能测验》（MLAT），另一种是皮姆斯勒的《语言学能测量表》（PLAB）。每套题都由几个部分组成。

《现代语言学能测验》将语言学能分成四种独立的能力，用五套小题来加以测量。这四种能力是语音编码能力、语法敏感性、强记能力和归纳能力。

《语言学能测量表》将学能分成三个组成部分，用六套小题来进行测量。三个组成部分是听力（语音编码能力）、言语智能（归纳学习能力）和动力。

语言学能测验举例：

（1）语音编码能力——被试者听录音，录音用毫无意义的音节教给被试者一套人工制造的数字系统。然后要求被试者用阿拉伯数字写出一些用人造语言读出的三位数字。录音速度相当快。14 分钟做完 15 项（MLAT）。

（2）语法敏感性——被试者先看到这样一句话：He spoke VERY well of you. 然后，下面一句话中有四个部分打了下加线：Suddenly ① the music ② became quite ③ loud ④. 被试者要在第二句话中找出哪一部分的语法功能相当于第一句中大写的 VERY（MLAT）。

（3）言语智能——被试者看到一种外语（卡巴典语）的几个形式及其英语对应词。从这些样品中，被试者要找出这种语言的其他话如何讲。例如，shi gader le = the horse sees father； shi gader la = the horse saw father；be = carries．那么，如何用这种语言说"the horse carried father"？共 15 项，用时 12 分钟。（PLAB）

可以看出，这两套题所测的大都是学习者识别、记忆语言的声音和结构等形式规则的能力，并没有测试他们使用语言的能力。有证据表明这些测验能够预示将来学习语言的能力，实际上所预示的则是学习第二语言的速度，其学习者是用传统方法学习语言，注意力放在语言的形式上。这些测验也能预示学习第二语言的成败，不过所说的成败必须用语言知识测验来衡量。这就再次说明：这种测验只能预示认知和学术语言能力，并不能预示基本的人际交流技能。

（二）按照评分的客观化程度分类

1. 客观性测试

此类测试的试题答案是固定的，评分是客观的，即不受评卷人的主观认识和个人偏好的影响，无论是谁评分结果都是一样的，甚至可以用机器来评分。多项选择题、正误判断题都是客观性试题。客观性测试的优点是：①测量结果比较客观，分数可靠；②试题覆盖面大，针对性比较强；③阅卷方便，适用于规模性测试。缺点是：①命题比较麻烦；②只能测量理解、识别性的技能，无法测出表达性的技能。

2. 主观性测试

此类测试的试题允许有一个以上的答案，评分在很大程度上取决于评卷人的主观判断，不同的评卷人由于不同的认识和偏好会给出不同的分数。回答问题、翻译、作文、口语测试都是主观性测试。主观性测试的优点是：①命题比较容易，可以避免猜测得分，防止作弊；②测试更有深度，能测出考生的表达性技能和综合性的语言交际能力。缺点是：①阅卷麻烦，既费工耗时又缺少统一的标准；②试题量小，测试范围狭窄。

通常情况下，一份好的试卷既包括客观性试题又包括主观性试题。

（三）按照命题的方式分类

1. 分立式测试

这是针对语言要素和言语技能分别进行的单项测试，例如填空、完成句子、多项选择等。分立式试题优点是：①想考什么就可以考什么，考生无法回避；②大多采用客观性试题，测试结果比较可靠。缺点是：只能测试孤立性的知识或者技能，而考生各个单项知识或者技能之和并不一定等于其综合的语言能力水平。

2. 综合性测试

这是针对语言知识和言语技能而进行的整体的、综合性的测试，目的是测量考生综合运用语言知识和言语技能的能力水平，例如完形填空、阅读理解、听力理解和听写等。

3. 交际性测试

这是旨在测定考生在实际生活中运用语言进行交际的能力的测试形式，例如面谈和应用性写作。交际性测试不仅具有更强的综合性，而且全面考察在一定社会情境中正确、得体地使用语言进行沟通、交流的能力。

分立式测试和综合性测试已经应用得相当成熟了，交际性测试则尚处于探索和改进之中。

（四）按照测试的制作要求分类

1. 标准化测试

这是一种以现代教育测量学理论为依据，按照系统的科学程序对考试全过程（设计、命题、施测、评分、分析）实行标准化处理，并对误差进行严格控制的测试。标准化测试一般由权威机构和专业团队来研制，主要采用客观性试题的常模参照模式，以保证测试的效度和信度。

2. 非标准化测试

这是一种由任课教师根据教学需要而自行设计、命题、施测和评分的测试，例如成绩测试和诊断测试。测试的规模一般比较小，评分标准也并不统一。

将标准化测试形式非标准化测试形式结合起来，才有可能把学习者语言知识和语言能力全貌测量出来。

常见的四类综合性试题题型：

① 听力理解

A. 听后选择正确答案（双项、三项或多项选择）

B. 听后填空

C. 听后填表

② 阅读理解

D. 读后选择正确答案（双项、三项或多项选择）

E. 读后填空

F. 读后填表

③ 说话（口语）

G. 回答问题

H. 看图说话（回答问题）

I. 根据指定的题目自由表达

④ 写作（写话）

J. 连句成段（将给出的几句话连成一段话并加上标点符号，或仅仅排序）

K. 看图回答问题、写话、作文

L. 写应用文或填表

M. 命题作文

常见的四类分立式试题题型：

① 语音测试

A. 听写音节

B. 听时填声母、韵母

C. 听时标调号

D. 听时标重音和语调

E. 朗读音节、词语，注意声、韵、调

F. 朗读句子、短文，注意逻辑重音和语调

② 汉字测试

G. 给汉字注音

H. 在包含同音字的一组词语或句子中标出同音字

I. 在包含同形字的一组词语或句子中标出同形字

J. 写出一组字词或句子中相同的汉字部件

K. 在所给的汉字中选择唯一恰当的汉字填空

L. 改正错别字

M. 根据拼音写汉字

N. 听写字词、句子、短文

O. 用汉字填空

③ 词汇测试

P. 为所给的字词注音

Q. 选择适当的近义词填空

R. 选择语汇填空（字形和语义识别）

S. 用汉字解释语汇（口头或笔头）

④ 语法测试

T. 改正错句

U. 把指定的字词写在可供选择的位置上

V. 从所给的语汇中选择恰当的语汇填空

W. 综合填空

三、语言测试的内容和题型

第二语言教学旨在培养学习者的语言能力和语言交际能力，第二语言测试（学能测试除外）必须跟这一总体目标保持一致，即以测量测试对象的语言能力和语言交际能力为出发点。语言能力和语言交际能力的具体表现是对语言的理解和表达的能力，其中，理解能力包括口头理解能力（听）和书面理解能力（读），表达能力包括口头表达能力（说）和书面表达能力（写）。这些能力都涉及具体的"语言点"，即相关的语言要素、语用规则和文化知识，甚至学习者的策略。

（一）语言测试内容

语言测试的内容因此包括语言要素（语音、词汇、语法、汉字）、言语技能（听、说、读、写）与言语交际技能相关的因素（语用规则、话语规则、交际策略、语言文化因素、社会文化背景知识等）。成绩测试、诊断测试应紧密配合教学计划、教学大纲和所用教材，水平测试通常也是通过对语言要素知识、言语技能和言语交际技能以及相关文化知识等分项目的测试来完成的。

吕必松（2007）对测试项目与测试内容之间的关系表述如表 5-3 所示：

表 5-3　语言测试项目与测试内容

测试项目		测试内容				
理解	听	语音	语汇	语法	文化	语用
	读	汉字	语汇	语法	文化	语用
表达	说	语音	语汇	语法	文化	语用
	写	汉字	语汇	语法	文化	语用

（二）语言测试的题型

语言能力和语言交际能力具体表现为对话语（口头的和书面的）的理解和表达能力，即听、说、读、写的能力，语言测试的基本项目自然要包括这些项目，但这些项目必须通过一定的题型（试题的类型）才能实现其测试目的。语言测试的题型有近十种，但最常用的有以下四种。

1. 多项选择题

一般是提出一个情景（"题干"），并给出四个答案的备选项，考生从其中要挑选出一个正确答案（正确答案之外的三个备选项成为"干扰项"）。听力理解、阅读理解和词汇、语法的考查大多采用这种题型，因为它评分客观，信度和效度较高，题量也比较大。

2. 综合填空题

在一篇短文中每隔一定的字数删去一个字（词），考生根据文意和语法规则将漏掉的字（词）填补上去，即所谓的"完形填空"的基本形式。这种题型既要求考生读懂全文，理解原作者的旨意，又保留了客观性测试的优点，所以成为一种综合性测试的好题型而经常被人使用。

3. 写作

考查写作能力的主要形式沿用了传统的作文，因为作文可以全面地反映考生的语言水平，包括语法、词汇、标点符号的运用水平和汉字书写、成段表达（话语或者语篇）能力。为避免或者减少评卷的主观性，我们可以：①对评分标准进行细化和量化处理；②多人评卷，集体讨论或用平均分确定得分；③流水评阅，各人评定的单项分数之和成为最终得分；④比较评分，即先凭印象评出等级，大的等级下再分成若干小的等级，通过比较将文章等级反复调整，确定最终等级名次。

4. 口试

对说的能力的测量，由于技术原因，很难大规模地进行，因为面对面的测试方法费时费力，大规模测试难以实施，录音方式不真实也不自然，对考生的心理影响又很明显。但口头表达能力是最直接、最重要的语言交际能力，对学习者语言交际能力的考查绝对不可缺少。小规模的口试，尤其是课堂口语测试，通常采用师生面对面对话的方式进行，并参照作文评分的方法，将标准量化、细化且由多人集体评分，从而减少评分的主观性。

美国在 20 世纪 80 年代开发了一套口语测试方法（即 ACTFL 制定的外语口语能力考试 OPI），将 15~30 分钟的测试分成四个阶段来实施：

（1）热身（warm-up）。通过轻松的寒暄，营造愉悦的气氛，使考生情绪放松下来。

（2）摸底（level-check）。用分等级的问题卡片提问，发现考生的最高水平，并了解其有无延伸或持续的空间，即找到他（她）"能说什么"。

（3）探顶（probe）。把提问的难度提升一些，以便找到考生语言水平的顶点——考生的流利程度突然降低，语法错误突然增加，甚至表示能听懂却不知如何回答，这就说明其口语能力达到了极限。本阶段其实就是发现他（她）"不能说什么"。

（4）结束（wind-up）。找到考生口语水平最高点后再回到其正常水平，以便使其恢复自信心和成就感，不在无法应对的情形下结束交谈。

可见，考官的测试经验，特别是提问技巧至关重要，因而必须经过严格的培训和多轮评分鉴定，才能获得考官资格。

口试结果分为四个等级：初级（低等—中等—高等）；中级（低等—中等—高等）；高级（低等—高等）；超高级。

四、测试的质量保证

试题的效度、信度、区分度和反馈作用是衡量语言测试质量的四个重要指标，理想的语言测试在四项指标上都有上佳的表现。

（一）效度

效度即有效程度，也就是测试的内容和方法是否达到了预定要测试的东西。保证效度的关键是测试项目和内容与测试目的保持一致。

效度的具体表现是：①有的放矢，该测的必须测，不该测的就不测；②该测的部分不出现缺漏或者偏题、怪题；③试题包含的内容具有代表性、准确度和覆盖面。

影响效度的因素有：①测试目的不明确，需要考什么不清楚；②命题技术层面上的问题，如题目表述不清、词句过难、排序不当、题量太大等；③组织管理层面上的问题，如指示语表意不清、场地和设备条件不足、考试程序未能严格遵守等。

（二）信度

信度即测试的可靠性程度，也就是测试结果的可靠度和稳定性——同一个卷面和难易程度相同的试题用于水平基本相同的受试者，测试结果是否基本相同，是否反映了受试者的实际水平？

决定卷面信度的主要因素有：①卷面构成，即测试内容具有一定的代表性和覆盖面；②试题的数量，难易度合适、题量合适，测试的信度就有保障；③评分标准和办法，标准客观、办法科学，信度就会高；④受试者水平，水平有差异，信度也就较高。

验证和提高卷面信度的主要方法是试测对比：①拿同一个卷面去测试几个平行班的学生，然后统计每一道题的测试结果；②跟踪调查测试对象的学习情况。

信度和效度是测试的两个主要评价标准，二者之间关系密切而又复杂。一般来说，信度是效度的前提——测试结果不可靠，不能反映考生的实际水平，就谈不上有效性；信度高不一定效度就高——可靠的语法项目测试并不一定能测出考生的理解能力；效度不高，即考试内容偏离了测试目的，信度再高也没有什么意义。

（三）区分度

区分度指测试区分受试者的水平差异的性能，即试卷能不能客观地反映测试对象的水平差异。如果受试者的水平有很大的差异，而测试结果却很接近，那就说明测试的区分度差。测试的区分度可从试题的难易度和区分度两个维度来进行考察。试题的难易度是指试题的难易程度的比例要适中——难度太高则答对的人很少，难度过低则全都答对，两种情况都不能反映受试者的真实水平。试题的区分度是指试题区分受试者水平差异的程度——将受试者分成若干组，某一道试题高分组答对、低分组答错，那么这道试题就有较好的区分度。

一般认为，30%~70%的考生都能做对的题目（即难度系数在 0.3 和 0.7 之间）就是合适的题目。将考生分数分成高分组（27%的最高分）和低分组（27%的最低分），一道试题高分组都答对了而低分组都答错了，那么这道题就有较好的区分度。

（四）反馈作用

反馈或"后效"作用是指测试对教学所产生的影响。符合教学规律，能很好地引导教学，促进学生的学习，便会产生积极的反馈；背离教学规律和学习规律，误导教学方向，甚至出现教学为考试服务、向考试看齐的情况，便会产生消极的反馈。

积极的反馈源于两大因素：①测试项目、内容与试题类型的选择和确定有利于指导课堂教学；②测试标准和试题的难易度适中，有利于促进教学水平的不断提高。HSK 考试大纲就明确规定其目的是"以考促教""以考促学"。

五、标准化语言测试

语言测试的标准化就是对语言测试的全过程进行科学化、标准化的处理。标准化的语言测试大体上要经过四个环节,即设计命题→考试实施→阅卷评分→统计分析。

(一)设计命题

这一环节又可分为七个步骤:

1. 考试设计

任务包括:明确考试目的,制定考试大纲,确定考试细节(类型、范围、内容、重点、方式、题型、题量、分值、难度、评分和计分方法、考试时间等)。

2. 拟订计划

包括编题计划、考试蓝图或试卷各个部分的细目。

3. 命题

在广泛征集题目的基础上,对试题进行编辑和筛选。

4. 预测

5. 项目分析

基于预测结果对各个项目进行分析,将符合考试要求的试题确定下来。

6. 制定试卷

按照考试大纲对确定下来的试题做进一步的审查,然后编制成正式的试卷。

7. 建立题库

把经过试测和项目分析且满足效度、信度、难易度、区分度要求的试题存入试题库,以备随时提取使用。

(二)考试实施

通过宣布考场规则、发布主考指令严格控制考场秩序,特别要统一考试的时间和答题的方法步骤。

(三)阅卷评分

对客观性试题实行机器阅卷,尽可能消除人的主观因素带来的误差。

（四）统计分析

将评出的原始分数转换为导出分数，使其具有明确的意义和可比性。将统一考试的不同试卷进行等值处理，并对考试结果进行分析和解释，最终形成考试分析报告，以便为教学提供反馈信息，及时解决存在的问题。

六、国际中文能力考试

（一）汉语水平考试（HSK）

HSK 是"汉语水平考试"的简称（即汉语拼音首字母的缩写），是专为测量外国人和非汉族人的汉语水平而设计的一种考试，是一项国际标准化考试，重点考查汉语非第一语言的考生在生活、学习和工作中运用汉语进行交际的能力。包括基础，初、中等，高等三个平行的考试。

考试的主要形式是多选题，设计依据是《汉语水平等级标准和等级大纲》。

考试的适用对象有三类，HSK（基础）：具有基础汉语水平的汉语学习者，即接受过 100～800 学时现代汉语正规教育的学习者；HSK（初、中等）：具有初等和中等汉语水平的汉语学习者，即接受过 400～2000 学时现代汉语正规教育的学习者（包括具有同等学力者）；HSK（高等）：具有高等汉语水平的汉语学习者，即接受过 3000 学时及 3000 学时以上的现代汉语正规教育的学习者（包括具有同等学力者）。

HSK 考试的作用主要体现在汉语水平证书的效力上：

①作为达到进入中国高等院校入系学习专业或报考研究生所要求的实际汉语水平的证明。

②作为汉语水平达到某种等级或免修相应级别的汉语课程的证明。

③作为聘用机构录用汉语人员的依据。

HSK 考试项目于 1990 年启动，先是在国内的外国留学生中实施，第二年正式向海外推行。2006 年，针对海外中小学生的少儿汉语考试（YCT）和针对工商界人员的商务汉语水平考试（BCT）开始实施。

至 2009 年底，全球已经有 268 个汉语水平考试考点（191 个在海外，77 个在国内），参加考试的考生人数累计达到 615787 人。开考之初，一年仅举办两次，后来增至一年十次。

（二）新汉语水平考试

HSK 考试实施十多年后，逐渐暴露出一些缺陷和局限来，例如：①考试原本只是为来华学习汉语的外国留学生设计，考试面有限而且要求比较高，但随着中国综合国力的提升和汉语国际影响力的提高，越来越多的海外汉语学习者也成为 HSK 的考生；② HSK 考查的重心一直是在汉语语言（语法结构）知识和听、读这样的接受性和理解性言语技能上面，写和说的表达性言语技能仅仅是稍有涉及（口语考查仅在高级才出现），汉语文化语用因素几乎没有涉及。

因此，2010 年，新汉语水平考试（HSK、YCT 等）在全球全面实施。

新汉语水平考试分笔试 HSK 和口试 HSKK 两种。

HSK 设定的目标是"重点考查汉语非第一语言考生在生活、学习中运用汉语进行交际的能力"。其理论基础是巴奇曼"基于任务的语言表现评估"思想，即基于"实际交际情境和交际任务的语言评估"。其实践影响包括 2006 年开始正式实施新"托福"考试、欧盟的"语言共同参考框架"（CEFR）与加拿大的"语言标准"（CLB），旨在"分等级、分层次地强调综合汉语语言交际能力"。考试依据是《国际汉语能力标准》。

新 HSK 考试由初级、中级、高级三个平行的考试组成，每个等级的考试都分"笔试"和"口试"两个部分，"笔试"分为 1~6 级，"口试"分为初、中、高三级，每两级的笔试对应于一级口试，即 1、2 级对应初级，3、4 级对应中级，5、6 级对应高级。1~4 级分别对应于《标准》的一至四级要求和《框架》的 A1、A2、B1、B2 四级要求，5、6 级对应于《标准》的五级和《框架》的 C1、C2 两级要求。

HSKK（汉语水平口语考试）主要考查考生的汉语口头表达能力，包括初、中、高三级，即 HSKK（初级）、HSKK（中级）和 HSKK（高级），考试采用录音形式。考试目标为：

①通过 HSKK（初级）的考生可以听懂并用汉语口头表达较为熟悉的日常话题，满足基本交际需求。

②通过 HSKK（中级）的考生可以听懂并用汉语较为流利地与汉语为母语者进行交流。

③通过 HSKK（高级）的考生可以听懂并用汉语流利地表达自己的见解。

考试结束一个月后，考生将获得由国家汉办颁发的 HSKK 成绩报告。HSKK（初级）、HSKK（中级）、HSKK（高级）满分均为 100 分，60 分为合格。

（三）其他汉语考试

1. 中小学生汉语考试

中小学生汉语考试（Youth Chinese Test，YCT）是一项国际汉语能力标准化考试，考查汉语非第一语言的中小学生在日常生活和学习中运用汉语的能力。考试分为笔试和口试两部分，且二者相互独立。笔试包括 YCT（一级）、YCT（二级）、YCT（三级）和 YCT（四级）；口试包括 YCT（初级）和 YCT（中级）。

2. 商务汉语考试

商务汉语考试（Business Chinese Test，BCT）作为一项国际汉语能力标准化考试，重点考查第一语言非汉语考生在真实商务或一般工作情境中运用汉语进行交际的能力。考试分为笔试和口试两部分，且二者相互独立。笔试包括 BCT（A）、BCT（B）。BCT（口语）是基于网络的计算机自适应考试。

3. 医学汉语水平考试

医学汉语水平考试（Medical Chinese Test，MCT）是一项考查医学汉语应用水平的标准化语言测试，由教育部中外语言交流合作中心、汉考国际联合国内五所重点医学院校共同研制。考试主要面向医学专业留学生、在中国境外用汉语进行医学专业学习的学生，以及在中国境内外用汉语进行临床诊疗的汉语非第一语言医护工作人员，考查其在医学/医疗场景中与患者、医护人员及相关人员用汉语进行交际的能力。

4. ACTFL 外语考试

1967 年建立的美国外语教学学会（ACTFL），是专门致力于推动外语教学与学习的国际性组织。学会成员由 12500 名美国及全球的外语教师、语言教育专家，以及美国大学理事会、国务院、联邦教育部、各州教育主管部门、世界各国相关教育机构等政府及民间组织构成。学会倡导多元语言教学、出版语言专业书籍期刊、发展语言教学资源、进行外语教师培养、提供专业发展机会。学会每年举行的"外语教学学会年会暨世界语言展"吸引超过 6000 名来自世界各国语言教学代表、专家学者和教学机构参加。自 1992 年以来，作为语言测试开发的领导者，为全世界 40 多个国家开发并实施超过 100 种的语言测试，并提供基于 ACTFL 语言教学标准的课程。ACTFL 多语种外语测试包括口语考试 OPI、OPIc、写作考试 WPT、阅读考试 RPT、听力考试 LPT，以及专门针对中小学生的语言测试 AAPPL。

5. 认证海外中文考试

认证海外考试机构推出的汉语考试是教育部中外语言交流合作中心为海外汉语考试服务的一项积极措施，旨在加强国际合作，共同推进汉语考试发展。

不同汉语考试的设计理念各有侧重，汉语考试的使用群体也呈多样化，为了促进对外汉语教与学的全面发展，语合中心将会与海外汉语考试的开发团队共同探讨汉语评估，通过彼此的交流和认可，促进国际汉语（中文）事业的发展。

本章思考题

1. 什么是总体设计？总体设计的具体任务和操作程序是什么？
2. 教学计划、教学大纲和课程标准有什么关联又有什么分别？
3. 《汉语水平词汇与汉字等级大纲》《汉语水平语法等级大纲》对字词和语法点是怎么分级的？它们对国际中文教学有什么作用？
4. 《国际汉语能力标准》和《国际汉语教学通用课程大纲》都包括什么内容？它们对国际中文教学都有什么影响？
5. 《国际中文教育中文水平等级标准》是什么样的标准？都包括什么具体内容？它对国际中文教学有什么样的影响和作用？
6. 第二语言教材的编写与选用应该遵循哪些基本原则？
7. 如何对第二语言教材进行评估？反映比较好的对外汉语教材你知道有哪些？
8. 课堂教学具有什么样的特点？课堂教学的目标是什么？
9. 课堂教学的基本结构和程序分别是什么？
10. 常用的课堂教学技巧都有哪些？你最喜欢的是哪一（几）种？为什么？
11. 你认为应该如何进行课堂教学的评估？什么样的课堂教学才是有效或者高效的课堂教学？
12. 语言测试一般分为哪几类？水平测试与成绩测试有什么区别？标准化测试与非标准化测试又有什么区别？
13. 什么是综合性试题和分立式试题？举例说明国际中文教学中常用到的一些综合性试题和分立式试题。
14. OPI 是什么性质的测试？其测试程序是什么？测试分哪几个等级？

15. 什么是测试的效度、信度、难度和区分度？又如何确定测试的效度、信度、难度和区分度？

16. 请就一本对外汉语教材中的某一单元设计出一份单元测试题，或者对一套汉语水平考试题进行分析评价。

第六章　国际汉语（中文）课堂教学

课堂是一个综合体，既包括教学环境、教学场所，也包括师生之间在规定时间内所进行的各种教学活动，还包括师生的成长。课堂教学既涉及知识的传授和能力的培养，也涉及情感的交流和个性的塑造。"有效的课堂教学应该是经济的教学、充满教师智慧的教学、师生都感到快乐的教学，它是以培养人为己任的课堂教学活动，强调课堂各种因素的和谐。"（姜丽萍，2011）

第一节　概　述[①]

国际中文课堂教学必然涉及三个基本问题：教什么？怎么教？怎么学？如何充分发挥教师的主导作用，也是一个必须考虑的问题。

一、教什么（教学内容）

2008年公布的《国际汉语教学通用课程大纲》规定：（国际中文的）教学内容由四个部分构成，即语言知识、语言技能、策略和文化意识。

（一）语言知识

这既涉及构成汉语语言系统的语音、词汇、语法、汉字等语言知识，又涉及用来表

[①] 本节主要参考了《汉语作为第二语言课堂教学》第一章"对外汉语课堂教学概说"。

达思想的科学文化知识、社会风俗习惯与帮助学习者进行有效交流的语用知识，即"大纲"所描述的语音、字词、语法、功能、话题、语篇等内容。这些知识的获得又可以分为六个层次，即知识→理解→运用→分析→综合→评价。

（二）语言技能

语言知识有待于转化为"产出式"的语言能力，包括言语技能和言语交际技能，即"大纲"所描述的"综合技能"和"听说读写分项技能"。技能只能通过训练才可以获得，获得的技能可以分成六个层次，即知觉→模仿→操作→准确→连贯→习惯化（自动化）。

（三）策略

策略是一种心理活动，是人对特定环境的一种概括性思考。"大纲"规定的策略主要包括五种：情感策略、学习策略、交际策略、资源策略和跨学科策略。

（四）文化意识

语言和文化密不可分，人们在学习一种语言的同时也在学习隐藏在该语言之中的文化。"大纲"所描述的文化意识包括四个部分：文化知识、文化理解、跨文化意识和国际视野。

二、怎么教（教学方法）

这其实是一个教学策略、教学方法的选择问题。教学策略是教师根据特定情境运用教学理论去解决实际问题的谋略，是对教学活动的总体考量，教学方法则是教师为实现特定教学目的和完成特定教学任务而采取的具体实施步骤和程序。在课堂教学过程中，教师既要对教学进行总体考量，确定教学原则，又要根据具体教学情境，采取具体方法来解决实际问题。

（一）教学原则

国际中文课堂教学须遵循的基本原则主要有四个：交际性、趣味性、针对性和适度使用媒介语。

1. 交际性原则

在教学过程中以组织学生进行交际活动为旨归，努力实现课堂教学的交际化，包括：

①营造民主和谐的课堂氛围；②创设生动真实的生活情境；③活用课本，做到与时俱进。

2. 趣味性原则

特别重视课堂教学的趣味性，因为"兴趣是最好的老师"。具体要求包括：①从学生的需要出发来设计教学；②采取多种教学形式以活跃课堂气氛；③开展生动活泼的课外活动以增加使用目的语的机会。

3. 针对性原则

教学内容、教学进度、教学方法、教学重点和难点等都要根据学生的具体情况来加以确定。特别注意以下三点：①针对学生的特点进行差别性（如年龄、国别、身份、需求等）的教学；②因材施教，使所有学生（包括"差生"）都学有所得；③不同的教学内容有不同的侧重点。

4. 适度使用媒介语原则

适度地使用媒介语（包括学生的母语或第一语言），将媒介语的使用控制在最低的限度。具体做法是：①借助实物、图片、身体语言等非语言手段来进行教学；②媒介语的使用要做到"点到为止"；③用目的语进行解释做到"言简意赅"，尽量少用语法术语和书面语言。

（二）教学策略

教学策略是教师综合素质的反映，它要求教师具备一定的教学理论并运用这些理论来解决实际教学问题，又能够进行教学反思，总结教学经验，把握规律性的教学方法且将其应用到具体的教学过程中。

国际中文课堂教学涉及的教学策略主要有六种，即：①减少学生上课迟到的策略；②调动学生主动参与课堂活动的策略；③照顾不同学习水平学生的策略；④使全体同学（包括"差生"）都学有所得的策略；⑤培养学生课前预习、课后复习习惯的策略；⑥提高学生识记汉字水平的策略。

（三）教学方法

不同的教学内容应当采用不同的教学方法，即：知识教学主要采用讲授的方法；技能教学主要采用训练的方法；策略教学主要采用引导的方法；文化教学主要采用渗入（感染、熏陶）的方法。

知识讲授的具体方法有讲解和翻译两种。讲解需遵循四个原则，即：①由已知到未知；②由近及远；③由熟悉到不熟悉；④由少到多。

翻译最好使用学生的母语，其次使用其第一外语或者官方语言（如英语、俄语、西班牙语等）。还可以使用辅助性的教学手段，如实物、图表（图片、卡片、表格、地图等）、网络资源和多媒体课件（音频、视频、PPT等）。

技能训练应遵循"知觉→模仿→操作→准确→连贯→自动化"的过程。技能训练又应以知识学习为基础，因为针对成人的技能训练不能单靠机械重复，而要在理解的基础上进行反复的操练和实际的运用。

知识传授和技能训练的方法主要涉及四个方面，即：

（1）组织教学的方法。比如：怎么使用课堂用语？怎样推动教学进程？如何提问？如何开展活动？

（2）讲授语言知识的方法。比如：语音如何讲解？词语如何解释？句型如何呈现和操练？语篇如何处理？课文如何导入和呈现？文化如何渗入？

（3）训练言语技能的方法。比如：如何进行听力教学？如何进行说话训练？怎样有效地开展阅读理解活动？怎样开展字、词、句、篇的书写训练？如何实施听、说、读、写的综合训练？

（4）引导学生自主学习的方法。"教是为了不教"，教师不教之时就是学生自主学习之时。但学生自主学习的能力需要教师来引导和培养，学生养成良好的学习习惯，按照语言规律来学习目的语，获得学习目的语的持久兴趣，都需要讲究方式方法。

三、怎么学（学习策略）

传统的教学研究重视"教"而忽视"学"，"学习者中心"理念则要求我们对学习者"怎么学"进行充分的考虑和分析。"怎么学"的问题涉及两个方面：研究学生怎么学；引导学生怎么学。

（一）研究学生怎么学

1. 了解外国学生怎么学

包括：①学习动机（工作需要、进修需要、生活需要、个人兴趣和爱好）；②学习方式；③文化背景等。

2. 了解成人学习的特点

例如：①找规律，善归纳；②社会生活经验丰富；③理解之后再学习；④学习焦虑程度较高；⑤目的明确，针对性强。

3. 了解善学习者的基本特征

包括：①具有强烈的学习动机；②勇于实践，寻找机会使用目的语；③克服学习焦虑，适应各种语言环境；④听说读写并重，知识技能全面发展；⑤洞察母语和目的语之间的异同，充分利用正迁移，尽量避免负迁移；⑥勤奋努力，屡败屡战，臻于完善。

（二）引导学生学习

1. 帮助学生养成良好的学习习惯

包括：①课前预习的习惯；②课堂认真听讲、积极参与的习惯；③课外完成作业的习惯；④与同伴交流合作的习惯。

2. 让学生体验学习成功的快乐

包括：①相信每个学生都能学好汉语；②让学生跟自己比而不是跟优秀学生比；③耐心等待，因为成功有早有晚。

四、如何发挥教师的主导作用

教师是教学活动的主体，在教学过程中发挥着主导作用。教师在课堂教学中的主导作用可以在三个方面下功夫。

（一）选取教学的最佳角度

即找到学生合适的"最近发展区"，使其"跳一跳就够得着"。

（二）对教材进行合理加工

包括：①分析教材，确定重点和难点；②整合教材，对其内容进行重组或者更新、丰富；③挖掘、开发新的教学资源。

（三）选择和整合教学方法

包括：①掌握已有的第二语言教学方法和技巧并能够为我所用；②根据具体情境和学生需求，因地制宜地组合、调配教学方法，逐步形成自己的教学风格。

第二节　国际中文综合课教学①

综合课是国际中文课堂教学的基本课型，这种课从语音、词汇、语法、汉字等语言要素和语言材料出发，结合相关的文化知识，对听、说、读、写言语技能进行综合训练。综合课教学一般分为初级、中级、高级三个阶段，本节主要讨论其中最为常见的初级阶段综合课教学。

所谓"综合"就是把多种要素汇总到一起，初级阶段的国际中文教学综合课包含了四个方面的综合：教学内容（知识、技能、文化、情感、策略等）的综合；训练技能（听、说、读、写、译言语技能和言语交际技能）的综合；培养目标（综合的语言交际能力）的综合；教学方法（以学生为中心，结构、功能、文化相结合以培养学生的汉语语言交际能力）的综合。

国际中文教学综合课的基本流程是：课堂教学（词语→语法→课文）+ 练习（语言实践→语言综合运用能力）。因此，本节的讨论将涉及词语、语法、课文的教学和练习的处理。

一、词语教学

没有语法，人们还可以传达些许信息；没有词语，人们则根本无法传达信息。一个人掌握的词语越多、越牢靠，他的语言表达就越丰富、越准确。词语教学和习得的重要性由此可见一斑。

汉语词汇的一个重要特点就是多维性，具体表现为：①变化很快，新词语不断出现；②旧词语经常被添加上新的意义；③一词多义现象比较普遍。汉语词语教学和习得因此具有一定的难度。

（一）词语教学的难点

一般来说，外国学生学习汉语词汇的难点有五个：翻译词、文化词、文化附加义词、

---

① 本节主要参考了《汉语作为第二语言课堂教学》第十章"综合课教学"。

同素反序词和虚词。

1. 翻译词

汉外语言的词汇由于用词造句的规律不同很少存在一一对应的关系，大多只是一种交叉关系，例如："忙"与英语中的 busy 在基本意思上接近，但并不完全等同，"帮""帮忙""帮助"都可以用英语中的 help 来翻译，但在中文中的用法并不一样。

2. 文化词

文化词是那些直接反映中国独特文化的词语，如太极拳、功夫、元宵、汤圆、新房、喜酒、对联、红包、松梅竹菊、喜上眉梢、号脉、针灸、旗袍、肚兜、红白喜事等。这些词语很难通过翻译或者解释让外国学生理解和掌握，只有通过可感的具象，使用实物、图画或者多媒体展示才能使之习得。还有一些文化词出自历史典故，如推敲、红娘、空城计、走麦城、破镜重圆、守株待兔等。这些词语只能通过讲故事、解释说明的方法让学生了解其蕴含意义，并通过举例、造句等方式使他们知晓其用法。

3. 文化附加义词

词语的文化附加义即词语在指称实物的同时还蕴含着特定的文化信息，因而具有鲜明的民族性，如红豆（表示爱情）、蜡烛（表示无私奉献的教师）、长城（坚不可摧的力量或不可逾越的障碍）等。在跨文化交际过程中，文化附加义极易引起误解甚至冲突，所以在教学过程中要特别注意词语所附带的文化蕴含，了解任教国的文化禁忌，从而减少误解，避免文化冲突。

4. 同素反序词

同素反序词即两个语素用相反的顺序组合成的两组意义相关联的词语。这类词语中有的是同义关系，如蔬菜—菜蔬、气力—力气、山河—河山、样式—式样，有的意义相关，如物产—产物、地基—基地、焰火—火焰、爱情—情爱，有的意义相近，如答应—应答、询问—问询、负担—担负、长久—久长。同素反序词要从语义和表达效果上加以区分。

5. 虚词

虚词在现代汉语中起着"经络"的作用，外国学生在语法上面的习得偏误很多都是由虚词误用引起的。如因为—虽然、了—过、吧—呢、离—从、向—朝等虚词的误用，还有搭配不当、语序不对（错序）等偏误。虚词的教学因此成为国际中文教学的一大难点和重点。

（二）词语教学的原则

（1）尽量使用目的语（中文），有选择地使用外语（媒介语）。
（2）循序渐进，从易到难。
（3）把握讲解的度和量，聚焦于本课中的意义和用法。
（4）将词的音形义和语用特征结合起来。

（三）词语教学的方法

1. 结合语境讲解词语

一个词总是出现在一定的语言环境中，其意义和用法只有通过语境才能很好地理解和掌握。因此，教师在进行词语教学时应当做到：①利用现实的语境；②创设新的情境；③借助词语所在的上下文。

2. 运用直观手段讲解词语

借助实物、图片幻灯、动作演示等直观、形象的教学手段来解释词义，例如"人民币""手机""四合院""婚礼""递""抱"等，给予学生视觉和听觉的双重刺激，既能激发学生的学习兴趣，又有利于学生在词语与其所指之间建立起直接的联系，从而培养他们直接用汉语而不借助母语翻译来进行思维的能力。

3. 利用已知词语解释新词

用学生已学过的汉语词语来解释新词，比借助母语翻译或查阅汉语词典更能让人接受。例如"病号"一词，词典解释为"部队、学校、机关等集体中的病人"，但其中的"部队""机关""集体"等都是生词，这就增加了理解的难度，英语对应词 patient 又不完全对等，且容易形成依赖母语或媒介语的习惯。如果使用已学过的词句解释为："我们宿舍里有两个病号，他们病了，我要帮他们买饭。"借助特定的情境，"宿舍里生病的人"的意义就容易理解多了。

4. 根据构词语素推测词义

引导学生根据新词里学过的旧语素来推测新词的意义，对于学生理解能力、阅读能力的提高和词汇量的扩大都具有帮助作用。例如"急救"一词，可以解释为："急"是"紧急"而"救"是"救治"，"急救"就是"紧急救治"的意思。接着，引导学生说出有"急"和"救"的词语，如急忙、急诊、着急……救护、救火、救人等。然后，尝试让学生猜测下面词语的意义：急需、急流、急事、急转弯……救国、救助、救灾、救生衣等。

5. 利用汉外对比理解词语

汉外词语意义大多是部分对应，这大致有三种情况：

（1）汉语词义范畴包含外语词义范畴，例如"时间到了"既可用于宣布活动的开始，也可用以宣布活动的结束，而英语 Time is up 仅用于宣布活动的结束；

（2）汉语词义范畴包含在外语词义范畴中，例如"顺便"与英语 by the way，后者除了"趁方便（做另外的事）"的意义，还有"在途中"的意思；

（3）汉语词义范畴与外语词义范畴相互交叉，例如"龙"和 dragon，在"可以飞、有鳞甲、生触角"等外表特征上是相同的，但"龙""高贵、迹象、腾飞"的象征意义与长有翅翼、口吐烈焰之 dragon"混乱、邪恶、残暴"的象征意义完全不同。

6. 利用语义关系解释新词

语义关系包括同形异义、异形同（近）义、异形反义、上下义等，利用新旧词语间的语义关系比较，尤其是近义词和反义词，可以区别和理解词义，从而更好地使用这些词语进行交际。例如：办法—方法，创造—制造；希望—盼望，着急—焦急；新闻—消息，生命—性命；河—河流，书—书籍；成果—结果—后果，总算—终于—最终；关怀—关心，吩咐—告诉；偶尔—偶然，突然—忽然；听说—据说，竟然—不料；头儿—领导，签名—签字；交换—交流，安置—安排；千万——定。又如：复杂—简单，充足—缺乏，冷淡—热情，束缚—难受。

7. 学生先讲解教师再补充

对中、高级阶段的学生，可以让他们先用汉语对新词语进行解释，然后再由教师进行修正和补充。这样做可以调动学生的积极性，激发其表达欲望，锻炼其口语能力，学生因此大多表现出较浓的兴趣，课堂气氛也因此活跃起来。

（四）词语教学的步骤

词语教学是一个语言输入和输出的过程，一个既有讲解也有练习、讲练结合的过程。常见的教学流程由"预习→听写→认读→讲解→练习"五个环节构成。

1. 预习

预习生词要有具体的要求，比如：①借助拼音准确读出来；②借助外语翻译理解大意；③准确抄写，边抄边记；④练习听写。

2. 听写

听写是对预习的检查，听写时可以打乱课文生词表的顺序，以利于：①改变学生的记忆习惯，增加其认知难度；②后续的语法讲解和课文复述，即一个板书多种用途；③进行语言点的重点训练。

3. 认读

听写结束后，教师应对其中的错误进行纠正，然后引导学生认读生词。认读环节包括：找读→领读→学生自读→学生一个一个读→全班、小组齐读。初级阶段里，语音、语调是教学重点，生词认读则是练习发音和声调的一个重要途径。

4. 讲解

需要重点讲解的词语有常用虚词、文化词、文化附加义词、口语词、新词、离合词、反义词、近义词等。词语讲解的方法，在前面做了介绍，需要注意的是，初级阶段的词语教学除了讲解还常常借助板书来进行扩展，扩展应按照"词→词组→句子→语段"的语言生成过程来进行，例如：

开→开门→开门了→学校开门了→学校开门了，我们快进去。

5. 练习

词语只有经过反复的练习和运用才能记得牢、用得好。最为常见的词语练习方式有：①朗读；②看图说话；③听写；④连线搭配；⑤选词填空；⑥插词成句；⑦用词造句；⑧综合填空。

教师可以根据自己的需要自行设计或者选用词语练习的方法和形式。

二、语法教学

从《汉语教科书》开始，我们已经形成了一整套对外汉语语法教学的体系，该体系突出了汉语的特点，在语法点的选择、切分和编排上又注意到了外国学习者的特点和难点，例如量词、副词、动词/形容词/数量词重叠、"把"字句、"是……的"句、存现句和补语系统、称数法、时间表达、方位表达等。

针对外国学习者的语法教学必须突出三个特点：①规范性（能分清对与错）；②稳定性（多数人接受的）；③实践性（教学中可行的）。

（一）语法教学的原则

1. 意义先行

首先，提供一个有意义的情境，让学生在其中理解语法点的意义；其次，在较为真实的语境中进行操练和运用；最后，在理解、运用的基础上引导学生归纳出语法规则——让学生自己在学习语言的过程中去发现语言规律。

2. 精讲多练

把语法点有机地融入语言活动之中,通过多样化的练习与活动让学生感受、领会、运用所学的语法知识,最终建立起一套新的语言习惯。

3. 化繁为简

用简洁、浅显、感性、条理的方式,如使用表格、图解、公式等,将复杂、抽象的语法知识转化为浅显易懂的东西。可以先将语法规则简化处理,对其进行讲解和练习,然后组织学生进行相关的说、读活动,让他们在语言实践中发现、理解和运用语言规则。

4. 慎用术语

语法具有抽象性,一些术语(如"补语""正反疑问句")即使翻译成学生的母语也难于理解,语法教学因此应少用或者不用语法术语。外国人学汉语并不是为了系统地掌握语法知识,而是要借助语法来掌握汉语语言,对他们进行语法教学当然就应使用通俗易懂的语言形式了。

(二)语法教学的方法

1. 演绎法

教师先讲清语法规则,让学生对其有一个清晰的认知,然后在规则的指导下进行练习,将语法规则运用于语言实践中。这种方法的基本程序是展示→解释→练习→归纳。

演绎法的缺点是学生对教师依赖性较大,积极参与水平较低,基本上是处于被动学习的状态,所学到的语法知识也比较容易遗忘。

2. 归纳法

教师先让学生接触具体的语言材料,进行大量的练习;学生在教师的启发下总结出语法规则,再运用规则进行深度练习。归纳法的基本程序是导入→操练→归纳→情境操练。

归纳法可以增加学生的语言接触机会,深化其对规则运用的理解,从而培养其目的语语感,是一种从具体到抽象,再从抽象到具体的方法,比较符合人的认知规律,利于培养学生观察能力和分析能力。

3. 演绎和归纳相结合

教师先采取演绎法,将语法规则简明扼要地揭示出来,然后通过大量的练习让学生对语法规则做深入的理解,在初步掌握规则之后再做进一步的归纳总结,最后在给出的语言情境中进行活用练习。这应该是一种更为有效的教学方式。

（三）语法教学的步骤

语法教学可以分成五个步骤加以实施，即：导入→操练→归纳→情境练习→课后练习。

1. 导入

导入的方式可以是：①复习（提问、听写、任务）；②设计对话（由已知到未知）；③使用实物、图片、课件（PPT）；④动作演示；⑤情境设置；⑥类比和比较。例如"又"和"再"，"就"和"才"，"从"和"离"等。

2. 操练

操练的原则有五个：①形式一致；②从易到难；③理解之后再练习；④三四个句子最好；⑤最后一句应是课文中的句子。

操练的方法可以是：①替换（图片、卡片、词语等）；②演示（动漫）；③提问（定向回答）；④活动（游戏）。

3. 归纳

在语言操练的基础上进行点拨，引导学生把规则归纳出来。归纳的原则是：①使用便于记忆的形式，如表格、公式等；②可以带上简单的英文缩写；③使用学过的词语进行解释；④尽量提供语言点使用的情景。

4. 情境练习

可以通过 PPT 或者真实的情境和素材进行迁移练习，引导学生在新的情境中运用所学的语法点。例如，讲完"V. + 着"之后，设计一个描述人的活动，让学生猜他/她是谁。"他是男生，个子不高也不矮，上身穿着 T 恤，下身穿着牛仔裤，头上戴着蓝帽子，鼻子上戴着眼镜……"

5. 课后练习

课后作业可以采取多种形式。

三、课文教学

综合课的课文一般是对话或者叙述文字，不管是哪一种都要以句型为中心，词语和语法都应围绕句型来开展教学。

（一）课文教学的原则

1. 整体性原则

从课文的整体意义出发，强化篇章结构和主题意义，不能拘泥于词语、语法点和句子背诵。可以采用"总→分→总"的教学程序。

2. 情境性原则

尽可能地创设一些语言情境，让学生在特定语境中开展听、说、用的训练，也就是所谓"词不离句，句不离篇"。对于高水平的学生，还需注意文化、语用知识的渗透。

3. 互动性原则

开展多种多样、生动活泼的语言活动，最大限度地让学生动口、动手、动脑，使其积极主动地参与进来。教师讲解的时间不能多于学生活动的时间。

（二）课文教学的方法

1. 串讲

教师以板书为纲，逐句逐条讲解，其间穿插少量的提问。基本步骤是：讲解生词→领读课文→逐句串讲（重点词语和语法点）→回答问题→复述或讨论课文问题→布置作业。

这是一种传统的教学方法，其优点是：讲解比较细致，有助于课文理解，但缺点也很明显，即课文被拆成支离破碎的语句，不利于培养学生成段表达能力和语感。

2. 听说领先

教师边板书提示词（课文重点词语）或利用学生听写的词语领说课文，然后逐步减少提示词说出整段话来，最后板书只留下重点语段的连接词语，用以复述课文、课堂表演或者讨论有关问题。学生从头到尾都不看书，最后才打开书本，完成课文的认读。基本步骤是：依照课文结构听写生词→根据课文内容进行句型操练→按照提示词（加上图片、简笔画等线索）听说课文→擦掉提示词，只保留重点词语和连接词语→根据这些词语说出课文内容→看书读课文→讨论或表演课文。

这是一种近似背诵课文的教学法。其优点是：利于提高学生的开口率，进而培养学生的语感的成段表达能力。其缺点是：练习量大，学生容易疲劳，听说量大，读写却未跟上。

3. 认读领先

基本步骤为：反复认读生词→认读课文，重要语句通过 PPT 或卡片等显示出来→课文听说达到自动化后，打开书本朗读课文→讲解文中语法点和难点→把课文由对话转变成叙述,进一步认读课文→讨论与课文相关的问题。

这是一种适用于汉字识记困难学生(尤其是欧美学生)的教学法。其优点是:从认读开始,可以增强学生识记汉字的速度和广度。其缺点则是:不利于学生的听说能力、成段表达能力和语感的培养。

4. 情境线索

将具体情境与直观手段结合起来,使学生通过多种感官感知和理解课文的内容,从而调动学生的情感和积极性,促进学生对课文的记忆和理解。

5. 组织加工

组织就是将信息进行整理,使之成为一个有序的知识结构,从而有利于理解和记忆。教学中可以先把课文分解成相互联系的"组块"(课文涉及的主要问题),然后对每个组块进行深度加工,几个组块相互联系又各自独立,合在一起就形成一篇完整的课文。例如:课文《我们把松梅竹叫"岁寒三友"》,可以引导学生通过阅读课文归纳出其中所讲的三件事:《红梅图》这幅画;"岁寒三友";中国字画。这便是把课文进行了重组,将其分解成了三个组块。

(三)课文教学的步骤

课文教学一般分成四个基本步骤:导入→讲练→表演→活动。

1. 导入课文

导入就像影视戏剧的序幕一样,起着吸引人的作用,可以在短时间内安定学生的情绪,诱发学生对要学课文的热情和兴趣,使他们带着强烈的求知欲和心理期待进入课文学习的情境里面。

2. 讲练课文

讲练课文的目的是让学生能够复述课文内容或者把课文背下来,但不是机械的死记硬背,而是基于有意义学习的复述或背诵。以课文《滥竽充数》为例,讲练可以这样进行:①播放相关视频,整体感知课文;②借助图片和关键词解说课文;③给出关键词,复述课文的一、二段;④擦去关键词和提示词,看图复述课文;⑤再次播放课文视频;⑥打开课本阅读课文;⑦课文延伸(借助PPT,加深学生对课文的理解)。

3. 表演课文

在课文和重点语句理解达到自动化之后,组织学生把课文的内容表演出来,将抽象的语言符号转化为形象生动的表情、身姿和动作。这种表演不仅可以加深学生对课文的理解,而且有助于学生在认知、情感和技能领域里获得体验和锻炼。还以《滥竽充数》为例，课文表演的步骤可以是：①四人一组，各自扮演一个角色；②把课文中的人称都相应地改为"我"；③把改好的故事表演出来；④分组练习几分钟，让两组学生上台表演。

4. 课堂活动

活动是课文的延伸，但活动的开展不能靠心血来潮，而是要精心设计，使之既有层次和梯度又有意义和效果。仍以《滥竽充数》为例。

（1）情景描述：同学们想一想，你们在生活当中有没有见过"滥竽充数"的事情？如果有，请讲出来给大家听听。如果没有，那就想一想下面的情景，会发生什么事情呢？

（2）情景提示：①上课时，老师让全班同学一起朗读课文……②上台表演的时候，大家一起唱歌……③学校运动会上，我们年级在进行拔河比赛……

四、课后练习

语言教学讲究"精讲多练"，这里的"练"包括课堂上的操练、讲练、活动，也包括课后的课本练习题。好的语言练习具有这样的特点：①能巩固所学的语言知识，利于学生构建其知识体系；②能促进知识的内化吸收，实现言语技能向言语交际技能的转化；③能让教师获得学生的反馈信息，为今后教学计划的制订提供可靠的依据。因此，教师要认真分析课后练习，有针对性地布置课后作业。

（一）课后练习的特点

（1）题量较大。一般都有十多种，所以需要有所选择。
（2）形式多样。有知识、技能和语用类练习，都应具有实用性和交际性。
（3）阶段侧重。语音阶段侧重朗读、纠音、听说训练以及汉字读写练习，句型阶段侧重词语和语法练习，短文阶段除了词语、语法还要训练成段表达、语篇衔接能力等。教师应根据不同学习阶段选择适当的练习形式。

（二）课后作业的布置

1. 基本原则

（1）巩固性原则。布置作业是为了复习、巩固课文中的重点、难点。
（2）应用性原则。选择课文里的重点、难点能迁移至新的情境中练习。
（3）创造性原则。选择那些能发挥学生创造性思维的任务型练习形式。
（4）积极性原则。布置那些能激发学生兴趣和热情的作业。

（5）全面发展的原则。作业涵盖听、说、读、写技能训练的内容。

2. 处理方法

（1）语音部分主要在课堂上完成，若学生持有视听设备则可课后自行完成。

（2）必须在师生之间和生生之间开展的交际性练习最好也在课堂上完成。

（3）复习、巩固性（加强记忆以免遗忘）的练习应让学生在课后完成。

（4）情景说话、综合填空、连句成段等练习可以在课下做，在课上讨论或检查。

综合课是培养学生语言综合能力的课型，也是国际中文教学过程中最为常见的课型。综合课的一般教学流程为：

（1）复习旧课。

常用方法：词语认读、回答问题、词句听写、课外任务汇报。

（2）学习新课。

①词语学习：听写→认读→扩展→自动化。

②课文学习：朗读课文→复述和概括→课堂活动。

③语法学习：导入→句型操练→归纳→情景练习。

（3）布置作业。

常见形式：口语作业、书面作业、课外任务。

第三节　国际中文语言要素教学[①]

语言要素包括语音、词汇、语法和文字，也就是语言知识。语言要素（知识）是语言交际能力的基础，语言要素（知识）的教学是培养语言交际能力的重要途径和手段。

国际中文语言要素教学包括汉语语音、词汇、语法和汉字的教学，必须紧密结合汉语言语技能和言语交际技能的训练加以实施，从而在训练当中将知识转化为技能。这是语言要素教学的总原则。

第五章第一节中所介绍的"国际中文教学的基本原则"对语言要素教学也是适用的。

[①] 本节主要参考了《汉语作为第二语言要素教学》第二章"语音与语音教学"与第五章"汉字与汉字教学"。

本节则根据各个语言要素的不同特点分别提出一些比较具体的教学原则和方法、技巧。

由于词汇和语法已在上一节讨论过了，本节只聚焦于语音和汉字的教学，并对文化渗入和策略引导进行简要的探讨。

一、语音教学

语音是语言的物质外壳，语音教学因而成为第二语言教学的基础，也是掌握言语技能和言语交际技能的前提。

国际中文语音教学的任务是：让学习者掌握汉语语音的基本知识和普通话的正确、流利的发音，为口语能力的培养打下坚实的基础。

（一）汉语语音的特点

1. 有声调

声、韵、调是汉语音节的三要素，其中的声调不仅有辨别词义的功用，而且使汉语音节清晰洪亮。抑扬顿挫的声调，加上双声、叠韵、叠音，赋予汉语独特的音乐美。

2. 没有复辅音

像英语中 stop, spring, box, desks 那样的辅音连缀在汉语中是不存在的。汉语中"zh / ch / sh / -ng"之类的辅音只是表示一个音素，并非复辅音。汉语的音节是前有声母，后有韵母，声母、韵母之中都不会有几个辅音连在一起的情况。

3. 元音占优势

普通话共有 21 个声母、39 个韵母，汉语音节可以没有声母（"零声母"），但不能没有韵母，可以没有韵头、韵尾，但一定要有韵腹。辅音一般不能单独构成音节。元音优势增加了汉语的音乐性，使汉语听起来响亮悦耳。

4. 音节具有表意性

汉语带声调的音节都具有表意性，每一个汉字都是音、形、义的统一体，又是整字、单音节、语素的整合，每一个整字几乎都有自己的读音和意义。人们在听到一个音节后，只能在可以表意的有限范围内选取特定的信息。

5. 语音有变化

同一个音节在连续发音的情况下会有一些与单说时不同的地方，即所谓的"语流音变"。这种音变可能只表现在发音部位或者发音方法上，也有声、韵、调都发生了变化。普通话中典型的语流音变包括连读变调、轻声、儿化等。

（二）语音教学的原则

刘珣（2000）总结出七条基本原则，即：

1. 短期集中教学与长期严格要求相结合

教学开始时，用上十天到两周的时间（"语音阶段"），按照语音系统和语音、声调的难易程度，循序渐进地安排教学，使学习者基本掌握汉语的语音、声调，并熟悉拼音方案。这是一种集中精力打基础的做法。另一种做法是开始只用两三天的时间快速介绍拼音方案，将所有的声母、韵母、声调先过一遍，然后把语音和词汇、语法、课文教学结合起来，"细水长流"地进行教学，将语音教学贯穿汉语教学的始终。理想的做法是将二者有机地结合起来。

2. 音素教学和语流教学相结合

从音素入手，教好一个个音素之后再教词和句，这是音素教学。从会话入手，一开始就教句子，音素在会话中得到纠正，这是语流教学。音素本身的发音与其在语流中的发音有很大的不同，每个音素发音准确并不能保证在语流中发音准确，但发音准确的句子又是以音素的正确发音为基础的。如果既有分析性的音素教学，特别是难音、难调的单独训练，又有综合性的语流教学，将语音和会话结合起来，或许就可以发挥出各自的优势。具体做法为：语流——音素——语流。

3. 通过语音对比突出重点和难点

学习者母语中没有或者虽有却与汉语有差异的语音，通常成为其学习难点。一般来说，声调、变调、送气音与不送气音、清浊辅音和几组难音是大多数国家学习者的学习难点。此外，不同母语背景的学习者还有一些特殊的难点。这些难点自然成为语音教学的重点。对难点和重点应多花一些力气。

4. 声韵调相结合教学，循序渐进

一般是从语流入手，按交际功能的需要选择句子和词语，然后确定音素，将声韵调结合在一起教学。在选择交际功能时又要考虑音素的难易度，避免从最难的音素开始。在综合教学时，要注意难点分散，新学的声母难，与之拼读的韵母就不宜再难，练习难调时，选取的音素就应容易一些。

5. 听说结合，先听后说

语音听觉的训练其实就是对语音特征的感知，而语音感知是辨别词义、语义的前提，也是学习发音、训练口语的前提。在教人发出某个音素或声调之前，总得让他听清楚这个音或调，在熟悉它们之后才能准确地发出来。

6. 以模仿和练习为主，语音知识讲解为辅

语音是靠练而学会的，练的方式是反复模仿、反复操练。这就要求教师自身完全掌握普通话语音，以便给学生做出正确的示范。但只靠模仿和操练是不够的，教师还应针对学生的错误，从发音部位和发音方式上给予一定的理论指导。

7. 机械性练习和有意义练习相结合

反复、刻苦地模仿和操练，才有可能学好汉语语音，但这种练习还需与有意义的练习相结合。唯其如此，方能引起学习者的兴趣，减少其枯燥、疲劳感。

赵金铭等（1985）则提出了六条基本原则，即：①以自觉模仿为主，以必要的语音理论知识为指导；②从易入手，由易到难；③以旧引新，以新带旧；④突出重点，反复操练；⑤音形结合，加深印象；⑥加强直观教学，提高效率。

总之，语音教学必须兼顾实用、实践、趣味与其他要素的紧密结合。

（三）语音教学的方法

（1）教具演示。例如：使用发音部位图，吹动纸片演示送气音等。

（2）夸张发音。例如：将轻声前的音节故意拖长、加重，然后发出低而短促的轻声音节。

（3）手势模拟。例如：手心向上、四指并拢翘起表示翘舌，手心朝下、手背隆起表示舌根隆起。教四声时，可用手指在空中略微夸张地比画。

（4）对比听辨。将学生母语的发音与汉语发音或者汉语本身的送气音与非送气音，甚至学生的错误发音与教师的正确发音进行对比。

（5）以旧带新。即用已掌握的知识、技能引导出新的知识、技能，例如：ü 的发音可以由 i 来引出，zh、ch、sh 的发音可以由 z、c、s 带出。

（6）声调组合。即用一些有意义的词语来练习声调的组合，例如：练习"四声＋二声"使用"复习""日元""姓名""去年"等常用词，练习"二声＋二声"可以使用"邮局""食堂""学习"等词，练习一至四声可以使用"非常感谢""加强友谊""欢迎访问"等语句。

音节教学是初期教学重点，可以使用先音素、音调然后拼音的总结法，也可以使用先音节后声韵调的分析法，但都须经过"展示→模仿→纠音"的教学步骤。

（四）语音教学的难点与技巧

张旺熹（2004）把外国成人学习汉语时的"洋腔洋调"现象归结为四个层面：单字

音节层面；语流音变层面；语调模式层面；语调与语义配置关系层面。后者如重音和停顿，"他看见张老师/笑了。"→"他看见/张老师笑了。"

外国学习者在语音习得上的主要难点和语音教学对策（技巧）简述如下：

1. 声母教学难点和技巧

（1）六组送气与不送气声母：b/p, d/t, g/k, j/q, z/c, zh/ch。常用的教学技巧有：吹纸法；夸张法；组对法；游戏法［吹蜡烛//左右（送气/非送气）手］。

（2）舌尖音 l/r。区别在前后。常用的教学技巧：图示法；带音法（用一个易发的音带出发音部位相近的难发的音）；组对法（lè—rè 等）。

（3）p/f, f/h。p 是双唇音，f 是唇齿音，f/h 都是清擦音。教学技巧：可以先练习它们与 a 开头的韵母的拼音，再练习与 u 开头的韵母相拼。

（4）z-zh-j / c-ch-q / s-sh-x。这三组声母发音方法相同而发音部位不同，各组的一、二、三个声母发音部位相同而发音方法不同，区别在于送气与不送气、塞擦和擦音。常用的教学技巧有：图示法；手势法；组对法。

2. 韵母教学难点和技巧

（1）单韵母 e, i, u, ü。在掌握发音要领之后可采用组队练习的方法，如：bo - he → bohe；jíqí - zìsī；shìyí - shìyú；xiàwǔ - xiàyǔ。

（2）复韵母。开口度宽的：ao, ia, iao, ua, uai — 开口度窄的：ou, ie, iou (iu), uei (ui)，可以多做组对比较的练习，如：ai - ei, ua - uo, iao - iou (iu)。

（3）鼻韵母 -n, -ng。要把元音和末尾的鼻音读成一个整体，从元音到鼻音中间要有一个短暂的鼻化音作为过渡。组对练习如：yínháng, yǐngyìn；píngmín。

3. 声调教学难点和技巧

（1）四声。这是外国学生的共同难点，合理的顺序是：先教一声、四声，再教三声、二声。常用的技巧是：①通过发音示范，适当延长发音过程，强调音高变化，可略带夸张，待发音准确后再恢复到正常、自然的声、韵、调；②使用五度声调示意图，给学生以视觉形象，帮助其体会和掌握声调音高的变化过程；③利用手势或头部动作把听觉符号变成视觉形象。

（2）轻声和儿化。轻声是四声的一种特殊音变，即在一定条件下读得又短又轻的调子，它并不独立存在，只体现在词语和句子中，常用的轻声教学技巧有对比法和夸张法。儿化是韵母在一个音节中带上卷舌色彩的一种特殊音变，外国学生要么不会卷舌要么会卷舌但卷舌过晚——发完元音再卷舌，从而把儿化音节念成了两个音节，即"画儿"成了 huaer。

（五）不同阶段的不同教学重点

初级阶段，语音教学必须占有重要地位。

中、高级阶段，语音教学必须注重声调的听辨。

二、汉字教学

汉字是用来记录汉语的书写符号系统。以表意为主兼具表音功能的汉字完全适应汉语的特点，所以能够跨越时空，具有强大的生命力，使数千年的中国文化连续不断地保留下来。

（一）汉字的结构与特性

1. 汉字的结构

（1）结构单位。现行汉字由笔画和部件结构而成。笔画是汉字的最小构成单位，可以分为基本笔画和复合笔画两大类。基本笔画有六种：横、竖、撇、捺、点、提；复合笔画有四类二十二种：①以横起笔的十种（横折、横钩、横撇、横折钩、横折提、横弯钩、横折弯钩、横折折撇、横折折折钩、横撇弯钩）；②以竖起笔的七种（竖折、竖钩、竖提、竖弯、竖弯钩、竖折撇、竖折折钩）；③以撇起笔的二种（撇折、撇点）；④钩三种（斜钩、弯钩、卧钩）。①

部件或构件、偏旁由笔画构成，是汉字的预制构件。一个部件构成独体字，两个及以上的部件构成合体字。

笔画的具体形状叫笔形，写字时笔画的顺序叫笔顺。笔顺的规矩是：先横后竖，先撇后捺，先上后下，先左后右，从外到内，从外到内后封口，先中间后两边。

（2）结构类型。与线性结构的拼音文字不同，汉字是方块立体结构。汉字书写是从基本笔画到基本部件再到完整汉字的生成过程，笔画构成部件，部件组合成为汉字。部件在汉字中的位置是固定的，上下左右不能随意变动。汉字的基本结构有七种：左右结构、左中右结构、上下结构、上中下结构、全包围结构、半包围结构和穿插结构。

---

① 吕必松在其《汉语和汉语作为第二语言教学》一书（152 页）中将汉字笔画总结为 26 种，其中：基本笔画 6 种（与此相同），复合笔画 20 种（只含一种"弯钩"）。

2. 汉字的特征

汉字是语素文字,所记录的是汉语系统里最小的音义结合体——语素。与拼音文字相比,汉字具有形音义三结合的特点,这在形声字中得到了集中的体现。现行汉字中,独体字是少数,合体字是主流,而合体字里大多都是形声字。形声字具有一定的表音功能(现行汉字的有效表音率在30%左右),但要以认识一定数量的成字部件为前提。母语为拼音文字的学习者学习汉字的难度自然小不了。如果能在教学过程中分清形声字的结构,了解形旁和声旁的特点和规律,便不仅能够引起学习者学汉字的兴趣,还可以提高汉字的学习效率。部件教学因此成为对外汉字教学的一种重要方式。

具有数千年历史的汉字数量十分庞大,《中华字海》(冷玉龙等,1994年)收录85000字,我国台湾地区编撰的《异体字字典》则收录106230字。在100000个汉字里,哪些是常用字?哪些是必须教给外国学习者的?外国人掌握了多少汉字就可以生活在汉语环境里?教育部于1952年公布的《常用字表》收录2000字,包括一等常用字1010个,次等常用字490个,补充常用字500个。国家语委和国家教委于1988年联合发布的《现代汉语常用字表》收录3500个,包括常用字2500个,次常用字1000个。1992年,国家汉办颁布《词汇与汉字等级大纲》,收入汉字2905个,包括甲级字800个、乙级字804个、丙级字590+11字和丁级字670+30个,丙、丁两级中的41个表姓氏和地名的字收为"附录字"。根据统计分析,这些字的累计频率达到98%以上。2021年,国家语委颁布《国际中文教育中文水平等级标准》,收入汉字3000个,分为三等九级。

(二)汉字教学的意义和任务

1. 汉字教学的意义

汉字可以灵活地书写由声音构成的汉语,掌握了汉字不仅可以通过阅读获得海量的信息输入,还能够通过书写传达自己独特的思想情感,从而完成汉语书面语的交际活动。如果说掌握汉语拼音是汉语口头交际能力的基础,那么,认读和书写常用汉字就是汉语书面交际能力的前提。

对于汉字教学与口语教学的关系,人们曾做过多种尝试,总结出来的经验主要有五种:先语后文;语文并进;语文分开;集中识字;字本位。

(1)先语后文。即学习者在一开始只接触拼音,不接触汉字,在基本掌握了汉语拼音和一定量的词语、语法之后再将汉字引进教学,汉字教学的基本顺序是:字→词→句→文。

(2)语文并进。即在学习语法、课文的同时兼顾听说训练和识字训练,基本笔画和常用语素的教学可以先期进行。

（3）语文分开。即汉字教学单独设课，自成体系，因为它与口语教学有着不同的规律，二者不能混同一体。

（4）集中识字。即在教学过程中的某个时间里安排专门的汉字教学阶段，集中进行汉字的识读和书写训练。

（5）字本位。这是一种把汉字作为基本单位来安排教学的方法，教学顺序是：字→词→句→文。字是汉语的基本结构单位和教学的起点，教学过程注重字的书写、字的理据、字的扩展。

2. 汉字教学的任务

针对外国学习者的汉字教学的任务是：以汉字音、形、义的构成特点和规律为教学内容，帮助学生获得认读和书写汉字的技能。

汉字教学是汉语教学的重要组成部分，也是汉语作为第二语言教学最显著的特点，同时也是绝大多数外国学习者的"拦路虎"。"汉语难"主要指的就是汉字难，克服了这只"拦路虎"，国际中文教学也就一路坦途了。

（三）汉字教学的原则

1. 语、文先分后合，依照各自规律实施教学

在语音和日常会话为主的初级阶段，设立平行的口语听说课与汉字读写课。听说课用拼音进行教学，内容为词语、句型和课文；读写课介绍汉字的基本知识并进行基本汉字的认读和书写。口语课在前，读写课在后，各自按照自身的系统而又适当地相互照顾。在掌握一定量汉字知识后，尽可能地将二者同步起来，即每学一个新词（字），就要同时掌握其音、形、义，使三者紧密结合起来。

2. 根据汉字的特性，有层次有步骤开展教学

首先，对汉字字形进行解析，将其分成笔画、部件、整字三个层次。从笔画的认知和练习开始，再到部件（《汉语水平词汇与汉字等级大纲》收进 430 多个），最后进行整字的认读和书写。书写练习要特别注意笔顺，因为正确的笔顺是书写汉字的基本素养，固定的书写习惯也有利于汉字的记忆。掌握汉字部件是认读和书写汉字的关键，也是汉字教学的重点。在学习整字的过程中，要引导学生掌握部件的组合规则，即间架结构。笔画、笔顺、部件、间架结构的训练从一开始就要严格要求，以便为汉字的认读和书写打下坚实的基础。

3. 把握造字原理，利用表意、表音功能

根据汉字的造字原理，对汉字进行字形的归纳和字义的分析，可以引发外国学习者的学习兴趣———一些欧美学生就是因为对具有图画美的汉字感兴趣才开始学习汉语的。通过这种分析、归纳，将汉字之间的联系教给他们，使其在学会一个汉字的同时掌握相关的一些汉字，则可以达到事半功倍之效。学习"河"的时候，教给他们"江、海、湖"，并引导他们了解"氵"的意义；学习形声字"请、清、情、晴"之后，引导他们归纳出"青"的表音性。

4. 先认后读，常用字优先，字、词教学相结合

国人对汉字往往是能认读的多于能书写的，先会认再会写，外国学习者更是如此，很多都是能够认读却写不出来，所以不能要求他们对每一个汉字都达到四会（听、说、读、写）的程度，而应根据其级别区别对待，即常用字要求四会，不太常用的字能够认读即可。

真正体现汉语结构特点的是"字"，"词"只是从西方语言学引进的概念，只有把字作为词语、语法教学的基本单位才能体现汉语的特点，掌握汉语学习的真谛。但是，在长期的发展过程中，汉语用于表达概念和意义的单位大多已由单音节的字变成了双音节和多音节的词（"字组"），很多字已不能独立成词，只是作为构词语素甚至语素中的一个音节（"葡萄""玛瑙"等）。因此，从语法和教学的角度上看，"词"也是一个重要的语言单位。字、词的教学应该结合在一起，教师要充分利用汉字极强的组词能力，采用"以字解词""由词析字"的方法去培养学生据字猜义的本事，发现组字成词的规律。1999年，法国汉学家白乐桑提出"口语教学以词为基本语言教学单位，书（面）语以字为基本语言教学单位"，这是颇有见地的观点。

5. 重视教学的针对性、实用性和趣味性

汉字文化圈的学习者，特别是日、韩学生，比较容易建立其汉字的整体结构观，但其他国家和地区的学习者就不那么容易了，所以在具体方法上要有所区别。学习一套不同于自己母语的书写符号是一件枯燥乏味的事情，如何使汉字教学趣味盎然、生动形象，因而是必要和必需的考量。可以适当地编出一些顺口溜、口诀和歌谣来帮助学生认读和识记汉字，例如针对学生易在"武、式、代"等字的斜钩上加撇、在"延、建、廷"等字上加点的偏误，可以编出"延建廷，不加点，武式代，没有撇"的顺口溜。还可以利用多媒体辅助教学方式，用动漫演示等生动形象的方式进行笔画、笔顺、部件和构架的教学。设置多种多样的汉字练习，比如描写、临写、抄写和据拼音写汉字、用汉字组词等，帮助学生掌握字的形、音、义。

6. 重视对比和重现，加强复习和书写，有效地识记汉字

对形近字和同音字要进行结构、字义的比较。"土"和"士"，"没"和"设"，"人"和"入"，"找"和"我"等形近字，有的是多一笔少一笔，有的是笔画长一点短一点，有的则是笔画的位置不同。"一""衣""伊"等音同、形义皆不同。通过对比分析则可以区分开来，又通过上下文和语境感知其具体意义，就可能减少别字，准确使用汉字。还要通过反复的书写练习和识字阅读活动，如传统的描红、临写、抄写、听写等，来把所学的汉字记住。

（四）汉字教学的方法和技巧

1. 展示汉字

①看图识字；②卡片示字（一面是汉字，一面是拼音）；③板书示字；④多媒体展示。例如："人"字的展示。教师一边在黑（白）板上书写，一边说道"人，一撇一捺；人，一个人，一家人，你家有几口人？"这样既形象地展示了笔画笔顺和字的结构，又对其意义和用法做了揭示。

2. 解释汉字

①实物展示；②图片展示；③古文字演化；④母语翻译；⑤借助形旁；⑥直接分析（合体字的组合，如"甭"）。例如："他"字的解释。教师可以通过"人"→"亻"的演变使学生知道"亻"即表示"人"的意思，然后引出"你、他、们、伙"等字，从而加深他们的理解。

3. 分析字形

①笔画笔顺分析；②形体结构分析；③形近字对比分析。

汉字的形体结构主要有九大类：独体字（一、日等）、上下结构（昌、思等）、上中下结构（草、薯等）、左右结构（从、明等）、左中右结构（树、湖等）、半包围结构（风、这等）、全包围结构（国、囚等）、品字结构（晶、森等）和对称结构（巫、爽等）。其中，左右结构和上下结构的汉字占了一大半。

4. 利用字音

合体字中很大一部分是形声字，很多声旁相同的汉字读音也大体相同，如"采"→菜、踩、彩、睬。有些汉字，因为古今字音发生了变化，虽然声旁相同读音却有差别，如"果"→课、棵、窠、裸。教学时要做特别提醒。

5. 汉字练习

①认读练习；②字形练习；③字音练习；④综合练习。例如：①听录音，选字填空

（我___一本书。）；②增加（减少）一笔，写出一个新的汉字（人、大／甜、干）；③按声母（韵母）将这些字分类；④将两组汉字连线组词。

三、文化渗入

文化有广义和狭义之分（张岱年）。"狭义的文化专指文学艺术。最广义的文化指人类在社会生活中所创造的一切，包括物质生产和精神生产的全部内容。次广义的文化指与经济、政治有别的全部精神生产的成果。"人们通常把风俗习惯叫作"习俗文化"，把历史中形成仍然保留着的文化叫作"传统文化"。张占一（1984）则从语言教学的角度提出"知识文化"和"交际文化"的概念。

"知识文化"即文化背景知识，"交际文化"指的是两种不同文化背景熏陶下的人在交际时，由于缺乏有关某词某句的文化背景知识而产生误解，这种直接影响交际的文化知识就属于交际文化，它包括语言交际和非语言交际中的文化因素。"非语言交际文化"就是语言以外的传递信息的方式，例如体态语（手势、身势、眼神、面部表情等）、信号（交通指示灯等）、标记（路标、商标等）。吕必松据此提出了更为宽泛的"交际文化"概念："隐含在语言系统和语用系统中的反映一个民族的心理状态、价值观念、生活方式、思维习惯、道德标准、是非标准、风俗习惯、审美情趣等等的文化因素。"他进而指出："这种隐含在语言系统和语用系统中的民族文化因素对语言和语用有一定的规范作用，但是本族人因为身在其中，往往不易觉察，只有通过对不同民族的语言和语用的对比研究才能揭示出来。"[①]

（一）文化和语言的关系

语言是人类文化的一部分，语言和文化是部分与整体的关系；语言是文化的主要载体，一个民族的文化凝聚在该民族的语言之中；语言是文化发展的基础，社会成员主要靠语言交流来共同发展文化；语言和文化是相互依存的，二者关系是"你中有我，我中有你"。

第二语言教学界普遍认为，要掌握和运用一种第二语言，就必须同时学习这种语言所负载的文化。因此，第二语言教师必须以语言教学为主，同时紧密结合相关的文化，但

---

① 吕必松. 汉语和汉语作为第二语言教学［M］. 北京：北京大学出版社，2007：49.

不能以"文化教学"来取代语言教学。刘珣称之为"文化揭示",本书采用"文化渗入"的说法,即在语言教学过程中,以"随风潜入夜,润物细无声"的方式将文化因素渗透进去。

(二)国际中文教学中的文化因素①

2012年版《国际汉语教师标准》的标准四便是"中华文化与跨文化交际",标准要求国际中文教师:

(1)了解中华文化基本知识,具备文化阐释和传播的基本能力。

(2)了解中国基本国情,能客观、准确地介绍中国。

(3)具有跨文化意识。

(4)具有跨文化交际能力。

刘珣(2000)将对外汉语教学中的文化分为三类:语言中的文化因素(包括语构文化、语义文化和语用文化)、基本国情和文化背景知识(学习者最感兴趣的最基本的"知识文化")和专门文化知识。对国际中文教学(尤其是初级阶段)来说,直接相关的文化因素则是汉语词汇系统和表达系统中的那些文化因素。

1. 词汇系统中的文化因素

(1)受特定地理环境制约的词语,如江、河、"三山五岳"等。

(2)受特定物质生活条件制约的词语,如饭、茶、四合院、炕等。

(3)受特定社会、经济制度制约的词语,如单位、户口、个体户、下岗等。

(4)受特定精神文化生活制约的词语,如网恋、颜值等。

2. 表达系统中的文化因素

(1)受特定风俗习惯制约的表达方式,如"尊人抑己"等。

(2)受特定社会心态制约的表达方式,如"和谐对称"等。

(3)受特定认识方式影响的语言习惯,如"综合思维"和"临摹性""形象性"对汉语造字、组词、成句的影响。

---

① 文化的界定与分类、语言和文化的关系、知识文化和交际文化、语言中的文化因素等相关论述,请参见第二章 汉语国际教育学科的基础理论之第二节第四点"文化学基础"。

（三）国际中文教学"文化渗入"的原则

1. 为语言教学服务，与语言教学阶段相适应

学习文化是为了达成培养汉语语言交际能力这一总体目标，脱离语言教学的文化教学，不为本学科、本专业所需要，也超出了本学科、本专业所承担的任务。语言教学总体原则"结构—功能—文化三结合"说的就是这个意思。文化为语言教学服务就必须与语言教学阶段相匹配，具体而言就是：在初级阶段，结合字词句渗入语言文化因素的内容；在中级阶段，结合课文逐步增加国情文化知识的内容；在高级阶段，开设一些专门性文化知识课程或者讲座。国际中文教学大多发生在初、中级阶段，所以要特别注重语言文化因素和国情文化知识的渗入。

2. 循序渐进，适可而止

语言文化因素和国情文化知识的渗入要符合人类认知规律，即遵循由浅入深、由近及远、从简到繁的循序渐进的过程。又要做到"适度"，不可借题发挥，喧宾夺主，把语言课上成文化课。这就要求有一个体现量化和序列化的文化等级标准和等级大纲。虽然目前还没有形成一个"国际中文教学文化大纲"，但《国际汉语教学通用课程大纲》和《国际中文教育中文水平等级标准》都有总体要求和任务举例，可供参考。

3. 具有针对性和代表性

对中国文化的感受，不同地区和国家的学习者是不一样的，这就需要对中外文化进行对比，设计出国别化的语言文化教材。为了加强教学的针对性，与外国学者、教师合作编写语言文化教材也是非常必要的。

中国幅员辽阔，人口和民族众多，南北、城乡和民族之间都存在着文化差别。语言文化教学所涉及的主要是主流文化或者中国人共同的文化，而不是地域文化和部分人群的亚文化，应该是当代中国人鲜活生动的"生活方式"，从而有助于学习者跨文化交际能力的培养与获得。所谓"代表性的文化"就是中国人的主流文化、当代文化和具有一定文化教养的中国人身上所反映的文化。

4. 有发展变化的观点

随着改革开放的不断深入，文化接触、文化交流不断扩大，中国文化也在发生变化。事实上，百年前就已开始的"新文化运动"至今仍然处于进行时。年轻人身上所反映的习俗文化就与他们的父辈相差甚远了，比如在回答别人的夸奖时，他们使用"谢谢"的概率远远大于"哪里，哪里"了。面对职场压力，贬抑自己抬高别人的语言表达方式也为推销自己所取代了。随着独生子女群体步入社会并逐渐成为社会中坚力量，中国传统文化的很多方面也悄然发生改变,"隐私""预约""过洋节日"已然成为新的习俗。因此,在给外国学生介绍中国文化,尤其是习俗文化时,一定不能绝对化,而应适当地说明这种变化趋势。

5. 把文化知识转化为交际能力

国际中文教学不仅仅是要教给学习者语言文化知识,而是要学习者在掌握知识的基础上将这些知识转化为汉语语言交际能力,也就是帮助他们正确地理解字词句篇中的文化内涵,自觉遵守社会规约和语用习惯,从而准确、得体地进行汉语交际交流活动。这就要求我们在学习语言文化知识的同时,设计和开展大量的练习与实践活动,尤其是和中国人进行面对面交流沟通的语言活动。

(四)国际中文教学"文化渗入"的方法

1. 注释法

通过注释(先是母语而后用汉语)直接解说文化知识,学习者自己阅读理解,知其然又知其所以然,可以节省课堂教学时间,也适用于各个教学阶段。

2. 融汇法

将文化因素融入课文中,即课文本身就在介绍某种文化习俗,使学习者在学习语言的同时习得文化知识和技能。在初级阶段,可以结合口语会话材料揭示语用规则(如何打招呼、如何称呼人、如何问年龄)和词语的文化内涵(如"叔叔""阿姨""家""好"等)。中级阶段,结合课文进行国情文化知识的介绍(如中国地理、历史、文学、艺术等方面的内容)。目前常见的国际中文教材大多是以语言为纲、文化为辅,但可以尝试编写文化为纲、结合语言训练的教材。

3. 比较法

比较母语文化与目的语文化之间的异同,利用其"同"来实现语言习得过程中的正迁移,发现其"异"以提醒和防止负迁移。学生明了两种文化的差异,既可唤起其文化规约影响语言表达的意识,又有利于克服其跨文化交际过程中出现的心理障碍(焦虑感)。

4. 实践法

把中华才艺带入课堂,让学生亲身体验。可以教学生编中国结、做剪纸、练书法、练武术、打太极、唱京剧、学唱中文歌、学奏中国民乐(如二胡、古筝、扬琴等),春节教学生包饺子,元宵节教学生包汤圆,端午节教学生做香包、包粽子,中秋节与学生一起赏月、品月饼。这些文化体验活动既可引发学生的学习兴趣,又能增进他们对中国的了解，可谓是一举两得。

5. 交际法

语言课堂中引入文化内容的学习和练习，对于掌握知识、将知识转化为言语技能不仅必要也是重要的，但要实现语言交际能力培养这一目标，还需要在真实的语言环境中进行大量的语言实践。可以利用课堂上设置的社会文化氛围，或者借助多媒体手段展示相关的文化背景，让学生在其中学习、操练实际交际能力。不过，外国学习者要想真正掌握汉语，成为"中国通"，还必须寻求机会到本地的华人社区甚至来到中国社会使用汉语进行交际交流活动，就像以前的欧美传教士那样。

四、策略引导

（一）学习者策略

卡奈尔与思维恩认为"语言交际能力"由语法能力、社会语言能力和策略能力构成，其中的"策略能力"只包含"交际策略"，即"为弥补交际中出现的'短路'情况而采用的言语的和非言语的策略"。后来的研究发现，第二语言学习者除了"交际策略"外，还使用着其他一些与语言使用有关的策略和多种与语言学习相关的策略。"语言使用策略"和"语言学习策略"一起构成所谓的"学习者策略"，即学习者为提高第二语言学习和使用的效率而有意选择、采取的那些观念和行动。

1. 语言学习策略

学习者为了改善对目的语的了解和理解而使用的观念和行为，包括认知、元认知、情感和社交四种策略。一旦获得灵活有效地运用这些策略方法的能力，学习者就更可能圆满完成其语言学习任务，并表现出某种独特的学习方式，其学习过程也就更加快捷而且充满乐趣。

2. 语言使用策略

包括检索、演练、掩饰和交际四种策略。使用这些策略有助于语言交际活动的顺畅进行和交际者意图的最终实现。

（二）策略的分类

奥克斯福德将第二语言学习中使用的策略分解为直接策略和间接策略两大类。①

1. 直接策略，即策略的使用与所学习的语言本身直接关联

（1）记忆策略用于记忆和检索新信息，如创设心理关联（分类组群；联想或细化；将生词置于语境之中）、运用形象和声音（使用形象；语义地图；使用关键词；利用声音）、充分复习（有结构、有层次的复习）、利用动作（使用身体反应动作；使用机械手段）。

（2）认知策略用以理解和产出语言，如练习实践（多次重复；语音文字的形式练习；识别和使用程式化语句或句型；重新整理或梳理；在自然条件下练习）、接收与发送信息（快捷领会意思；使用有效资源）、分析推理（演绎推理；语言对比分析；翻译；迁移）、为输入输出创设结构（记笔记；总结归纳；整理要点）。

（3）补偿策略用以克服语言欠缺而来使用语言，如机智猜测（使用语言线索；使用其他线索）、克服说与写的局限（转换到其他语言；寻求帮助；使用模拟和手势；部分或完全回避交际；选择话题；调整或趋近信息；新创词语；使用迂回方法或同义词语）。

2. 间接策略，即管理学习的普遍方法

（1）元认知策略用以协调学习过程，如聚焦于学习（总体观照，将新旧知识联系起来；集中注意力；不急于发言而是注意倾听）、计划安排（了解语言学习知识；组织计划；设定目标；弄清语言任务的目的；计划语言任务；寻求练习机会）和学习评估（自我监控；自我评估）。

（2）情感策略，即对学习过程中的情感进行调适，如降低焦虑水平（使用逐渐放松方法、深呼吸或打坐默想；使用音乐；借助笑声）、自我鼓励（积极的态度；明智地冒险；犒劳自己）和监控自己的情感指标（聆听身体；使用检查表；写语言学习日记；向人倾诉自己的情感）。

（3）社交策略，即与人来协作学习语言，如提问（请对方澄清或确认；请人给自己纠错）、与人合作（与人合作；寻求学习好的同伴）和移情（培养文化理解；了解别人的思想情感）。

---

① Cohen. Andrew D. 2008：152. 原文为：*specific actions taken by the learner to make learning easier, faster, more enjoyable, more self-directed, more effective, and more transferable to new situations.* 关于学习者策略的分类，请参见第四章第三节之"二"中"认知因素"（第 154—156 页）。

每一个语言学习者在其学习过程中也都有意无意地使用着某些方法或者技巧。在使用目的语进行交际活动时,学习者也会使用一些策略和技巧,来维持和保证会话的顺畅进行。人们经常使用的交际策略被塔容归纳为三类:释义、迁移、回避。①

释义包括趋近、造词、迂回三种情况。

①趋近,即学习者使用单一的目的语词汇或结构,他(她)知道该项目或结构虽然不正确,但与满足自己表达需要的项目在语义上有足够的相似之处,例如,用 pipe 来替代 waterpipe。

②造词,即学习者编造一个新词语来表达意欲表达的概念,例如,用 airball 来表达 balloon 的意思。

③迂回,即学习者不能使用合适的目的语结构,而是转而对物体或者动作特征(成分)进行描述,例如,用"She is, uh, smoking something. I don't know what's its name. That is, uh, Persian, and we use in Turkey, a lot of."。

迁移包括直译、语码转换、求助和模拟四种情况。

①直译,即学习者把母语的意思逐字翻译过来,例如,用"He invites him to drink."来表达"They toast one another."的意思。

②语码转换,即学习者压根不用翻译而直接使用母语词语。

③求助,即学习者询问准确的词语和结构。

④模拟,即学习者使用非语言策略来替代表意的结构,例如,用拍手的动作来表达"鼓掌"的意思。

回避包括话题回避、信息放弃两种情况。

①话题回避,即学习者如果不知道相关的词汇或其他表意结构就干脆不谈论那些概念。

②信息放弃,即学习者继续谈论但终因缺乏信息的表意结构而在中途停止。

事实上,除了上述三类而外,第二语言学习者所使用的交际策略还包括:使用程式化话语;使用自制规则(例如,将两个词按照"主题—评述"模式组成语句);简化句法;重组词语;使用预制套路(例如,用升调说出"He understands chess?"而使之成为疑问句);使用预制句式和融合等。

---

① TARONE, E. Communicative strategies, foreigner talk and repair in interlanguage [J]. Language Learning, 1980 (30): 417-431.

调查发现,海外的汉语学习者或多或少地都在其学习过程中使用着这些交际策略。或许,这些都是第二语言使用者普遍使用的策略和方法。

(三)策略教学的方法

对语言学习者策略的掌握和运用,构成语言学习者的策略能力,学习者策略能力的高低、强弱,对其语言学习的结果和言语交际的成效发挥着直接的影响作用。研究发现,从初学者到中、高级水平的学习者都在不同的程度上使用着各种学习和交际策略,但在不同的学习阶段和不同的程度水平上,也会在常用的策略上表现出一些差异来,还有一些已经被证明是相当有效的策略,并不为他们经常使用。这种情况表明,进行适当的相关策略学习和培训是很有必要的。[①]

策略往往被视作是具体的风格、方法和技巧,所以完全可以通过教学和培训来加以掌握和运用。在国际中文教学中,我们至少可以通过下面四种方式来对汉语学习者进行某种策略能力的培养。

1. 引导学习者使用互动式的学习技巧

互动式的学习技巧包括:①减少抑制,鼓励冒险;②树立自信心;③帮助其建立内在的学习动机;④促成相互之间的合作交流;⑤鼓励使用右脑(即运用声像)来对信息进行加工;⑥增强对模糊性的容忍度;⑦帮助其使用直觉来学习语言;⑧学会从自己的错误中学到知识和经验;⑨帮助其时时看到自己的目标。

2. 帮助他们学会弥补性的交际技巧

主要的交际技巧包括:释义;迁移;回避;使用程式化话语;使用预制句式等。

3. 建立一个策略总目录

比如:教师列举出善学者所使用的所有策略方法,引导学习者发现一些自己可以采用的方法和技巧;定期举办学习经验总结交流会,让学习者在合作交流中互相学习、取长补短,以丰富自己的策略目录。

---

① 参考:a. 拙作《国际汉语语言交际能力培养论》之第四章第二节"汉语策略能力调查";b. 拙文 "A survey of learner strategy competence of the mandarin for business participants in LSE", UK (英国高校商务汉语学习者策略能力调查),刊登于 *Applied Chinese Language Studies X*(英国), Sinolingua London Ltd. 2020: 145–152; c. 丁安琪,《汉语作为第二语言学习者实证研究》之第二章"汉语作为第二语言学习者策略研究"(第 27–72 页)与第三章"汉语作为第二语言学习者学习观念研究";d. 丁安琪,《汉语作为第二语言学习者研究》之第三章"第二语言学习策略"。

4. 及时、即兴地提出在策略使用方面的建议

教师在与学习者交流、互动的过程中，随时可以提出一些有益的建议，帮助他们增添一些或者改进已有的汉语学习与交际的方法和技巧，丰富和提高他们在策略使用上的水平和能力。

科恩在《学习和运用第二语言的策略》一书中提出了一种"打包式"的学习者策略培训模式，很值得我们借鉴。该模式包括三种主要训练形式：①镶入语言教材中的策略训练；②附带式的自助式策略学习指南；③专门的策略学习培训中心。

专门的培训中心，目前在国际中文教学中还并不现实，但对前面两种形式，我们完全可以从现在起就开始逐步采用和实施。

（四）向"善学者"取经

研究表明，外语善学者在策略使用上往往表现出以下五个特点：

第一，有明确的学习目的和目标，有极强的学习动力，有浓厚的学习兴趣，有克服困难的毅力；

第二，建立语言作为一种交际和交往手段的意识，通过寻找和利用有利的学习环境，积极参与语言学习过程；

第三，建立语言作为一个形式系统的意识，善意对待不同语言的构成系统并自觉地、沉浸式学习；

第四，接受并妥善处理外语学习过程中的情感需求；

第五，通过推理和监控扩充和修正自己的外语系统。

总之，完美、成功的第二语言学习者大多以积极主动的参与者形象出现，并始终处于活跃兴奋的状态中。

对学习者策略的研究在对外汉语和国际中文教学界还是一个薄弱环节，学习者策略如何有机地融入语言文化教学过程更是一个值得讨论和必须考虑的问题。国际中文教师可以在这两个领域内进行探索并有所作为。

第四节　国际中文言语技能训练[①]

言语技能教学和言语交际技能教学必须在语言要素教学的基础上进行，也必须与语言要素教学紧密结合在一起。语言要素教学属于知识传授，而语言教学的根本任务是把语言知识、语用知识和相关的文化知识转化为学习者个人的言语技能和言语交际技能，这种转化只能通过训练才可以完成。只有完成了知识到技能的转化，语言要素才可以说是被真正地掌握了。

言语技能即口头的和书面的理解、表达能力，也就是听、说、读、写的技能。言语交际技能指的是用语言进行实际交际的技能。

一、听力训练

（一）听力的重要性

听力是指听别人说话的能力，也就是一种话语理解能力。在语言学习和语言交际中，听力的重要性是不言而喻的。

从语言学习过程上看，学习"听"先于学习"说"，因为只有听到别人说话才能从别人那里学习说话，听不懂也就学不会。所谓"十聋九哑"说的就是这个意思。听懂了话才能学会说话，听话的能力越强，学说话的速度就越快。

从语言交际过程上看，听的能力也是大于说的能力，因为说是主动的"输出"，不会说的可以不说或者换种方式变着法儿说，"听"是被动的"输入"，说话人说什么，不由听话人决定也不容听话人慢慢去想，如果听不懂别人说的话，你就不能做出反应，交际也就无法进行。

[①] 本节主要参考：a.《汉语和汉语作为第二语言教学》（吕必松）第八章"言语技能和言语交际技能"（第208—232页）；b.《汉语作为第二语言技能教学》（翟艳、苏英霞）第三、四、五、六章（第77—288页）。

（二）听力训练的任务

听力训练，是指专门进行话语理解能力的训练，也就是根据话语理解能力的发展规律、通过专门的听力课或专门的听力教学环节而进行的听力训练。

专门的听力训练具有特殊的作用和任务，包括：①打下听力基础；②培养听的技巧，如分辨语音、信息检索和记忆储存及"抓关键，跳障碍"等"微技巧"；③培养听的适应能力；④培养注意力，开发智力（如强记和归纳分析的能力）。

（三）听力训练的途径与方法

1. 听力训练的途径

听力训练可以通过两种途径进行：

（1）开设听力课。周课时量多于十节，最好开设专门的听力课。

（2）安排专门的听力环节。周课时量少，则在综合课上安排听力环节。

2. 听力训练的方法

听力训练的基本方法是结合"聆听"和"视听"进行相关的练习。"聆听"包括老师口述、听录音、听广播等。"视听"包括看电影、看电视、看录像（视频）等。

听力训练的基本内容是语音识别和字义、词义、句义理解，因此，听力练习应从以下三个方面入手：

（1）语音识别练习。练习的形式包括：①听写（拼音或汉字）；②填写声母或韵母；③标出调号；④标出句子重音；⑤根据录音或者老师的口述标点一段文字。

（2）字义、词义理解练习。一段听力材料会有学过的和未学过的字词，通过听力练习则可以有计划地帮助学生复习、巩固部分学过的字词，接触和听懂部分没有学过的字词。字义和词义理解练习的形式包括：①多项选择（解释字义和词义）；②语音辨别（同音字词、近义字词等）。

（3）语义理解练习。语义涉及句子、语段和语篇的意义，语义理解练习因而是一种综合性的练习。练习的形式包括：①听后回答问题；②听后讨论或者辩论；③听后画图、填表或者选择正确答案。

（四）听力课堂教学方法与技巧

无论是听力课教学还是听力训练的教学环节，都要特别注意以下四点：

（1）想方设法让学生积极、主动地听，防止学生消极、被动地听。有效的方法有两种：①选择有意思的听力材料；②要求一边听一边做练习。

（2）不要求学生听懂所有的语汇，培养学生"抓关键""跳障碍"的技巧。在听力材料中设置一些"关键"和"障碍"，"障碍"即包括并不要求学生听懂的语汇，而是要设法帮助他们"跳"过去，抓住主要的"关键"语汇，从而理解材料的大意和主要意义。

（3）连续听的时间不宜过长。听的时间过长容易引起疲劳且不易记住，往往会听了后头忘了前头。可以将一篇材料分成几段来听，听完一段便停下来做做练习，练习完了再开始下一段的听练。

（4）说话和录音要注意控制语速。最好是一篇材料用三种语速读出：先是慢速，每分钟 160 字（音节）左右；然后中速，每分钟 180 字（音节）左右；最后用正常速度，即每分钟 200 字（音节）左右。

听力课老师如果只会播放录音或者只是自说自话，没有练习或者练习很少，学生就必然处于消极、被动的状态，所谓"听力"也就形同虚设了。

（五）汉语听力教学的过程

听力教学过程一般分为"听前→听时→听后"三个阶段。听前是准备、热身，既可调节学生的心理，又为听的练习扫除障碍；听时是主体，通过有目的、有步骤的环节设计和丰富多样的练习活动来完成听力理解的训练和检查；听后是听的总结和效果延续。

1. 听前

听前活动包括两个部分：课堂准备；热身练习。课堂准备包括之前的备课和上课前的设备检查等。热身练习活动分知识性活动和语言类活动两类，前者采用背景知识介绍、话题内容猜测、相关词语调动等方式，帮助学生熟悉所听材料的范围，调动内心的经验图式，后者是对可能影响听力理解的词语和语法点进行必要的解释说明以及为加强记忆和理解而进行的适当操练。

2. 听时

听的过程是学生动用大脑来接受声音符号并进行解码、分析、综合的过程，也是一个预测、验证、推理的过程。听时活动由听、讲、练三部分构成，听和练是学生活动，讲则是师生互动。活动步骤一般是先听，然后练习，最后讲解，但在实际操作时常常是交叉进行，如边听边讲、边听边练、讲练结合等。听力材料一般要听三遍，每一遍侧重不同，要求不同，任务也不同。

（1）听第一遍时，中间不停顿，要求学生从头听到尾，把握材料大意。

（2）听第二遍时，中间不停顿，要求学生随听随记，完成细节性练习。

（3）听第三遍时，中间不停顿，侧重思路整理，练习形式有复述、转换角色、概括中心思想等。

3. 听后

听后活动的任务有三个：

（1）对听的过程中出现的重要词语、语法点再做一些处理，解释其用法，做些扩展性练习。

（2）对一些重要的表达式（如反问句的特点）做出归纳、总结。

（3）对一些篇章结构特点（谋篇布局、语段衔接、成分照应等）进行分析和说明。这一阶段还可布置课后作业，如听写、填空、听后书面回答问题等。

二、说话训练

（一）说话训练的必要性

1. 培养学习者口头表达能力的需要

现代社会的人们学习第二语言不仅是为了阅读和笔译，而且要进行口头的交际。商品经济的迅猛发展和国际交往的日益频繁，使采用第二语言进行口头交际显得更加必要。重视说话训练已成为现代语言教学的一个重要特点。

2. 促进语言习得的需要

说话训练是语音、词汇、语法、语用等内容的全面训练，直接表现为师生之间、生生之间的语言交际活动，非常便于反复练习，因此有利于把语言文化知识转化为言语技能，并使知识和技能得到巩固和内化。

（二）说话训练的内容和途径

所谓口头表达，既包括学习、日常生活、社交、会议、会谈中的口头表达，也包括讲课、讲演、解说等交际活动。口头表达所使用的语言，就是口头语言，也就是说话训练的基本内容。"口头语言"和"口语"有所不同，前者是语用概念，区别于"书面语言"，后者是语体概念，区别于"书面语"。说话训练涉及的口头语言包括语音、词汇、语法等语言要素与相应的语用知识、文化知识。用口头语言进行交际，还需要一定的说话技能。

说话训练的途径主要有两个：课堂教学、课外语言实践活动。

周课时如果比较充裕,语言课就可以开设听、说、读、写不同的课型,每一种课型都给予学生练习说话的机会;如果周课时较少,便只能开设一门综合课,这时就应注意挤出较多的时间让学生进行口头表达训练。配合课堂教学组织各种各样的语言实践活动,是课堂教学的延伸,也是培养学生口头表达能力的有效途径。

(三)说话训练的方法

口头表达能力表现为语音能力、造句能力、成段说话能力和语用能力。说话训练其实就是训练学生这四种能力。

1. 语音能力的训练方法

(1)以音素为纲。围绕音素教拼音、音节、字词的发音和声调,并通过断句训练语音、语调。这是一种从单项训练到综合训练的路子。

(2)以话语为纲。选择出最常用的话语,通过字、词、句的教学把新的音素、声调等语音成分分解出来进行练习。这是一种从综合训练到单项训练的路子,训练的重点是"综合",即说话。

(3)音素教学和话语教学相结合。根据话语教学的要求选择言语材料,但在选择言语材料时,充分考虑到语音教学的需要。选择言语材料的标准是尽可能使话语中出现的音素符合按语音系统进行语音教学的需要。

这三种语音教学方法需遵循一个共同的原则,即语音训练和说话训练相结合、单项训练和综合训练相结合。

2. 造句能力的训练方法

(1)从单项训练到综合训练,即由字到词、由词到句的层层组合。这是打基础的阶段最常用的方法。

(2)从综合训练到单项训练,即由句到词再到字的层层分解,以便把重点字词抽取出来进行专门的练习。这是一种在基础阶段之后常用的方法,只能在学生充分预习的情况下使用。

以上两种方法可以在不同的教学环节中交替使用,但应特别注意:在造句训练的时候不能忘记语音教学,对学生普遍存在的发音、声调、重音、语调上的错误要注意纠正。因此,造句训练中蕴含着语音和词汇、语法的教学成分。

3. 成段说话能力的训练方法

成段说话能力即连续说一段话、一篇话的能力,这是说话训练的主要目标。一篇话包括数个语段,一段话包括数个句子,所以成段表达能力包括把句子组合成语段、把语段组合成语篇的能力。成段表达能力的训练方法也就是怎样培养学生组句成段进而组段成篇的能力。

组句成段涉及句与句如何连接的问题，组段成篇涉及段与段如何连接的问题，而这种连接不但有语法方面的问题，而且有（或许主要是）逻辑方面的问题。因此，成段表达能力的训练既包括语言能力又包括逻辑思维能力的训练。

（1）语言能力训练。主要是句与句、段与段之间的连接规则，重点是关联词语的使用，但也应同时注意语音和词汇的问题。

（2）逻辑思维能力训练。主要是帮助学生掌握汉语谋篇布局的思维方式，即"起、承、转、合"。这与外国学生的母语思维方式可能会格格不入。

4. 语用能力的训练方法

言语交际技能与交际对象、交际场合、交际内容、交际目的等因素相关，还要涉及语用规则和"交际文化"知识。所以，最好预先设定好"语用项目"。虽然目前还没有一个通行的"语用项目大纲"，但可以先参考那些得到公认的常见"功能项目"，如打招呼、问候、告别、询问、称赞、批评、抗议、致谢、道歉等，还有谈话的开始、承接、结束与其中的插话、打断等。这些都可以作为语用项目来加以专门的训练。

把语用项目作为交际技能训练的内容，就是让学生学会对同一个项目中不同的表达方式进行选择的那些规则。选择的范围包括：语体、语音方式、语汇、句式和应对方式等。

（1）语体的选择。语体有口头语体、书面语体之分，又有个人风格的问题，但都需考虑交际对象和交际目的。给父母写信就应使用口头语体，而不是书面语体。

（2）语音方式的选择。跟语用相关的语音方式有语气、语调等。例如：在正式场合自由谈话，或者跟不太熟悉的人谈话，或者跟有上下级、长幼区别的人谈话，一般情况下，语气比较委婉，语调比较平和。从不同的语气和语调中，人们可以听出喜悦与悲哀、谦虚与骄傲、赞美与讽刺、诚恳与虚伪等不同的"言外之意"。

（3）语汇的选择。这涉及字义和词义的褒贬、程度、语体等。例如：形容人的身材，对一个又高又瘦的人可以使用"苗条""细高个儿""火柴棍儿"等语汇，对一个又高又壮的人可以使用"魁梧""高大""傻大个儿"等语汇，但产生的效果会大不一样。语汇的理解和使用还要注意普通话与方言的区别。

（4）句式的选择。以问路为例，"小朋友，去钟楼怎么走？""老大爷，我想打听一下，去钟楼怎么走？""先生，您能不能告诉我去钟楼怎么走？"三种问法礼貌程度显然不同，对不同的人要使用不同的问法。

（5）应对方式的选择。例如：怎样打招呼？谈话怎么开头？怎样插话或打断？怎样转换话题？怎样结束谈话？怎样邀请？怎样表示是否应邀？……应对方式则有直接与间接、委婉与生硬、礼貌与粗鲁之区别。

（6）与"交际文化"的教学相结合。这是为了使学生更好地理解和使用语用规则，从而培养和提升其语言交际能力。

（四）说话课课堂教学

说话课有自己特殊的规律，说话课教学也有自己的一些特点。

（1）主要环节是练习说话。课堂上大部分时间要用于练习说话，而且是学生练习说话。教师的任务之一是鼓励学生开口说话，即引导和帮助学生知晓"说什么""怎么说"，随后"说出来"。

（2）教学过程是学生参与交际的过程。教师要尽量使课堂教学交际化，把教学过程作为让学生参与口头交际的过程，使每个学生都成为交际的一方。教师不能照本宣科，而应根据学生情况，结合课文内容和课本练习题，组织交际性的练习活动。

（3）有计划、有重点地纠正学生的错误。学生学说话随时都会出错，教师不能见错就纠，而应让学生说完，必要时可以用表情或手势提示。需要纠正的是那些经常出现的普遍性的错误，而且不纠则已，纠则有效。常用的纠错方式是：展示相应的正确形式，然后组织练习，直至全部学生都掌握这种正确形式。

（五）汉语说话教学的过程

汉语说话教学一般分为四个环节：复习→讲练新课→小结→布置作业。

1. 复习

复习的目的是：

（1）检查学生对前一课或前几课所学内容是否掌握，并对其中暴露出来的问题进行针对性的指导。

（2）巩固所学知识，使其储存于学生大脑记忆库中以供随时调动和提取。

复习的重点包括语音语调、生词、常用句型句式和功能表达方式。

2. 讲练新课

新课环节一般分生词讲练、话题导入、语言点讲练、课文讲解、自由表达练习五个步骤。其中，课文讲练可分六步进行，即：①听一遍课文；②朗读课文；③跟说课文（老师说课，学生模仿）；④根据课文回答问题；⑤复述课文；⑥句式替换练习。

自由表达练习包括会话、讨论、辩论等。初级阶段一般采用模仿课文内容进行会话练习的方式，中、高级阶段常常采用"就与课文相关内容的某个话题说明自己的观点或者展开讨论和辩论"的形式。

3. 小结

对当堂课的内容、要点进行总结，也可对一些重点词语、句式进行复习。

4. 布置作业

（1）复习，即回顾本课所学的词语、句型句式、功能表达方式、课文内容等。

（2）预习，即对下一课的生词和课文预先了解。

此外，中、高级阶段可以指定一两个学生准备一个三五分钟的口头报告，报告话题或者指定或者自定。

三、阅读训练

阅读是一种复杂的心理、生理活动，即通过眼球运动去感知文字符号，调动大脑中的语言知识库，与视觉器官接受的文字符号相印证，并进行识别、推断和匹配，从而达到对文字材料的理解。阅读知识库形成的过程就是阅读能力形成的过程。

有学者研究发现，儿童阅读技能的发展大体上要经历四个阶段：点读阶段→口读阶段→默读阶段→扫读阶段。扫读即浏览，指一种速度很快又能抓住大致或主要意思的阅读技能。成人第二语言阅读能力与其既有相似的一面，又有不同的一面，主要的不同是：儿童第一语言知识库在其阅读能力形成之前就已基本具备，相关的文化知识也有了一定的积累，但第二语言学习者语言知识库的形成过程是文字知识、语言知识（字、词、句、段、篇）和相关的文化知识全面积累的过程。

（一）阅读训练的目的

阅读训练包括阅读理解能力和阅读技巧的训练。

阅读训练的直接目的是：培养和提高学习者的阅读理解能力，帮助他们进行文字知识、语言知识和相关文化知识的全面理解，使他们的阅读知识库得以建立和充实，为真正的阅读行为创造必要的条件。

阅读训练的间接目的则是：全面提高第二语言教学的效率，即提高学习者的整体语言水平和文化水平，因为第二语言学习要通过大量的阅读来复习巩固学过的字、词、语法，接触并尽可能吸收新的字、词、语法，同时又学习相关的文化知识。

（二）阅读训练的内容和方法

汉语作为第二语言教学的阅读训练包括识字训练、语言训练、阅读技巧训练和相关的文化知识（文化背景知识）介绍等内容。几个方面的训练都要根据阅读能力形成的规律有计划、有步骤地进行，即把握好阅读能力形成的阶段性与各个阶段的训练侧重点。

1. 初级阶段的阅读训练

本阶段的侧重点是识字训练和语汇理解训练。汉字与汉字教学在上一节做了讨论，这里主要补充几种语汇训练方法。

（1）组词练习。即用学过的汉字组合生成基本词和复合词，培养学习者按词组块识别的能力——汉语速读能力的基础。

（2）读句分词练习。即在阅读句子时，在词与词之间标上记号（如画斜线），先标基本词，后标复合词，逐渐过渡到标主体、述体、分句，以提高学习者对字词掌握的熟练程度，加深其对字词句义结构的理解。

（3）朗读练习。通过朗读过程中的停顿情况，教师可以了解学习者是否真正地理解所读内容。这种朗读练习，语速要放慢一些，词与词之间要有停顿，两个停顿间的距离要随着学习者语言水平的提升逐渐拉长，即沿着"基本词→复合词"→"基本结构→复合结构"→"主体→述体"→"基本句→复合句"的顺序安排。

（4）组词扩词练习。即通过卡片或屏幕向学习者展示由字或基本词组成的短句，安排学习者朗读，然后用滚雪球的方式把句中的字词扩展成复合句，使句子延长、再延长。每延长一次，语速就加快一次。练习的目的是帮助他们熟悉所学的字词并抓住句子的信息焦点，同时扩大阅读视幅，即阅读之时眼球顾及的长度。

2. 中级阶段的阅读训练

这是阅读能力全面训练的阶段，训练的内容和方法主要有五种：

（1）继续进行识字和语汇理解训练。但要由初级阶段的"分析"逐渐过渡到"归纳"，即对具有某种共同特点的字、词进行分类和归类，例如：部件相同的汉字及其音、义异同特点；同音字词；同义、近义和反义字词；词的语义特点等。

（2）加强句、段、篇组合规律的理解训练。句子理解训练内容包括：①用压缩的方法理解长的单句；②根据关联词语理解复句；③根据句子的修辞特点和上下文理解难句。段落理解训练内容包括：①根据段落关键句抓住段落主旨；②根据段落中的提示词把握段落的内容。篇章（文章主题）理解训练内容包括：①分析文章的标题；②寻找文中主题段和主题句，把握全文中心思想。

（3）加强文化知识的学习。随着学习者汉语水平的提高，阅读材料的难度要逐渐加大，方法之一就是增加其文化内容的含量。为了更好地理解材料的内容，学习者必须对材料中的文化背景和文化现象有较为准确的了解。

（4）培养猜测推断的能力。即根据造字方法和组词规则来猜测字义，根据组词规则和上下文来猜测词义，根据上一句的意思或关联词语来推断下一句的意思。这是培养快速阅读习惯和能力的必由之路，因为阅读几乎不是逐字逐句地解读，而是用较大的视幅去扫读，而猜测和推断使扫读成为可能。

（5）培养"抓关键、跳障碍"的阅读技巧。常用的训练方法是限时阅读和练习，即为一篇材料的阅读规定完成时间，要求学习者在规定的时间内读完材料并完成相关练习。练习的内容和方式要提前告知，以便让学习者带着问题去阅读，问题的答案应为粗线条或关键性的，而且比较容易找到。

3. 高级阶段的阅读训练

这一阶段的阅读训练旨在通过继续前面的基础训练，帮助学习者扩大语汇量，提高阅读速度和熟练程度，同时增加相关文化背景知识的学习。为此，必须注意两个方面的问题：①加大阅读材料的分量（包括课外阅读）；②充分考虑到文体的多样性和专业阅读的需要。

（三）阅读训练的途径

一般来说，阅读训练通过三条途径来进行。

周课时多的话，在中、高级阶段开设专门的阅读课，或者将阅读训练与写作训练结合在一起的读写课。

周课时较少的话，可以开设读写课，或者在综合课教学过程中安排阅读训练的环节，按照阅读训练的特点与要求进行相应的教学。

教师指导下的课外阅读。课外阅读要有专门的教材和练习，要求在课外完成，但应在课堂上进行检查，否则会流于形式。

（四）阅读课课堂教学

阅读课的教学应特别注意以下三点：

（1）阅读训练是书面汉语的教学，而书面汉语的载体是汉字，所以要突出汉字的教学，将其作为阅读训练的基础和基本成分。

（2）阅读训练的直接目的是培养阅读理解和快速阅读的能力，所以不要在听说活动上花费多的时间,避免把阅读课上成听力或说话课。

(3)阅读训练的方法务必多样化。要结合教学的具体内容和学习者的特点,采用各种有效的训练方法来完成阅读理解和阅读技巧的训练这一中心任务。

(五)汉语阅读教学的过程

阅读课的教学一般分为三个部分,即专项阅读技能训练、词汇学习、阅读实践。

1. 专项阅读技能训练

汉语阅读技能训练包括两大类:词汇训练(由字组词、语义联想等);阅读微技能(字词辨识、推测词义、词义理解、语段语篇理解、快速阅读等)训练。快速阅读技能包括组读(短语认读、意群切分)和限时阅读。训练内容也包括两个方面:技能讲解和技能练习。

2. 词汇学习

阅读课上的词汇学习应以本课生词为主,并适当补充一些相关的词语,以便扩大词汇量,为阅读理解扫清障碍。教学时,生词处理可以放在课文阅读之前,也可以在读完课文完成阅读理解练习后进行。另一种方法则是在阅读之前处理部分对理解文意起关键作用但其意义较难推测的生词,其他的生词在读后学习。

3. 阅读实践

阅读实践是指学生运用语言知识和阅读技巧而进行的阅读活动,包括课上、课后两种形式。课上阅读要求学生在规定的时间内读完课文并在教师的引导下进行阅读理解练习,采用的步骤是:①理解课文大意;②理解长句和难句;③完成词语理解练习。课后阅读由教师指定阅读材料,学生课后阅读并完成相关练习。

阅读可以分为四种:细读、通读、略读、查读。

(1)细读既要求理解文章大意和字面意义,还要求理解细节和言外之意。细读的教学步骤一般是:①课文导入(话题导入或者背景知识介绍);②限时阅读全文,做文、段大意的练习;③公布答案并进行相关的说明;④分段阅读,做词句理解练习和细节理解练习;⑤生词学习;⑥朗读课文。

(2)查读是在读物中迅速查找所需要的特定信息,如时间、地点、数字等,一旦查到阅读即完成。查读的教学步骤为:①介绍某类资料在内容编排上的特点与查阅中文资料的一些常识;②说明要查找的内容;③限时查找;④公布正确答案;⑤做错的学生可以重查一次,以便知晓查错的原因。

四、写话与写作训练

写话和写作，都属于书面表达，之所以将二者区分开，是因为它们在训练的内容和方法上不尽一样，也因为由"写话"到"写作"的过程就是训练学生书面表达能力的过程。

（一）写话和写作训练的目的

（1）培养书面表达能力。言语技能中的"写"可以指写字，但更主要的是指书面表达，而书面表达是最难习得的一项技能，必须进行专门的训练。

（2）全面提高汉语水平。书面表达是对所学的语言知识、语用知识和相关文化知识的全面应用，而且使之在应用的过程中得到巩固和提高。

（二）写话与写作训练的内容和方法

书面表达能力只能伴随听、说、读的能力的提高而提高，所以，书面表达的训练（写话与写作）离不开其他技能的训练。

与听、说、读的训练一样，写话与写作训练也可分为初、中、高三个阶段，每一个阶段的训练内容、方法都应跟听力、说话、阅读训练保持一致。

1. 初级阶段的训练

初级阶段包括写字训练和写话训练。写字训练在上一节有讨论，写话训练是要求学生写出自己想说的话。训练方法主要有三种：说后写、听后写、做后写。

（1）说后写。即先练习说话，说完一句话、几句话以后，把说过的话写下来。内容可以是事情，也可以是任务或场景。程序是：先说一说某件事、某个人或某个场景，然后把说过的内容写下来。如果说的过程中出现字词、语法错误，就要先改正错误，然后写话。

（2）听后写。即先听同学或老师说，然后把他们说过的话写下来。"听后写"与"听写"不同，前者是边听边写，后者是听完之后再写，也就是模仿性的书面表达练习，只要把听到的话写下来就可以了。需要注意的是：听的材料内容应该是学习者可以理解的，每次听的时间，不宜过长（材料长的话，可以分成几段来练习），语速要低于正常速度，允许学习者做笔记，但只记要点或关键字词和句式。

（3）做后写。即先做一件事情，如一项服务工作、一项交际任务或者一次参观访问，然后把做过的事情写下来。这与命题作文相似，所不同的是，先做事情然后写话，学习者不必凭空设想就有具体内容可写，因而可以减轻心理压力，给人以成就感。相对而言，"做后写"的难度更大，所以应在晚些时候再开始，而且确保要做的事情是学习者"会做"且"能做"的事情，事先给他们提供关键的字词和句式。

写话训练是一种过渡性的练习，训练的目的是复习巩固学过的字词和语法点，培养初步的书面表达能力，为真正的写作训练打好基础。写话训练的基本要求是：字词正确，语句通顺。

2. 中级阶段的训练

中级阶段的训练重点是应用文写作，也就是以应用文写作训练为中心，进行字、词、语法和书面表达技巧的训练。

应用文的种类很多，但最常见的有：书信（包括称呼和落款、信封书写格式等）、假条、便条、贺卡、请柬、通知、日记、申请、表格填写等。这是中级阶段的主要训练项目。训练的主要方法是"读后写"，即以所阅读的材料为样本，写一篇性质、格式相同或近似的文字。这也是一种模仿性练习，但要模仿的不是内容而是格式。练习的过程中，教师应提供一些学习者用得上的词语和表达式，例如写信，要说明对什么人用什么人称，怎么选用合适的词语和表达式，对什么样的人用什么样的落款……

3. 高级阶段的训练

高级阶段仍可把应用文写作作为训练重点，但选择的项目应该更难一些，比如布告、合同或协议书、备忘录、说明书、产品介绍、读书笔记、工作总结、经验介绍、演讲稿、专题论文等。也可以采取"读后写"的方法，但难度应有所增加，独立思考、自由表达的分量也相应地增加。高级阶段还需加强语体变换的练习，即把口语体变换为书面语体、把书面语体变换为口语体。

（三）书面表达训练的途径

周课时多的话，特别是在中、高级阶段，最好单设一门写作课。在初级阶段，可以通过一门"书面汉语课"把汉字、阅读、写话的教学有机地结合在一起。

周课时少的话，可以开设将数种技能训练结合起来的训练课，比如"听读写""阅读与写作""听力与写作"等。如果只有一门汉语综合课，就要考虑在课堂教学中安排写话和写作训练的环节。

（四）写作课课堂教学

写作课与听力、口语和阅读技能的训练课不同，教师要特别注意以下四点：

（1）教学重点是培养书面表达能力，初级阶段要特别重视汉字认读和书写的训练。

（2）训练的程序是：先集体，后个别。集体练习要求学习者聚焦内容，练习的内容要少而精，以便让大多数学习者都能掌握。之后，学习者再分别写作。

（3）对写作成果的批改要重点突出，即只批改那些学习者常犯的字、词、句错误。切忌见错即改，因为改得太多会挫伤学习者的自信心，而且有的错误会随着语言水平的提高自行得到纠正。

（4）普遍性的错误要在课堂上评讲，但不要说出是谁的错，以维护学习者的自尊心。讲评之时，要边讲边练，直至多数学习者都已掌握。

（五）汉语写作技能训练的过程

1. 写作准备

主要目的是激发学生写作的欲望和兴趣，将学生心理由"要我写"变成"我要写"，准备的方式主要有五种：积极调动式；集体讨论式；讲解式；展示式；思维导引式。

2. 写作

在布置写作任务时，往往要做以下三点说明：限定文章的范围（教师定范围，学生定题目）；规定文章的体裁（初级阶段以记叙文、说明文和简单的应用文为主）；揭示语言的形式，尤其是词汇。

3. 批改

教师在阅读学生作文后要进行修改，写下评语，批改的原则有四条，即带着积极评价的态度；评价应具体中肯；每次的侧重点可以不同；使用规范的修改符号。

4. 讲评与修改

讲评分总评和点评。先就本次作文的总体情况做一简述，肯定成绩和进步，然后挑出几篇好的作文作为范文进行朗读，并做出点评，最后就一些典型问题进行解释说明。还可以把学生分成小组，每个小组的成员自由讨论和交流，相互评改作文。

教师讲评或者学生互评，其目的都是为了提出建议，帮助写作者进一步修改。修改的任务有两个：改错和润色。

本章思考题

1. 国际中文课堂教学的主要内容是什么？
2. 国际中文课堂教学的知识讲解须遵循哪些原则？

3. "学习者中心"的理念要求教师研究和引导学习者怎么学,那么如何研究和引导学生去学习呢?
4. 你认为教师的主导作用在课堂上怎样才能得到充分的发挥?
5. 国际中文课堂教学中的词语教学有哪些难点?
6. 词语教学的原则和方法都有哪些?
7. 国际中文课堂教学中的语法教学须遵循哪些基本原则?
8. 举例说明语法操练的原则和方法。
9. 国际中文课堂教学中的课文教学必须遵循哪些基本原则?又使用哪些主要方法?
10. 课后练习如何处理?有哪些原则必须遵循?又有哪些方法可以使用?
11. 国际中文课堂教学中的语音教学必须遵循哪些基本原则?又可使用哪些主要方法?
12. 国际中文课堂教学中的汉字教学必须遵循哪些基本原则?又可使用哪些主要方法?
13. "文化渗入"是什么?文化渗入的原则和方法都有哪些?请举例说明。
14. 学习者策略指的是什么?对学生进行策略引导都有哪些方法?
15. 国际中文课堂教学中的听力训练可以使用哪些方法?
16. 国际中文课堂教学中的语音训练、造句训练和成段表达训练各自可以使用哪些方法?
17. 国际中文课堂教学中的说话课具有什么样的特点?
18. 国际中文课堂教学中的阅读训练包括哪些内容?通常使用哪些方法?
19. 国际中文课堂教学中的写话训练和写作训练目的是什么?
20. 写作课课堂教学都有什么样的特点?

第四编

国际汉语(中文)教学实务

课前思考:

1. 教学准备（备课）都需要准备什么？
2. 教案设计的基本原则是什么？教案的基本构成都有哪些？
3. 课堂教学有哪些基本的环节？
4. 导入、讲解、提问、操练各自需要掌握哪些教学技巧？
5. 组织教学都包括哪些内容？
6. 如何营造良好的课堂气氛？如何应对课堂突发事件？
7. 国际中文课堂教学常见的教案都有哪些？
8. 少儿汉语教学、商务汉语教学与通用汉语教学有什么不一样？

内容提要:

1. 教学准备（备课）：备学生、备教材、备方法、备手段、备问题
2. 教案设计：原则、要点与基本构成
3. 课堂教学的基本环节：复习、导入、学习新课、课堂活动、总结、作业
4. 课堂教学技巧：导入技巧、讲解技巧、提问技巧、操练技巧、板书技巧
5. 组织教学：安定课堂秩序、上好第一堂课、营造课堂气氛、应对突发事件
6. 常见的国际中文课堂教学的教案设计：微课教学、词语/语法教学、初级汉语综合课教学
7. 教学演练1：少儿汉语、商务汉语和旅游汉语教学
8. 教学演练2：通用汉语（初、中、高级）教学

第七章　国际中文课堂教学技能

如前所述，课堂教学由教学过程、教学单位、教学环节和教学步骤来组成。教学全过程中的课堂教学，可以划分为若干个教学单位，一个教学单位又可划分为若干个教学环节，每一个环节还可以分成若干个教学步骤。

课堂教学的基本程序包括两个方面：备课（教学准备）和上课（教学实施）。备课的流程是由大到小，从总体到细节，即教学过程→教学单位→教学环节→教学步骤；上课的流程则是由小到大，从细节到总体，即教学步骤→教学环节→教学单位→教学过程。

备课与上课是教师的基本功和"看家本领"，本章集中讨论国际中文课堂教学过程中的教学准备（备课）和教学实施（上课）。①

第一节　教学准备

高超的教学技巧、良好的教学效果决不能靠临场发挥，而是不断探索、长期积累和充分准备的必然结果。"凡事预则立，不预则废"，"预"就是事先做好准备。教学准备即俗称的"备课"，它是课堂教学的基础，也是上好课的前提。教师在课前备课可以减少教学中的不确定性，找到一种方向感、安全感和自信心，还可以减少教学的盲目性和随意性，使教学顺利、高效地完成。

---

① 本章主要参考了《汉语作为第二语言课堂教学》（姜丽萍，2011）中的第六章"备课"、第八章"组织课堂教学"和第九章"课堂教学实施"。

国际中文课堂教学实践从备课开始,而备课主要包括五个方面,即备学生、备教材、备方法、备手段、备问题。

一、备学生

古人曰:"教学相长。"教师的"教"是为了学生的"学",学生的"学"通过教师的"教"而得以实现。教师在备课时因此要首先考虑学生的因素,了解学生的现有水平和学习需求、学习特点等。只有"教"和"学"相辅相成,课堂教学才能取得成功。

备学生其实就是了解自己的教学对象,所要了解的包括三个方面:班级结构、智能水平和学生特点。

(一)分析班级结构

1. 班级人数

班级人数决定教师的上课方式和一些教学内容的数量分配。人数少,自然利于学生参与课堂活动;人数多,学生说、练的机会就会少一些。一般的语言课堂会在 10 至 25 人之间,只要教师设计合理,是能够保证每一个学生都有参与课堂活动的机会的。

(1)上课方式。教师讲学生听的传统方式大量采用集体问答的形式,对于学生人数多的大班还是比较适合的,但不能满足每一个学生的要求和期望。目前通行的做法是以小组为单位组织教学,将三四个学生分成一个组,全班分为四五个组。例如:在讲"主谓谓语句"的时候,把一个 15 位学生的班分成四组,各组完成各自的任务,比如:

第一组:介绍一个人

(拿上一位同学的照片)他个子很高。眼睛/头发/鼻子……

第二组:介绍一个地方

西安城市很大。东西/大学/吃的/玩的……

第三组:介绍一件东西

(拿上一辆宝马车的图片)这辆车很漂亮。颜色/质量/价格……

第四组:介绍北京的四季(与课文相关)

北京夏天很热。冬天/春天/秋天……

如果是五六个组或者更多,教师就要设计出更多的任务来。

(2)内容分配。教师必须面向全体学生,又要为每一个学生准备相应的问题,所准备的问题尽量不要重复,而且要有一定的梯度,让每个学生都觉得这个问题自己来回答是最好的选择。比如，在生词操练环节，要考虑好听写几个人，第一遍认读几个人，第二遍认读几个人。学生越多，备课量就越大，讲练的方式和层次也应更加丰富。

2. 班级成分

男女生的比例与国别、身份、年龄的不同都会对课堂教学产生影响。

（1）男女比例。一般来说，男女各半或者男生较多的班级课堂气氛比较活跃。不过，课堂气氛主要靠教师来调节和掌控。比如，在座位安排、任务分配上都应尽可能做到男女搭配。

（2）国别。一个以阿拉伯国家和（说法语的）非洲国家学生为主的班，就不要过多地使用英语。以日、韩学生为主的班，汉字教学就不必从一笔一画开始。

（3）身份。班上的学生是语言专业的还是进修深造的，是主修还是选修，都会影响其学习方式。比如，以语言生为主的班，学生的学习积极性较高，他们希望系统地学习汉语知识，喜欢多做作业、接触社会，以获得实际的汉语交际能力。

（4）年龄。少儿班、成人班、老年班的学习目的、学习方式各自不同，针对他们的教学设计自然要有区别。比如，少儿班多准备一些游戏活动，注意寓教于乐；成人班多使用启发式教学，引导他们通过语言材料去发现语言规律。

（二）了解学生智能水平

学生现有的汉语水平到底是个什么样子？只有对此有一个切实的了解，教师才能制定出适合有效的教学设计来。

1. 学生的已有知识

（1）入门汉语水平。准确掌握学生的实际汉语水平，比如，是否零起点？如果不是，他们达到了什么水平？这是开展汉语教学的基础。教师可以通过分班测试、访谈或者查阅学生背景资料（如 HSK 考试成绩）等方式了解到，然后确定采用什么样的课堂用语、选择哪一些词语、使用怎样的语速和节奏。

（2）相关知识经验。学生学习一项新内容，并非是从零开始，而是基于其过去的学习经验和世界知识。教师对此必须了然于心，以便在备课之时利用其已知来促进新知的教学，并对其已知可能造成的干扰有所预测。

2. 学生的能力水平

（1）受教育程度。班上的学生是研究生、大学生、中学生还是小学生、幼儿？不同的受教育程度，自然会有不同的教学体验，对不同教学方法的适应能力也会有所不同。

（2）言语技能程度。学生学过多长时间的汉语？他们的听、说、读、写能力是否一致？言语技能的强项、弱项各是什么？对这些问题的了解有助于教学重点、学习难点的确定。

（三）掌握外国学生特点

1. 母语特点

只有充分了解学生的母语才能更好地确定汉语语音、词汇、语法各个方面的教学重点和学习难点。比如，日本学生发不好声母 r，法国学生发不好声母 h，一些国家的学生发不好韵母 e 和 ü，很多学生学不好四声，尤其是第三声。再如，欧美学生习惯用线性结构方式书写二维结构的汉字，书写习惯的训练对他们就必不可少了。

2. 民族文化心理

文化背景和生活习惯不同，便可能导致误解甚至冲突。比如，亚洲学生的自尊心较强，一般不会主动发言，欧美学生和南美、非洲学生则比较外向、活泼，往往主动回答问题。教师在备课时就要注意对他们使用不同的提问方式。再如，许多国家的学生一起吃饭喜欢"AA 制"，而课文中出现的是"今天我请客"，教师就有必要让学生了解中国人的文化习俗。

3. 学习方法

很多外国学生在学习汉语之前都有学习其他外语（如英语和俄语）的经验，这些经验往往被他们带入汉语学习过程中。教师要考虑到不同学生的学习特点，为他们设计出相对适合的问题、练习、活动和任务来。

备课备学生，应该着眼于班级中的大多数学生，因而要有一个统一的要求，但同时又必须考虑"因材施教"，尤其是为好、差两端的学生多准备一些问题，多设计一些活动，多布置一些任务，以应对不同学生的需求，从而使每一个学生都学有所得，感到愉悦，收获成功。

二、备教材

教材是备课的依据，也是教学的出发点。教师在备课时必须对教材内容进行挑选、加工和处理，即人们常说的"备教材"。"备教材"通常从两个方面入手：了解总体要求、熟悉具体步骤。

(一) 总体要求

首先,要通读教材,领会作者的编写意图,了解整套教材所依据的教学原则和教学方法。其次,要分析本册教材在整套教材中的地位与其在语言知识和言语技能方面所承担的教学任务和相关要求。最后,要了解本册教材的编排体系、语言点分布及其相互关联,以及基本训练和基础知识的系统性和连贯性。

在此基础上,对每一课进行深入的分析,做到既能"钻进去"(即充分理解和把握教材内容)又能"走出来"(即选择性、创造性地使用教材)。具体来讲,就是对其进行基本层次、拓展层次和再创造层次的分析研究。

1. 基本层次分析

把握新课在语言要素、言语技能和言语交际技能等方面的训练内容和要求。如果分技能设课,课堂教学便主要侧重某一方面的技能;如果是综合课,就要综合分析本课在各项技能训练方面的内容和要达到的要求。此外,要对本课练习进行分析,以便深入理解和领会教材的编写意图和训练重点。

2. 拓展层次分析

充分调动出自己的教学经验,多角度、全方位地分析教材,挖掘教材内容的深度和广度,形成自己独特的理解与把握,包括:这部分内容的前后关联与其在本册书中的地位、所承担的任务。还要了解本课与平行教材的关系,参考相关的研究资料和工具书,以丰富教材内容,开拓教学思路。更要结合学生的母语通过语言对比分析和习得偏误分析等方法确定教材的重点、难点,分析教材所采用的教学方法和练习方式是否对自己适用,并发现教材中的不足之处,以便对其进行补充和改进。

3. 再创造层次分析

教师跳出教材看教材,结合本班学生和教学的具体情况来对教材进行灵活机动的处理和加工。如果说教材是剧本,教师就是导演。同一个剧本由不同的导演来执导,其风格和样式会迥然不同;同一本教材由不同的教师来进行教学,也应将自己的教学风格与学生的学习策略、风格和实际水平与之有机地结合起来,通过裁剪、增删或改换,使教材与实际教学融为一体。

(二) 具体步骤

1. 分析教材

浏览教材,对其编排体例、逻辑结构、内容、主题和练习等方面的特点,做到心中

有数。在此基础上,确定教学的重点和难点。重点包括教材的重点内容和每堂课的教学重点。难点的确定途径有:

(1)通过语言对比分析来确定学生难学难理解的语言点。

(2)在重点中间检索难点。比如在语法教学重点"连……也(都)""双重否定表肯定""疑问代词的反问句"中,"反问句"当是难点。

(3)凭教师的教学经验来确定学习难点。

2. 教材重组

根据学生的具体情况和教材内容的难易度对教材的内容进行重组或改编。重组或改编的途径有两个:

(1)利用"组织"原理处理教材,以方便学生理解和记忆。

(2)利用"组块"原理处理教材,对课文进行分解加工,以增加记忆容量,减轻学生的记忆负担。

3. 处置教材

这包括:

(1)对过时、陈旧的内容和情境及时更新,如拨号电话、现金支付、邮局寄取包裹等。

(2)联系社会生活现实来丰富教材中的内容,使之更为鲜活生动,或者利用任教国国情和文化资源来丰富教材中的内容,使之带上本土色彩。

(3)精选教材内容,凸显教学重点,以促进学生知识的正迁移。

三、备方法

教学方法是为了完成教学任务而采取的办法,包括教师的"教法"和学生的"学法"。课堂教学过程中采用何种方法?是单用某一种方法还是几种方法交替、综合使用?教师在备课之时都要做出精心的考虑和准备。

(一)教学方法的选择

(1)根据教师自己的实际情况。外语水平好的教师可以借鉴语法翻译法的长处,使用学生的母语来讲解语言点和学习难点。性格活泼开朗的教师可以采用听说法、全身反应法来增加学生的参与度,活跃课堂气氛。课堂管理能力强的教师则可以采用分组活动、合作学习的方法来调动学生的学习积极性。

(2)根据课型。综合课与口语课是不同的课型,在口语课上大讲语法,做很多书面练习，显然是不合适的。教师要针对不同的课型采用相应的教学方法。

（3）根据学生的可接受程度。学生若是成人，就不要过多地安排游戏、竞赛、唱歌等活动，以避免幼稚化和简单化。如果采用认知法、视听法、交际法、任务法，则可能受到学生的欢迎，取得较好的教学效果。

（二）常用的教学方法

初级汉语综合课是国际中文教学最为常见的课型，上这种课的教师通常采用以下五种教学方法。

1. 扩展法——词语教学

词语是语言的基础，扩展法从所学的生词开始，由少到多，由简单到复杂，通过丰富的语境（上下文），帮助学生更好地理解词义。扩展之后，对重点句子进行操练，逐渐达到自动化的掌握。认知法和听说法在这里得到综合的应用。

2. 复述、概括法——课文教学

复述是培养学生语感、训练其成段表达能力的一个重要手段。复述可以采取视听法所倡导的连环画方式，即让学生看着一幅幅图画，又借助一些提示词进行复述活动。复述完成之后，可以引导学生对课文内容进行概括。概括是一种较高水平上的加工，只能在理解的基础上完成，所以需要认知法的参与。

3. 情境法——语法讲解

讲解语法点要注意将其置于一定的语言情境之中，具体操作流程为：

（1）导入。从内容和功能入手，借助暗示和全身反应法（Total Physical Response，TPR）的方式，使学生理解其意义和用法。

（2）操练。采用听说法倡导的句型教学，进行必要的操练活动，使学生掌握其语法结构。

（3）归纳。在理解的基础上，采用认知法使学生完成语法点的归纳、总结。

（4）练习。在一定的语言情境中进行活用练习。

4. 交际法——课堂活动

设计多样化的教学活动，比如分角色、朗读、表演、游戏、看图说话、完形填空等，通过功能情景法来培养学生使用汉语进行交流的能力。

5. 任务法——课后作业

结合课文内容布置一些与学生生活相关的任务，让学生在课后或者单独或者合作完成，从而使课后作业任务化，通过学生实际的"以言行事"活动来培养其汉语交流交际能力。

四、备手段

科学技术的飞速发展使教学手段丰富多彩起来,教师在确定教学目标、内容、方法和重点、难点之后,就要考虑选用哪一种媒体或者手段、途径来进行辅助性的教学了。

(一)教学设备的利用

教师在上课前要对教室里的资源配置情况进行考察,包括计算机状态、桌椅是否可以活动、教室空间大小等,并对其加以充分利用。

1. 计算机

利用计算机辅助教学(CAI)是现代化教学手段之一。计算机能对文本进行综合处理,并提供图形、图像、声音、动画和视频等不同类型媒体的信息技术。教师可以利用计算机来准备教学材料,储存学生的资料,上网查阅资料,播放视频音频文件或图片、动漫等。计算机在教学中最常见的应用就是制作和播放 PPT 课件,课件适用于几乎各个教学环节。例如:

(1)生词教学。教学生学习生词的方法很多,但一些词语(如文化词语,针灸用的针、唐装、汉服、旗袍、四合院、饺子、汤圆等)用讲解的方法学生很难理解,如果借助多媒体手段用真实的图片或动漫展示出来,便一目了然了。

(2)语法教学。"有时候……有时候……"句型操练。

老师:请大家看着屏幕,回答我的问题。(展示"米饭"和"面条"的图片)
你中午常常吃什么?
学生:有时候吃米饭,有时候吃面条。
老师:周末你常常做什么?(展示"爬山"和"打网球"的图片)
学生:有时候爬山,有时候打网球。
……

(3)课文教学。教师可以借助 PPT 展示和关键词的提示来引导学生说(复述)课文。这种方式将学生带入真实的情境中,使他们在身临其境的感觉中借助图片、动漫、文字进行大量的听说练习。图文并茂,生动活泼,极利于学生理解、认读、串联和掌握课文内容。

2. 教室布置

教室空间大，桌椅是活动的，便可以对其进行一番布置，如围成一圈或组成几个小组，以便于开展语言练习活动。教室布置的目的是，教师能够时时监控到所有学生，学生具有安全感、舒适感和学习信心。如果可以对教室进行装饰，不妨在墙上贴上中国字画、对联、剪纸和学习展览栏，在教室内挂上中国结、红灯笼等，以营造一种浓郁、亲切的汉语学习氛围。

3. 教具准备

教具即教学用具，是课堂教学的辅助工具。语言教学如果只靠一本书、一支笔和教师的一张嘴是很难收到令人满意的效果的。使用必要的教学辅助工具可以引起学生的注意和兴趣，增强课堂的生动性和吸引力，也便于学生理解和记忆所学内容，从而提高课堂教学的效果。

在课堂教学中适当地使用教具至少可以起到三种作用：

一是，直观、形象地展示教学内容，促使学生直接用汉语进行思维，加深汉语学习印象。

二是，创造各种模拟的情景和接近真实的交流交际场面，以利于培养学生用汉语进行交流交际的能力。

三是，优化课堂教学的结构，使课堂教学更加生动、形象并充满趣味。

国际中文课堂教学常用的教具有实物、模型、图片、卡片、挂图图表等。

（1）实物和模型。实物即教室里可直接利用的人和物，如教师、学生、男生、女生；人的服装、鞋、帽；书、报纸、杂志、文具；桌子、椅子、黑板、门窗、墙壁、电灯、地板以及清洁用具等。此外，人的高矮、胖瘦、动作，各种实物的颜色、形状、大小、性质、功用等，也可以加以利用。实物可以用来揭示生词的词义，也可以用来讲练某些语法项目，如存现句："教室里摆着桌子和椅子""墙角放着一个垃圾箱"。实物还可以用来认识环境和叙述环境，进行口语练习活动。

模型的作用类似实物，使用时具有较大的灵活性，可以用来揭示单词和句子的意义，练习词句的用法等。例如：教时间的表达时，可以使用一个钟表模型来进行解说和操练。

（2）图片和卡片。图片具有来源广、使用方便、制作简便等特点，除了教师自制的图片、图画、示意图、连环画外，还可以选用宣传画、年画、照片等。图片最好贴在硬纸片上，按题材分类配套保存，以备以后使用。借助图片既可以揭示词句的意义，还可以就画片上的人物动作、位置、关系、衣着、表情等进行问答和谈话。例如，使用画有起床、做操、吃饭、读报、唱歌、跳舞等动作的画片，既可学习相关的词语、描述日常生活，又可以进行时态的问答练习。

使用连环画来讲解有情节的课文，是进行连贯话语训练的行之有效的方法。简便易学的简笔画在讲练单词、词组、句子和课文时，也是大有用武之地的。

讲练拼音、汉字和生词，还可以灵活使用自制的卡片。例如，用写有声母、韵母和四声的卡片来进行拼音教学，用一面是汉字一面是拼音或者一面是词语一面是图画或外语对等词的卡片来进行汉字和词语的教学。

（3）挂图和图表。包括汉语拼音挂图、汉字挂图、水果蔬菜图、房屋位置图、中国地图、世界地图、中国名胜古迹图等。这些挂图和图表既可以贴（挂）在教室墙上，对学生进行日常的潜移默化的影响，也可以在教相关的知识内容和进行言语技能操练时加以利用。例如，利用中国地图和世界地图来教国家、省市、山川、湖海、大洲、大洋、森林、沙漠、平原等词语。也可以结合各地的地理特点、风土人情、旅游资源等进行相关词语的操练和听说技能的训练。

教师在使用教具时，要注意三个问题：把握展示的时机；使用方便而且安全可靠；不能喧宾夺主。使用教具不搞突然袭击，也不要像变魔术那样不停地变换样式。教具要在课前放在学生能够看到的地方，以免学生产生过强的好奇心。有些实物，如体积重量大的物品或者易燃易爆的危险品，并不适合拿到教室里来使用。教具也好，多媒体课件也好，都是辅助性教学手段，绝不能完全取代教师的讲解和师生、生生之间的互动。

五、备问题

教师带着问题教，学生带着问题学，才能解决教学重点和学习难点，也才能达到预期的教学效果。然而，问题不是在上课时随机产生的，而是教师根据教材内容、学生实际和班级特点事先准备好的。因此，备课必须备好问题。

（一）问题的设计

教师应该按照由易到难、从简单到复杂的顺序来设计问题，设计出来的问题应该具有梯度并表现出某种序列性、预设性和差别性。

1. 问题要有一定的梯度

设计出来的问题应由简单的记忆性问题过渡到归纳性、应用性的问题。

（1）记忆性问题。即只要求学生回忆具体知识（书上的知识），学生按照书上的规定内容来做出回答的问题，提问的目的是检查学生对课文的掌握程度。

（2）归纳性问题。即要求学生对书上的内容进行综合、概括后才做出回答的问题。例如，教师就同一篇课文提问："我"为什么来医院了？昨天晚上都吃什么了？学生只有对前面的五个问题进行归纳总结之后才能回答出来。

（3）应用性问题。即要求学生在新的情境中将所学知识活学活用的问题。例如，教师就同一篇课文提问：你如果感到不舒服，是在家里吃药，还是马上去医院？这类问题在书上找不到现成的答案，必须通过积极的思维活动，把学到的词句和生活现实结合起来才能进行回答，因而利于激发学生的主动性和积极性。

2. 提问要有序列性

教师设计出来的问题要形成一个思维链，环环相扣，既体现教学的思路顺序又遵循学生的认知规律，从而引导学生循序渐进，拾级而上。例如：

（1）书上的问题：今天几号？今天星期几？今天几月几号、星期几？

（2）联系实际的问题：今天是三号吗？你们星期五下午有没有课？

（3）真实的问题：你的生日是几月几号？你属什么？

3. 提问要有预设性

提出一个问题之后，教师应当心里有数，知道如何回答或者有哪几种回答，然后针对学生的回答进行适当的引导，使之达到或者接近所预期的答案。例如，《成功之路》（顺利篇1）第5课"今天真倒霉"，课文中大卫倒霉是因为：

· 他跟安妮约好两点见面他迟到了。

· 他去银行存钱，人挺多的，排队排了四十分钟。

· 他骑车自行车坏了，修了半个小时的车。

· 他打电话手机没电了。

这是教师设想学生都能回答上的"倒霉事"，但还应预设到另一件倒霉事，即课文结尾处，大卫说："别生气了，晚上我请你吃饭。"

4. 提问要有差别性

提问要顾及不同国别、水平、性格、年龄的学生，如果学生的汉语水平低，就问一些书上的问题。如果学生性格内向，就要予以鼓励和表扬。有的问题还可吸纳不同国家（文化背景）学生的观点，比如，如果要买房子，你是攒够钱再买还是向银行贷款买？

（二）常用问题的设计

1. 复习环节的问题

这是在回忆原有知识基础之上进行的提问，设计这类问题的要求是：面向全体；层级排列；形式多样。

（1）面向全体，即为每一个学生都准备下一个问题。为死读书本的学生备下一些记忆性和概念性的问题，只要重复书上内容便可回答上来；为水平高、灵活性强的学生备下一些具有概括性和综合性的问题，以便充分调动其主动性和创造性。提问不要只对水平好的几个学生，最好让每一个学生都有回答问题的机会并获得某种成就感。

（2）层级排列，即避免问题在同一个水平上重复：第一个学生的问题和最后一个学生的问题几乎没有什么差别，或者同一个问题让好几个学生来回答。要使学生觉得每一个问题都是新问题，都对自己具有挑战性，从而去积极思考，认真回答，共同营造出团结紧张、严肃活泼的课堂气氛来。为此，设计的问题一定要显示出一定的梯度来，即由限定到自由、由死到活，从单纯记忆到活学活用。

（3）形式多样，即教师应采用多种多样的提问方式，例如：①在黑板上写出提示词，让学生按照提示回答问题。②追加问题，即在学生轻松做出回答后再追加一两个问题，以调动其思维的积极性。③用身体提问，即教师做一些动作，让学生看着这些动作来回答问题，比如在练习"复合趋向补语"时，教师做出动作"从桌子上拿起来一本书"，学生说出句子："老师从桌子上拿起来一本书。"

2. 讲课环节的问题

这是根据教学进程和教学方法设计出来的问题，主要包括五大类：串讲式问题；重点/难点式问题；概括性问题；应用性问题；创造性问题。

（1）教师通过提问引导学生按照所提问题的思路理解课文内容，学生回答完问题也就将课文内容讲述了一遍。这是串讲式的问题。

（2）教师所设计的问题就是把教学重点、难点单独拎出来，以便引起学生的注意，例如：针对"V+着"的语法点，教师一边做动作一边问道："教室的门开着呢吗？""电脑开着呢吗？""灯开着呢吗？"；接着带着手势说出"老师站着，你们坐着。"等实情句子；然后展示PPT图片，引导学生说出"他躺着呢。""她坐着喝咖啡呢。""小鸟飞着呢。"这是重点/难点式问题。

（3）概括性的问题是在对课文内容进行综合、概括之后才能回答出来的问题，比如："中医看病都有哪几种方法？""照得不好的照片有几种？""中国画和油画有什么区别？"这类问题既要包括所学的词语和结构，还要增加语句的数量。

（4）学生对课文内容已完全掌握之后，教师应设计出一些结合实际的问题，以便把学生的思路从课文引入新的情境之中，例如："你看过中医吗？"→"中医是怎么给你看病的？"或"你现在租的房子周围环境怎么样？"→"吵闹还是安静？"这类问题要有一定的限定，即与所学的内容有关联，回答问题尽量使用刚刚学过的词语和结构。

（5）学生将所学知识以一种新的方式组合起来，才能很好地回答教师的提问，这便是具有创造性的问题。比如："你姐姐结婚以后就不工作了（课文内容），那你觉得她结婚以后会做什么呢？"这类补充性的问题，基于课文内容，又需要学生的想象参与，是对课文的深化和拓展，利于培养学生的创造性思维。

3. 结束环节的问题

教师在讲完课后，针对刚完成的教学内容，结合学生的掌握情况，提出一些思考性的问题，以便让学生消化、吸收刚刚学到的知识。学生经过思考回答问题，便会把学到的知识内化为自己的知识，融入已有的知识结构中。例如：在学完课文后，教师留下一个思考题："你觉得妇女结婚以后继续工作好还是不工作好？"让学生带着问题去思考和探讨，最后形成自己的观点，并用汉语将其表达出来。

（三）备问题的忌讳

第一，不为问问题而准备问题。

第二，避免过于容易和低级的问题，包括：①不假思索便可回答的问题；②教师问得多学生答得少的问题；③依照原样即可回答的问题；④要么正确要么错误的问题。

第三，不让问题不分主次或者过于烦琐。比如："张东给谁打电话呀？""是谁接的电话呀？""田芳的妈妈知道谁打的电话吗？"

第四，不让问题过于空泛、不着边际，或者过于深奥、不好回答。比如：在学习课文《幸福的感觉》之后提问"请你们说说幸福是什么？"这样的问题学生往往不知该怎样回答，从何处入手，因而容易招致厌倦情绪和受挫感。

第二节　教案设计

教案是教师教学准备的书面体现，也是教师上课的具体方案，即课时计划。课堂教学能够有序、高效的展开，在很大程度上依赖于高水平的教案设计。

一、教案设计的原则

教学是一种创造性劳动，教案的设计是教师教育思想、教学理念、个人智慧、经验和风格的综合体现。国际中文课堂教学的教案设计应遵循以下几个原则：

（一）科学性

科学性包含三个方面的内容：

（1）贯彻教学大纲和教学体系的精神，按照教材的内在要求和基本规律，结合学生的实际来确定教学目标、教学重点和学习难点。

（2）教学过程符合第二语言学习（习得）规律，教学内容的展示、讲解和练习符合学生的学习规律和实际水平，始终围绕汉语交际能力的培养。

（3）对语言点的讲解简明扼要，不出现知识性的错误。

（二）创新性

创新性指的是教学设计要新颖、有创造性，能"学百家，树一宗"。教材是死的，但教法是活的。课怎么上、教学过程怎么安排、练习方式怎么设计，全凭教师的个人智慧和才干。因此，教师要深入钻研教材、广泛涉猎教学参考资料并向有经验的教师请教，又要着眼于学生的具体实际和现实要求，不断采用现代的教学理论和教学方法，结合个人教学经验体会，写出独具特色的教案来。

（三）艺术性

教学是一门科学，也是一种艺术。如果说，教学原则和教学方法体现了教学的科学性，教学技巧则体现了教学的艺术性。教案的艺术性主要体现在：教学设计构思巧妙，导入、介绍、讲解、练习及其衔接、过渡层层递进，扣人心弦；教师的说、谈、问、讲等课堂语言要字斟句酌，言简意赅，让学生在课堂上不仅能学到知识、获得技能，更能得到艺术的欣赏和快乐的体验。

（四）灵活性

灵活性包括两个方面的内容：

（1）多种教学方法的灵活运用，以引导学生举一反三、活学活用。

（2）考虑课堂教学的变化性，灵活处理课堂教学可能出现的不同情况。在备课写教案时，教师要充分估计学生在学习时可能提出的问题，确定好重点、难点和引导方式，准备几种备选的教学方案。

（五）实效性

实效性即教案对教学过程的设计能达到预定的效果。有的教师在教学时手段多种多样，课堂场面很是热闹，但学生却反映没学到什么东西。这就是没有考虑到教案的实效性。语言教学的目的是学习语言而不是玩游戏、哗众取宠，所设计的各种活动就要有针对性，把学生能获得的知识或技能落到实处，从而培养学生的语言理解能力和表达能力。

二、教案编写的要点

（一）确定教学目标

教学目标是教学活动主体在具体的教学活动中所要达到的预期结果和标准。初级阶段语言综合课的教学目标既有语言知识的，又有言语技能的，还有情感和策略方面的，因而要有具体、明确的表述。

1. 分类分层

西方学者主张将知识分成认知、情感、技能三个领域，并把每一领域的目标按照学习行为从简单到复杂的顺序分层排列，逐步达成。《国际汉语教学通用课程大纲》则将汉语综合课的教学目标分为知识、技能、情感（文化意识）和策略四个方面，每一个方面都有各自的级别和层次。

2. 科学陈述

（1）教学主体是学生而非教师，教学目标须是学生做什么。
（2）教学目标的表述要明确、具体，具有可操作性。
（3）所要达成的目标具有可重复性与可检验性。

附：教学目标编写示例（表 7-1）：

表 7-1 《汉语教程》第二册（下）中一课的教学目标

1. 认知领域
（1）通过对"把（2）"的学习，学生能选择"V在""V到""V给""V成"来完成课后练习，正确率在 90% 以上
（2）学生能区别"收拾"和"打扫"两个动词，知道它们的语义区别，并能说出动宾搭配短语或句子
（3）学生能用课文中学过的"把"字句重新布置自己的房间或帮助别人布置房间，下次课上向全班汇报自己的房间布置

2. 技能领域
（1）学生学完课文（全文 276 个字）后能在 1 分半钟内把课文朗读一遍，发音和声调基本正确，语调比较自然
（2）复习时听写 5 个句子，共 120 个字，要求学生以平均每分钟 20 个字的速度听写，每一句的错别字不超过 5 个
（3）学完新课文后口头回答问题或复述课文，语音基本准确，语法基本无误，语素不低于每分钟 120 个字（音节）

3. 学习策略
（1）教师演示课文内容后提问，学生能主动回答这些问题（参与）
（2）学生两人一组练习课文并到前面表演出来。表演时允许少许改动，教师提醒其他学生仔细聆听并对改写做出评论（合作与交流）
（3）学生利用教师提供的图片（空房间和一些家具）和照片，四人一组对房间进行布置，然后互评，看哪一组布置得最好（交流）

4. 情感领域
学生想学更多的布置房间时使用的词语，询问房间里不同家具所使用的量词，如"盏"台灯、"床"被子、"条"毯子等

（二）重点、难点突出

教师要根据学生的实际情况和教学内容的难易程度找出教学重点和学习难点，教学环节的设计紧紧围绕这些重点、难点展开，切忌面面俱到。

（三）结构安排要合理

教学环节和步骤的安排要科学合理、环环相扣，使学生在最可能的范围内一步一步地向前行进或向上攀升，逐步达成最终的教学目标。

（四）新旧过渡要自然

每一项新内容的学习都要在学生已有知识、已掌握技能的基础上进行，使前后的知识和技能相互联系，让学生在每一节课上都得到收获。

（五）练习设计要科学

所设计的练习项目需有针对性，既紧紧围绕所学的知识点，又要有层次性；既从记忆到活用，由简单到复杂，还要多样化。包括内容和形式两个方面。

（六）教学方法需灵活

教学方法必须根据教学内容和学生特点来加以确定，选择的标准是：能较快地为学生所接受，引起学生的兴趣，并利于学生能力的培养和积极情感的激发。

（七）时间安排需高效

教师必须清楚名义时间量和实际时间量、专注学习时间和浪费的学习时间之区别，在分配教学时间之时注意：①把握好整体时间分配；②保证学生的学习时间；③规划好单元时间和课时时间；④安排好教学步骤的时间；⑤尽量增加学生的专注学习时间；⑥防止教学时间的浪费，比如外界干扰、处理偶发事件、不当的教学内容（练习、总结、提问等）。

（八）课后小结需重视

课堂小结也叫"课堂后记"，即教师在课后对教学过程进行反思，并把自己的感受经过提炼书写在教案后面。

课堂小结可以从三个方面来进行：

（1）总结精彩之处，积累教学经验。

（2）查找不足之处，以备今后纠正。

（3）采撷学生亮点，促成教学相长。

三、教案的基本构成

教案作为体现教师教学理念、教学风格和个人聪明才智的课堂"导演剧本"，其具体内容和方式会因人而异，但一般来说都要包括以下 12 个基本项目：

（1）基本信息。包括学校、教师姓名与上课时间、地点等。

（2）课程名称。即本节课教学的具体题目。

（3）教学对象。包括年级、人数、国籍、汉语水平等。

（4）教学目标。包括教学目的、教学任务和教学要求，即通过本课学习期望学生达到的语言知识、言语技能和言语交际技能方面的具体目标。

（5）教学内容。本节课教学的具体项目。

（6）教学重点与难点。二者可分述亦可合一，其确定与教学目的可能一致，也可能不同，具体要针对学生的母语和学习水平情况来确定。

（7）教学方法。本节课具体要采用何种方法。

（8）教具。即教学辅助手段，比如课件、图片、卡片、图表、实物等。

（9）教学时数。即本课题教学的计划课时数，比如"2 课时"。

（10）教学步骤与课时分配。这是教案的重心所在。

一节课通常分为五个步骤（包括每一步骤所需的时间），即组织教学；复习旧课；学习新课；归纳总结；布置作业。

也可以表现为另一种五步模式：

①导入新课。要求：导入新颖活泼，精当概括；复习内容和方式得当。

②讲练新课。要求：有详细的步骤安排及所需时间；有具体的教学方法；有精心设计的例句和提问方式。

③巩固练习。要求：精心设计练习方式，从感知到理解再到运用，有层次、有梯度地进行；让不同程度的学生都能各得其所，学有所得。

④归纳小结。必须考虑：怎样进行，是教师还是学生来归纳？运用什么方法，归纳法或是演绎法？

⑤作业处理。要求：布置口头书面作业或进行课外活动安排；认真考虑作业内容，要体现拓展性和能力性；对作业形式做必要的说明。

（11）板书设计。这是对本节课内容的概括，一般附在教案的后边。要求：条理清楚；突出重点；书写工整；留有余地。

（12）教学后记。在课后完成，包括对本课的得与失（尤其是出彩处）进行总结，以为下一次的教学提供借鉴。

教案设计有其固定的格式，但优秀的教案总是个性化、情景化的产物。

四、实际教案举例

课程名称：初级汉语综合课，《体验汉语·基础教程》第 25 课课文（一）
教学对象：英、美、日、韩、哈萨克斯坦、蒙古等国学生 20 人
教学地点：教一楼 405 教室
教学目标：
（1）通过给出的词语，运用情境，使学生准确体会本课生词的意义和用法，并能够熟练地应用到交际活动中。
（2）通过导入、操练、归纳、情境练习使学生熟练掌握"正在/正/在"和"又""再"的结构与语义功能，并能够恰当地运用所学语法结构进行叙述和表达。
（3）学生能在认读课文词语的基础上学会四个基本汉字：助、办、备、界。
（4）通过课文串讲，使学生达到准确理解、流利朗读与完整复述的要求。
（5）通过课堂活动的开展，使学生乐意向他人表达或介绍自己的兴趣爱好。
教学重点和难点：
（1）教学重点
①词语：准备、又、找、不见不散。
②语法：副词"正在/正/在"的用法。副词"又""再"的正确用法。
③对话：问答"你最近在忙什么？""你在做什么呢？"等问题，并能根据实际情况进行问答。
（2）教学难点
①副词"正在/正/在"的用法。
②副词"又"的正确用法。
教学方法：听说法、认知法、任务法。
教学媒体：多媒体课件。
教学时数：两课时（100 分钟）。
教具：
（1）实物：A4 纸若干张，可乐一瓶。
（2）图片、卡片：睡觉、游泳、邮票、看电视等词语的单张图片或词语。
教学时间：
（1）组织教学：3 分钟。

（2）复习环节：15分钟。

（3）学习新课：50分钟。

（4）课堂活动：30分钟。

（5）归纳总结：2分钟。

教学步骤：

第一，复习环节。

（1）快速认读下列汉字。

   分 得 比赛 考试

   考 最 参加 加油

（2）快速回答问题（第8课的问题与学生实际生活相关的问题）。

  ①你这次考试考得怎么样？

  ②你的阅读考得怎么样？

  ③你语法得了几分？

  ④你的口语成绩多少？

  ⑤你常跟中国人聊天吗？

  ⑥你们都考得怎么样？

  ⑦你下次会努力考好吗？

（3）任务汇报（第24课布置下的任务）。

第二，学习新课。

（1）词语。

①按老师指定的序号听写生词。

   准备   托福考试

        上网

   打   电话

      聊天 又 开玩笑

   找

   看   京剧 楼下 不见不散

②词语扩展（借助板书和图片）。

  准备——准备考试——准备托福考试——正在准备托福考试

  又——又来了——他又来了// 又开玩笑了——你又开玩笑了

  找——找橡皮 // 找邮票 // 找我——你找我——你找我有事吗？

(2) 课文。

① 在白板上写下（或发下问题单）基于课文内容的问题：

    a. 马克打电话找谁？

    b. 张华最近在忙什么呢？

    c. 马克找张华有什么事？

    d. 他们约好什么时候见面？

② 把本课录音播放一遍，学生带着问题认真聆听。

③ 听完录音后，引导学生逐一回答问题，教师给出答案，呈现在白板上。

④ 学生打开课文，教师逐句播放录音，学生看课本听录音并跟读。

⑤ 解析重点难点（词语、语法等），要求学生记笔记。

⑥ 全班一起大声齐读一遍课文。

⑦ 分组或轮流朗读课文一遍，读完后教师纠音。

⑧ 学生就课文内容提问，教师答疑。若时间允许，可再听一遍录音。

(3) 语法点。

① 用"正在/正/在"表示：动作进行中。

导入：借助 PPT、动作示范或请同学表演某一动作。

    ——他在做什么呢？　　　　　　（睡觉）

    ——他在睡觉呢。

    ——她呢？她在做什么？　　　　（上网）

    ——她在上网。

操练：变换手中的图片或词语卡，引导学生说句子。

    他正在吃饭。

    她正在睡觉。

    马克正在学日语。

    我正在准备托福考试。（课文中的句子）

小结：

Subject		Predicate
	正在 / 正 / 在	V. + O. 呢
我		看　书　呢。
马克		学　日语　呢。

练习：展示图片或示范动作，或请学生看图说句子，教师引导并纠错。

听演讲

练习发音

聊天

打电话

②用"又"表示：动作或状态曾经发生或将要发生。

导入：拿出两张 A4 纸，示范动作——先给学生一张纸，边说"又"边给学生第二张纸。

我又给了他一张纸。

他又在看电视了。

又要上英语课了。

对不起，我又来晚了。

操练：展示词语卡或在白板上写下关键词，口头引导造句练习。

今天又要听写生词了。

我又喝完一瓶（可乐）了。

我们又见面了。

学生又要开学了。

小结：

Subject		Predicate
	又	V. + O.
我		迟到　　　了。
马克		在看电视　了。

练习：请学生看图片说句子，教师引导并纠错。

口语考了一百分。

发音错了。

一起上课。

做美容。

第三，课堂活动设计。

（1）活动名称：你正在做什么？

（2）活动目标：运用"正在""在"进行轮流问答，使学生在练习活动中体会"动作正在进行"的表达方式，并复习、巩固学过的动词，加深记忆并学会活用。

（3）活动准备。

① 已学过的词语（动词为主）的图卡，每个学生分上3—5张。

② 每个学生大声读出自己手中图卡上的词语。

③ 全班学生围坐一起进行或者由某一个学生到前台展示自己的图卡。

（4）活动原则：以"你正在做什么呢？"→"我正在……"一问一答的形式进行对话练习。例如：

  A．你正在做什么呢？

  B．我正在睡觉。（举示图卡）

然后轮换问答：

  B．他正在做什么呢？

  A．他正在……（举示图卡）

以此类推，直至学生手中的图卡用完。问答的速度可以逐渐加快。待图卡一轮答完之后，可让学生彼此交换手中的图卡，把活动再进行一遍。

第四，布置作业。

（1）预习第二部分的词语和课文（二），要求不看拼音读出词语和课文。

（2）课本第7页，"看图回答问题"和"双人练习"。

  课本第8页，"回答问题"。

第五，补充材料。

（1）汉字练习。

① 辨认下列汉字并组词。

  欢——喜欢 见——不见 作——作业 助——帮助 找——找人

  对——不对 现——现在 昨——昨天 动——运动 进——进来

② 给下列汉字注音。

  备 网 忙 剧 散 练 操 帮 跑 趣

③ 下列汉字哪些可以拆分成两部分？

  准 楼 京 下 练 回 场 书 试 电

（2）发音练习。

① 三山撑四水，四水绕三山。

② 四和十，四和十，十四和四十，四十和十四。

③ 帆船翻，翻帆船。

④ 白布包白果，白果恨白布。

（3）文化知识。

书法小常识：毛笔的出现

最早的毛笔大约出现在两千年以前，毛笔之源一般人以为是秦代的蒙恬。但殷墟考古发现证明，毛笔起源于殷商之前，蒙恬只是毛笔的改良者。

教学后记：（略）

教案是教师对教材的重新演绎，其中蕴含着教师的隐性知识，包括他的教育理论和专业知识水平、情感与态度、教学经验与教学风格等。教师把这些东西内化为一种教学蓝图，通过教案的形式展现出来。

第三节　教学实施

一、课堂教学的基本环节

不同的参照会产生不同的教学环节安排或者教学模式。以教学认识论为参照，有"感知教材→理解教材→实践作业→巩固检查"的教学模式。以课堂结构分析为参照，则有"组织教学→复习检查→教授新课→巩固新课→布置作业"的教学模式。

国际中文课堂教学有一般课的共性，又有自己的特殊性。因为它是语言课，旨在培养学生的语言运用能力，所以在课堂上要以学生的操练、练习活动为主，操练和练习又要放在一定的语言情境之中，特别注重语言知识、言语技能的迁移和实际运用（语言交际）。因此，国际中文课堂教学通常由六个基本环节组成，即复习→导入→新课→活动→总结→作业。

（一）复习环节

目的是检查学生对已学过的内容（尤其是前一天/次所学的内容）的掌握情况，同时引起学生的注意，起着组织教学的作用。国际中文教学中的复习包括口语和书面语，复习的方式可以是：口头提问、听写、朗读、任务汇报等。

1. 口头提问

口头提出的问题要体现由浅入深、从限定到自由的层级性。例如：

（1）根据课本内容提问。提问时最好能把课文串成一个故事，让学生接龙式地回答，前后的回答之间紧密相连。

（2）根据提示词提问。比如："玛丽怎么才能找到田芳的家？"（展示"一……就……"）→ "一看到那棵大枣树就找到田芳的家了。"

（3）包括一些归纳性的问题。比如："大山最近遇到了哪几件倒霉事？"以便为成段表达技能的养成打下基础。

（4）包括联系实际的问题。这是把课上学习的内容运用到生活实际中从而促进学生知识迁移的问题。为此，教师必须对学生有较好的了解。

2. 听写

听写是训练学生听和写的配合能力，听写练习要具有一定的层级性。例如：

（1）听写书上的句子。

（2）听写概括性的句子。

（3）听写真实的句子。比如：因为老师病了，所以昨天没来上课。

（4）每次听写四五个句子。比如：两个课文的句子，一个概括性的句子，一个联系实际的句子，一个真实的句子（可选）。

3. 朗读

朗读是培养学生认读汉字、准确断句和成段表达能力的有效方法之一，也是培养学生语感的一个重要途径。朗读练习的形式主要有：

（1）朗读听写的句子。

（2）朗读课文。

（3）将对话体和叙述体相互转换，然后朗读。

（4）根据课文内容设计具有交际性的短文来朗读。（后两种可辅以 PPT）

4. 任务汇报

这是检查学生完成任务的情况，每一天/次做一两个任务，每一个任务汇报都应包括实际成果，比如做好的表格、手工、视频、实物、PPT 等。

（二）导入环节

所谓"导"就是把教学思路引导到学生的内在知识结构中，课堂中的任何内容、任何环节都可以加上导入的程序。

1. 导入的作用

（1）激发学生的好奇心，使之产生一种愉悦感。

（2）增加学生的学习动力，引导学生积极主动地进行思考。

（3）调整学生的学习状态，使每个学生都参与课堂教学活动。

（4）调动学生的积极情绪，使之产生探求新知的强烈愿望。

2. 导入的方法

（1）问题导入。

（2）实物导入。

（3）故事导入。

（4）情境导入。

（5）身体语言导入。

导入必须注意三个问题：为所讲主要内容服务；既有趣味又含哲理；时间不宜长（两三分钟最好），以免喧宾夺主。

（三）学习新课

学习新课时，教师要特别注意讲授、举例和多媒体使用三个方面的问题。

1. 语言清晰流畅，讲授具体生动

这就要求教师做到：

（1）目标明确，要点清晰。让学生知晓本课的学习目标，一次课只关注一个要点，避免跑题或者表达不清。

（2）层次清晰，逐步讲授。把出现学习材料的过程分解成若干个小步骤，如果学习材料过于复杂，还可以把教学流程直接呈现给学生。

（3）讲解具体生动。对于难点要做出详细的解说，讲解时要结合多个具体的例子，并尽可能使用直观的手段，例如实物、图片、示意图等。

（4）检查学生理解状况。确定学生对一个要点明白后再讲下一个要点，可以通过随机提问来了解学生是否已理解，只要学生没有理解就要再讲一遍，还可要求学生用自己的话来解释要点、总结所学内容。

2. 精准举例说明

所举例子可以出自课本也可以从学生生活中选取，举例说明应遵循"规则→例子→总结"的演绎式路子。

3. 使用多媒体

多媒体的使用要适时、适量，因为它只是一种辅助性的教学手段，并不能代替教师的讲授和师生、生生间的互动。

（四）课堂活动

课堂教学中的活动一般有两种：模拟课文的活动与深入探究的活动。

1. 模拟课文活动

（1）使用直观教具，如实物、图表、图卡、简笔画、多媒体等。

① 实物。

活动 1 "换钱"

准备一些人民币、日元、美元、欧元等，如果没有外币则可用不同颜色的纸做成模拟纸币并标上币值，把讲台模拟成银行的柜台，让学生扮演银行职员和顾客，开展"换钱"的对话。

活动 2 "购物"

准备一些便于携带的实物，如学习用品、小食品、水果等，并标上价格，把教室布置成超市或商店，让学生扮演售货员和顾客，开展"购物"的会话。

活动 3 "找位置"

在讲中国地理时，可使用地图或地球仪，让学生根据教师的引导找到中国的长江、黄河、省级行政区等。

② 图表。

活动 1 "表演课文"

学完"滥竽充数"的成语故事后，把学生分成四人组，每人扮演其中一个角色（齐王、南郭先生、齐王儿子和故事叙述人）。先引导学生把课文中的人称改为"我"，完成下列表格，然后按照台词把课文表演出来。

齐王	我……
南郭先生	我……
齐王儿子	我……
故事叙述人	我……

活动 2 "量词配对"

在通过图表、公式等讲解名量词、动量词后，引导学生使用表格来归纳出最常用的名量、动量搭配，以备以后查阅和使用。

例如：名量搭配

名量词	与其搭配的名词
个	人 / 东西 / 故事 / 苹果 / 鸡蛋
张	纸 / 床 / 桌子 / 票 / 卡 / 图片
条	鱼 / 裤子 / 蛇 / 路 / 河 / 链子
片	树叶 / 肉 / 面包 / 药 / 土豆
把	刀 / 椅子 / 钥匙 / 雨伞 / 牙刷
杯	水 / 茶 / 酒 / 咖啡 / 牛奶 / 可乐
件	衣服 / 衬衫 / T恤 / 事 / 家具
只	狗 / 猫 / 鸡 / 手 / 兔子 / 鞋
台	电视 / 电脑 / 空调 / 洗衣机 / 机器

动量搭配

常用动词	与之搭配的量词
来 / 去 / 跑 / 做	回
看 / 听 / 打 / 想 / 用 / 玩 / 说 / 试	下儿
写 / 听 / 说 / 读 / 找 / 参观 / 游览	遍
吃 / 打 / 说 / 批评 / 教训	顿
去 / 做 / 看 / 吃 / 打 / 玩 / 参加	次

③ 图卡。

活动 1 "问年龄"

准备三张图片，分别是老人、中年人和孩子，然后指着图片问："多大年纪？您老高寿？""您有多大岁数？""几岁了？"让学生把不同的询问方式与相应的人群对应起来。

活动 2 "识字卡"

把卡片的一面写上词语、词组，另一面写上拼音和英文对等词语，教师变换卡片引导学生做替换练习。

活动 3 "时间表达"

准备一些与学生相关或者学生知晓的历史事件（国庆日、某人的生日、初次来西安）发生的时间，把年、月、日、星期的信息做成卡片，让学生组对练习年、月、日、星期的表达方法。

④ 简笔画。

活动 1 "词语辨析"

顺手画出一个圆桌，上面画一盘鱼，鱼头对着上座，再画上一位戴着礼帽的绅士，引导学生理解"礼貌"和"礼帽"的不同。

活动 2 "区别量词"

在讲解"次"和"遍"的不同时，可以通过：语言讲解（"次"强调动作发生的次数，"遍"强调动作的全部过程）；汉外翻译（"次" is used for the frequency of an action, while "遍" is used for the whole process of an action.）；简笔画（三个书册，分别是 100 页、200 页、300 页，"这本书很长，我试图看过三次，可一遍也没有看完。"）。三种方式结合起来，可能会更利于学生理解和记忆。

⑤ 多媒体

活动 1 "PPT 课件——买彩票"（图 7-1）

借助 PPT 对课文内容进行归纳，让学生分别叙述几个人是怎么凑钱的或者这 100 元是怎么样凑齐的。这种方法用得好了，可以训练学生的成段表达能力。

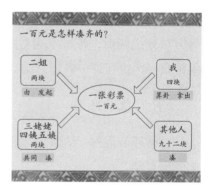

图 7-1　PPT 课件样本

活动 2 "教学视频"

为了将所学课文内容（如，中国的成语故事等）生动形象地展示给学生，可以播放课文的视频，以便于学生的理解、记忆和语感的培养。

（2）安排游戏。

游戏能够增加教学的趣味性和参与感。例如：在讲"动词谓语句中状语的位置"时，可以让学生将打乱顺序的词语安排成正确的句子，并对最先完成的学生进行奖励。

·工作　她　爸爸 → 她爸爸工作。

·也　妈妈　她　工作 → 她妈妈也工作。

·工作　都　和　爸爸　妈妈 → 爸爸和妈妈都工作。

·在　工作　医院　爸爸　我 → 我爸爸在医院工作。

·在　学习　和　都　大学　哥哥　姐姐 → 哥哥和姐姐都在大学学习。

（3）进行表演。

表演是把课文内容搬到模拟舞台，训练学生听、说、演、唱等综合能力，使他们创造性地理解和运用课文。

活动 1 "话剧表演"

将课文改变成小话剧,教师和学生扮演不同的角色,从而深入体会课文内容和作者意图。

活动 2 "创作短剧"

师生用所学的知识、技能共同创作短剧,然后一起把短剧表演出来。

2. 深入探究活动

探究式学习指的是学生在教师的指导下,从学习生活、社会生活中选择并确定研究专题,用类似科学研究的方式,主动地获取知识并应用知识解决实际问题的学习活动。这种活动一般包括五个环节:确定题目;收集资料;研究和修订;自我或相互评价;公布成果。

例如:在学完《发现步行之美》一课后,引导学生探究"本地的交通"这一课题。操作程序是:引导学生确定本地的交通存在哪些问题→通过网络、报纸、访谈、抽样调查等方法分组调查,各组主题不同→小组商议和修改(运用刚学过的词语和表达式)→小组汇报→小组互评→教师总结。

（五）总结环节

总结环节俗称"结课",是课堂教学的收尾工作。通常有两种做法:由教师总结或者由学生总结。

1. 教师总结

一堂课快结束时,教师要对当堂教学内容进行归纳、小结,包括:讲了哪些内容?哪些是重点、难点?需要记住哪些内容?总结的形式通常也有两种:

（1）教师一人总结。即一边指着板书,一边总结归纳,或者只是画龙点睛式的口头说出内容要点来。

（2）师生共同总结。比如,教师在学完时间表达后,利用真实的课堂语境启发学生运用所学内容回答问题。

2. 学生总结

先让学生自己做总结,然后教师进行点拨和归纳。学生总结之时,教师要做到:①让学生畅所欲言;②保护其积极性和热情。

（六）布置作业

完成作业是课堂教学活动的延续,布置作业时要注意两点:①作业具有选择性、层级性、迁移性和多样性;②可以是笔头、口头作业,也可以是任务型作业。

二、课堂教学技巧的运用

课堂由一个又一个教学活动组成，比如：课前热身活动、上课时的相互问好、导入、复习、讲新课、提问与回答、学生操练等，而每一个教学活动都必须精心地安排和组织。为了顺利地开展课堂活动，教师必须掌握和运用一定的技巧，包括导入、提问、讲授、操练、板书等方面的技巧。

（一）导入的技巧

导入是课堂教学的第一步，教师通过导入来吸引学生的注意力，让学生尽快地进入角色，并对本课内容有初步的了解。常用的导入方法有下面七种：

1. 直接导入

即不用借助其他材料，教师只是概述新课的主要内容及教学程序，明确学习目标和要求，以引起学生的思想重视和参与热情。可以通过解释本课的题目直截了当地点明本课的基本特征及重要概念，也可以通过交代学习新课的目的与现实意义来完成导入。

2. 复习导入

即从已有知识入手，将学生由已知引向未知。可以通过教师讲述来简要复习上一节课的旧知识，使之与新知识衔接起来，从而自然而然地导入新课。也可以利用学生已经获得的知识，由旧知识来导入新知识。还可以设计一系列问题通过师生问答让学生也参与进来。

3. 经验导入

即从学生的生活经验或者他们熟悉的某些事情入手，水到渠成地导入新课，并做出必要的点拨。学生会对此感到亲切、自然、有趣，从而缩短他们的经验与现实之间的距离，使即将传授和学习的语言知识、技能变得易于理解和掌握。

4. 悬念导入

即以认知冲突的方式设疑，使学生的思维进入惊奇、矛盾等状态，构成悬念。教师必须善于抓住学生产生疑虑、困惑、矛盾时的契机，围绕教学的重点难点、相近知识容易混淆的地方、分析解决问题的关键点等来设置悬念，从而引发学生的求知欲。

5. 直观导入

即以引导学生观察实物、模型、图表，观看影视片段或幻灯片等方式来激发学生的学习兴趣，再从这种观察之中设置问题的情境。这种由点及面、由感性到理性的导入方式，符合学生的认知规律，因而可以激发学生的学习兴趣和动机。

6. 故事导入

"故事"可以是真实的历史故事、神话或者民间传说等。运用故事来导入，会使学生感到亲切、可信，也符合学生的认知轨迹，容易引起他们的情感共鸣。如果故事具有趣味性，就可能达到更好的效果。

7. 文学艺术导入

即利用相关诗词、小说、戏剧、历史、音乐等来激发学生的兴趣，激活学生的积极思维。一些谜语、寓言如果能够巧妙、恰当地用于导入新课，可收到意想不到的效果。在课前播放一段相关的音乐，也能让学生迅速地进入学习情境，使他们轻松愉悦地进入课堂并进入角色。

（二）讲解的技巧

讲解是人们解释或解说知识和专门技术的行为方式，也是教学中普遍采用的教学方式。讲解首先是为了传授知识，精选的语言基础知识通过教师有效地讲解被学生在短时间内充分理解，然后通过大量的实践训练被他们内化、吸收。流畅、生动、有趣的讲解还可以激发和强化学生的学习动机，让他们对汉语、中国文化产生长期、稳定的兴趣。

语言教学最为讲求的是精讲多练。"精"可理解为"精要"。要让讲解变得"精"，就要有明确的目标，做到重点突出和深入浅出，同时要注意时间的把握，即在最短的时间内最有效地传授知识，把更多的时间留给学生去操练和实践。"精"还要做到"精彩"。这就要求教师讲解思路清晰、层次分明、语言流畅、生动有趣，做到声音抑扬顿挫、铿锵有力、饱含感情、声情并茂。一句话，教师的讲解一定既要讲究科学性又要具有艺术性。

在极少数的教师中存在着错讲、乱讲的问题，即把错误的知识教给了学生，或者因为备课不充分在讲课时不讲逻辑、缺少条理或者啰唆，所谓"东扯葫芦西扯瓢"。还有一些教师知识传授不到位、重点不突出、讲解空泛或者浅尝辄止，甚至漏掉关键的内容，离题太远而偏离了教学目标。这些都是我们必须注意和避免的问题。

（三）提问的技巧

课堂提问是一个师生互动的过程，也是引发学生积极思维、活跃课堂气氛的重要手段之一。课堂提问可以帮助学生打开思路，加深对所学内容的理解，可以增加师生之间思想和情感的交流，因而贯穿整个课堂教学过程。

1. 提问的目的

（1）激发和保持学生的学习动机与兴趣。

（2）检查教学效果，发现现存问题。

（3）吸引学生注意力，激发学生参与意识。

（4）指导学生进行有效的复习和操练。

2. 提问的原则

（1）要有目的性。即根据教学重点、学习难点来提问。

（2）要有层次性。首先，所提的大部分问题能让全班同学都回答得上来；其次，其余的问题能让学生给出一些答案，尽管这些答案并不完整；最后，决不提学生无法回答的问题。

（3）要有预测性。即预先知道如何回答或者有几种答案，然后针对学生的回答进行正确的引导，使其达到或接近本课的教学目标。

（4）要有趣味性。首先，问题尽量与学生的生活经验相关联；其次，问题具有一定的挑战性；再次，问题的答案具有一定的开放性；最后，学生在轻松愉悦的气氛中问答问题。

（5）要讲求实效。首先，每个问题都只集中于某一点；其次，对中心意思只做一次表述，不重复；再次，使用具体、简洁的语言进行描述；最后，一个问题尽量少用词语，使用短句。

（6）要面向全体学生。既不偏爱学习优秀者，也不冷落学习落后者。尽可能地照顾大多数学生的需求。

（7）注意提问方式。可以先提出问题再指定学生来回答，也可以先指定学生再提出问题。提问形式应当多种多样、富于变化、具有启发性，以便激发学生思考和回答问题的兴趣。

（8）切忌态度生硬、面无表情（特别是对一些平时不爱发言、胆小、基础较为薄弱的学生）。提问时，教师可以走下讲台，面带微笑，用良好的情绪感染学生，用期待的目光鼓励学生，用温和的语气提出问题。

最为重要的是，把握好问题的"度"和提问的"时机"。所谓问题的"度"，即问题的难易程度要适中。如果问题过难，无人回答，就会让课堂气氛变得沉闷，还会打击学生的积极性。问题既不能太泛、太大，使学生无所适从，也不能过小、过易，学生不假思索即能对答如流。一般来说，提出问题后，教师可以有选择地让学生回答。难度较大的问题由平时反应快的学生回答，一般性的问题让中等水平的学生回答，较容易的问题让平时反应较慢、基础稍差的学生来回答。这样,每一个问题对于答问的学生都是"跳一跳才能摘到的桃子"。

提问的"时机"也很重要。一般来说,时机的选择应根据学生在学习过程中显示出来的心理状态加以确定,即:学生思维受到局限无法突破之时,学生受到旧知识的深刻影响而无法顺利地实现知识迁移之时,学生若有所悟、情绪高涨、跃跃欲试之时。准确地把握了提问的时机,学生的思维能力就可能得到提升。

3. 提问的策略

(1) 具有层次性。将问题分解成"识记→理解→应用→分析→综合→评价"六个层次,各个层次的具体内容如下(表7-2):

表7-2 问题的六个层次

层级	学生行为	问题举例	关键词
识记	回忆信息	请说说你的房间里有什么	回忆
理解	转述、理解、推理	你同屋觉得房间怎么样	转述
应用	将知识运用于新的情境中	你想租个什么样的房子	应用
分析	能将一个问题分成若干个部分,并能在部分之间建立起联系	你租房子一般要考虑哪几方面的因素,为什么	区分 关联
综合	能将各个部分整合起来,从而构建出新的知识	请为租房者提供一些租房建议	设计 创造
评价	能按照一定的标准对相关的内容做出评价	根据你的经验,是住在学校宿舍好,还是在外边租房住好	评价 决定

(2) 讲究顺序性。要么从封闭到开放,要么从开放到封闭。教师可以先从回忆性问题开始,逐步扩大范围和难度,向开放性问题延伸。这种顺序符合语言学习的规律,即由教材中固定的内容出发,逐步扩展到解决实际问题。教师也可以先从开放性问题开始,逐步缩小范围,最后引导到一个问题。这是一种"漏斗"形的方法,即不断给问题加上具体的限制条件,逐渐向问题的核心靠近,因而适用于中高水平的学生。

(3) 设置等待时间。直接问题或者封闭性问题可以让学生思考3秒多钟,开放性问题则可以给学生15秒钟时间来做综合权衡。因此,教师应事先设计好问题,提问要简洁、清楚、主题突出,并及时给予鼓励和表扬。

4. 提问的方法

(1) 复习阶段:问题由易到难,逐渐增加难度。例如:

① 记忆性问题。

　　安妮昨天怎么没来上课？

② 事实性问题。

　　桂林三月是不是常常下雨呀？

③ 归纳性问题。

　　中国人为什么喜欢"六"和"八"这样的数字？

④ 联系实际的问题。

　　你的家乡春天常常下雨吗？

（2）新课阶段：结合课文内容，注重听说训练。例如：

① 引导性问题。

　　麦克请大卫看什么电影？

　　去电影院看电影，大卫担心什么？

② 启发性问题。

　　（观看一段视频后）你们看得懂看不懂？

　　能听得懂吗？为什么？

③ 细节性问题（针对词句和课文中的难点，随机提问）。

　　前几天林娜怎么坐在前边了？　　——她没戴眼镜。

　　她为什么戴眼镜？　　——她有点儿近视。（书上的句子）

　　没戴眼镜坐在后边行不行？　　——不行。看不清楚。（书上的句子）

④ 延伸性问题。

　　你看过中国电影吗？看过哪些？能介绍一部吗？

　　什么时间看的？在哪儿看的？跟谁看的？看得懂吗？为什么？

（3）总结阶段：要有综合性和开放性。例如：

① 综合性问题。

　　请大家四人一组进行讨论：西安交通拥堵的原因是什么？

　　打太极拳有什么好处？为什么？

② 开放性问题。

　　你觉得北京的四合院和胡同要不要保留？为什么？

　　你觉得外国人能不能说一口地道的中国话？为什么？

（四）操练的技巧

教师依据"操作性条件反射"的心理学原理，通过对学生的反应采用肯定或奖励的方式，使教学材料的刺激与学生的反应之间建立起稳固的联系，从而帮助学生形成正确的行为，引导学生的思维活动朝正确的方向发展。这便是强化或者巩固的教学行为。

强化训练要有目标、有意义，要将学生的注意力引到学习任务上来，激发和提升学生的参与意识，帮助学生采取正确的学习行为。要使学生将理解的语言知识和语言规则内化吸收并转化为能力，就需要多种多样的变式练习。形式多样的练习会让学生在学习过程中始终保持注意力和学习兴趣，从而营造出一个生动活泼、富于情趣的课堂氛围。教师还要深入研究教材，充分了解学生的原有知识基础、智力水平、能力水平、学习兴趣、学习态度和学习习惯，以便制定出一套符合学生实际又具有层次、梯度从而逐级完成的练习任务。

国际中文课堂上的强化训练特别讲求综合性，除了训练字、词、句、段、篇等基础知识外，还要进行听、说、读、写技能的训练。听说训练必须贯穿始终，因为这种训练可以培养学生思维的敏捷性和条理性。

1. 操练的形式

（1）模仿。即在教师的指导、示范下，学生多次重复某个动作，如模仿汉语的发音、声调、句子、汉字书写等。

（2）重复。即让学生重现通过模仿而记住的语言材料。可以采用实物、图片、PPT等手段来增加重复的趣味性。

2. 操练的原则

（1）实效性。操练要有计划、有目的并循序渐进地进行。

（2）控制性。即控制学生的注意力、操练的节奏、数量和时间。

（3）针对性。即针对教学重点与学习难点、本课教学目标和学生的特点。

（4）趣味性。操练要有意义，形式要多样，气氛要活跃，学生参与其中。

3. 操练的策略

（1）理解之后再进行操练。

（2）操练形式要多种多样。

常见的操练形式有三种：扩展式、替换式、情境式。例如：

① 扩展式操练。

  课（上课、下课）

有课 → 没有课 → 有没有课

星期六有没有课？→ 星期六没有课。

今天上午有没有课？→ 今天上午有课。

今天上午几点有课？→ 今天上午十点十分有课。

② 替换式操练。

你今天学习多长时间？—— 我今天学习四个小时。

他每天学习多长时间？—— ……

③ 情境式操练。

请看图7-2，说说麦克的房间里都有什么。（使用存现句）

——麦克住在6号楼。

——麦克的房间里有电视，有电话，有网络，还有卫生间。……

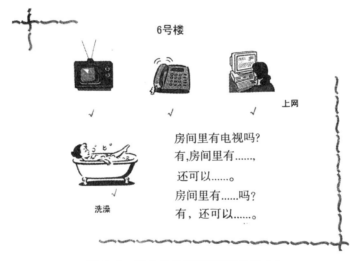

图7-2 麦克的房间（PPT课件样本）

（3）最终目标是达到自动化。

听、说、读、写技能的训练只有在达到熟巧和自动化的时候才能随意地提取和自由地输出，而熟巧和自动化必须经过大量的应用性、活用型和创造性的操练才能够达成。

（五）板书设计技巧

板书是最基本的教学辅助手段，它集中体现了教师的授课意图，又给予学生一个直观、完整的印象。虽然许多现代化的教学手段已经走入课堂，但是板书在教学中仍然起着不可替代的作用。

1. 板书设计的原则

板书设计应体现"五有"的原则,即:

(1) 有效。具有直观性,有利于学生理解和记忆,而且重点突出,能引起学生的注意。

(2) 有度。出现的内容不宜太多,应具有高度的概括性。

(3) 有序。即条理清晰,布局合理,比如可以有中心板、两分板、三分板等。

(4) 有准。即字迹工整、规范,不出现错别字,板书的格式、符号和图表等要准确无误。

(5) 有时。虽然提倡提前板书,但多数板书内容都是在课堂上随着教学进程而逐步加以展示的。

2. 板书设计的策略

如何设计板书,才能更好、高效地实现课堂教学目标,使学生对特定的教材内容印象更鲜明、深刻,理解更清晰、全面,记忆更牢固、持久呢?

(1) 教师要吃透教材,了解学生。根据教学内容和学生实际水平安排教学程序并设计板书,使内容与形式、手段与目的有机结合在一起。

(2) 板书的书写安排也是很重要的。板书一般是以字词为主的,所以要注意:

①字体的大小——以后排学生能看清为标准。

②字体的选择——采用正楷字,好让学生看清楚。

③板位的安排——要有主有次,使学生明确重点,便于理解和记录。需要分出层次时,应使用层次序号。一般还应留出一个临时书写区,便于书写和绘画一些临时、即兴出现的板书内容。

3. 板书设计的技巧

板书分为两种:系统性板书和辅助性板书。系统性板书是对教学内容的高度概括,如讲课的基本内容、重要句型、重点词语和重点汉字等。辅助性板书则是根据教学需要,将一些需要强调的内容,简要地写在黑板一侧。系统性板书一般写在重要位置上,保持的时间相对长一些,辅助性板书则往往是边写边擦。二者应紧密结合,相辅相成。

需要板书的内容必须与课文讲解有机地结合在一起。黑白板空间有限,教学时间更是珍贵,所以板书的内容不能太多。这就要求教师在设计之时,对板书做通盘考虑:应该板书哪些内容?在什么时机板书?不同内容都应写在什么位置?有些板书虽是在授课过程中不规则地间隔出现的,但最后还是要形成一个整体。一堂课的板书,应当是对本课所讲内容的抽象和浓缩,方便学生随堂理解和课后归纳,从而发挥其再现知识、加深理解、强化记忆之功效。

第四节　组织教学

组织教学是课堂教学中教师管理班级、组织学生注意、引导学生积极参与以完成教学任务所采取的行为。教师能否把课堂教学组织好，直接影响着教学工作能否正常有序地进行、教学计划能否有效地实施，从而关系到教学质量的有无和高低。通过对课堂的有效组织，教师引起学生的学习兴趣和动机，营造良好的课堂气氛，让学生更快、更乐意地进入课堂，主动积极地接受新知识，学习新技能。

能够有效组织课堂教学的教师一定是具有"三心"的教师，即细心、耐心和爱心。教师要细心观察学生，了解他们的学习和情感需要、学习目的和要求与性格特点等。对那些基础薄弱、性格内向、比较腼腆、不爱开口的学生，教师要有足够的耐心，给他们思考和准备的时间并提供更多的练习机会。教师要全方位地关心每一个学生，关心其成长，关心其需要，关心其身心健康，要想方设法融入学生群体，努力做他们的良师益友。对学生的错误固然要及时指出和批评，但这种批评是基于对他们的爱，是为了帮助他们健康地成长和发展。

教师的组织教学工作应贯穿课堂教学的始终，以教学进程而言，主要做好四个方面的工作。

一、安定课堂秩序

上课铃响过，学生能否马上进入状态，教师的做法是关键。

（一）教师进入教室

当教师走进教室，站在学生面前，即使他没有开口，他的着装、仪表和行为已经在对学生说话了。所以，要注意以下的三点：

1. 提前进入

教师应提前进入教室，尤其是下面三种情况下：换了发型或新的着装；大课间休息之后；进行个别辅导或答疑。

2. 精神饱满

（1）精神饱满、兴致勃勃地步入教室——你对上课充满兴趣和信心。

（2）从容自如、稳重大方地步入教室——你不紧张，你充满激情。

（3）面带微笑地步入教室——你是和蔼可亲、关爱学生的。

（4）进入教室后，用眼神传递信息——就要开始上课了。

3. 备好问候语

适当的问候语可以拉近师生间的距离，使课堂气氛变得轻松愉快。如果在入门阶段能够使用学生的母语来进行问候，效果可能会更好。

（二）点名

点名是教师准备上课的信号，也是检查学生出勤、与学生进行交流的一种有效方法。在开学之初，巧妙的、人性化的点名，有助于良好班级氛围的形成。

1. 尽快记住学生的名字

用名字叫学生是最直接的对其表示尊重的方式。快速记住学生名字的方法有三个：背学生名单；背学生座位；课前点名，借助学生的特征和姓名谐音。

2. 多样化地点名

（1）开始几天大声点全班学生的名，以便尽快认识全体学生；

（2）彼此熟悉之后，可以用环视座位的方法，确定缺席者并做下记录；

（3）有时候还可采取班长汇报、教师记录的形式。

点名时可以用一些课堂用语，使用的语句可随学生汉语水平的提高而有所变化，从而起到复习、巩固学生所学知识之功效。例如：

  点名了。（"了"表变化）

  现在开始点名。

  今天谁没来呢？

  ……呢？

  谁知道……怎么了？

  ……请假了吗？

（三）准备上课

为了把学生的注意力吸引到课上，教师要说上一些"上课语"。在初级阶段，这种上课语会大大受限，但随着学习进程会增加一些表达式。例如：

上课。

上课了。

现在上课。

该上课了。

别说话，上课了。

请安静，现在开始上课。

请大家坐好，现在上课。

二、上好第一堂课

上好第一堂课，可以给学生留下深刻的印象，有利于今后课堂教学的开展。

（一）规范课堂指令

教师要说标准的普通话，发音准确、吐字清楚、语句合乎语法，不用口头禅，不讲方言，还要注意使用礼貌用语和语音语调的亲和力。

1. 课堂指令

（1）语言要明确、具体、简洁，要让所有学生都听懂并做出反应，对零起点的学生可以采取拼音加形象化手段或媒介语（学生母语或英语）的方法。

（2）巧用身体语言，比如眼神、体态等，但要注意体态语的规范和规律，比如点头（表肯定、同意、赞成等）、手势（表四声、一起做、角色转换等）。

2. 动作示范

给初学者示范动作时，要注意信息的准确、清晰表达，比如动作要尽量简单，速度不要太快，务必使学生能够充分观察和正确模仿。

3. 问答模式

（1）教师发问。注意三点：问题清楚；语速自然；重点突出。

（2）学生回答。注意两点：使用完整的句子；独立地完成回答。

（3）教师评价。以鼓励为主。对回答正确的学生，做出积极的反应；对回答不完整或部分正确的学生，引导他们做出完整的正确回答；对回答错误的学生，要么重复提问、要么变换角度或者将问题分解，逐一发问，直至学生明白问题并基本上回答出来。维护学生的自信自尊，给予他们成就感和快乐感，这是教师提问和反馈的基本原则。

（二）教学程序化

1. 让学生了解基本教学程序

（1）串讲法。讲解生词 → 领读课文 → 逐句串讲（重点是词语和语法点）→ 学生回答课文问题 → 讲解语法 → 复述/讨论课文 → 做作业。

（2）听说法。听写生词 → 句型操练 → 根据提示听写课文 → 利用重点词语、连接词说课文 → 看书读课文 → 讲解语法 → 归纳总结 → 做作业。

（3）背诵法。讲解生词 → 领读课文数次 → 解答学生问题 → 再次就课文提问，检查理解情况 → 分组朗读课文 → 学生分段说课文，直至能够背诵下来 → 讲解语法点 → 做作业。

2. 努力形成自己的教学模式

初级汉语综合课的基本教学步骤（五环教学模式）：

（1）复习：口头回答；任务汇报；听写。

（2）词语学习：听写 → 讲解 → 认读 → 扩展 → 练习。

（3）语法学习：导入 → 操练 → 归纳 → 情境练习。

（4）课文学习：看生词/图片说课文 → 看提示词说课文 → 读课文 → 根据课文内容问答 → 复述、概括 → 活动 → 小结。

（5）作业：书上作业；语言任务。

三、营造课堂气氛

课堂气氛即课堂上班集体在教学过程中形成的一种情绪氛围，包括师生的心境、精神体验和情绪波动，以及师生彼此之间的关系。积极、活跃、和谐、合作的课堂气氛，有利于学生创造性地发挥，也有利于教学效率的提高。

（一）课堂气氛的基础

1. 教师的态度和行为

（1）教师的态度：是否对所教课程充满信心？是否公平对待每一个学生？是否对所有学生都一视同仁？是否能和善、友好地对待学生的问题？是否有耐心答疑解惑？一句话，教师要有爱心、耐心、细心这"三心"。

（2）教师的教学行为：享有和谐、融洽的师生关系；使用灵活多变的教学方法；语言丰富、风趣幽默、富于美感。

2. 学生的态度和行为

（1）学生的态度：对目的语的学习态度是否主动自觉和积极努力？对任课老师是否喜欢，是否"亲其师则信其道"？对教学机构（学校和班级）是否认同和喜欢？是否愿意遵守其规章制度？

（2）学生的课堂行为：听从教师的指令；积极参与教学活动；学生之间相互尊重，相互关爱，亲如兄弟姐妹。

（二）课堂气氛的营造

1. 开学第一天

（1）使用温和、友善、积极、主动的语气和亲切、文雅、富于人情味的话语。

（2）想方设法让学生相互认识、了解和熟悉起来。

（3）尽快记住所有学生的名字。

2. 教学全过程

（1）让学生每次课都感到愉悦，从而对学校生活和课堂学习充满期待。

（2）积极肯定学生的进步。肯定的方式可以是语言，也可以是眼神、表情、手势等非言语行为。

（3）在走动中开展教学。用身体接近，对思想抛锚或在做与课堂活动无关之事的学生善意暗示。

（4）确立课堂秩序和规范。

（5）确保学生具有安全感。具体做法包括：①教学内容在学生"最近发展区"内，即经过努力就可以学会和掌握；②让学生知晓课堂教学目标，然后一步一步去努力，直至达成目标；③每个学生在班级都受到重视和尊重，有充分的发言权和表现机会；④学生在课堂上不被老师和同学妄加批评。

3. 关注"中性行为"

"中性行为"即介于积极行为和消极行为之间、不增进也不干扰学习的行为，其主要表现有六种：不听课，但静坐于座位上；睁大眼睛出神地望着别处；不引人注意地在纸上涂鸦；成双成对地小声说话（交换意见）；趴在课桌上睡觉但没有发出鼾声；看与教学无关的书籍或者玩手机。

学生出现中性行为，可能会影响教师的教学情绪，但教师不应过多关注这类行为，对相关学生进行公开的指责和批评，结果影响了其他学生的正常学习。

总之，国际中文教师要最大限度地为学生创造一个学习化、活动化、情境化的学习环境，营造一种团结紧张、严肃活泼、和谐又合作的课堂气氛，从而实现汉语教学效果的最优化与培养学生汉语综合运用能力的最终目标。

四、应对突发事件

课堂教学千变万化，即便是教师在课前计划得十分周密、安排得十分细致，课堂上还是难免会出现偶发事件和意外情况。教师是否能因势利导、随机应变、对症下药来处理这些事件，便成为正常教学活动能否顺利进行的一个关键。

（一）课堂偶发事件的类型

1. 客观方面

对课堂秩序非人为性（故意）的干扰，比如：闹市噪声不时传入教室；鸟虫突然闯入教室；天气变化，突然阴云密布或雷雨交加；突然断电或室外人流涌动。

2. 主观方面

（1）教师因素。内容讲解不清、语言拖沓，导致学生叽叽喳喳说话；教师讲课时出现口误、笔误，引起学生的过度反应；学生认知准备不足，启而不发，教学任务无法完成……

（2）学生因素。违反作息制度，迟到早退或者干脆旷课；隐蔽性违纪，如玩手机、听音乐、看电脑、打瞌睡、做小动作等；故意恶作剧，如带一些怪异之物来惊吓同学或者提一些刁钻问题故意为难教师；扰乱课堂，如打电话、随意走动、小声说话、制造噪声、挑起纷争等。

（二）教师应变过程与方法

1. 应变过程

（1）冷静观察。

（2）准确判断。

（3）迅速决策。

（4）果断处理。

2. 应变方法

（1）冷处理、温处理和热处理。

（2）因势利导，为我所用。

（3）口误笔误，将错就错。

（4）顾其自尊，个别提醒。

（5）就地取材，借题发挥。

（6）就近提问，敲山震虎。

（7）幽默化解，活跃气氛。

（8）私下谈话，心理疏解。

（9）创设情境，转移注意。

3. 应对"违纪行为"案例分析

在国际中文教学课堂上，即便是成人学习者，也会出现一些干扰课堂活动、影响教学进程和其他学生学习的"违纪行为"，较为普遍的是：交头接耳、听音乐、吃东西、打电话、随意离开座位等。教师要制止这些行为，可以分三步走：预期、示范、修正。

（1）预期。即提前预想到这些行为可能发生，并在它们出现之时及时把握。因此，上课第一天就要制定明确的课堂规则，使学生"有法可依"。

（2）示范。即教师务必发挥其表率作用，带头遵守课堂管理规则，并勇于承认错误，及时纠正错误。

（3）修正。如果别的方法都试过了，课堂"违纪"行为仍有发生，这时就必须出面加以制止。制止的方式有两种：

①语言和非语言提示。语言提示当为正面的提示，即告诉学生应该怎么做。非语言的提示可以是手势、眼神等身体"语言"的暗示。

②含蓄地中断讲课。当课上出现交头接耳的情况时，教师可故意停一下，以制造出一种不自然的沉默，使违纪学生意识到错误并终止不当行为。

本章思考题

1. 备学生都要备些什么？
2. 备教材都要备些什么？
3. 备方法、备手段都要备些什么？
4. 备问题又要备些什么？
5. 写教案时，如何确定本节课的教学目标？
6. 在教案12个基本项目中，你认为哪些是最重要的项目？为什么？

7. 课堂教学中的导入环节有什么作用？常用的导入方法有哪些？
8. 学习新课要特别注意哪些问题？
9. 课堂活动有哪两类？请举例说明。
10. 课堂教学的总结环节可以采用什么方法？布置作业应该注意些什么？
11. 课堂提问的策略与方法都有哪些？
12. 操练的策略与形式分别是什么？
13. 板书设计应该注意哪些问题？
14. 如何安定和维持课堂教学秩序？
15. 如何上好第一堂汉语课？
16. 如何才能营造出良好的课堂气氛？
17. 如何正确处理课堂突发事件？
18. 你认为在备课和上课的过程中还有哪些需要注意的问题？

第八章　国际中文课堂教学演练

编写教案和教学实施既然是国际中文教师的"看家本领",我们的课堂教学演练也就聚焦于这两个方面。首先,我们要了解和评判几种常见的国际中文教学的教案设计;然后,我们就不同类型、不同阶段的课堂教学进行备课和上课的实际体验和批评反思。

第一节　教案示范

常见的国际中文教学的教案设计包括三种类型,即微课教学、语法点教学和综合课教学的教案设计。

微课,即一种为使学习者自主学习获得最佳效果而经过精心设计的信息化教学样式,它往往围绕某个知识点或教学环节来开展简短而完整的教学活动。微课教学具有主题突出、指向明确、资源多样、情境真实、短小精悍、使用方便而又半结构化、容易扩充等特点,所以成为教学技能竞赛中的"宠儿"。本节给出的第一种教案便是微课教学的案例,教学内容聚焦于两点:两个词语、一个语法点。

语法或文法指的是语言的结构方式,或者"词、短语、句子等语言单位的结构规律"或者"说话所遵守的词句排列组合的规矩"(黄伯荣等,2007),也就是组词造句的方式。语法教学是对目的语的词、词组、句子乃至话语(语篇)的组织规律的教学,句子在其中占据着核心的位置。句子的结构分类叫句型,如单句和复句以及单句中的主谓句、非主谓句和省略句、倒装句;句子的语气分类叫句类,如陈述句、疑问句、祈使句和感叹句;句子的特殊形式(单句的局部某一结构特点)叫作句式,如连动句、兼语句、存现句、被动句、比较句、"有"字句、"是"字句、"把"字句等。汉语中的特殊句式历来就是教学重点和学习难点，本节给出的第二种教案就是针对"把"字句（1和2）的教学活动案例。

综合课是国际中文课堂教学的主要课型，各个阶段的综合课都是围绕汉语的基本要素和相关文化内容而进行听、说、读、写的综合训练，目的是培养学习者综合运用汉语的能力，因而具有融合各单项技能训练的特点，对实施各个阶段的单项技能训练起着铺路搭桥的作用。在国际中文教学多种课型之中，初级阶段的综合课是最为普遍的教学形式，特别强调基础语言知识和基本言语技能（"双基"）的教学，特别讲求活动的交际化（实践性）、训练的模仿性和手段的生动直观性。本节给出的第三种教案就是针对零起点"颜色"词语学习的少儿汉语教学案例和广受欢迎的《HSK标准教程》的初级汉语综合课教学案例。

一、微课教学

《简单的爱情》①

1. 教学内容

词语：印象、熟悉；语法点：不仅……而且……

2. 教学过程

词语①：印象

（1）导入。

教师行为：询问学生上周末的活动，分享老师参加婚礼的经历。

教师提问：

①大家在上周末干什么了？

②大家猜猜老师在周末干什么了！

教师回答：

我在周末去参加朋友小美的婚礼了。

---

① 本微课教学案例是参赛作品，设计者为本书作者所指导的西北大学2020级汉语国际教育硕士研究生，有改动。

（2）讲解。

教师行为：展示朋友的婚礼现场图。

　　（"中式婚礼"彩图）

教师提问：

①看小美穿的衣服，你们以前见过吗？

　　对，这是中式婚服。

②你们觉得中式婚服怎么样？

　　（很漂亮、很好看。）

对，很好看、很漂亮。"好看、漂亮"是中式婚服在你们脑中的样子。这就是你们对中式婚服的"印象"。

好，跟我读：印象。

（3）练习。

①展示"北京烤鸭"图片。

教师语言：

我在婚礼上吃到了这道菜，你们知道这道菜叫什么吗？

对，叫北京烤鸭。你们吃过吗？大卫，你觉得北京烤鸭怎么样？

（好吃、甜）。对。好吃、甜，就是你们对北京烤鸭的印象。

我在婚礼上吃到了很多菜，北京烤鸭这道菜给我的印象很深。

②展示"主持人"图片。

教师语言：

婚礼上有很多人，但是我只记得那个主持人。所以，我们可以怎么说？

对，老师对婚礼的主持人印象很深。

这是婚礼的主持人。他有说有笑，又有礼貌，我对主持人的印象很好。

对，我们可以说，"我对……（sb. /sth.）印象好"或者"我对……（sb. /sth.）印象不好/坏"。

③展示酒店图片。

　　（干净整洁的"酒店"彩照）

教师提问：

这是我当时住的酒店。我觉得酒店很干净，服务也好，饭菜也好吃。

那么，我们可以说……（我对酒店印象好）

　　（不太干净整洁的"酒店"彩照）

可是，我还住过这样的酒店，房间小，还不干净，饭菜又不好吃。我们又可以怎么说呢？

对。我们可以说"我对酒店印象不好/坏"。

词语②：熟悉

（1）讲解。

教师行为：展示"小美"图片。

我第一次见小美时，觉得她很可爱、很活泼，这是我对她的"第一印象"。"第一印象"（the first impression）就是你第一次见一个人或东西时，它在你脑中的样子。现在，我跟她都认识六年了。除了可爱、活泼，我还知道她会唱歌也会跳舞，喜欢吃火锅。我知道她很多事情，所以，我对她很熟悉。

六年前我们并不认识，现在知道对方很多的事情，这就叫熟悉。所以，我可以说"我对小美很熟悉"。

七年前我来到西安，什么都不知道，现在我知道西安很多的事情。所以，我可以说……（我对西安很熟悉。）

（2）练习。

教师行为：

①播放《甜蜜蜜》/《茉莉花》音频。

教师提问：大家还记得这首歌吗？

对，这是《甜蜜蜜》/《茉莉花》。

这首歌我们以前唱过很多次，所以，可以说……（我们对这首歌很熟悉）。

②你们又知道老师的哪些事情呢？

用 PPT 展示喜欢的运动、颜色、食物、节日。

你们知道老师这么多事情，所以，可以怎么说？

语法点：不仅……而且……

（1）讲解。

教师行为：展示"主持人"图片。

大家还记得婚礼主持人吗？我对他印象很深。他会唱歌，他唱歌唱得很好，用一个句子说就是："他不仅会唱歌，而且唱得很好。"

教师行为：展示"鞋"图片。

这双鞋我花了 1000 元，价格很贵。但是，我才穿了 1 天就坏了，质量不好。我们可以说，"这双鞋不仅质量差，而且价格贵。"

（2）总结。

教师行为：对例句进行结构分析（图8-1）。

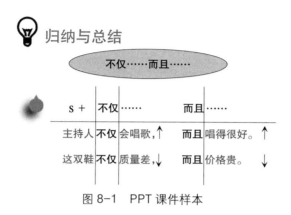

图8-1　PPT课件样本

这是我们刚才见过的两个句子："主持人不仅会唱歌，而且唱得很好。""这双鞋不仅质量差，而且价格贵。"大家看，它们有什么一样的呢？

教师语言：

对！"不仅……而且……"它们的主语都是同一个，所以主语需要放在"不仅"的前面。另外，它们都是同一类的，例如"会唱歌、唱得好"都是好的方面，"质量差""价格贵"都是不好的方面。

（3）操练。

①补充句子（图8-2）。

②看图造句。

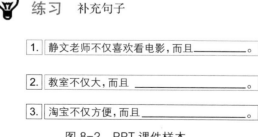

图8-2　PPT课件样本

这是老师参加婚礼住的酒店。刚才我们说酒店很干净、酒店服务好、饭好吃，用一个句子可以怎么说？

例如:"酒店不仅很干净,而且服务好。"
"酒店不仅服务好,而且饭好吃。"

③小组对话:你喜欢什么运动?

(4)活用练习(图8-3)。

教师语言:

同学们,我在婚礼上对主持人印象很深。他不仅会唱歌,而且唱得很好。你对班上哪个同学印象很深?为什么?

(用"不仅……而且……")

我的家在西安。西安不仅风景好,而且美食多。

请用"不仅……而且……"来说说你对家乡的印象。

布置作业

用"不仅……而且……"描述:

①你心目中的男/女朋友。

②你最喜欢的东西。

你喜欢什么运动?

我不仅喜欢踢足球,而且喜欢游戏。

图8-3 PPT课件样本

二、语法教学(特殊句式)①

"把"字句(一)

1. 知识扫描

(1)由介词"把"加上名词或代词构成介宾词组,在句中充当状语的句子叫作"把"字句。

(2)"把"字句主要用于表示对特定的人或事物施加一个动作,使其发生一定的变化,如位置的移动、所属关系的转移或形态的变化等。

(3)"把"字句中的动词不能是光杆动词,动词后面一定要带其他的成分,如由"在、

---

① 案例来自《国际汉语教师语法教学手册》(杨玉玲),高等教育出版社,2011年,第254-257页。有改动。

到、给、成"加宾语的词组，其中：

① "V. 在/到……"表示事物位置发生变化。

② "V. 给……"表示事物的位置或所属关系发生变化。

③ "V. 成……"表示事物的形态发生变化。

（4）"把"字句的基本格式有两种：

①肯定式：S. +（时间词/能愿动词）+ 把 + O. + V. 在/到/给/成……

②否定式：S. +（没有/不/别）+ 把 + O. + V. 在/到/给/成……

2. 教学案例

（1）动作演示法。

S. + 把 O. + V. 在 + P.

教师：大卫，你的本子在哪里？

大卫：我的本子在这里。

教师：请你在本子放在桌子上。（一边说一边演示，让学生明白意思）

（大卫把本子放在桌子上）

教师：（问大家）大卫做什么了？

学生：（可能会说）大卫放本子在桌子上了。

教师：我们应该说：大卫把本子放在桌子上了。（板书句子）

大卫，你做什么了？

大卫：我把本子放在桌子上了。

教师：（总结出句子格式）如果要表示通过某个动作使人或事物的位置发生移动，我们就可以用这样的句式：

S. + 把 O. + V. 在 + P.（板书出来）

教师：（对大家说）请你们把课本放在抽屉里/书包里/头上/手上……

（学生做相应的动作，教师观察和纠正）

教师：（随时提问）安娜，你把课本放在书包里了吗？

安娜：（可能会说）我把课本没有放在书包里。

教师：我们应该说：我没有把课本放在书包里。（板书句子）

教师：（总结出句子格式）

S. + 没有 + 把 O. + V. 在 + P.（板书出来）

（提问一个学生，要求其用上"把"字句的否定形式）

你把课本放在老师的包里了吗？

学生：我没有把课本放在老师的包里。

教师：下课了，你们应该把词典放在哪儿？

学生：（可能会说）我们把词典应该放到书包里。

教师：我们应该说：我们应该把词典放在书包里。

（总结出句子格式）

　　S. ＋ 想／应该／可以／要／能 ＋ 把 O. ＋ V. 在 ＋ P.（板书出来）

＊＊ 操练——课堂活动

教师：你们看，老师做什么了？（把书、笔、本子、钱包、手机、杯子、眼镜等分别放在包里、讲台上、椅子上、窗台上、一学生的桌子上或者头上）老师都做什么了？

学生：老师把书放在包里了。

……

教师：（问学生1）老师把书放在你的桌子上了吗？

学生1：老师没有把书放在我的桌子上。

教师：老师把眼镜放在眼镜盒里了吗？

学生：老师把眼镜放在眼镜盒里了。

……

也可以使用"我说你做"（TPR）的游戏形式，即由老师说句子，学生做出相应的动作。例如：教师说，"大卫，请你把书包放在桌子上"。待大卫做出动作后，问另一个学生："安娜，大卫做什么了？"安娜回答，"大卫把书包放在桌子上了"。又让安娜继续用"……，请你把……"说句子，被指定的学生做相应的动作。以此类推，直至每一个学生都得到练习的机会。

（2）动作演示法。

　　S. ＋ 把 O. ＋ V. 到 ＋ P.

教师：大卫，请你把这张桌子搬到前面。

（边说边做动作，让学生明白。然后把句子板书出来）

（大卫把桌子搬到教师前面）

教师：大卫，你做什么了？

大卫：（可能会说）我搬桌子到前面了。

教师：我们应该说：我把桌子搬到前面了。（把句子板书出来）

（问大家）大卫做什么了？

学生：大卫把桌子搬到前面了。

教师：（总结句子格式）

　　　S. + 把 O. + V. 到 + P.（板书出来）

　　（问大家）大卫把椅子搬到前面了吗？

学生：（可能会说）大卫把椅子没有搬到前面。

教师：我们应该说：大卫没有把椅子搬到前面。

　　（总结句子格式）

　　　S. + 没有 / 不 / 别 + 把 O. + V. 到 + P.（板书出来）

教师：安娜，你想把你的桌子搬到前面吗？

安娜：（可能会说）我把我的桌子不想搬到前面。

教师：我们应该说：我不想把我的桌子搬到前面。（板书出来）

　　（总结句子格式）

　　　S. +（不）想 / 应该 / 可以 / 要 / 能 + 把 O. + V. 到 + P.（板书出来）

教师：（问大家）安娜想把她的桌子搬到前面吗？

学生：安娜不想把她的桌子搬到前面。

教师：谁想把自己的桌子搬到前面？

　　　……

** 操练——课堂活动

教师：请你们把书翻到第 12 页。

学生：（做相应的动作）

教师：你们做什么了？

学生：我们把书翻到第 12 页了。

教师：请你们把作业都送到讲台上。

学生：（做相应的动作）

教师：你们做什么了？

学生：我们把作业送到讲台上了。

教师：你们把作业送到讲台上了吗？（要求学生使用否定形式）

学生：我们没有把作业送到讲台上。

教师：你们想把钱包（手机）送到讲台上吗？

学生：我们不想把钱包（手机）送到讲台上。

　　　……

（3）动作演示法。

　　　　S. + 把 O. + V. 给 + P.

教师：（指着一本词典）安娜，请你把那本词典递给我，好吗？（边说边做"递"的动作，好让学生明白。）

安娜：（把词典递给老师）

教师：安娜做什么了？

学生：（可能会说）安娜递词典给老师了。

教师：我们应该说：安娜把词典递给老师了。（把句子板书出来）

教师：安娜，你刚才做什么了？

安娜：我把词典递给老师了。

教师：（总结句子格式）如果要表示通过一个动作使某物的位置发生转移，我们可以使用这样的格式：

　　　　S. + 把 O. + V. 给 + P.（板书出来）

教师：安娜，你把课本递给老师了吗？

安娜：（可能会说）我把课本没有递给老师。

教师：我们应该说：我没有把课本递给老师。（板书出来）

　　（总结句子格式）

　　　　S. + 没有 / 不 + 把 O. + V. 给 + P.（板书出来）

教师：（拿起刚才安娜递来的词典）老师应该把这本词典还给谁？

学生：（可能会说）老师把词典应该还给安娜。

教师：我们应该说：老师应该把词典还给安娜。（板书出来）

　　（总结句子格式）

　　　　S. + 想 / 应该 / 可以 / 要 / 能 + 把 O. + V. 给 + P.（板书出来）

**　操练——课堂活动**

教师：请你们把钱包（手机）送给你们的同桌。

［学生把钱包（手机）送给自己的同桌］

教师：你们都做什么了？

学生1：我把钱包（手机）送给大卫了。

学生2：我把钱包（手机）送给安娜了。

学生3：……

　　（直至每个学生都说了话）

教师：请你们把钱包（手机）还给自己的同桌。
（学生做相应的动作）
教师：刚才你们把钱包（手机）送给老师了吗？
学生：我们没有把钱包（手机）送给老师。
教师：你们应该把钱包（手机）还给谁？
学生：我们应该把钱包（手机）还给同桌。
教师：你想把钱包（手机）还给同桌吗？
学生：……
（"钱包"可以换成教室里任何能够找到的其他物品，"同桌"也最好换成具体的学生名字）

（4）情景举例法

  S.＋把 O.1＋V.成＋O.2

教师：（故意读错或写错字，如把黑板上的"老板"读成了"老伴"）同学们，老师读错了吗？
学生：老师读错了。
教师：对。老师把"老板"读成"老伴"了。（板书出来）
   请你们再说一遍，老师怎么错了？
学生：老师把"老板"读成"老伴"了。
教师：（总结句子格式）如果要表示通过一个动作使某物的形态发生变化，我们可以用这样的句子格式：
  S.＋把 O.1＋V.成＋O.2（板书出来）
教师：（指着"老板"两个字）老师把"老板"读成"老伴"，应该吗？
学生：老师不应该把"老板"读成"老伴"。
教师：（总结句子格式）
  S.＋（不）想/应该/可以/能/要＋把 O.1＋V.成＋O.2（板书出来）
教师：（让大卫读"老板"两个字）大卫，请你读一下，这是什么？
大卫：（读出词语）
教师：大卫把"老板"读成"老伴"了吗？
学生：（可能会说）大卫把"老板"没有读成"老伴"。
教师：我们应该说：大卫没有把"老板"读成"老伴"。（板书出来）
请大家再说一遍，大卫把"老板"读成"老伴"了吗？

学生：大卫没有把"老板"读成"老伴"。

教师：（总结句子格式）S. ＋没有／不＋把 O. 1 ＋ V. 成＋O. 2（板书出来）

＊＊操练——课堂活动

教师：（提前在黑板上写一个词，如"平安"，对大家说）大卫，请你把这个词翻译成英语（日语、法语、德语等）。

（大卫翻译）

教师：大卫，刚才你做什么了？

大卫：我把"平安"翻译成英语了。

教师：（问大家）刚才大卫做什么了？

学生：大卫把"平安"翻译成英语了。

教师：大卫把"平安"翻译成法语了吗？

学生：大卫没有把"平安"翻译成法语。

（以此类推，复习本课所学的其他词语）

（5）课堂活动。

①猜猜看。

教师准备一些纸条，上面分别写上一个"把"字句。如：

| 请你把你的书放在老师的桌子上 | 请你把这张纸条贴到黑板上 |
| 请你把这张纸条撕成两半 | 请你把你的笔送给你的同桌 |

学生轮流抽纸条，其他同学看动作，猜一猜纸条上写的是什么。动作的同学则要回应："对，我抽到的是：请你把……"或者"不对，我抽到的是：请你把……"

②布置教室。

教师先假设一个场景，比如：明天是大卫的生日，咱班要为他举办一个生日晚会，请大家把教室布置一下。

学生几人一组，讨论如何布置教室，如桌子怎么放？放在哪儿？桌子摆成什么样？生日蛋糕放在哪儿？礼物藏在哪儿？……讨论结束后，每一组派两个代表到教室前面来介绍本组的布置方案。一个人介绍，另一个人做相应的摆放物件的动作。

③搬家。

教师准备一些家居用品的图片（或者词语卡片），如桌子、椅子、床、电脑、台灯、电视、冰箱等。学生两人一组，一人扮演搬运工，负责摆放物品，另一人扮演房主人，对工人提出要求，比如：把桌子放在门口吧。其他同学一般看表演一边提出建议；把桌子放在那儿不好，应该放在窗户下面。

为方便学生找位置，教师可以事先在黑板上画上一幅简单的房间图，表明门、窗等的大概位置。

④找错。

教师故意在黑板上写错字，比如把"期末"写成"期未"，把"材料"写成"村料"，把"按照"写成"安照"，把"包括"写成"句括"等，让学生找出错字来，并用"把"字句说出来，例如"老师写错了，老师把……写成……了。"

"把"字句（二）

1. 知识扫描

（1）基本定义。"把"字句的另一个基本用法是表示通过某个动作对"把"字后面的宾语产生某种影响或造成某种结果，这个影响或结果一般由在主要动词后面充当补语的动词或形容词来体现。

这类"把"字句的基本格式有三种：

①肯定式：S. + 把 + O. + V. + 其他成分
　　　　　我　把　作业　写　完了。

②否定式：S. + 没有/不 + 把 + O. + V. + 其他成分
　　　　　我　没有　把　那本书　拿　走。

③疑问式：S. + 把 + O. + V. + 其他成分 + 吗
　　　　　你　把　钱　放　回去了　吗？

"其他成分"通常是结果补语、趋向补语、状态补语等。

（2）常见偏误。

①* 我把一本书买来了。

分析："把"字后面宾语应为特定的人或事物。"一本书"改为"那本书"。

②* 我上个星期把上海去了。

　　* 我把那本书有了。

分析：如果句中的谓语动词不具有处置义，比如趋向动词"来""去"等、关系动词"是""有"等，就不能使用"把"字句。两句因此改为：我上个星期去上海了。我有那本书了。

③* 你把课文读。

分析:"把"字句中的动词不能是光杆动词,必须有连带成分。应改为:你把课文读一遍。

④* 她把昨天的作业没做完。

分析:"把"字句的否定词要放在"把"字的前面。应改为:她没把昨天的作业做完。

⑤* 你把中文杂志看得懂看不懂?

分析:可能补语表示某种可能性,而"把"字句要求其补语表示某种确定性,所以不能在中间使用可能补语。应改为:中文杂志你看得懂看不懂?

(3) 教学提示。

① 光杆动词一般不能单独用在"把"字句里,其后通常要带补语,至少要用一个"了"。

② 可能补语不能用在"把"字句里。

③ 否定副词"不""没有"、能愿动词、时间词语和充当状语的介宾词组等都要放在"把"字的前面,不能放在主要动词的前面。

2. 教学案例

(1) 动作演示法。

教师:太热了!大卫,请你把旁边的窗户打开,好吗?
　　　(边说边做打开窗户的动作)

(大卫打开窗户)

教师:大卫做什么了?

学生:大卫打开了窗户。

教师:窗户原来怎么样?是开着还是关着呢?

学生:关着。

教师:大卫做了"打开"这个动作以后,窗户是开着还是关着呢?

学生:开着。

教师:通过"打开"这个动作,窗户由"关着"变成"开着"了,这时候,我们就可以使用"把"字句来表达:大卫把窗户打开了。

　　　(板书出来)

教师:大卫,你做什么了?

大卫:我把窗户打开了。

教师:(对全班说)现在请合上书。

学生:(合上书)

教师：现在请打开书。

（学生打开书）

教师：刚才你们做什么了？

学生：我们把书打开了。

教师：（总结句子格式）

　　　　S. ＋ 把 ＋ O. ＋ V. ＋ 结果补语（"开"）（板书出来）

教师：安娜，你把旁边的窗户打开了吗？

安娜：（可能会说）我把窗户没打开。

教师：我们应该说：我没有把窗户打开。（板书出来）

教师：现在你们把书合上了吗？

学生：我们没有把书合上。

教师：（总结句子格式）

　　　　S. ＋ 没有 ＋ 把 ＋ O. ＋ V. ＋ 结果补语（"开"）（板书出来）

教师：安娜，如果你觉得非常冷，你想把窗户打开吗？（板书出来）

安娜：我不想把窗户打开。（板书出来）

教师：托尼，如果你觉得非常热，你想把窗户打开吗？

托尼：我想把窗户打开。

教师：（总结格式）

　　　　S.＋(不)想/能/要/应该/可以/必须＋把＋O.＋V.＋结果补语（"开"）（板书出来）

** 操练——课堂活动

教师说句子或做动作，让学生做出相应的动作或说出相应的句子。学生两人一组，看谁反应最快。

1. 请你把门打开/关上。

2. 请你把书打开/合上。

3. 请你把窗户打开/关上。

4. 请你把手机拿出来/放回去。

5. 请你把空调打开/关上。

6. 请你把杯子里的水喝完/倒掉。

7. 请你把眼睛睁开/闭上。

8. 请你把手举起来/放下来。

9. 请你把帽子戴上/摘下来。

10. 请你把鞋脱下来/穿上。

11. 请你把灯打开/关上。

12. 请你把桌子擦干净/摆整齐。

（2）图片法（或情景演示法——教师边做边说）。

教师：（出示一人擦黑板的图片）他在做什么？

学生：他在擦黑板。

教师：现在黑板干净了吗？

学生：干净了。

教师：通过"擦"这个动作，黑板变干净了。这时候，我们就可以说：
他把黑板擦干净了。（板书出来）

教师：再说一遍，他做什么了？

学生：他把黑板擦干净了。

教师：黑板擦得很干净吗？

学生：黑板擦得很干净。

教师：这时候我们可以说：他把黑板擦得干干净净。（板书出来）

教师：再说一遍，他把黑板擦干净了吗？

学生：他把黑板擦得干干净净。

教师：（总结句子格式）
　　　S. ＋把＋O. ＋V. ＋其他＋吗
　　　S. ＋把＋O. ＋V. ＋其他　　　｝（板书出来）

教师：（出示二人擦黑板的图片）他们把黑板擦干净了吗？

学生：（可能会说）他们把黑板没擦干净了。

教师：我们应该说：他们没有把黑板擦干净。（板书出来）
（总结句子格式）
　　　S. ＋没有＋把＋O. ＋V. ＋其他（板书出来）

教师：下课的时候，我们应该把黑板擦干净吗？

学生：（可能会说）我们把黑板应该擦干净。

教师：我们应该说：我们应该把黑板擦干净。（板书出来）
（总结句子格式）
　　　S. ＋（不）想/能/要/应该/可以/必须＋把＋O. ＋V. ＋其他（板书出来）

✽✽ 操练——课堂活动

教师：（提前准备少许水，喝完）老师做什么了？

学生：老师把杯子里的水喝完了。

教师：（出示图片——一个脏乱的房间）如果这是你的房间。你想把它收拾干净吗？

学生：我想/不想把它收拾干净。

教师：（出示图片——一个收拾后的干净房间）这是妈妈收拾以后的房间。你觉得怎么样？

学生：妈妈把我的房间收拾得很整齐/整整齐齐。

教师：你打扫房间吗？

学生：……

教师：你怎么打扫房间？

学生：……

（3）课堂活动。

①我说你做。

教师先在一个学生的耳边小声说一个句子，如"请你把黑板擦干净"。该学生根据句子做动作。做完后，教师问其他学生：大卫刚才做什么了？学生回答：大卫把黑板擦干净了。做动作的学生接着找另一个同学小声说句子，将这个活动继续下去。要求：说过的句子不能重复。

教师可以事先在黑板上写一些"把"字句作为提示。

②猜猜看。

教师提前准备一些纸条，每个纸条上写上一个"把"字句。例如：

请你把黑板擦干净	请你把书拿出来
请你把本子装进去	请你把桌子搬出去
请你把桌子搬进来	请你把手洗干净

把全班同学分成两组，每一组每次派一个学生抽取一张纸条，并根据纸条上的句子做动作。做完动作的学生指定另一组的一个学生问："我刚才做什么了？"被指定的学生用"把"字句来回答："你刚才把……。"看哪一组说出的准确句子最多。

③快速反应。

教师在黑板上写上8—10个词语，让学生将每一个词都用笔写在手指肚上。学生两人一组，各自把手握起来，不让对方看到自己手指肚上的词。然后，两人轮流伸出一个手指，速度要快，2—3秒就要收回来。对方根据看到的词用"把"字句造句。教师巡视检查并从旁给予指导和帮助。

三、初级综合课教学

（一）零起点少儿汉语兴趣课"你喜欢什么颜色"[①]

1. 设计思路

本节课是一堂典型的词汇、句型教学新授课，包括热身、新课、拓展、小结四个主要环节，设计力求过渡自然，巧设铺垫，循序渐进，逐步完成由词语到句子的建构。

在热身环节，通过唱数字歌，利用美术调色原理将学生的学习兴趣激发起来，课堂气氛活跃，学习热情高涨，让汉语的习得在自然语境中产生。

在新授词语"白色"时，结合学生的认知能力，使生词的呈现既具趣味性又体现文化和情感。在词语操练环节，通过彩色词卡的认读加深学生对词语音、形、义的理解，通过纯黑色的词卡认读强化学生对汉字的认读能力。

新授句型的呈现部分，力求为学生创设真实的会话情境，为句型的输入提供语境依托。句型操练部分以师生、生师、生生的多元化形式进行，既达到巩固句型的目的，又增加交流运用的机会。通过生日快乐歌的旋律编唱颜色歌，使学生体会到用汉语编歌、唱歌的乐趣和成就感，培养学生的汉语语感。

在听、说、读的输入和操练之后，考虑到打基础、得乐趣的教学目的，根据教学重点设计了领学生书写简单汉字的环节。

在拓展部分，通过设置任务，让学生运用学到的语言知识来解决问题、获得信息。在汇报中检查学生语言输出的准确性和流利程度，并为以后的练习提供有针对性的纠错点。

最后，将本课学习的主题"颜色"拓展到中国传统文化之京剧和京剧脸谱，给学生带来新鲜的文化元素。

[①] 选自《第十届国际汉语教学研讨会优秀示范课汇编》（世界汉语教学学会秘书处编制），北方联合出版传媒（集团）股份有限公司，万卷出版公司，2012年，第1—6页。这是宁波大学的王华蓉老师在爱尔兰科克大学孔子学院针对小学四年级学生而设计的教案。有部分改动。

2. 教案

（1）教学目标。

认知目标：①听说读写人称代词：你、我、他（她）。

②能听说认读七个颜色词。

③能用疑问句和陈述句进行对话：

——你喜欢什么颜色？

——我喜欢……（色）。

情感目标：了解学生对颜色的喜好。

文化目标：①能稍稍了解中国京剧脸谱。

②能编唱中文颜色歌。

（2）教学重点。

①人称代词"你、我、他（她）"的听说读写。

②新颜色词"白色、橙色"的认读。

③句型：你喜欢什么颜色？

我喜欢……

（3）教学难点。

句型运用：——你喜欢什么颜色？

——我喜欢……

（4）教学过程。

①热身。

a. 唱数字歌

b. 人称代词：你、我、他（她）

以日常问候"你好！""你好吗？""我很好。"引出"你""我""他（她）"词卡，并进行认读。

c. 颜色词：绿色、蓝色、黄色

教师出示蓝色颜料水。使用句型"……什么颜色？"进行提问。待学生回答出蓝色后，顺势将词卡贴在白板上。

用同样方法呈现"黄色"。

之后，将两种颜色混在一起，出现新的颜色"绿色"，带读之后，将词卡贴在白板上。

②新授。

词语：白色、橙色

a. 呈现词语

"白色"

以提问形式回顾中国的吉祥色"红色",同时以颜料水呈现,并贴上词卡。随后出示白色颜料水,引出新词"白色",带读后贴上词卡。

以红色和白色两杯颜料水调和出另一种颜色"粉色",带读后贴上词卡。

"橙色"

首先,通过给红纸贴星星,完成中国国旗的制作,复习"红色、黄色、星星",并学说:"你好,中国。"

接着,出示白纸,提问:"什么颜色?"又将纸的绿色背面出示,提问:"什么颜色?"复习"绿色"。

最后,一边带读一边将橙色纸条贴于白纸右边三分之一处,完成爱尔兰国旗的制作,学说:"你好,爱尔兰。"

b. 操练词语

认读带颜色的词卡。教师说颜色词,学生说词的序数。然后反过来,教师说词的序数,学生说颜色词。

认读不带颜色的词卡,即不带颜色提示的词卡。

句型:你喜欢什么颜色?

　　　　我喜欢……

a. 呈现句型

通过学生熟悉且喜爱的海宝形象,由问海宝"你喜欢什么颜色?"来引出新句型:我喜欢_____色。将句型板书出来。

b. 操练句型

·对话

以师问生答和生问师答的形式加深学生的印象,然后同桌互问互答。

·编唱颜色歌

结合三个人称代词进行"你喜欢什么颜色?"的句型问答。然后,将学生回答的信息编入歌曲:"我喜欢_____色。你喜欢_____色。他喜欢_____色。她喜欢_____色。"让学生体验语言 DIY 的快乐。

c. 写汉字

通过板书演示人称代词"你、我、他(她)"的正确书写顺序。教师按照顺序意义演示汉字的笔画顺序。学生看完后,在纸上练习书写。

d. 拓展

・小调查（A Survey）

问：你喜欢什么颜色？

答：_____喜欢_____色。

姓 名	红 色	黄 色	粉 色	蓝 色	绿 色	橙 色	白 色
Lisa	√						
Tom			√				
Mary							
Tony							
Chloe							

教师先做示范，问三个学生："你喜欢什么颜色？"以打钩的形式标出他们喜欢的颜色。完成之后做汇报。例如：

_____喜欢红色。_____喜欢白色。_____喜欢绿色。

然后，请学生拿着调查表找三个同学去问他们喜欢的颜色。完成调查后，让几个学生向全班汇报。

・文化快车（Culture Express）

结合颜色词，联系中国京剧，做关于京剧脸谱的简单介绍。

③小结。

你今天学了什么？

④作业。

问更多的同学：你喜欢什么颜色？

共唱颜色歌。

板书设计：

板书	第 六 课
	你喜欢什么颜色？（加注拼音）
	我喜欢_____　　黄色　粉色 　　　　　　　　　　蓝色　橙色 　　　　　　　　　　绿色　红色 　　　　　　　　　　白色

3. 背景说明

（1）本节课的教学对象是 St. Christ King 小学（女校）四年级学生，年龄在 10—12 岁之间，都是零起点的汉语学习者。

（2）本学期总共开设了六次汉语课，教学目标是培养学习兴趣、体验中国文化、学习基本词语和句子。

（3）前五课学习内容分别为：拼音、问候、数字、人称代词、颜色词。学生已经掌握的知识和技能包括：写汉字"你好，上海"；做小手工；体验中国武术；了解上海世博会。

（4）本次课是学期最后一次课，有总结归纳之作用。

（二）初级汉语综合课[①]

《HSK 标准教程 2》第 14 课课文（二）"你看过那个电影吗？"

1. 教案设计

（1）既兼顾教材和教学进度，也要结合学生特点来灵活调整教学方法与课堂活动。

（2）教学环节保持一致、过渡自然，时间分配合理可行。

（3）教学内容有紧有松，机械操练和有意义的交际性、任务性活动紧密结合。

（4）好的教案需要反复修改，教师的课前演习和实际课堂教学后都应对反馈问题及时进行解决。

2. 具体教案

（1）课程名称：初级汉语综合课，《HSK 标准教程 2》第 14 课课文（二）。

（2）教学对象：日本、韩国、哈萨克斯坦、德国等国学生共 10 人。

（3）教学内容和教学目标。

重点词语	学生能熟练掌握"电影院、等、玩儿"的词义和用法
语言点	学生能够了解并掌握： ·关联词"虽然……，但是……" ·动量补语"次"
语音	学生能够掌握儿化音，并能正确朗读
功能	学生能够： ·用"虽然……，但是……"表达先让步，然后转折 ·用动量补语"次"表达动作发生、进行的次数

[①] 本教案设计作者是贺婉莹，西安外国语大学汉学院、中亚学院教师。

(4)教学重点及难点。

教学重点：①语言点重点：虽然……，但是……；玩儿。②对话重点：学生会表达让步转折、询问和约定。

教学难点：动量补语"次"的用法。

(5)教学方法：听说法、情景法、任务法。

(6)教学媒体：多媒体课件。

(7)教学时数：2课时（90分钟）。

(8)教学步骤。

第一步：组织教学（2—3分钟）。

①问候。

②儿化音绕口令练习。

"小哥俩儿，红脸蛋儿，手拉手儿，一块儿玩儿。

小哥俩儿，一个班儿，一路上学唱着歌儿。

唱新歌儿，一段段儿，学画画儿，不贪玩儿。"

第二步：温故知新（5分钟）。

（用PPT展示最近的中国电影海报）

①你看过这个电影吗？

②这个电影怎么样？

③你想看这个电影吗？

④我们一起去吧？

⑤你想什么时候去看呢？

第三步：学习新课（60分钟）。

生词（10分钟）

- 语音：先认读、跟读，后快速点读。
- 词语用法：引导学生看图（PPT）用生词描述情景，给出常用搭配或句子。

    电影院——一家电影院——去电影院看电影

    等——等人——等一会儿

    打电话——正在打电话——用手机打电话

    玩儿——孩子在玩儿——大家在玩皮球

- 词语练习：根据图片（PPT）上的情景进行师生、生生问答。

课文（15分钟）

・听录音回答问题：
　　a. 女生去过中国吗？几次？
　　b. 男生想去吗？
　　c. 男生想和谁一起去？
・听录音跟读课文。
・教师解析重点难句（词汇、语法等），并再次单独提问。
・全班大声齐读课文。
・两人一组分角色朗读，教师纠音。
・学生就课文提问，教师答疑（最后可选择再听一遍录音）。

语言点1操练（20分钟）

・引导练习：用"虽然……但是……"表示让步。
　　图片（PPT）导入：请大家评价这家饭馆的价格、味道等。
　　师：你觉得这家饭馆怎么样？
　　生：这家饭馆很小。
　　师：人多吗？
　　生：人很多。
　　师：（指向PPT的"虽然……，但是……"的句型）我们可以怎么说？
　　生：这家饭馆虽然很小，但是人很多。
　　（引导学生用句型和PPT上的提示词继续描述这家饭馆）
　　师：你觉得学校的餐厅怎么样？
　　（根据学生熟悉的场景，拓展提问）
・自主练习：
　　a. 请学生根据图片（PPT）用"虽然……，但是……"的句型描述运动鞋、高跟鞋的价格、舒服等情况。
　　b. 请学生用"虽然……，但是……"的句型说自己最喜欢的人、事、物。
　　c. 句型操练：两人一组完成PPT上的替换练习和填空练习。教师进行句型的归纳、总结。

语言点2操练（15分钟）

・引导练习：用"动词+过+数词+次"表达动作发生、进行的次数。
　　图片（PPT）导入：老师读生词，学生回答老师读了几次。

·图片情景导入第一种句型:"动词+过+数词+次+宾语"。

请学生用句型描述图片内容。

请学生用句型描述自己今天的活动及次数。

·图片情景导入第二种句型:"动词+过+宾语+数词+次"。

请学生用句型描述图片内容。

·小情景操练。

师:你去过中国吗?

生:我去过中国。

师:你去过几次?

生:我去过中国一次。我去过一次中国。

(用 PPT 展示中国旅游地图及"吃过、看过……"等提示词,请学生互相问答)

·回到课文,教师进行句型的归纳、总结,学生齐读课文。

第四步:**课堂活动**(**15 分钟**)。

①活动名称:"约朋友"。

②活动目标:运用"虽然……但是……"轮流回答练习,使学生能在活动中体会让步与转折的表达方式,并复习巩固已学的生词。

③活动准备:

a. 教师制作已学过的任务卡,"我要……(词卡)(以动词为主,比如看电影、睡觉、考试、生病等),我(不)能去玩儿",每人分到 3 张。

b. 让学生随机选择任务卡,一组学生的任务卡("我能去玩儿")需要尽可能多地邀请同学一起去玩儿,另一组学生的任务卡("我不能去玩儿")需要用"虽然……但是……"委婉地拒绝前来要求的同学。邀请成功则交换任务卡,直到所有人全部交换过任务卡。

④活动过程:教师在教室来回指导,提供帮助。

第五步:**总结复习**(**5 分钟**)。

①生词和语法点复习。

②看图复述学过的内容。

第六步:**布置作业**(**2 分钟**)。

①书写作业:完成练习册对应练习题并预习新课。

②口头作业:和朋友做一个旅行计划。

(9)课后反思。

教案突出听说法和交际法,旨在帮助学生"在用中学"。比起传统的综合课,本设计互动性更强,更重视听说的练习,但对读写的教学设计较少,今后应通过更丰富的教学活动加以补充。

3. 课件准备

(1) 制作课件。

① 常用工具。

课件呈现工具:问卷星、雨课堂等。

备课参考:注音网站,汉语电子词典,造句网等。

② 制作原则。

a. 根据教案,选择多媒体课件或实物教学工具。

b. 教学内容具象化、实物化,即把教学内容中的生词、语言点通过图片或实物的方式进行展示,把对话通过图片或视频在课堂上创造出情景。

c. 通过 PPT 等软件将教学内容动画地串联起来,做到"以图带文"激发学生自主回忆对应的汉语表达。

(2) 课件示例。

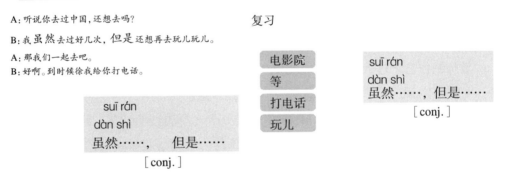

第二节 教学演练

一、教学任务

将全班学生分成 10 多个小组,每个小组 3—4 人。各小组从下面 14 则教学材料中选取一则,然后进行集体备课与合作上课的教学演练。

要求如下：

第一，所提供的教学材料只有课文和生词，语言点及其练习由各组自行拟定。

第二，按两节课（100分钟）来进行备课，但只展示其中的一节课，展示部分应具有完整的教学环节（步骤），每个学生负责其中的一个或两个环节（步骤）。

第三，备课应包括一份完整的教案和辅助的PPT课件，提倡自制教具，如字卡、图片、实物和模型等。

第四，上课时间控制在40分钟以内，即每个学生或环节用时在10分钟左右，因此语言点的讲练只聚焦于1—2个生词和1个语法项目。

第五，上课结束后，同学集体讨论，然后教师点评。时间为10分钟左右。

纸质的教案在上课前单独提交，电子版的课件在整个演练结束后集中提交。教案的等级评定（组员等级相同）与上课的表现评定（组员有所不同）共同构成课程成绩的60%，即各占30%。另外的40%由课程论文（就本课程中某一自己感兴趣的话题进行深入探讨的研究论文）构成。

二、教学材料（四类14则）

（一）少儿汉语　唱儿歌学汉语

（1）课文。

儿歌（一）

两只老虎，两只老虎，

跑得快，跑得快。

一只没有耳朵，一直没有眼睛，

真奇怪！真奇怪！

儿歌（二）

一二三四五，上山打老虎。

老虎没打着，打着小松鼠。

松鼠有几只？一二三四五。

（2）生词。

老虎　松鼠　耳朵　眼睛　跑　打　快　奇怪　小　只　得　着

（二）商务汉语　初次见面与订购产品

1. 初次见面："介绍自己"①

（1）课文。

刘　平：你好，你是新来的吧？

李　红：是的，今天是我上班的第一天。

刘　平：欢迎你！我叫刘平，是广告部的。

李　红：很高兴认识你。我叫李红，在人力资源部工作。

刘　平：如果有什么要帮助的，尽管告诉我。

李　红：非常感谢！

（2）生词。

你　我　是　来　有　要　上班　工作　帮忙　告诉　感谢　新　高兴　非常

2. 商务谈判：订购产品②

（1）表达式。

询问和介绍产品信息、订购产品时该怎么说呢？来看看下面几句常用表达。

① 我们可以生产不同信号的显示器。

② 有这两种型号的显示器吗？

③ 这几种是市场上使用最广的。

④ 两种型号各有各的优点。

⑤ 这是我们的目录，上面有不同型号产品的详细介绍。

⑥ 这次我们想要订购 500 台。

（2）对话。

李明超：哈里斯先生，您想要什么型号的显示器呢？

哈里斯：我们对 CRT 和 LED 的显示器比较感兴趣。您知道，现在市场上这两种显示器还使用得非常广泛。

李明超：是的。这两种显示器各有各的优点，使用都很广，很受欢迎。这是我们的目录，上面有不同型号产品的详细介绍。您可以看看您感兴趣的型号。

---

① 选自《体验汉语·商务篇》（张红、岳薇 编），高等教育出版社，2016年，第6页。

② 选自《商务汉语一本通》（王立非 主编）第10课，高等教育出版社，2010年。

哈里斯：好的。我想1号显示器和5号显示器比较符合我们的要求。您可以带我看一下产品吗？

李明超：当然可以。请这边走。

（3）生词。

目录　优点　广泛　详细　符合　感兴趣

（三）旅游汉语　酒店入住

（1）文化导入。

中国的酒店分等级。通常情况下，五星级代表最好的等级，四星级比较豪华，三星级则经济实惠。

中国的酒店通常要求客人在当日中午十二点之前退房。

中国很多酒店可能要求客人在入住时交付押金，押金的金额视具体酒店的规定而定。

在中国，电梯里的"1"代表第一层，而不是第二层。

（2）对话。（酒店入住）

John Smith：你好，我要办入住。

接待员：好的，请问有预订吗？

John Smith：有。

接待员：请告诉我您的姓名。

John Smith：John Smith。

接待员：能看一下您的证件吗？

John Smith：可以。这是我的护照。

接待员：谢谢。我们为您预留了1507房间。可以请您填一下这份表格吗？

John Smith：好的。

接待员：请您交500元押金。

John Smith：没问题。给你。

接待员：请您在上面签名。

John Smith：好的。可以了吗？

接待员：可以了。这是您的房卡。祝您在我们酒店住得愉快！

John Smith：谢谢。再见。

（3）生词。

接待员　证件　护照　表格　押金　房卡　预订　预留　签名　愉快

（4）学以致用。

双人活动

两人一组模拟表演酒店入住的情景。话题可以自拟，比如打电话预订房间、忘带房卡请服务员帮忙开门、询问是否能协助找到丢失的物品等。

（四）通用汉语①

1. 初级汉语（一）

"我们去游泳好吗？"

（1）课文。

王小云：林娜，昨天的京剧怎么样？

林　娜：很有意思。今天天气很好，我们去游泳，好吗？

王小云：太好了！什么时候去？

林　娜：现在就去，好吗？

王小云：好啊。

（2）生词。

昨天　今天　京剧　天气　时候　现在　去　游泳　什么　怎么样　太　有意思

（3）文化知识。

京剧（Beijing Opera）

Beijing Opera is a branch of traditional Chinese musical drama. It took shape in Beijing about 170 years ago and has been popular ever since. Beijing Opera is a theatrical art synthesizing recitation, instrumental music, singing, dancing, acrobatics, and martial arts, and featuring symbolic motions and stage design. The highly formulaic and suggestive movements of the actors are accompanied by the rhythmic beats of gongs and drums, or the haunting melodies of traditional instruments. All contribute to its consequences as a performing art. Beijing Opera is rooted deeply in Chinese culture and still appeals strongly to many Chinese.

---

① "通用汉语"的十段课文均选自《新实用汉语课本》（刘珣 主编），北京语言大学出版社，2002年3月第1版。有微调。

2. 初级汉语（二）

我会说一点儿汉语

（1）课文。

司　机：美女，您去哪儿？

林　娜：我去语言学院。师傅，请问现在几点了？

司　机：差一刻八点。您会说汉语啊！

林　娜：我会说一点儿汉语。我是语言学院的学生，现在去学院上课。

司　机：你们几点上课？

林　娜：八点上课。师傅，八点能到吗？

司　机：能到。您的汉语很好。

林　娜：哪里，我的汉语不太好。您会不会说英语？

司　机：我不太会说英语。我在家学点儿英语。

林　娜：谁教您英语？

司　机：我孙女儿。

林　娜：真有意思。她今年几岁？

司　机：六岁。我的岁数太大了，学英语不容易。

林　娜：您今年多大岁数？

司　机：我今年五十二。语言学院到了。现在差五分八点，您还有五分钟。

林　娜：谢谢。给您钱。

司　机：您给我二十，找您三块二，OK？

林　娜：您会说英语！

司　机：我也会一点儿。拜拜！

林　娜：拜拜。

（2）生词。

会　差　到　教　上课　能　司机　英语　孙女儿　岁数　点（钟）　刻　分　一点儿　还　哪里

（3）文化知识。

外来词（Loan Words）

Like other languages, Chinese borrows words from foreign languages. Most laon words in Chinese come from English, French, Japanese, or Russian. They generally fall into five groups. The first group are interpretive translations or semantic equivalents, such as 电视（*dianshi*), in which *dian*（lightning or electricity）is the equivalent of "tele-", and *shi*（view or eyesight）is the equivalent of "vision".

The second group are transliterations, renditions that imitate the sound of the source words, such as 沙发（*shafa*), 咖啡（*kafei*）夹克（*jiake*), which refer sofa, coffee and jacket respectively.

The third group is a combination of the first and second modes，i.e. partly paraphrasing and partly transliteration. Examples can be found with 啤酒（*pijiu*）and 摩托车（*motuoche*), in which the first part is the transliteration of "beer" and "motor" and the second part is the translation of "alcoholic drinks" and "vehicles".

The fourth group are roman letters plus Chinese characters，such as AA 制（go Dutch）and B 超（ultrasound), and the fifth group is the use of merely roman letters, a direct borrowing of acronyms like DNA or CD.

As a rule, loan words are added to the Chinese lexicon only in cases where available Chinese expressions are inadequate to describe new concepts, situations or other phenomena that arise when Chinese and foreign cultures interact. However, words like 拜拜（*baibai*）or "Bye-bye" and OK are daily used especially by young people, simply for their "foreign flavour"！

3. 初级汉语（三）

她去上海了

（1）课文。

林　娜：力波，你来得真早！

丁力波：刚才银行人少，不用排队。林娜，你今天穿得很漂亮啊。

林　娜：是吗？我来银行换钱，下午我还要去王府井买东西。

丁力波：今天一英镑换多少人民币？

林　娜：一英镑换八块九毛人民币。明天我要去上海旅行，得用人民币。

丁力波：什么？明天你要去上海？你刚从西安回北京，你真喜欢旅行！你在西安玩得好不好？

林　娜：我玩得非常好。

丁力波：吃得怎么样？

林　　娜：吃得还可以。这次住得不太好。

丁力波：你参观兵马俑了没有？

林　　娜：我参观兵马俑了。我还买了很多明信片，你到我那儿去看看吧。

丁力波：好啊。我也很想去西安旅游，你给我介绍介绍吧。看，该你了。

林　　娜：小姐，我想用英镑换人民币。这是五百英镑。

银行职员：好。给您四千四百五十块人民币。请数一数。

（2）生词。

银行　英镑　人民币　兵马俑　明信片　职员

排队　换钱　用　参观　旅游　数

早　少　得　该　刚　次

（3）文化知识。

古都西安（Xi'an, the Ancient Capital City）

Xi'an is a renowned ancient Chinese capital city. Back in the 11th century BC, King Wu of the Western Zhou Dynasty established the capital, named Haojing, where Xi'an is now located. After that, the Qin Dynasty（221 BC—206 BC）, Western Han Dynasty（206 BC—25 AD）, the Sui Dynasty（581 AD—618 AD） and Tang Dynasty（618 AD—907 AD）, all had their capital cities at Xi'an.

In antiquity, Xi'an was called "Chang'an", with the implication of "enduring security". In the year 1309, it was renamed "Xi'an". Now it is the capital city of Shaanxi Province.

In addition to Xi'an, Nanjing, Beijing, Luoyang, Kaifeng and Hangzhou have been the capital cities in ancient China. They are together called the six major ancient Chinese capitals.

4. 初级汉语（四）

我们爬上长城了

（1）课文。

陈老师：要放假了，同学们有什么打算？

林　　娜：有的同学旅行，有的同学回家。

陈老师：小云，你呢？

王小云：我打算先去泰山玩玩，再回家看我爸爸妈妈。林娜，你去过泰山没有？

林　　娜：泰山我去过一次了。这次我想去海南岛旅行。

王小云：你跟宋华一起去吗？

林　娜：是啊。去海南岛就是他提出来的。

王小云：你们坐飞机去还是坐火车去？

林　娜：坐飞机去。机票已经买好了。力波呢？他去不去泰山？

王小云：去。他说他要从山下爬上去，再从山顶走下来。他还说，先爬泰山，再去参观孔子教书的地方。

林　娜：对了，大卫想去哪儿？

王小云：小燕子建议大卫也去海南岛。她说现在那儿天气好，气温合适，能去游泳，还可以看优美的景色。现在北京是冬天，可是在海南岛还可以过夏天的生活，多有意思啊！

林　娜：小燕子是导游小姐，旅行的事她知道得很多，应该听她的。大卫可以跟我们去。

王小云：大卫还建议放假以前咱们一起去长城。陈老师，您能不能跟我们一起去？

陈老师：行。我很愿意跟你们一起去爬一次长城。

（2）生词。

飞机　山顶　气温　景色　冬天　夏天　长城　泰山　导游　孔子

爬　放假　提（出）　打算　教书　建议　游泳　行

（3）文化知识。

中国的东部和西部（Eastern & Western Regions of China）

China is a huge country, with a land area of over 9.6 million square kilometres, making it the 3rd largest country in the world.

Generally speaking, the western region of China is higher than the eastern region. Mountainous regions occupy as much as two-thirds of the total area; plains account for less than one-third and are mainly in the east.

The geographical and climatic conditions are fairly good in the eastern region. For historical reasons, the vast majority of the Chinese population live in the east. China's agricultural, industrial, economic and financial activities are also concentrated in this area. Therefore, the level of development in the east far surpasses that of the west.

China has just started to develop its western regions. With its vast territory and abundant resourses, the west has a very promising future.

5. 中级汉语（一）

礼轻情意重

（1）课文。

陆雨平：今天是中秋节，中国人喜欢全家在一起过这个节日。今天我们也一起过。

马大卫：谢谢你，雨平。今天我们可以了解一下中国人是怎么过中秋节的。中秋节有春节那么热闹吗？

宋　华：中秋节虽然没有春节热闹，但是它也是一个重要的节日。

王小云：我们准备了中秋月饼、水果、茶、啤酒，咱们一边吃月饼，一边赏月，怎么样？

丁力波：好啊！对了，我们还有一些小礼物要送给你们。

陆雨平：我们也要送你们一些小礼物。

宋　华：我先来吧。力波，这是我给你的小纪念品，希望你喜欢。

丁力波：啊，是毛笔，文房四宝之一，还是名牌呢！这哪儿是小纪念品？这是一件大礼物。我要把它放在我的桌子上，每天都能看到它。

陆雨平：你不是喜欢中国书法吗？用了名牌毛笔，你的字一定写得更好。

王小云：林娜，我给你带来了一件小礼物。你看看喜欢不喜欢。

林　娜：一条围巾，是中国丝绸的！太漂亮了！

丁力波：漂亮的林娜，戴上这条漂亮的围巾，就更漂亮了！

林　娜：是吗？我哪儿有你说的那么漂亮？小云，真谢谢你！对我来说，这是最好的礼物。

陆雨平：我没有更好的礼物送给大卫，我知道他喜欢中国音乐，就送他一套音乐光盘。

马大卫：你们看，我收到的礼物最好了，一套音乐光盘，是中国民乐！谢谢。

陆雨平：不客气，一点小意思。

丁力波：该我们了吧？我们也有一些礼物送给你们。这是给宋华的。

宋　华：谢谢。

马大卫：雨平，这是给你的。

陆雨平：非常感谢！

林　娜：小云，看看我给你的礼物。

马小云：谢谢你！

宋　华：大家都送完礼物了，我看，咱们该吃月饼了！

陆雨平：祝大家中秋快乐！干杯！

大　家：干杯！

王小云：快来看，月亮升上来了。今天的月亮多美啊！

（2）生词。

情意　月饼　水果　啤酒　纪念品　毛笔　书法　名牌　围巾　月亮

节日　中秋节　春节

准备　赏（月）　希望　戴　收　干（杯）

轻　重　那么

礼轻情意重　文房四宝　小意思

（3）字与词。

构词法（2）：偏正式

Word Formation（2）: Modifier + modified compound words

There are many Chinese words composed of a modifier and a modified, with the first character modifying or restricting the latter character, like 月+饼（moon+cake）and 春+天（spring+time）. Words made up in this way include:

茶馆　爱情　蛋糕　西餐　中餐　汽车　火车　毛笔　电脑　厨房　花园
剧院　客厅　礼物　商场　农民　工人　医生　阳台　围巾　羊肉　牛肉。

6. 中级汉语（二）

你听，他叫我"太太"

（1）课文。

杰　克：大卫、小燕子，告诉你们一个好消息——我结婚了！玉兰嫁给我了！

小燕子：等一等，你结婚了？你们是什么时候结婚的？我们怎么不知道？

杰　克：我结婚，我自己知道就行了。再说，我们是旅行结婚，一回来就告诉你们，不算晚吧。

小燕子：祝贺你们，新婚愉快，生活幸福。

杰　克：谢谢！

小燕子：你只让我们知道还不行，还得……

杰　克：对，我们早就去政府登记了，也拿到了结婚证。

小燕子：我想说的不是这个意思。

杰　克：那是什么意思？

小燕子：我是说，你还得请客。

杰　克：那当然。这是我们的喜糖，来请吃糖。

小燕子：喜糖我们收下了，但这还不算是请客。

马大卫：杰克，按中国人的习惯，结婚要举行婚礼。墙上、门上要贴红双喜字，新娘要坐花轿，还要摆宴席，请很多客人来。婚礼热闹得很。

杰　克：要举行婚礼，我明白。我们西方人一般是在教堂举行婚礼。说到宴席，我们只请亲戚朋友在一起喝喝酒，唱唱歌，跳跳舞，高兴高兴。除了特别有钱的人以外，一般都不摆宴席。

小燕子：我表姐的家在农村，结婚宴席可不只是喝杯酒。

杰　克：还有什么？

小燕子：你等着你岳父、岳母教你吧。

（2）生词。

太太　政府　结婚证　喜糖　婚礼　双喜　新娘　花轿　宴席　客人

教堂　亲戚　表姐　岳父　岳母

嫁　登记　举行　贴　摆

新婚　幸福　只是

（3）字与词。

区别多音多义字

How to Distinguish Characters with Multiple Pronunciations and Meanings

About 11% of the 3500 most commonly used Chinese characters have multiple pronunciations and meanings. Take 还 as an example. When used as an adverb, it is pronounced *hái*, as in 还有，还想；when used as a verb, it is read as *huán*, as in 还书，还贷款。好 is another example. With the pronunciation of *hǎo*, it is an adjective, meaning "good", as in 好书，好地方；with the pronunciation of *hào*, it is a verb, as in 爱好，好喝酒. So, 好酒 can mean "good wine / spirits" or "to like drinking wine / spirits". In the first case, its pronounced *hǎojiǔ*; in the second case, *hàojiǔ*.

With different pronunciations, they mean differently. Therefore, we must be careful to distinguish such characters or words.

7. 中级汉语（三）

"半边天"和"全职太太"

（1）课文。

陆雨平：有人提出妇女结婚以后，特别是有了孩子以后，应该回到家里做"全职太太"，因为她们要照顾孩子，要做家务。对这个问题，你们有什么看法？

陈老师：这个主意很可能是男人想出来的吧？妇女经过了多少个世纪的努力，终于从家里走出来，得到工作的权利，而且发挥"半边天"的作用。这是社会的进步。现在怎么又要让妇女回到厨房去呢？

陆雨平：这不只是一些男人的看法，有些妇女也有这样的看法。大家知道，城市里几乎都是双职工家庭，丈夫和妻子每天都要在外边工作，他们没有时间照顾孩子。没有一个母亲不关心自己的孩子，要是妇女回家，孩子的教育问题就可以解决得更好。这不是看不起妇女，而是为了更好地发挥妇女的作用。

王小云：我认为，照顾孩子和做家务不只是妇女的事儿，也是男人的事儿。应该男女都一样：要是愿意回家照顾孩子，就回家照顾孩子；要是愿意出来工作，就出来工作。

陆雨平：如果大家都愿意回家照顾孩子，不愿意出来工作，怎么办？

王小云：这不可能。不会没有人愿意出来工作。

陆雨平：有人还认为，中国人口太多，就业的问题很大；要是妇女回家，这个问题就比较容易解决了。

陈老师：为了解决就业问题，就必须让妇女回家吗？这不公平。我觉得，有的工作男女都可以干，可是一些单位只要男的，不要女的。我认为这是很不对的。

陆雨平：你不认为有的工作男人来做更合适吗？

王小云：当然有，但是也有的工作妇女比男人做得更好。重要的是，男女都应该有公平竞争的机会。

陆雨平：最后，我们不能不谈到这个问题。陈老师，你认为究竟怎样才能实现男女平等呢？

陈老师：只有在各个方面男女都享受同样的权利，男女才能平等。

陆雨平：谢谢你们接受我的采访。

(2)生词。

全职　妇女　男人　家务　权利　作用　职工　社会　家庭　男女　方面

单位　机会　就业　竞争

照顾　发挥　看不起

双　公平　平等　同样

几乎　不只　要是　只有

(3)字与词。

① 集中识字

女：妇　姑　好　她　妈　妹　姓　婚　娘　妻　嫁　要

木：杯　楼　权　村　格　棒　桥　树　松　样　本　架

宀：家　宿　宋　定　安　客　它　完　寒　实　字　容

氵：河　江　海　湖　洋　流　溪　泊　瀑

② 联想组词

家庭：爷爷　奶奶　外公　外婆　爸爸　妈妈　父母　父亲　母亲
　　　公公　婆婆　儿子　女儿　哥哥　弟弟　姐姐　妹妹　兄弟
　　　夫妻　丈夫　妻子　岳父　岳母　舅舅　姑姑　叔叔　婶婶
　　　舅妈　姑父　姨妈　姨夫　孙子　孙女　孩子　亲戚

家务：买菜　做饭　炒菜　洗衣　打扫　照顾老人　教育孩子

8. 中级汉语（四）

"多子多福"和"丁克家庭"

(1)课文。

在中国农村，"重男轻女"和"养儿防老"的生育观念影响是很深的。一对夫妇如果只生女孩，即使已经有了两三个，也还要继续生，总希望再生一个男孩。这是因为长期以来中国是一个农业社会，劳动力对家庭来说是非常重要的。当父母老了、不能干活的时候，就要靠自己的儿女来照顾。女儿又要嫁到别人家，所以只能靠儿子，人们也就常说"多子多福"。如果没有儿子，就会担心自己老了以后怎么办。今天社会发展了，情况也就不同了。各种社会保险制度已经开始建立，老人也有了退休金，不需要完全靠子女生活了。尽管社会上有了这些变化，这种"多子多福"的传统观念在农村还是有很大的影响。

但是，城市里的年轻人对生育问题却有了新的看法。根据最新的调查，在北京、上海、广州三个城市的居民中,有21%的居民"赞成"或者"比较赞成"结婚不要孩子。有一部分年轻夫妇选择了"丁克家庭"。"丁克"是什么意思?它就是夫妇俩都工作、没有小孩的家庭。这种家庭是20世纪60年代在美国出现的,20多年来越来越多了。现在,"丁克家庭"在中国也出现了。根据政府的调查,在中国城市里"丁克家庭"的总数已达到60多万对,以后大概还会更快地增加。"丁克家庭"实际上已经成为一种新的城市家庭形式,正从大城市向中小城市发展。

中国的"丁克家庭"有两大特点:一是夫妇受过比较好的教育,文化水平都比较高;二是他们的收入也比较高。对这种"结婚不要孩子"的生育观念,报上已经有不同看法了。不少人批评结婚不生孩子是违反自然规律的,对国家是不利的。可是,有些刚从大学毕业的夫妇却认为不要孩子是很实际的考虑,对国家、对个人都是有利的。有些专家认为,生不生孩子,应该让年轻夫妇自由地选择。"丁克家庭"的出现,说明社会对个人的选择更尊重了。对"丁克家庭",你有什么看法?

(2)生词。

农业 居民 长期 保险 制度 形式 总数 规律 专家 丁克家庭

出现 违反 说明

大概 有利 不利 自由

养儿防老 多子多福

(3)字与词。

① 集中识字

竹:笔 笑 笋 第 等 筑 签 简 答 算 筋 管 箱 篇 箭

攵:收 改 放 政 故 教 敢 散 敬 数 整

艹:艺 节 花 苏 苦 苹 英 草 茶 药 菜 蓝 薪 藏 蒙

禾:利 和 季 种 秋 科 租 程 积 称 稳 移

② 联想组词

实:实干 实际 实价 实况 实力 实情 实体 实物 实习
　　实现 实行 实验 实用 实证 坚实 结实 老实 朴实
　　事实 其实 确实 现实 真实 实施 果实 实在 如实

生:生病 生产 生物 生意 生育 生于 生长 生词 生菜
　　生日 出生 发生 学生 考生 男生 女生 先生 医生

9. 高级汉语（一）

母　爱

（1）课文。

　　母亲一天比一天老了，走路已经显得很慢。她的儿女都已长大成人了，各自忙着自己的事，匆匆回去看她一下，又匆匆离去。当年儿女们围在身边的热闹情景，如今想起来好像是在梦里一样。母亲的家冷清了。

　　那年我去湖南，去了好长时间。我回来时母亲高兴极了，她不知拿什么给我好，又忙着给我炒菜。"喝酒吗？"母亲问我。我说喝，母亲便忙给我倒酒。我才喝了三杯，母亲便说："喝酒不好，要少喝。"我就准备不喝了。刚放下杯子，母亲笑了，又说："离家这么久，就再喝点儿。"我又喝。才喝了两杯，母亲又说："可不能再喝了，喝多了，吃菜就不香了。"我停杯了，母亲又笑了，说："喝了五杯？那就再喝一杯，凑个双数。"她说完亲自给我倒了一杯。我就又喝了。这次我真准备停杯了，母亲又笑着看着我，说："是不是还想喝，那就再喝一杯。"

　　我就又倒了一杯，母亲看着我喝。

　　"不许喝了，不许喝了。"母亲这次把酒瓶拿了起来。

　　我喝了那杯，眼泪都快出来了，我把杯子扣起来。

　　母亲却又把杯子放好，又慢慢地给我倒了一杯。

　　"天冷，想喝就再喝一杯吧。"母亲说，看着我喝。

　　我的眼泪一下子涌了出来。

　　什么是母爱？这就是母爱，又怕儿子喝，又劝儿子喝。

　　我的母亲！

　　我搬家了，搬到离母亲不远的一幢小楼里去。母亲那天突然来了，上到四楼喘不过气来，进门以后，靠着门休息了一会儿，然后要看我睡觉的那张六尺小床放在什么地方。那时候，我的女儿还小，跟我妻子一起睡大床，我的六尺小床放在那间放书的小屋里。小屋真是小，床只能放在窗下的暖气旁边，床的东头是衣架，西头是玻璃书柜。

　　"你头朝哪边睡？"母亲看着小床，问我。

　　我说头朝东边，那边是衣架。

　　"不好，"母亲说，"衣服上灰尘多，你头朝西边睡。"

　　母亲坐了一会儿，突然说："不能朝玻璃书柜那边睡，要是地震了，玻璃一下子砸下来会伤着你，不行，不行。"

母亲竟然想到了地震！百年不遇一次的地震。

"好，头就朝东边睡。"我说着，又把枕头挪过来。

等了一会儿，母亲看着这边，又看看那边，又突然说："你脸朝里睡还是朝外睡？"

"脸朝里。"我对母亲说，我习惯向右侧身睡。

"不行，不行。脸朝里暖气太干燥，嗓子受不了，你嗓子从小就不好。"母亲说。

"好，那我就脸朝外睡。"我说。

母亲看看被子，摸摸褥子，又不安了，说："你脸朝外睡就是左边身体贴着床，不行，不行，这对心脏不好，听妈妈的话，仰着睡，仰着睡好。"

我的眼泪一下子又涌上来，涌上来。

我却从来没有想过漫漫长夜母亲是怎么入睡的。

我的母亲！

我的母亲老了，常常站在院子门口朝外张望，手扶着墙，我每次去了，她都那么高兴，就像当年我站在院子门口看到母亲从外边回来一样高兴。我除了每天去看母亲一眼，帮她买买菜，擦擦地，还能做些什么呢？

我的母亲！我的矮小、慈祥、白发苍苍的母亲……

（原文作者：王祥夫，本文有删改。）

（2）生词。

母爱　成人　当年　情景　如今　双数　眼泪　玻璃　书柜

衣架　灰尘　地震　枕头　脸　侧　被子　褥子

显得　不知　倒　凑　不许　扣　涌　喘气　朝　砸　遇

挪　摸　仰　入睡　张望　扶　擦　真是

各自　匆匆　便　亲自　竟然　从小　朝

冷清　干燥　不安　漫漫（长夜）　矮小　慈祥　白发苍苍

10. 高级汉语（二）

最后的野骆驼

（1）课文。

人们都知道，水是人类甚至整个生物界赖以生存的宝贵资源，而淡水资源更是宝贵，它保证了人类和其他陆生动物生命的延续。我们甚至不敢去想，人类有一天会以盐水为生。

然而，野骆驼就是这样一种靠喝盐水而活下来的陆生动物。

正如英国野骆驼基金会约翰·海尔先生所说："单峰野骆驼在世界上已经灭绝，就是双峰野骆驼也只有中国和蒙古有。现在，世界上野骆驼的数量只有800至1000只，比中国的大熊猫还少，是和大熊猫一样珍奇的动物，对它要加以保护。"谈到中国的野骆驼，海尔先生兴致勃勃地说："中国野骆驼的奇特之处是它能靠盐水生存，想象一下，整天喝着咸咸的盐水，我想你是无法忍受的，而野骆驼却年年月月喝着这种咸咸的、苦苦的、涩涩的盐碱水，它们的肝脏竟然也慢慢地适应了这种情况。世界上没有其他的陆生动物有这种本领，甚至连野骆驼自己也不容易，好些两岁以下的小骆驼就因肝脏不适应而死去。"

海尔先生说："并非所有的野骆驼都靠喝盐水为生，蒙古戈壁滩的野骆驼可以喝到一些淡水，但戈壁的中心地区却只有盐水。盐水从地下冒上来，看上去像雪一样，野骆驼就喝这种水，吃生长在盐泉周围的一些小草，否则它就没办法生存了。是人类把野骆驼逼进了戈壁沙漠！"

野骆驼是沙漠中的流浪者，它们没有固定的栖息场所，常常三五成群地活动，每群由一头成年健壮的雄骆驼带领。它们十分机警、胆怯，听觉、视觉、嗅觉特别灵敏，顺风可以嗅到几公里之外的气味，在遇到危险时，可以一连跑三天，且奔跑的速度很快。

它们吃饱一顿可以一天都不吃不喝。偶然遇见绿洲中的青草和甘泉，它们也不敢久留，吃饱了，喝足了，马上就离开，生怕会发生什么意外。感到危险时，它们要么狂奔而去，否则就会受到恶狼的袭击。

冬末是野骆驼交配的时候。这时，雄骆驼的性情显得特别暴躁，不吃不喝，甚至觉也不睡。每一群野骆驼中只能容下一头最健壮的雄骆驼，其余的雄骆驼都被赶跑了。假如两群野骆驼相遇，双方的雄骆驼就有一场恶斗，直至分出胜负。至此，战胜者就会带领着两群雌骆驼扬长而去。这个季节的雄骆驼，要么成为战胜者，否则就会很孤独地生活。

雌骆驼怀孕，要怀13个多月才生产，而且每胎只生一个。刚生下来的小骆驼，一天就能站立行走，两三天之后就又跑又跳了。母骆驼对小骆驼是非常爱护的，一年多以后小骆驼就可以独立生活了。

野骆驼已濒临灭绝。国际上对野骆驼目前的生存状况十分关注，中国政府已将它定为一类珍贵动物，予以保护。对野骆驼及其有关问题，中国科学工作者早已经研究并取得了显著的成绩。这种古老的动物不仅在学术研究上有很高的价值，而且对今后改良家养骆驼品质也有一定的意义。

（原文作者：张静、谭廉华，本文有删节。）

（2）生词。

骆驼　生物（界）　淡水　盐水　基金（会）　主席　兴致　肝脏
碱　本领　地区　泉　周围　成年　听觉　视觉　嗅觉　气味

绿洲　恶狼　性情　意外　胜负　国际　状况　学术　价值　品种
赖以　延续　正如　灭绝　加以　想象　忍受　冒　看上去　逼
生长　流浪　栖息　带领　嗅　顺风　奔跑　狂奔　袭击　容
赶　恶斗　直至　怀孕　生产　站立　行走　爱护　濒临　关注
予以　取得　改良　家养
宝贵　陆生　珍奇　奇特　固定　健壮　雄　雌　机警　胆怯
灵敏　恶　暴躁　孤独　显著　好些
并非　一连　胎　顿　头
兴致勃勃　三五成群　扬长而去

本章思考题

1. 微课教学设计和平常的综合课教学设计有什么不同？
2. 初级汉语综合课、中级汉语综合课与高级汉语综合课有什么相同之处和不同之处？
3. 少儿汉语课有什么特点？
4. 商务汉语课的特质是什么？
5. 旅游汉语课、医学汉语课又有什么特点呢？
6. 你对自己小组的备课、上课都有什么感想和反思呢？
7. 你从别的小组上课和老师点拨中都得到什么启发？
8. 请就自己小组选取的教学材料写一份微课教学的教案设计。可以选取其中的两个生词或者一个语法点来进行你的设计，务必体现"精讲多练"的基本原则。

结语 "全球汉语"与汉语国际推广

张骞"凿通西域"首开"丝绸之路",西域各国商人纷纷来华经商,汉语应该是他们在中国进行贸易活动的语言之一。佛教传入汉地时,来自西域和印度的僧人为传播佛教开始系统地学习汉语,这在佛教史籍中都有记载。可以说,中国古代的对外汉语教学就始于中国与印度等西域国家和民族之间的文化交流。

自东汉至西晋是"摸索与探求",从东晋到南北朝逐渐发展并渐臻"成熟",隋唐宋元时期则开始走向服务化、制度化的方向,即汉语教学是与经学、史学、哲学、宗教、伦理学等结合在一起的,宋元之后又加上了为经贸服务的功能。

蒙古人的铁骑打通了欧亚大陆的交通,马可·波罗和罗马天主教于是来到中国,但中欧之间真正大规模的语言交流(包括欧洲人学习汉语)则始于葡萄牙人的东来。明清时期,欧洲人学习汉语明显具有两个特点:一是汉语学习和教学与汉学研究紧密结合;二是"专业汉学"与"传教士汉学"共生并存。

民国时期,由于战乱频仍,经济萧条,世界范围内学习汉语的人数非常有限,但也有一些外国机构不时聘请中国教师出国任教(如老舍、萧乾曾在英国任教),还有一些外国人出于个人兴趣来华留学(如日本的吉川幸次郎和美国的费正清)。在这些个人行为之外,外国在华教会的汉语教学(如华北协和语言学校)则一直没有中断过。

新中国成立之后,对外汉语教学开展了起来。新中国的对外汉语教学事业经历了"艰难起步""蓬勃发展""走向世界"三个阶段。如今,孔子学院和孔子课堂除了根据各地区的实际情况进行汉语教学外,还提供汉语教学资源、培训汉语教师、开展汉语考试和汉语教师资格认证等业务,并举办各种语言文化交流活动,成为开展汉语教学和中外教育、文化等方面交流与合作的创新平台,深受国外民众欢迎。国家汉办的设立和更名及后来为"教育部中外语言合作中心"所取代、对外汉语教学(汉语国际推广)基地的建设、"汉语桥"等活动的开展,极大地推动了汉语国际推广前进的步伐。

曾几何时，作为世界第一大语种的中文，还被称为"非普遍教授语言"，而今全球有70多个国家将中文纳入国民教育体系，4000多所国外大学开设中文课程，其中1000多所大学设立中文院系或专业。3万多所主流中小学开设中文课程，加上开展华文教育的4.5万所华文学校或培训机构，这样海外开展中文教育的各级各类学校就有8万多所。正在学习中文的人数超过2500万，累计学习使用中文者接近2亿，遍布世界180多个国家和地区。在短短的16年间，国际中文教育以惊人的速度和规模发展壮大起来。①

这也表明，在世界范围内大力发展中文教学，是21世纪客观形势的需要，也是很多国家的需求。合作共赢的中文国际教育模式，符合世界人民的愿望。中国应当义不容辞地发挥中文母语国的优势，为世界各国民众学习中文提供支持和帮助，特别是解决缺少汉语教师、缺少教材资源等方面的困难（新华社，2019）。

对外汉语教学和国际中文教学发展到今天，已然初步形成所谓"全球汉语"（Global Chinese）的局面了。"全球汉语"就是由三个汉语圈组成的同心圆：内圈即"中原区"，包括中国大陆和台湾地区；中圈即"海外华人区"，也就是在不同历史时期由向外移民而逐渐形成的海外华人社区（会）；外圈即"外语区"，也就是以汉语作为外语学习的非华人地区。

在"内圈"，汉语既是行政、教育、法律、科技、经济等领域与正式场合的强势主导性语言，又是多种方言背景下的国家（民族）共同语。香港社会则比较特殊，仍处于"两文三语"（中文、英文和粤语、普通话、英语）的语言景观中。"中圈"的基本特征是多语社会，汉语（华语）从一开始就是不同背景移民的共通语，之后又通过民办教育（华文学校）得以继续传播。在美国、欧洲、泰国、菲律宾、马来西亚、缅甸及其他地区的华人社区中，汉语并非所在地的主导语言，其使用仅限于华人家庭中和华人社团内部，汉语课程处于主流教育之外，由私立的华文学校提供，且在课外时间里进行。其中，新加坡是唯一一个高度重视汉语教学的国家，华语同英语、泰米尔语和马来语一样享有官方语言的地位，而且是华族学生长达10—12年的小学、中学必修课程之一。"外圈"包括日韩、北美、欧洲以及越来越多的将汉语列为大学外语课程的地区，也包括非洲、拉美这样的潜力地区，其范围的大小，可以说是一种语言全球地位的具体体现，但其内在的动力还得在内圈里寻找。

---

① 刘珣，追随对外汉语教学事业60年——试论对外汉语教学事业和学科的发展[J]，国际中文教育（中英文）第6卷2021年第4期。

在"全球汉语"的三个同心圆里面,内圈是汉语传播的大本营和源头。汉语语言全球化的程度最终的决定性因素则是:内圈的实力(军事的、经济的和文化的)在多大的程度上传播(影响)到中圈和外圈?当然,对外汉语教学或国际中文教学开展的好坏、成效的高低对"全球汉语"的发展也是至关重要的问题。

对外汉语教学或国际中文教学的可持续发展至少应在三个方面下功夫:(1)加强中文教学的针对性;(2)优化孔子学院的教学模式;(3)拓展中外语言文化的交流合作。

加强中文教学的针对性,理想的途径是进行"国别化"的教学,但这实际上很难做到。我们可以退而求其次,尝试开展"区域化"的教学,即将海外的中文教学按其与我国语言文化的距离划分为若干个地区,比如:(1)韩、日、东南亚、中亚("汉字文化圈")的汉语教学;(2)欧、美、澳地区的汉语教学;(3)阿拉伯国家(西亚、北非地区)的汉语教学;(4)(撒哈拉沙漠以南的)非洲地区的汉语教学;(5)拉美地区(墨西哥和中、南美洲)的汉语教学。"区域化"的中文教学与国家"一带一路"战略结合在一起,必然会大大提升汉语国际推广的速度和成效。

孔子学院是中外合作建立的非营利性教育机构,采用普通话和简化字开展汉语教学和中外教育、文化、经济等方面的交流与合作,主要提供以下六种服务:(1)面向社会各界人士,开展汉语教学;(2)培训汉语教师,提供汉语教学师资;(3)开展汉语考试和汉语教师师资认证业务;(4)提供中国教育、文化、经济及社会等信息咨询;(5)开展当代中国研究;(6)传播中国文化。孔子学院的办学方式主要有三种:(1)与国外大学、中小学合作办学(如西北大学与菲律宾布拉卡国立大学合办的孔子学院);(2)和国外企业合作办学(LSE);(3)与政府或社团合作办学(如纽约的华美协进社孔子学院)。孔子学院自 2004 年创办以来取得了引人注目的发展成就,但也出现了很多问题,比如官办色彩浓厚、大谈文化输出、承担过多的接待任务等,但其摸索出来的一些教学模式,如与政府、学校、社团和企业合作办学,把汉语带入课堂、社区和企业的做法,将汉语学习与中国文化兴趣培养紧密结合、积极参与当地文化交流活动的做法,都是值得继续传承和发扬光大的。

国际中文教学的可持续发展需要国人走出去(教汉语)和"老外"走进来(学汉语),更需要"本土化"的师资队伍和学习者群体。"汉语国际推广基地"的建设、对外汉语教学与世界汉学的接轨、"汉语桥工程"的实施与在师资培训、教材编写和汉语测试等领域开展的中外合作……都极大地推动了汉语国际推广事业的发展。迄今为止,海外本土汉语教师近 50 万人次得到了培训,一些优秀汉语教材有了多语种(最多达 45 种语言)的注释本,每年举办的世界大、中学生中文比赛则吸引了 110 多个国家和地区的上百万名青少年参加,"汉语桥"大赛已成为国际人文交流领域里的中文"奥林匹克"品牌活动。

中文走向世界,中国文化为世界所了解和理解,必然会遇到很多新的问题,需要开拓一些新的研究领域,包括:(1)对海外教育环境、教育制度和语言政策的研究;(2)对孔子学院和孔子课堂建设和运营的优化研究;(3)对海外教学方法和教材的研究,尤其是中外合作的教材编写研究;(4)师资队伍建设研究,特别是国内派出教师和本土汉语教师的有机结合研究。还要做好以下四件事情:(1)大力建设网络平台,包括提供教学资源、便于交互式学习、师资培训和继续教育的平台,探索新媒体和移动学习的新途径;(2)加强汉语能力标准研究,改革和创新汉语考试;(3)加强对低龄学习者的研究,探索中小学中文教学的新模式;(4)加强对文化教学内容和方法以及文化体验的研究和探索。

随着我国综合实力的进一步提升和对外汉语教学研究的深化拓展,凭借外派教师和本土教师的努力探索和辛勤工作,国际中文教学和汉语国际推广事业一定会有更新更快的发展,"全球汉语"的时代必将最终来临!

中英文对照表

A

阿谢尔　J. Asher
埃克斯利　E. C. Eckersly
艾利斯　Rod Ellis
安东尼　Edward Anthony
暗示法　Suggestopedia
奥克斯福德　Rebacca Oxford
奥伦多夫　H. S. Ollendorff
奥斯汀　John Austin

B

巴里斯托克　E. Bialystok
巴尼尼　Panini
鲍阿斯　Franz Boas
保姆式语言　caretaker's speech
葆朴　Franz Bopp
背景　background
贝雷与麦登　Bailey & Madden
比较法　comparison

变数或差异　variability
表层结构　Surface Structure
标准化测试　standardized test
伯利兹　Charles Berlitz
伯利兹外语学校　Berlitz School
布拉格学派　the Prague School
保罗·布朗　Paul Brown
罗杰·布朗　Roger Brown
道格拉斯·布朗　H. Douglas Brown
布洛卡区　Broca's Area
布龙菲尔德　Leonard Bloomfield
布鲁纳　Jerome S. Bruner

C

参数　parameter
操作性条件反射　operant conditioned reflex
侧化或单侧化　lateralization
策略　strategy
策略能力　strategic competence
策略引导　strategy gudiance
测试评估　testing and assessment
插入序列　insertion sequence

场独立型　field independence
场依存型　field dependence
沉浸法　Immersion Approach
沉默法　Silent Method
成绩或成就测试　achievement test
成见或刻板印象　sterotype
成人句阶段　Adult-like Stage
程式化话语　formulaic utterance
程序性的　procedural
重新创造　recreation
重新激活　reactivating
重组　restructuring
重组词语　relexification
触发　trigger
刺激—反应　stimulus-response
刺激—反应论　S-R theory
词素（语素）研究　morpheme studies

D

"打包式"学习者策略培训　"Packaged" Models of Leraner Strategy Learning
　　打岔序列　side sequence
　　单元—学分体系　unit-credit system
　　得体性　appropriateness
　　狄奥尼修斯与《希腊语语法》　Dionysius Thrax and his Techne grammatike
　　蒂德曼　D. Tiedmann
　　第二语言　second language, or F2
　　第一语言　first language, or F1
　　电报句阶段　Multi-word or Telegraphic Stage
　　动机　motivation

工具型动机　instrumental motivation
融入型动机　integrative motivation
独词句阶段　One-word or Holophrastic Stage
杜雷与伯特　Dulay & Burt
杜威　John Dewey
对比分析（假说）　Contastive Analysis, or CA
对外汉语教学　Teaching Chinese as a Foreign Language, or TCFL
　　对象　object
　　多维模式　multidimensional model
　　多项选择　multiple choice
　　多元智能　Multiple Intelligence

F

发散思维　divergent thinking
范·艾克　J. A. van Ek
反馈或后效作用　backwash
非标准化测试　non-standardized test
非普遍教授语言　a less commonly taught language
非语法顺序安排　not grmmatically sequenced
分立式测试　discrete-point test
冯特　Wilhelm Wundt
符号系统　a system of symbols
福莱斯　Charles C. Fries
弗洛伊德　Sigmund Freud
负面数据　negative evidence
弗斯　John Rupert Firth

G

改革运动 Reform Movement
盖特诺 George Gatteno
干扰 interference
障碍性干扰 preclusive interference
介入性干扰 intrusive interference
哥本哈根学派 the Copenhagen School
个别语言或语法 Particular Grammar, or PG
格莱斯 Herbert Paul Grice
格里姆 Jacob Grimm
格式塔心理学 Gestalt Psychology
工具性的 implemental
功能 function
功能法 Functional Method
功能主义语言学 Functional Linguistics
共时语言学 synchronic linguistics
共同语 common speech
构造主义心理学 Structurism
古因 Francois Gouin
关键期或临界期假说 Critical Period Hypothesis
贯连 coherence
圭奥拉 A. Guiora
过渡能力 transitional competence
过度学习 overlearning

H

哈里斯 Zelling Sabbettal Harris
哈奇 E. Hatch
海姆斯 Dell Hathaway Hymes
韩礼德 Michael Alexander Kirkwood Halliday
汉语国际教育 Teaching of Chinese to Speakers of Other Languages, or TCSOL
汉语国际教育专业硕士 Master of the Teaching of Chinese to Speakers of Other Languages, or MTCSOL
汉语国际教育专业博士 Doctor of the Teaching of Chinese to Speakers of Other Languages, or DTCSOL
合作学习 Collaborative Learning, or CL
合作语言学习法 Cooperative Language Learning, or CLL
合作原则 Cooperative Principle, or CP
洪堡特 Wilhelm Humboldt
弘贝 A. S. Hornby
后方法时代 post-method era
后系统偏误 postsystematic error
话轮 turn
话轮转换 turn-taking
华生 John Broadus Watson
化石化或僵化 fossilization
话语 utterance
话语 discourse
话语分析 Discourse Analysis, DA
话语语言学 discourse or text linguistics
回避策略 avoidance
会话分析 Dialogue Analysis
会话含义 Conversational Implicature

J

詹姆士　William James

机能主义心理学　Functionalisn

技巧或微技巧　trick

计算机辅助教学　computer-aided instruction, or CAI

机体感觉区　somato-sensory area

机械训练　mechanical drills

记忆　memory

基于任务的语言表现评估　task-based language performance assessment

假设验证　hypothesis testing

简化　simplification

简化句法　reduction to simpler syntax

监控作用　monitor

监控假说　the Monitor Hypothesis

交叉研究　cross-sectional studies

交际　communication

交际法　Communiative Approach

交际法或交际性语言教学　Communicative Language Teaching

交际工具　means of communication

交际能力　communicative competence

交际性测试　communicative test

交际性活动　communicative activities

焦虑　anxiety

紧张　strain

教师中心　teacher-centred

教学材料　teaching materials

教学方法　method

教学过程　teaching process

教学技巧　teaching technique or tatics

教学路子　approach

教学原则　teaching principle

结构—情景法　Structural-Situational Approach

结构主义语言学　Structural Linguistics

结束或收煞序列　closing sequence

精神分析学派　Psychoanalysis

局部性偏误　local error

句法研究　syntactic studies

聚合关系　paradigmatic relation

聚合思维　convergent thinking

句型　sentence pattern

K

卡罗尔　John B. Carroll

卡罗尔和萨彭　J. Carrol & S. Sapon

卡内尔　Michael Canale

开头序列　opening sequence

考夫卡　Kurt Koffka

课本或教科书　textbook

柯德尔　Pit Corder

科恩　Andrew D. Cohen

客观性测试　objective test

克拉申　Stephen Krashen

克莱兰德和埃文斯　B. Cleland & R. Evans

科兰　C. A. Curran

科勒　Wilhelm Kohler

可理解的语言输入　comprehensible input

可理解性　intelligibility

口试　oral interview

口误或笔误　lapse

库克　Vivian Cook

夸美纽斯　Johann Amos Comenius

跨文化交际　intercultural communication or cross-culture communication

L

拉多　Robert Lado

拉森-弗里曼　Larsen-Freeman

拉斯克　Rasmus Cristian Rask

拉万　R. Ravem

莱文森　Stephen C. Levinson

来源语或源语言　target language, or TL

兰伯特　Wallace E. Lambert

加德纳　R. Gardner

勒纳伯格　Eric Heinz Lenneberg

理查德和罗杰斯　J.C.Richards & T.S. Rogers

理论性的　aximatic

礼貌原则　Politeness Principle

利奇　Geoffrey Leech

历史比较语言学　Historical and Comparative Linguistics

历时语言学　diachronic linguistics

黎天睦　Timothy Light

联合区　association area

罗杰斯　Carl Ransom Rogers

罗萨诺夫　G. Losanov

M

马丁内　Andre Martinet

马斯洛　Abraham H. Maslow

美国描写主义学派　the American Descriptivists

米龙　John Milon

面谈　interview

面向教师　teacher-fronted

面子保全理论　the theory of face-work

莫汉　B. Mohan

目标近似使用分析　target like use analysis

目的语或目标语　source language, or SL

母语　mother tongue, or native language

N

喃语阶段　Babbling Stage

耐姆瑟尔　William Nemser

奈塞尔　U. Neosser

内部语言学　internal linguistics

内化　internalization

内容教学法　Content-based Approach

能指或"形式"　signifier

年龄　age

P

帕尔玛　Harold Palmer

排他倾向　exclusiveness

容忍倾向　inclusiveness

毗邻应对　adjacent pair
皮姆斯勒　P. Primsleur
皮特曼　George Pittman
皮亚杰　Jean Piaget
偏误　error
语内偏误　intralingual error
语际偏误　interlingual error
偏误分析　Error Analysis, or EA
评估　evaluation
内部评估　internal evaluation
外部评估　external evaluation
平衡　equilibrium
珀尔斯顿　C. B. Paulston
普遍语法　Universal Grammar, or UG
普遍特性　universal features
普拉科特　C. Practor
普鲁士法　the Prussian Method
普通常识　common sense

Q

歧义容忍度　ambiguity tolerance
潜能测试　aptitude test
迁移　transfer
正迁移　positive transfer
负迁移　nagative transfer
前系统偏误　presystematic error
潜在语言结构　latent language structure
强化　reinforcement
强式　strong version
弱式　weak version
强制性情境分析　obligatory occasion analysis

乔姆斯基　Noam Chomsky
情感　affect
情感过滤假说　the Affective Filter Hypothesis
情境或上下文　context
情景法　Situational Approach
情景语言教学或口语路子　Situational Language Teaching, SLT, or Oral Approach
区分度　discrimination
全身反应法　Total Physical Response, or TPR

R

人本主义心理学　Humanistic Psychology
人际功能　interpersonal function
人类特有　human-specific
人内功能　intrapersonal function
任务　task
任务型教学法或任务法　Task-based Method
认知　cognition
认知法　Cognitive Approach
认知方式　cognitive style
认知结构　cognitive structure
认知论　cognitivism
认知心理学　Cognitive Psychology
融合　incorporation
融汇法　integration

S

萨克斯　Harvey Sacks
萨丕尔　Edward Sapir

塞登斯图克　Johann Seidenst·ker
塞林克　K. K. Selinker
沙伍德−史密斯　M. Sharwood-Smith
社会语言学　sociolinguistics
社会语言学能力　sociolinguistic competence
社区法或社区语言学习法　Community Language Learning, CLL
深层结构　Deep Structure
审慎型　prudence
冲动型　impulsiveness
生成性　generativeness
生造词或造词　coinage
实践法　practice
世界知识　world knowledge
视觉区　visual area
施莱赫尔　August Schleicher
失误或错误　mistake
释义或意义解释　paraphrase
首次使用或出现　first occurrence
手段或者计谋　contrivance
舒曼　J. Schumann
输入假说　the Input Hypothesis
输入理论　Input Theory
双词句阶段　Two-word Stage
双语句法测量　Bilingual Syntax Measure, BSM
水平测试　proficiency test
顺应　adaptation
斯波尔斯基　Bernard Spolsky
斯基汉　Peter Skehan
斯金纳　Burrhus Frederic Skinner
斯特恩　Hans Hormann Stern

斯特维克　J. Stevick
斯维恩　Merrill Swain
思维工具　vihicle of thinking
思维过程或思维运作　thinking operation
斯威特　Henry Sweet
索绪尔　Ferdinand de Saussure
所指或"概念"　signified

T

塔容　E. Tarone
态度　attitude
特瓦德尔　W. F. Twaddell
铁钦纳　E. B. Titchener
听觉区　auditory area
听说法　Audiolingualism or Audiolingual Method
同化　assimilation
图式　schema

W

外部语言学　external linguistics
外国人谈话　foreigner talk
外语　foreign language
完形填空　cloze test
维艾特　Wilhelm Vi?tor
威多森　Henry G. Widdowson
威尔金斯　David A. Wilkins
微课　micro-course
微课教学　micro-teaching
威廉·琼斯　William Jones

韦尼克区　Wernicke's Area
维特海默　Max Wertheimer
文化渗入　cultural permeation
文化适应理论　Acculturation Theory
文化休克或文化震撼　cultural shock
沃德霍　R. Wardhaugh
沃尔夫　C. Wolf
无关联的观点　non-interface position

X

习得　acquisition
习得—学习差异假说　the Acquisition-Learning Hypothesis
吸入或摄入　intake
系统—功能语法　systemic-functional grammar
系统偏误　systematic error
衔接　cohesion
先天论　nativism
显性偏误　overt error
相似系统　approximative system
效度　validity
信度　reliability
性格或个性　personality
心灵主义　mentalist
形合　hypotaxis
形态变化或词尾曲折变化　inflection
行为主义心理学　Behaviorism
需求分析　needs analysis
学习经验　learning experience
学习与习得　learning & acquisition
学习者策略　learner strategy

语言学习策略　language learning strategy
语言使用策略　language use strategy
学习者中心　learner-centred

Y

亚历山大　Louis George Alexander
言后行为　perlocutionary act
言内行为　locutionary act
言外行为　illocutionary act
言语共同体　speech community
言语填空词　filler
言语行为理论　Speech Act Theory
洋泾浜　pidgin
洋泾浜化　pidginization
洋泾浜化假说　Pidginization Hypothesis
意合　parataxis
意念　notion
意念—功能法　Notional-Fucntional Method
移情或共鸣　empathy
意义协商　negotiation of meaning
抑制　restraining
隐性偏误　covert error
应用性写作　practical writing
应用语言学　Applied linguistics
英语作为第二语言教学　Teaching of English to Speakers of Other Languages, or TESOL
"有关联"的观点　interface position
有意义的练习　meaningful exercises
语法翻译法　Grammar-Translation Method
语法能力　grammatical competence
语境或上下文　context

语料（数据）分析　Data Analysis
语码转换　code switching
语内干扰或过度泛化　overgeneralization
预示序列　foreboding sequence
语素　morpheme
自由语素　free morpheme
黏着语素　bound moepheme
语言表现　linguistic performance
语言功能论　functionalism
语言功能区或言语区　speech area
语言能力　linguistic competence
语言习得机制　Language Acquisition Device, or LAD
语言习得生态系统　the ecology of language acquisition
语言学能或潜能　language aptitude
语言与言语　language & parole
语言自我　language ego
语用学　pragmatics
预制句式　prefabricated patterns
预制套路（话）　prefabricated routines
原则　principle
运动区　motor area
运用研究　Performance Analysis, or PA

知觉　perception
智力　intelligence
智商　intelligence quotient, or IQ
中介语　interlanguage
主观性测试　subjective test
注释法　annotation
注意　attention
转换生成语法　the Transformational-Generative Grammar
专用语言　language for specific purpose
准确性　accuracy
自然法　Natural Method
直接法　Direct Method
自然路径　Natural Approach
自然顺序假说　the Natural Order Hypothesis
咨询学习法　Counseling Learning Method
自制规则　rule formation
自尊或自负　self-esteem
自尊心　dignity
综合课　comprehensive or integrated course
综合性测试　integrative test
纵向研究　longitudinal studies
组合关系　syntagmatic relation
最小对立对　minimal pair
作文　composition

Z

赞可夫　Zankov Leonid Vladimirovich
诊断测试　diagnostic test
正面数据　positive evidence
整体教学法　the Whole Language Approach
整体性偏误　global error

参考书目

1. 刘珣，对外汉语教育学引论［M］，北京：北京语言大学出版社，2000 年。
2. 赵金铭，对外汉语教学概论［M］，北京：商务印书馆，2005 年。
3. 吕必松，汉语和汉语作为第二语言教学［M］，北京：北京大学出版社，2007 年。
4. 周小兵，对外汉语教学导论［M］，北京：商务印书馆，2009 年。
5. 张宁志，汉语作为第二语言教学概论［M］，北京：北京大学出版社，2010 年。
6. 毕继万，跨文化交际与第二语言教学［M］，北京：北京语言大学出版社，2009 年。
7. 陈枫，对外汉语教学法［M］，北京：中华书局，2008 年。
8. 吴勇毅，对外汉语教学法［M］，北京：商务印书馆，2012 年。
9. 王建勤，第二语言习得研究［M］，北京：商务印书馆，2011 年
10. 陈敬玺，国际汉语语言交际能力培养论［M］，北京：人民出版社，2018 年。
11. 杨建国，汉语作为第二语言教学语法［M］，北京：北京大学出版社，2012 年。
12. 姜丽萍，汉语作为第二语言课堂教学［M］，北京：北京大学出版社。2011 年。
13. 毛悦，汉语作为第二语言要素教学［M］，北京：北京大学出版社，2010 年。
14. 翟艳，苏英霞，汉语作为第二语言技能教学［M］，北京：北京大学出版社，2010 年。
15. 张西平，世界汉语教育史［M］，北京：商务印书馆，2009 年。
16. Brown, H. D. Principles of Language Learning and Teaching［M］. Beijing：Foreign Language Teaching and Research Press, 2002.
17. Nunan, David. Second Language Teaching and Learning［M］. Beijing：Foreign Language Teaching and Research Press, Heinle & Heinle/Thomson Learning Asia, 2001.
18. Johnson, Keith. An Introduction to Foreign Language Learning and Teaching［M］. Beijing：Foreign Language Teaching and Research Press, Heinle & Heinle / Thomson Learning

Ltd. 2001.

19. Richards, Jack C. & Rogers, Theodore S. Approaches and Methods in Language Teaching [M]. Beijing: Foreign Language Teaching and Research Press & Cambridge University Press, 2008.

20. Larsen-Freeman, Diane & Long, An Introduction to Second Language Acquisition Research [M]. Beijing: Foreign Language Teaching and Research Press, 2000.

21. Cohen, Andrew D. Strategies in Learning and Using a Second Language [M]. Beijing: Foreign Language Teaching and Research Press, 2000.

后　记

2005 年，西北大学对外汉语教学（2012 年更名为"汉语国际教育"）本科专业开始招生，我便开始了"对外汉语教学概论"（后来更名为"国际汉语教学概论"）的专业核心课程教学。2010 年，西北大学汉语国际教育专业学位研究生开始招生，我又承担起"国际汉语教学理论"的核心课程教学。在任课的十多年里，一直面临着一个教材的问题。本科也好研究生也好，开始都采用的是刘珣老师的《对外汉语教育学引论》（2000 年），再辅以赵金铭老师的《对外汉语教学概论》（2005 年），但都逐渐加进了备课、上课等实训内容。

随着"对外汉语教学"朝"国际汉语教学"和"国际中文教学"的转向，已有那些针对来华留学生的对外汉语教学理论教材越来越不适应新的形势了。于是我萌生了编写一本"国际"的汉语教学理论教材的想法，并借"研究生卓越人才教育培养系列教材"的"东风"在 2020 年着手教材的撰写。历时两个春秋，在新冠肺炎疫情肆虐全球的氛围里终于完成了书稿。

我从事国内中学英语教学和大学语言文化教学各有二十载，并在泰、英从事数年的汉语教学工作，且在菲、美进行短期的教学考察和指导，于 2012 年获得"对外汉语教学"方向的文学博士学位，专著《国际汉语语言交际能力培养论》也于 2018 年出版，所以对英、汉语作为第二语言教学有一些体认和研究，编成《国际中文教学：理论与实践》这部教材也算是对过去的一种总结，对自身的一个交代吧。

感谢西北大学研究生院和西北大学出版社，他们发起的"培育项目"催生了这部教材。感谢西安外国语大学的贺婉莹老师和西北大学汉语国际教育专业学位的几名研究生，她们为教材提供了实用的教案设计。感谢我的研究生鹿阳、杨宇希、王英和王欣等，她们对书稿进行了认真仔细的校对。

本教材中的"教案示范"还选用了蒋丽萍、杨玉玲、王华蓉三位老师的教案设计，"教学材料"则主要出自张红和岳薇、王立非、刘珣四位老师主编的教材,在此一并呈上编著者诚挚的感谢,感谢你们为国际中文教育事业做出的默默贡献。

希望本教材的出版和使用能对我国蒸蒸日上的国际中文教育事业有所助益。

陈敬玺

2022年6月,于西安陋室